守正创新　奋楫争先

2024上海出版论文集

学林出版社　　上海市出版协会　上海市编辑学会　编

编者的话

在上海市委宣传部出版处支持下，上海市出版协会、上海市编辑学会2024年再度举办上海出版论文征集活动。截至2025年3月底，共收到论文130多篇。经专家评审，从中选出70篇，汇编成《守正创新　奋楫争先——2024上海出版论文集》，仍由学林出版社出版。

推进社会主义文化强国建设，要求出版人守正创新，开拓奋进，坚定文化自信，坚持改革创新，打造传世精品。在这个过程中，加强理论学习和研究，提高理论思维能力，进而指导出版实践，十分必要。恩格斯说过："一个民族要想站在科学最高峰，就一刻也不能没有理论思维。"我们之所以连续多年举办上海出版论文征集活动，就是想为推动上海出版理论研究做点实实在在的工作。2020年到2023年，我们已连续编辑出版四本上海出版论文集，收入论文230多篇，再加上2024年这一本，收入论文超过300篇。这营造了出版理论研究的良好氛围，也为编辑职称评审创造了条件。

2024年入选论文的总体水平和前几年不相上下，都以习近平新时代中国特色社会主义思想为指导，联系出版工作实际进行理论思考，有一己之见，同时也符合论文写作的一般要求。不少论文紧密联系出版工作，在理论上进行深入探讨，或剖析案例，总结规律，对出版实务进行论述，有真知灼见，且思维清晰，表达流畅，可以给人以启发。在《守正创新　奋楫争先——2024上海出版论文集》出版后，我们将和前几年一样评出优秀论文，颁发获奖证书。当然，深化出版理论研究，不是举办几次论文征集活动就能奏效的，需要持之以恒，久久为功。我们希望和大家一起在这方面继续努力。我们要以习近平文化思想为引领，以认真而不是敷衍的态度，提升上海出版理论研究水平，推动上海出版业高质量发展，为打造文化自信自强的上海样本，建设习近平文化思想最佳实践地，书写无愧于伟大时代的新篇章。

目录 Contents

出版实务

理论
探讨 >

从上海入选年度"中国好书"看精品内容生产的路径

学林出版社　　许苏宜

摘　要

2013—2024 年，上海共有 15 家出版社总计 33 种图书入选年度"中国好书"榜单，在全国 31 个省、自治区、直辖市中排名靠前，彰显上海大众出版的竞争力。本文汇总上海入选年度"中国好书"相关数据，分析归纳入选图书的基本特征和精品内容生产路径，以求为新时代大众精品图书的出版提供一些借鉴。

关键词

中国好书　大众出版　两个效益统一

在中宣部指导下，由中国图书评论学会组织评选的 2024 年度"中国好书"在 2025 年世界读书日公布，全国 42 种图书榜上有名，其中包括上海交通大学出版社《为国铸盾：中国原子弹之路》、上海古籍出版社《良渚：撞击与熔合的文明结晶》和光启书局《我的母亲做保洁》。2013 年以来，"中国好书"评选活动已举办 12 年，秉持"为读者发现好书，为好书寻找读者"的理念，以向读者推荐高质量精品图书为己任，其发布的年度榜单成为国内图书出版行业最具影响力的榜单之一，在推动和引导全民阅读的同时，也为大众出版的高质量发展树起标杆。

笔者参加上海市出版协会组织的调研，通过问卷调查和数据查询，获得年度"中国好书"的相关数据。本文根据这些数据，分析归纳上海入选图书的基本特征和精品内容生产的路径，以求为新时代大众精品图书的出版提供一些借鉴。

一、上海入选年度"中国好书"图书概况

据统计，2013—2024 年，全国有 150 家出版社 414 种图书入选年度"中国好书"，其中上海有 15 家出版社 33 种图书，上海入选年度"中国好书"占全国总数的 8%，在全国 31 个省、自治区、直辖市排名靠前。足以彰显上海大众出版的竞争力。

12 年间，年度"中国好书"评选竞争激烈，入选数量有缓步增加的趋势，从开始的 25 种增加到最近几年的 40 多种。上海每年都榜上有名，入选数量在 1 到 5 种之间，其中 2020 年最多，入选 5 种，2015 年、2023 年各入选 4 种，2019 年、2021 年、2024 年各入选 3 种，2013 年、2016 年、2017 年、2018 年、2022 年各入选 2 种，2014 年入选 1 种。数据显示，作为中国出版重镇，上海大众出版在全国有一定竞争力，但同时也面临严峻挑战，入选"中国好书"数量存在波动。

表 1　2013—2024 年度"中国好书"上海入选书目（33 种）

时间	书　名	时间	书　名
2013	科学外史	2020	深海浅说
	繁花		革命者
2014	甲午殇思		民法典与日常生活
2015	孔学古微		文献中的百年党史
	读懂中国农业		火种：寻找中国复兴之路
	黑白男女	2021	深海探秘：换一个角度看地球
	国史讲话·春秋		丰子恺家塾课：外公教我学诗词（上、下）
2016	中国艺术史九讲		北纬四十度
	布罗镇的邮递员	2022	细胞简史
2017	三磅宇宙与神奇心智		科坛趣话：科学、科学家与科学家精神
	五百年来王阳明	2023	认识中国湖
2018	名画在左 科学在右		她们：中国古代女子图鉴
	战上海		天下国家道理：中国共产党的成功之道
2019	70 年邮票看中国		大地中国
	中国古代纪时考	2024	我的母亲做保洁
	细节的力量：新中国的伟大实践		为国铸盾：中国原子弹之路
			良渚：撞击与融合的文明结晶

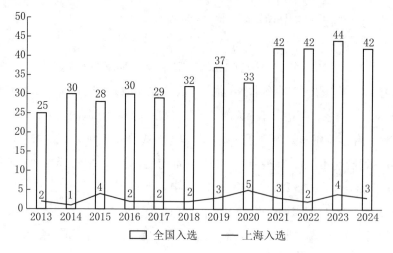

图1 2013—2024年度"中国好书"入选数量

二、上海入选图书类型分析

从2014年开始,年度"中国好书"按年度荣誉图书、主题出版、人文社科、文学艺术、科普生活、少儿类六个门类分类评选,旨在发掘一批大众精品畅销图书,助力全民阅读和书香中国建设。从绝对数量看,年度"中国好书"文学艺术和人文社科类图书占主流地位。虽然上海没有收获年度荣誉图书,但在人文社科、科普生活及主题出版类图书表现优异,尤其是科普生活类图书表现突出,入选率占全国的22.9%,远超其他

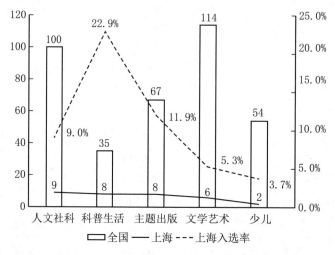

图2 2013—2024年度"中国好书"各类别入选情况

类别。

　　表2为12年来上海入选科普生活类的年度"中国好书"。从2017年开始，上海几乎每年都有一种科普图书入选年度"中国好书"。入选图书涵盖科学史、脑科学、艺术与科学、海洋科学、细胞生物学、湖泊科学等多个领域，内容丰富多样。

表2　2013—2024年上海科普生活类"中国好书"

年份	书　　名	出版社
2013	科学外史	复旦大学出版社
2017	三磅宇宙与神奇心智	上海科技教育出版社
2018	名画在左　科学在右	上海科技教育出版社
2020	深海浅说	上海科技教育出版社
2021	深海探秘：换一个角度看地球	上海辞书出版社
2022	科坛趣话：科学、科学家与科学家精神	上海科技教育出版社
	细胞简史	上海交通大学出版社
2023	认识中国湖	上海科技教育出版社

　　主题出版备受关注，它在年度"中国好书"评选中作为单独类别出现。上海主题出版类图书入选数量比人文社科类图书少一种，但入选率占全国的11.9%，高于人文社科类。上海人文社科、科普生活及主题出版类图书等大众出版已形成比较稳定的优势。

三、入选出版社分析

　　上海15家出版社的图书入选"中国好书"，入选数量和类别分布差异明显。上海人民出版社和上海科技教育出版社各有5种入选，但类别分布不同：上海人民出版社主要集中在主题出版和人文社科类，而上海科技教育出版社在科普生活类图书中一枝独秀，入选的5种均为科普生活类，占该类别总数的62.5%。上海文艺出版社12年间有4种图书入选，主要集中在文学艺术类。学林出版社有3种入选，主要集中在主题出版和人文社科类。此外，上海书画出版社、上海远东出版社、华东师范大学出版社、上海交通大学出版社、上海古籍出版社各入选2种，上海科技文献出版社、上海辞书出版社、复旦大学出版社、少年儿童出版社、文汇出版社和光启书局各入选1种。

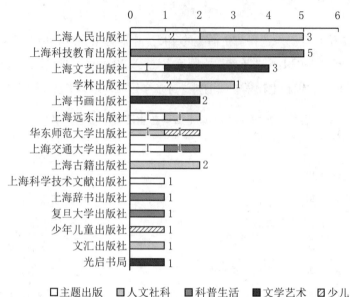

图3　2013—2024年度"中国好书"上海各出版社入选情况

分析以上入选情况可以看出，各社入选图书都来自各社的传统优势板块。在图书大众化、普及化路上，专业化是基石，只有发挥自身优势，打牢基石，才能实现突破。

四、入选"中国好书"带来的综合效益

出版社参与"中国好书"评选，是提升社会效益，实现社会效益和经济效益统一的重要路径。

一是明显增强在国家级奖项评选的竞争力。"中国好书"经过12年的培育与推广，已成为目前国内最具专业性、权威性与影响力的综合性图书排行榜，对其他重要奖项的评选有明显帮助。据统计，上海入选年度"中国好书"的33种图书，有11种图书获得其他国家级奖项，如精神文明建设"五个一工程"奖、中国出版政府奖、中华优秀出版物奖等，占比33.3%。这些都是国内出版界的最高奖项，获得这些奖项是对图书质量和影响力的高度肯定。

二是销售数量明显上升。"中国好书"本来就是针对大众精品畅销图书设置的，由"中国好书"遴选出的精品图书不断被大众和市场认可。上海33种入选图书中，销售万册以上29种，占87.9%。10万册以上的8种，分别为《繁花》《五百年来王阳明》《火种：寻找中国复兴之路》《文献中的百年党史》《民法典与日常生活》《布罗镇的邮递员》《革

命者》《细节的力量：新中国的伟大实践》，其中《繁花》销售超过了百万册；5 万册—10 万册 6 种，分别为《大地中国》《国史讲话·春秋》《战上海》《深海浅说》《科学外史》《北纬四十度》；1 万册—5 万册 15 种。万册以下的 4 种，占 12.1%。值得注意的是，本文统计数据截至 2024 年底，而销售万册以下图书中，有 2 种是 2024 年度 "中国好书"，上市时间短，又刚刚入选 "中国好书"，还没来得及形成市场影响。

三是版权输出也卓有成效。"中国好书" 更有助于 "走出去"，一方面，通过中国出版物来讲好中国故事、传播中国声音、提升中国话语分量；另一方面，可以反过来促进 "中国好书" 的影响力的提升，增强中国文化的世界影响力。据统计，上海入选年度 "中国好书" 的 33 种图书，有 17 种实现 23 种语种、68 次版权输出，占 51.5%。版权输出前三的语种依次为英文、繁体中文和俄文。其中，英文输出 9 种，占 13.2%；繁体中文和俄文各输出 7 种，占 10.3%。超过 10 种语种输出的图书 3 种，为《布罗镇的邮递员》《北纬四十度》和《革命者》，其中《布罗镇的邮递员》实现 13 种语种输出，分别为繁体中文、韩文、越南文、阿拉伯文、马来文、哈萨克文、俄文、白俄罗斯文、乌尔都文、西班牙文、英文、波兰文、希伯来文。单独统计 "一带一路" 倡议沿线国家相关语种（除英文外），实现版权输出 40 次，占 58.8%。

五、几点启示

分析上海入选年度 "中国好书"，可以得出多方面的启示。

一是立足在专业领域精耕细作，推动优质出版资源向 "大众化" 转型。图书的大众化、普及化是实现两个效益的重要途径，但大众化、普及化不能削弱图书的专业化，还是应该强调专业立社、专业强社，以专业化夯实大众化、普及化的基石。上海人民出版社、上海科技教育出版社和上海文艺出版社入选的年度 "中国好书"，几乎都来自社里传统优势板块。上海科技教育出版社深耕科普图书出版，从 1998 年开始策划出版 "哲人石" 丛书达 150 个品种，是国内连续出版时间最长、出版规模最大、选题范围最广的科普丛书，他们有 5 种图书入选年度 "中国好书"，正是厚积薄发的结果。

二是服务国家战略，紧贴时代、紧贴当下，心无旁骛，用心做书。12 年中，上海入选的年度 "中国好书"，都与当下政治、经济、社会、科技、民生等密切相关，和时代同频共振。《火种：寻找中国复兴之路》《文献中的百年党史》等都是出版社围绕重大节点，服务国家战略，提前布局策划出来的，出书出人，还带出一支能打硬仗的队伍。做好 "走出去" 工作也是服务国家战略的重要体现。上海少儿类图书在年度 "中国好书"榜单中占比不多，但版权输出率却最高。少年儿童出版社获2016年年度"中国好书"的《布罗镇的邮递员》实现13种语种输出，其中阿拉伯文、哈萨克文等非英语语种占比76.9%。

三是重视优质选题深度开发，努力提升内容价值。从选题策划开始，到印制、推广、销售，每一个环节不能松懈。特别是在媒体融合的背景下，阅读已经由过去的单一体验演变为更加深刻、复杂立体的多种体验。获奖图书作为优质资源更需要重视全面开发，深度挖掘内容价值。《繁花》出版后，除入选年度"中国好书"，还获得精神文明建设"五个一工程"奖和茅盾文学奖，被开发为有声书、话剧、评弹、电视剧，尤其是电视剧版《繁花》播出后，又一次掀起图书的销售高潮。在《战上海》启发下诞生的同名杂技剧获第十六届精神文明建设"五个一工程"奖，而由《战上海》内容改编的电视剧《破晓东方》在央视一套黄金档首播，《战上海》图书销量环比增长了180%。优质选题的全面开发，不仅是对图书本身内容价值的提升，反过来也是对图书的跨领域宣传。

通过对2013—2024年"中国好书"上海入选图书的分析，我们可以看到上海出版业在精品内容生产方面的路径。这些年，上海大众出版以专业化筑牢根基，以国家战略引领方向，以优质选题激活市场，实现社会效益与经济效益的双丰收，很多做法值得总结，但我们也要看到存在的不足。知不足而奋进。近日，习近平总书记在上海主持召开部分省区市"十五五"时期经济社会发展座谈会强调，今年是"十四五"规划收官之年，要在加紧落实规划目标任务的同时，适应形势变化，把握战略重点，科学谋划好"十五五"时期经济社会发展。上海出版业要按照总书记要求，守正创新实现高质量发展，一方面要继续强化内容建设，打造更多"叫好又叫座"的精品力作，另一方面要积极探索新技术条件下的内容生产和传播方式，让优质内容获得更广泛传播。我们要高举中国特色社会主义伟大旗帜，以奋发有为的责任担当和脚踏实地的工作作风迎接各种挑战，服务国家战略，让更多的上海精品图书走近读者，走向世界，为打造文化自信自强的上海样本，建设习近平文化思想最佳实践地作出贡献。

参考文献

[1] 李长青. 历届年度"中国好书"入选榜单分析与启示 [J]. 出版广角，2024（18）.
[2] 王晶. 近十年"中国好书"入选选题分析 [J]. 出版人，2024（12）.
[3] 江晔. 从2013—2022年"中国好书"榜看图书出版业发展变化 [J]. 出版与印刷，2023（5）.
[4] 车玉龙，翟燕. 从入选"年度中国好书"探讨两个效益相统一 [J]. 科技与出版，2018（1）.

坚守与创新：学术出版社的大众化策略探究

中西书局　　胡国友

摘　要

本文聚焦学术出版社的大众出版策略。基于当前学术出版现状以及大众阅读需求的变化，阐述学术出版社探索大众出版策略对自身发展和社会文化建设的重要意义，论述学术出版社大众出版的实施路径，分析面临的挑战，并提出应对策略。本文着重强调学术与大众的融合，旨在为学术出版社的大众化转型提供理论参考。

关键词

学术出版社　大众化策略　品牌建设　数字化转型

在知识传播生态深刻变革的当下，学术出版社面临着前所未有的机遇与挑战。一方面，传统学术出版模式因受众范围局限、传播渠道单一，使得大量优质学术成果难以触达更广泛的人群，未能实现广泛的社会价值；另一方面，随着社会文化水平的整体提升，大众对知识的渴求愈发强烈，阅读需求呈现出多元化、个性化的特征。在此背景下，探索大众化策略成为学术出版社突破发展瓶颈、实现可持续发展的必然选择，也是推动学术知识普及、提升全民科学文化素养的重要路径。

一、学术出版社大众化策略的内涵

学术出版社在学术发展与知识传播的生态系统中，承担着传承学术、推动创新和服务学术共同体的重要使命。学术出版社的大众化策略，本质上是一种将学术成果转化为大众易于接受和理解的形式的战略举措。它绝非是对学术品质的妥协或简单迎合大众口味，而是在坚守学术本质和价值的基础上，通过创新的方式和手段，打破学术与大众之间的壁垒，让学术知识走出象牙塔，走进寻常百姓家。

这一策略的核心在于精准平衡学术性与大众性。学术成果的科学性和专业性是其立足之本，在进行大众化转化时，必须确保这些核心特质不被削弱。同时，通过优化表达方式、创新传播形式，赋予学术成果更强的可读性和吸引力，使普通大众能够理解并从中受益。学术出版社的大众化策略，旨在以学术的力量影响社会大众的思想和生活，促进社会知识体系的更新与完善，为社会的创新发展提供坚实的知识支撑。

二、学术出版社大众化策略面临的挑战

（一）内容转化的矛盾

在学术出版的大众化转型中，内容转化面临着深层次的结构性矛盾。这些矛盾既源于知识传播的内在规律，也受到媒介环境与市场逻辑的外部制约，具体表现为专业性与通俗性的平衡难题、学术深度与传播广度的博弈、文化启蒙与市场回报的价值冲突。

专业性与通俗性的平衡始终是学术内容转化的难点。学术著作的专业性往往建立在概念体系、论证逻辑和学科规范之上，而通俗化则要求将复杂知识转化为大众可理解的语言形式。过度简化可能导致知识失真，而保留专业深度又会阻碍传播效果。

学术深度与传播广度之间存在着天然的博弈关系。学术著作的价值在于其知识创新与理论突破，但大众传播需要降低理解难度以扩大受众范围。学术内容的传播广度与深度呈指数级负相关，需要通过分层策略实现动态平衡。

文化启蒙与市场回报的价值冲突在学术出版大众化过程中尤为突出。学术出版承担着文化启蒙的公共职能，但在市场化运作中又不得不考虑经济效益。过度追求市场回报可能导致学术场域的自主性被商业逻辑侵蚀，这种"文化资本"向"经济资本"的不当转化，可能损害学术出版的公共性。

（二）市场竞争的压力

学术大众读物市场竞争激烈，学术出版社面临着来自多个方面的竞争压力。从市场竞争格局来看，传统出版巨头凭借其丰富的资源、强大的品牌影响力和广泛的销售渠道，在市场中占据着优势地位，积累了大量的读者群体和市场份额。新进入市场的小型出版社，虽然具有创新的活力和独特的选题视角，但在资源和品牌知名度方面相对较弱，难以与传统出版巨头抗衡。

数字阅读平台的崛起也给学术出版社带来了巨大的竞争压力。随着互联网技术的发展，数字阅读平台如掌阅、咪咕等，为读者提供了丰富的数字阅读资源，且具有便捷性、互动性等优势。这些平台通过与作者直接合作、推出独家数字内容等方式，吸引了大量读者，对学术出版社的市场份额造成了一定的冲击。

学术大众读物的同质化问题也加剧了市场竞争。在选题方面，一些热门领域的学术大众读物出现了过度集中的现象，例如在历史文化类读物中，关于中国古代史的选题众多，内容相似，缺乏创新性和差异化。在内容和形式上，部分学术大众读物缺乏创新，未能满足读者日益多样化的需求。

（三）读者阅读习惯的变化

数字化时代的到来，深刻改变了读者的阅读习惯，这对学术出版社产生了多方面的影响。读者越来越倾向于获取碎片化的信息，随着移动互联网的普及，人们利用碎片化时间通过手机、平板电脑等移动设备阅读成为常态，这使得学术出版社传统的长篇幅、系统性的读物难以满足读者的需求。

阅读媒介的多元化也是读者阅读习惯变化的重要表现。除了传统的纸质书籍，电子书、有声读物、在线课程等数字化阅读媒介日益受到读者的青睐。不同的阅读媒介具有不同的特点和优势，满足了读者多样化的阅读需求。读者对互动性阅读体验的需求也在不断增加，在数字化时代，读者不再满足于单纯的阅读文字内容，而是希望能够参与到阅读过程中，与作者、其他读者进行互动交流。

三、学术出版社大众化策略的实施路径

应对面临的挑战和难点，学术出版社要努力从内容创新、品牌建设、队伍培养、跨界合作等多方面立体化实施大众化策略。

（一）内容创新：学术成果的转化与呈现

一是选题策划的多元化。学术出版社肩负着打破专业壁垒、实现学术成果普惠大众的重要使命。多元化选题策划作为关键路径，需要以学术价值为内核，以社会需求为导向，以创新传播形态为载体，构建起"学术生产端—大众接受端—技术赋能端"的系统化价值转化机制，让严谨的学术成果在大众领域焕发新的生命力。

社会热点往往是大众关注的焦点，其中蕴含着丰富的学术选题资源。学术出版社应

具备敏锐的洞察力，及时捕捉具有持续性和广泛影响力的社会议题，深入挖掘其背后的学术价值。通过筛选兼具知识增量与认知缺口的领域，构建"学术原典—通俗读本—多媒体产品"的立体产品线，实现学术资源的跨圈层传播。以海昏侯墓考古成果为例，出版社首先推出了专业的学术专著，为考古学界提供深入研究的资料；随后，将其中的内容进行通俗化改编，制作成图文并茂的普及读本，满足大众对考古知识的好奇；最后，利用现代数字技术，开发出互动 H5 产品，以生动有趣的方式呈现考古发现过程，吸引了大量年轻读者，成功实现了学术知识从专业领域向大众领域的跨越。

基于大众需求的多元性，学术出版社需建构精细化的分众化选题体系。在科普领域，凭借深厚的学科资源优势，采用"技术＋伦理"双轨架构，策划兼具理性深度与人文温度的硬核知识读物。例如，在介绍人工智能技术的读物中，不仅详细讲解其原理和应用，还深入探讨人工智能对社会伦理、就业结构等方面的影响。在人文社科领域，则要突破传统常识汇编模式，以新颖视角重新解读历史文化。如从女性视角出发，重新审视历史事件和人物，为读者提供全新的认知维度。同时，依据受众的认知水平梯度，开发从面向大众的趣味知识盲盒，到满足专业学习者需求的进阶知识库等差异化产品，全方位覆盖不同层次读者的阅读需求。随着学科交叉融合成为学术发展的主流趋势，许多社会问题和热点事件需要多学科协同分析。学术出版社应积极顺应这一趋势，推动跨学科选题的策划。通过整合多学科视角，打造"学科集群式"选题，将原本分散的学术成果转化为大众喜闻乐见的文化消费品。

二是写作风格的通俗化。写作风格的通俗化是学术出版社实现大众化策略的重要手段之一。学术研究成果往往因大量使用专业术语和复杂的论证逻辑，让普通大众望而却步。为了让学术知识能够被更广泛的读者接受，学术出版社需要构建"专业知识转译—写作技巧赋能—作者生态培育"三位一体的通俗化体系，让严谨的学术内核披上大众可感知的表达外衣。

将晦涩术语转化为生活化比喻是最直接的通俗化手段。例如，在介绍深度学习中的"卷积神经网络"时，将其类比为"数字世界的视觉过滤器"，把数据训练过程比作"让机器反复观看海量图片以培养识别能力"，使抽象的概念变得具体可感知。出版社可建立"术语转化指南库"，为作者提供标准化的转译模板，降低专业表述的理解门槛。

复杂理论的故事化重构是通俗化的另一个重要途径。学术出版社可引导作者将理论逻辑融入叙事框架。以《显微镜下的古人生活》系列为例，作者摒弃传统史学的编年体写法，通过"宋代文官退休后如何理财""明代商人纠纷的调解现场"等具体场景，将经济史、法律史知识转化为有情节、有人物的故事。这种"学术故事化"写作方式，既保持了知识的准确性，又增强了内容的趣味性，让读者在阅读故事的过程中轻松学习学术知识。当然，在创作过程中需严格把控真实性与趣味性的平衡，避免为追求故事效果而违背学术内容。

实现写作风格的通俗化，离不开对作者的引导和培育。出版社可以建立分层化作者培训机制，针对不同类型作者设计差异化培养方案：对学术型作者，开展"大众写作工作坊"，邀请畅销书作家分享故事构建、语言转化技巧；对非学术背景但具备专业知识的作者，组织"学术规范训练营"，强化知识准确性与文献引用能力。同时，建立"学术＋文字＋市场"的协同审稿机制：从知识准确、表达流畅、读者需求三个方面把关，让学术内容既专业又通俗，从而实现专业性与可读性的平衡。

三是知识呈现的可视化。在信息时代，人们的阅读习惯和信息获取方式发生了深刻变化，图像、图表等可视化元素在信息传播中发挥着越来越重要的作用。对于学术出版社而言，利用图表、插画等可视化手段，能够有效增强大众读物的可读性与吸引力，使学术知识以更加生动、直观的方式呈现给读者。

图表是一种简洁明了的可视化工具，能够将复杂的数据和信息进行整理和归纳，以直观的形式展示出来，帮助读者快速理解和把握关键内容。在学术大众读物中，运用柱状图、折线图、饼图等图表，可以清晰地呈现数据的变化趋势、比例关系等信息。例如，在介绍经济发展趋势的读物中，通过折线图展示不同年份的经济增长数据，让读者一目了然地了解经济发展的脉络。

插画作为一种生动形象的可视化元素，能够为学术大众读物增添趣味性和吸引力。插画可以帮助读者更好地理解抽象的概念和复杂的内容，尤其是在科普类、历史文化类读物中，插画的作用更加显著。比如在科普读物中，用插画描绘微观世界的细胞结构，或在历史读物中绘制古代建筑的复原图，都能让读者更直观地感受知识内容。

（二）品牌建设：树立学术与大众并重的形象

在学术出版社大众化过程中，加强品牌建设，树立学术与大众并重的形象，是提升出版社影响力与产品受众覆盖面的关键策略。通过精准的内容定位、多元化的传播方式以及特色化的形象塑造，品牌能够在专业领域与大众市场间架起沟通的桥梁，实现学术价值与社会价值的有机统一。

一是明确品牌定位。清晰的品牌定位是学术出版社在市场竞争中确立独特地位的关键。首先，出版社需深入分析市场需求与竞争态势，结合自身资源优势，明确核心业务领域与目标受众。其次，要提炼品牌核心价值，将学术权威性与大众服务性有机融合，清晰传达品牌在学术深耕与知识普惠方面的双重追求。最后，基于定位构建差异化的品牌特色，在选题策划、内容风格、装帧设计等方面形成独特风格，使品牌在众多学术出版社中脱颖而出，精准吸引目标受众。

二是品牌维护与提升。品牌维护与提升是学术出版社实现可持续发展的重要保障，需要通过持续推出高质量读物、积极回应读者反馈等多方面的努力来实现。在学术出版方面，严格把控选题质量，聚焦前沿学术动态，与知名学者、研究机构深度合作，推出具有创新性、权威性的学术著作和研究报告，巩固品牌在学术领域的专业形象。面向大众市场，需注重内容的思想性与可读性，开发兼具学术深度与大众趣味的科普图书、文化读本等，并对读者进行细分，制订针对性的营销策略，满足不同层次读者的知识需求。同时，建立严格的质量管控体系，从编辑校对到印刷装帧，确保每一本出版物都达到高标准。

积极回应读者反馈是提升品牌美誉度的重要途径。通过线上线下多种渠道，广泛收集读者意见和建议，及时进行改进与优化。此外，定期开展读者互动活动，如作者签售会、读书分享会、线上知识问答等，增强读者与品牌之间的情感联系，提升读者的忠诚度与归属感。

（三）人才建设：培育融合型编辑队伍

编辑作为学术出版社内容生产的核心力量，其素养直接影响着学术大众读物的质量。培养既具备深厚学术素养又有市场创新意识的编辑队伍，是学术出版社应对大众化策略挑战的关键举措。

学术素养是编辑理解、筛选和加工学术内容的基础。编辑应具备扎实的专业知识，对所涉及的学术领域有深入的了解。例如，负责历史类学术大众读物出版的编辑，需要熟悉历史学的基本理论、研究方法和学术动态，能够准确把握历史事件的脉络和本质，判断学术观点的正确性和创新性。同时，编辑还应具备良好的学术鉴赏能力，能够从众多的学术稿件中筛选出具有价值和潜力的内容。

在大众出版市场中，编辑人员还需具备市场创新意识，能够敏锐地捕捉市场动态和读者需求，策划出具有市场竞争力的选题。编辑要敢于突破传统框架，运用跨界融合思维，将出版与影视、游戏、教育等行业结合，开发衍生内容产品。

（四）融合发展：适应数字化发展趋势

数字化时代，学术出版社必须积极适应数字化发展趋势，利用数字技术创新出版形式，以满足读者日益多样化的阅读需求。数字技术为学术出版社带来了丰富的出版形式创新机遇，开发电子书、有声读物、在线课程等都是数字出版的基础形式。

为了实现数字出版的有效发展，学术出版社要加强与数字技术企业的合作，共同开发数字出版平台，提升数字出版的效率和质量。学术出版社还可以借助数字技术企业的技术优势，开展数据分析和精准营销。通过分析读者在数字阅读平台上的阅读行为和偏好，了解读者的需求，为选题策划和营销推广提供依据，并利用数据分析结果向读者推送个性化的读物推荐，提高读物的销售量和读者的满意度。

学术出版社的大众化策略是时代赋予的使命与机遇。通过内容创新、品牌建设，以及对挑战的积极应对，学术出版社能够实现学术与大众的深度融合，推动学术知识的广泛传播，为社会文化发展注入强劲动力。未来，学术出版社应持续创新，在坚守学术品质的同时，探索更多元化的发展路径，更好地服务学术进步与大众知识需求。

参考文献

［1］刘华新. 学术＋大众，让学术成果和创新理论"飞入寻常百姓家"［EB/OL］. https://www.cssn.cn/wkskjh/wkskjh_bt/202209/t20220919_5528865.shtml.2022-09-19 .

［2］陈华栋.以"三化"策略推动学术出版高质量发展［N］.中华读书报，2023-02-15.

［3］王苑.关于学术普及类图书出版的再思考［J］.文学教育（下），2022（6）.

［4］金鑫荣，左健.大学出版社的坚守与创新［M］.南京：南京大学出版社，2014.

［5］钱敏.学术出版品牌建设的思考和实践［J］.编辑学刊，2024（6）.

［6］赵枫岳.论学术出版大众化及其主要原因［J］.东南传播，2013（8）.

［7］朱鸿军，李辛扬.中国式现代化背景下学术出版的使命担当与发展方向［J］.科技与出版，2023（7）.

主题出版编辑力的提升与实践

上海人民出版社　　沈骁驰

摘　要

编辑力反映了编辑扎实全面的能力，是出版工作的核心竞争力。本文梳理了编辑力的相关研究及其特点，指出编辑力是一种综合能力；并以发展规划文件为依据，以做强做优主题出版为目标，提出可以从政治引领力、高效执行力、蓬勃创造力、思维转化力这四个方向来提升主题出版编辑力。以漫画党史读物的出版实践为例，对编辑力在主题出版实践中的具体体现和推动作用进行思考和总结。

关键词

主题出版　编辑力　文化软实力　文化事业

出版工作是文化事业不可或缺的一部分，是党的宣传思想文化工作的重要组成部分，是促进文化繁荣兴盛、建设社会主义文化强国的重要力量。作为贯穿整个出版流程、打通出版各个环节的人员，编辑是出版工作的核心力量，在出版工作的发展、文化事业的繁荣乃至社会主义文化强国的建设中，都发挥着基础性、支撑性作用。新形势下，了解编辑力的内涵、不断在实践中提升自身的编辑力，将有助于推动编辑工作的进步、出版事业的发展，进而更好为繁荣发展文化事业、提升国家文化软实力助力。

一、编辑力的内涵

在我国，较早提出"编辑力"这一说法的是冯国祥。他将图书编辑力视为图书编辑学的基本范畴，并在《图书编辑力浅论》一文中作出概括："图书编辑力是指对书稿这种知识产品的编辑力""是适应以图书形式传播知识的精神产品的要求，对凝结着人们对于自然、社会和人本身的知识的书稿施加影响的一种力量。"图书作为一种知识产品，其生产力中包含了"对著述的选择、修整、组装力"，即编辑力；编辑力"属于知识产品的生产力和传播力的范围"。这篇发表于 20 世纪 80 年代的文章，主要是基于纸质图书编辑工作来对编辑力进行概括与探讨的。从现实情况来看，编辑工作已经远不局限于"选择、修整、组装"了，但文章对编辑力发展所作的规律性认识和总结，以及所揭示的图书编辑力的特点，对我们今天做好编辑工作依旧具有指导意义。

"十四五"以来，随着提高国家文化软实力、建设文化强国目标的提出，以及文化发展规划、出版业发展规划等文件的出台，编辑的能力培养被提升到了重要地位，编辑力也随之受到越来越多的关注，形成了一批时代性强、特色鲜明的研究成果。这些研究大致呈现出三个特点：第一，对编辑力进行学理上的研究。就笔者了解，周国清、唐永亮的研究比较典型。他们认为编辑是"一种无形、隐性的作用力，与编辑主体的综合创新能力和自我发展能力密切相关，是一个抽象概念"，提升编辑力就要提高创造力、凝练阅读力、培养数据力、打造经营力。第二，对编辑力的研究越来越与时代发展同频共振。林青松指出编辑力"体现在编辑从选题策划到发行营销的各个环节"，既要巩固提升传统图书的编辑力，也要结合新时代新要求，更新适应全媒体时代的新媒体洞察力、网络沟通力、网络影响力等编辑力。第三，对编辑力的研究切口变小、情感真挚。更多一线编辑开始对编辑力进行思考与探讨，他们更倾向于发挥自身经验优势。这为编辑力的内涵拓展提供了更多的可能，让编辑力更具"血肉"。

笔者结合自身的工作经历认为，编辑力是一种综合能力，既体现为编辑做好本职工作所应具备的各种能力的综合，也体现为编辑对出版各环节所产生或施加的影响力。编辑力包含两个维度：一是"广度"。编辑要成为"杂家"，尤其是在新概念屡见不鲜、新技术层出不穷、新领域不断拓宽的当下，大众对于编辑的要求和期待也在不断提升和拓展，这就要求编辑不断学习新知识、开发新技能，以顺应行业发展、满足大众需求。二是"深度"。对于自己从事的出版方向，编辑应当具有较为深厚的知识储备，了解这个领域的发展现状和动态，熟悉相关专家学者，提升对选题的判断力、对作者的选择力、对内容的把握力。在实践中，不同的出版方向，编辑力包含的具体内容并不完全一致，即便有所交叉重叠，也会存在不同的优先级。

因笔者主要从事主题出版工作，拟就主题出版编辑力浅谈一些自己的认识。

二、主题出版编辑力的提升方向——以漫画党史读物为例

主题出版是指"出版机构围绕国家政治、经济、社会、文化等方面的工作大局,党和国家发生的一些重大事件、重大活动、重大题材、重大理论问题等主题而进行的选题策划和出版活动"。主题出版虽然是一个比较年轻的出版方向,但与时代和大局的联系最为密切。自2012年被提升到党和国家顶层设计的高度后,展现出朝气蓬勃的发展面貌,成为出版事业的重要组成部分,是繁荣发展文化事业、提高国家文化软实力的重要力量。笔者尝试据此探索主题出版编辑力的提升方向。

2021年底由国家新闻出版署发布的《出版业"十四五"时期发展规划》,是中宣部统一管理出版工作后制定的第一个有关出版行业的五年规划,"描绘了出版业发展蓝图和工作方向"。其中有两个信息点值得关注:一是与前两次五年规划文件相比,这份文件从标题到内容都只聚焦于出版业,而不再作为"新闻出版""新闻出版广播影视"中的一部分。二是将"做强做优主题出版"列为首项重点工作,并且特别重视主题出版的传播。其中指出:"把学习宣传贯彻习近平新时代中国特色社会主义思想作为长期重大政治任务,及时策划、编辑、出版、传播党的创新理论读物,打造文献精编、权威读本、理论专著、通俗读物等多层次作品体系,推动党的创新理论更加深入人心、落地生根。坚持围绕中心、服务大局,打造更多培根铸魂、启智增慧的出版精品,更好为全面建设社会主义现代化国家统一思想、凝聚力量。"这段话作为"做强做优主题出版"板块的导语文字,为当下主题出版编辑力的提升指明了方向、提出了要求。

首先,主题出版要聚焦内容,彰显政治引领力。这是提升编辑力、做好主题出版的根本要求。主题出版的第一特性是鲜明的政治性,政治导向是其生命线。在对出版单位进行社会效益考核时,一旦出版物出现严重政治导向错误,直接一票否决、判为不合格。一般图书如此,主题出版物更是如此。因此编辑必须做到思想不松懈,不断提升政治理论素养、提高政治站位,确保做到"高质量"。同时,努力练就火眼金睛,发挥好政治判断力,及时发现书稿中的问题,树立"我的眼睛就是尺"的自信,努力做到"零差错"。

以《半小时漫画党史》为例,这是一本为年轻人量身定制的非传统党史主题读物,出版后受到高度关注和广泛好评,至今依旧保持着稳定的重印数量。策划之初,编辑团队就认识到"谁来写""写什么"将在很大程度上决定导向的正确性和内容的扎实度。为了顺应年轻读者的学习需求和语言风格,我们邀请中共上海市委党校"90后"教师、主攻中共党史研究的吴波来撰写文字脚本。我们以一系列权威党史著作为依据,科学划

分章节，确保每一个知识点都言之有据、每一幅漫画都忠于历史。在图文创作过程中，恰逢《中国共产党简史》这一权威著作出版，整个团队立刻加紧学习、边学边干，以确保史实或提法与最新的党史著作保持一致，把握住党史主题主线、主流本质。

其次，主题出版要把控节奏，展现高效执行力。这是提升编辑力、落实主题出版基础工作的能力要求。编辑不是没有情感的看稿机器，而是具备综合能力，能够跟进、推动出版全流程的"六边形战士"。主题出版编辑则需要在此基础上，更精确把握好"时间点"。一方面要有前瞻性，能够在梳理未来重大时间节点的基础上，预判重大主题的发展走向、预测社会兴奋点，提前策划选题、合理安排进度、有效推动落地，掌握主动权；另一方面要有灵活性，能够在新的社会热点出现时，结合手头已有资源，调整出版节奏、转换宣传思维，抢占出版先机，真正做到"撸起袖子加油干"。

建党百年是一个重大时间节点，也是一个主题出版高潮。为确保《半小时漫画党史》如期出版，我们提早一年策划选题，并有节奏地完成人员召集、素材整理、框架构建、样张绘制等前期工作。为加快进度，我们"组团营业"、集中攻坚。团队成员各司其职：脚本撰写、文字二次创作、插图和分镜绘制、审读、排版……同时，我们在充分考虑环节交叉衔接、人员轮转调配的基础上，确定了比较合理、可控的时间表，全力有序推进各流程，为后续的重大选题备案环节留出了充足的时间。

再次，主题出版要创新表达，发挥蓬勃创造力。这是提升编辑力、丰富主题出版成果形式的目标要求。主题出版不必完全是理论性、学术性、专业性强的内容，理论阐释、改革发展、历史书写、传统文化等也可以纳入其中；为了更好丰富人民精神文化生活，主题出版在形态上也在不断创造和发展，如文学作品、少儿读物、漫画绘本，甚至视听作品、全媒体党课等。从主题出版物到主题出版产品、主题出版品牌，这种转型升级既是新时代主题出版的要求，也体现了编辑在其中发挥的创造力。

用漫画来讲党史，本身就是一种创新，希望通过这种新方式，把党的故事讲好，把党的精神传递给年轻人。在《半小时漫画党史》的设计编排过程中，我们与主创混知团队不断打磨，在尽可能保留"半小时漫画"品牌原有风格的基础上，力求找到严肃主题与活泼表达之间的平衡点。该书从年轻人的思维和知识水平出发，用符合历史场景的画面、彰显人物特色的漫画形象、接地气正能量的语言，把党史重点"画"了出来。

最后，主题出版要跳出陈式框架，用好思维转化力。这是提升编辑力、加强主题出版传播力的时代要求。主题出版上接天线、下接地气，既是任务、更是服务，既要服务大局、更要服务人民，必须始终坚持以人民为中心，以社会效益为先，因此主题出版编辑要转向"读者"思维。一是要从宣传向传播转化。图书是主题出版最基础的载体，宣传好一本书，可以实现一定的经济效益，但把书中所蕴含的知识或思想理念传播出去，将获得更大收益尤其是社会效益。二是要从内容供给向服务供给转化。借助形式多样的服务将高质量内容提供给广大群众，以此扩大主题出版的影响力、传播力。

在《半小时漫画党史》一书的宣传上，我们开发了各种既有意义又有意思的线下活动。该书出版后，借助"半小时漫画"的品牌影响力和创作团队的魅力，在中共一大纪念馆在举办了一场含"童"量极高的新书发布活动，小朋友们积极参与，场面生动热烈。两年后《半小时漫画中共一大》出版，宣传上继续突破，借用流行概念，举办了"半小时红色'漫'步——Red Walk"，从书中选了三个对党的创建有意义的地点，组织读者朋友重新走了一遍党的创建历程。不久，我们又选取书中精华，举办了"开天辟地大事变"的小型展览。通过不走套路的宣传活动，漫画党史图书的影响力不断扩大。

三、结语

当前，主题出版正处于蓬勃发展的阶段。我们要聆听时代的召唤，在"主题"的变化中，在不断发展变化的新形势中，提什、夯实自己的编辑力，塑造自己的不可替代性；反过来，我们也要以扎实的主题出版编辑力，去拥抱、推动"出版"的变化，去服务好大局，努力为做强做优主题出版、提升国家文化软实力贡献自己的力量。

参考文献

［1］习近平.高举中国特色社会主义伟大旗帜 为全面建设社会主义现代化国家而团结奋斗——在中国共产党第二十次全国代表大会上的报告［M］.北京：人民出版社，2022.
［2］出版业"十四五"时期发展规划［EB/OL］.https://www.nppa.gov.cn/xxfb/tzgs/202112/P020221129376042550150.pdf，2021-12-30.
［3］冯国祥.图书编辑力浅论［J］.编辑之友，1985（4）.
［4］周国清，唐永亮.论编辑力［J］.河南大学学报（社会科学版），2022（2）.
［5］林青松.全媒体出版时代编辑力的变与不变［J］.中国出版，2023（13）.

从"知世"看图书品牌与丛书的矩阵效应

上海人民出版社　　项仁波

摘　要

本文提出图书品牌的建设可以基于相关领域丛书，形成联动效应。通过分析上海人民出版社"知世"品牌与"东方编译所译丛""当代国际政治丛书"等丛书的互动实践，本文阐述了丛书可以为品牌提供选题积累和作者支持，而品牌与丛书的矩阵效应可以使双方在选题内容上进行协同互补，在营销方式上打通读者圈层，在品牌形象上提振市场口碑。本文也试图为出版行业的品牌建设和学术出版的产品创新提供参考。

关键词

图书品牌　品牌矩阵　丛书　知世　国际政治

在当今数字化与全球化的双重浪潮下，出版行业面临着前所未有的机遇与挑战。一方面，随着时代的发展和人民生活水平的提高，读者的阅读需求更加高标准、多元化；另一方面，新媒体和新技术也为出版行业提供了新的发展空间与传播渠道。在此背景下，图书品牌建设成为出版企业在市场中脱颖而出、赢得读者信任与忠诚度的关键因素。根据开卷数据，2024 年出版品牌图书在零售市场全部动销品种中的品种占比不足10%，但码洋占比却超 40%，品牌效应可见一斑。

一、品牌矩阵的类型、挑战及应对

图书品牌是指出版企业通过精确的品牌定位、独特的品牌标识、连续的选题内容以及有效的市场营销等活动，在读者心目中树立起来的具有特定形象和价值的图书产品。随着品牌的发展，品牌矩阵应运而生。图书品牌矩阵是指出版企业在统一的品牌战略下，通过构建多个子品牌，针对不同的细分市场和读者群体，提供多样化的图书产品和服务，形成一个相互关联、相互协同的品牌体系。

（一）品牌矩阵的类型及挑战

根据子品牌之间的关系和定位，图书品牌矩阵可以分为两种类型。一是放射式品牌矩阵：以一个核心品牌为中心，围绕核心品牌推出多个子品牌，子品牌在内容、风格、受众等方面与核心品牌既有一定的关联，又各具特色。例如，中信出版社以"中信"品牌为核心，推出了"中信童书""中信大方"等子品牌，分别针对儿童读物和文学社科领域。二是并列式品牌矩阵：各个子品牌之间没有明显的主次之分，它们在不同的细分市场上独立发展，但共享企业的品牌资源和营销渠道。例如，广西师范大学出版社集团已形成多层次品牌矩阵，在人文社科领域成立"理想国""大学问"等子品牌；在历史文化领域有"新民说"子品牌；少儿类有"魔法象""神秘岛"等子品牌。

子品牌在各自的细分市场中精准定位，满足不同读者群体的需求，同时又借助母品牌的影响力，实现资源共享与优势互补。然而目前图书品牌矩阵的发展面临一些问题和挑战：一是子品牌之间大多聚焦于不同的学科领域，拥有不同的读者客群，通常"各美其美"，难以形成强劲的联动效应；二是部分子品牌选题和受众范围相对较窄、类型单一，内容创新难度大，限制了子品牌的进一步拓展；三是各子品牌编辑和营销团队分工不同，视角分散，若将子品牌以出版社为单位汇集在一起可能丧失重点。如何建立品牌之间既有特性又有强相关的品牌矩阵成为值得思考的问题。

（二）以丛书为基础打造品牌矩阵

在出版品牌这个概念兴起之前，"丛书"具有与"品牌"相似的特征。只是相对丛书，品牌的传播视觉设计系统更加受到重视，产品线更加多元，文创产品相对丰富。由于丛书的发展历史更早，数十年间，不少出版社积累了有口皆碑的丛书系列。例如，商务印书馆的"汉译世界学术名著丛书"奠定了其在学术出版领域的地位；"中华经典名著全本全注全译丛书"通过系统整理经典，为中华书局积累了深厚的文化资源；格致出版社旗下的"当代经济学系列丛书"成为经济学研究的必读书系，其下还分为"当代经济学文库""当代经济学译库""当代经济学教学参考书系"三个子系列。

近年来，不少编辑团队积极创建品牌，力图使学术走向大众，将营销设计走出新路线。此时，丛书可以说是品牌的核心资产之一，因而图书品牌的建立与建设可以立足于丛书的积淀，在原有丛书品牌效应的基础上拓展出新的优势。一方面，丛书通过多年积累，拥有良好的口碑和忠实的读者客群，有助于塑造品牌的权威形象；另一方面，品牌可以发挥新的营销优势和设计理念，辐射更加广泛的读者客群，有助于丛书的破圈和推广，从而形成良性循环。因此，在同一学科领域内，建立品牌和丛书的矩阵，可以解决传统图书品牌矩阵中各个子品牌之间学科差异较大的问题，形成"1+1>2"的强联动效应。

二、系列丛书为"知世"品牌奠定立基之本

上海人民出版社国际政治编辑室多年来一直深耕国际政治专业领域，形成了以"东方编译所译丛""当代国际政治丛书""欧盟与世界丛书""地区研究丛书"等为代表的专业学术出版矩阵，积累了丰富的选题资源、优秀的作者资源和忠实的读者群体。

2019 年，编辑团队创建"知世"品牌图书。"知世"意为"探索新知，触摸世界"，希望通过通俗易懂的语言，将国际政治领域的专业图书进一步市场化、大众化，与更多读者朋友共同探究变化世界秩序背后的逻辑。"知世"既关注作品的可读性，又注重作品的专业性。在此高标准下，对于"知世"品牌选题如何优中择优，如何利用现在丛书资源打造"知世"品牌的高质量内容，编辑团队做了积极的尝试。

（一）为"知世"提供选题视角

以"东方编译所译丛"（以下简称"译丛"）为例，"译丛"始自 1988 年，截至目前，已引进并出版图书百余种，收录了当代国际政治等领域最前沿、最重要的学术著作。其选题特色鲜明、理论前沿，同时具备涉猎范围广泛、作者阵容强大、社会影响力巨大等特点。丛书中的作者皆是国际关系各个分支领域的代表人物，系列作品也是学科研究的必读经典，为中国国际关系学科的建设和学术进步作出了贡献。

在此基础上，编辑团队进一步精选符合"知世"标准的名家著作，推出了头两部作品《注定一战：中美能避免修昔底德陷阱吗？》和《大幻想：自由主义之梦与国际现实》。前者上市 7 个月重印 5 次，取得全国开卷榜单连续 12 个月排名前 50 的成绩，受到市场广泛认可。后者的作者约翰·米尔斯海默也是"译丛"的作者之一，中文版上市后，米尔斯海默来中国举办学术讲座和研讨会，对谈嘉宾包括中国人民大学副校长吴晓求、清华大学资深教授阎学通、清华大学中美关系研究中心主任陈琪等，社会

反响热烈。

（二）为"知世"积累优秀作者

以"当代国际政治丛书"为例，丛书是国内第一套以国际政治学专著为特色的丛书。丛书选题方向具有学科前沿性和学理创新性，力图展现中国国际政治学研究的最高水平，出版30年来积累了大量名家著作，这些作品对于思考当下国际关系形式的变化起到重要作用，对于创建具有中国特色的国际关系理论和学科体系作出突出贡献。2024年，"当代国际政治丛书"的主编和作者之一冯绍雷教授出版《危机与秩序：全球转型下的俄罗斯对外关系》，作为"知世"品牌的第一本专著推向市场，学界和市场反响热烈。该书以20世纪80年代以来的全球转型的进程为大背景，以世纪之交以来俄罗斯与大国关系为切入点，探讨了欧亚地区一系列危机与世界秩序演进之间的关系，鲜明地体现了"知世"品牌的特点。

三、"知世"品牌与丛书互动，发挥矩阵效应

新时代下，"知世"作为品牌如何与丛书互动从而发挥矩阵效应，新技术在品牌打造和传播链中如何发挥作用，品牌如何反哺丛书以扩大其读者群体和社会影响力，如何培育高质量的学术书系和出版品牌，从而为构建中国特色哲学社会科学话语体系及文化强国贡献出版人的力量，一直是我们探索的主题。

（一）以专业思考聚焦国际关系图书的不同指向

与传统品牌矩阵不同，"知世"品牌与系列丛书始终聚焦政治学、国际关系领域，既有强相关性，又各有侧重，可以在内容上进行互补和协同，以满足不同读者的多样化需求。如"东方编译所译丛"是国内高质量的社会科学理论翻译丛书，"当代国际政治丛书"代表了中国国际政治学者的研究标杆，"地区研究丛书"在区域国别研究方面占据学术高地，"中国政治学研究手册"体现了中国学者在构建中国政治学自主知识体系上的成果。此外"北京大学国际战略研究丛书""中国与全球政治经济丛书""中国与全球治理丛书""欧盟与世界丛书""美国经济外交研究丛书""国外俄苏研究丛书""暨南·东南亚研究文库""公共外交译丛"等皆具有明显的指向性。

"知世"品牌沿袭了丛书一贯的专业水准，以前沿的视角看待和思考世界政治的发展，通俗但无空谈，易懂但不简单。2024年底，在美国大选如火如荼之际，"知世"品

牌推出埃蒙德·福西特的《保守主义：为传统而战》，鲜活生动地讲述了两百年来西方右翼思想家和政治家的发展与争鸣，对读者理解当今美国国内政治的主要矛盾有很大的启发作用。"知世"又开辟了知世·名人传记、知世·国际关系史、知世·政治经济学等子系列，出版《阿尔伯特·赫希曼：一部思想传记》《雅尔塔的女儿们》《垄断与自由贸易之间》等作品，各子系列既有共性又指向明确，在市场上产生了较好的品牌矩阵效应。

（二）以新运营方式打通学术与大众的读者圈层

"知世"品牌与系列丛书共享营销渠道和资源，降低营销成本，提高整体曝光度。公众号、视频号、小红书等新媒体运营方式为传统丛书拓展新的曝光渠道，产品手册、系列文创产品为品牌和丛书增强辨识度，实现学术图书的读者"破圈"。

"知世"品牌创建之初，编辑团队即开设同名官方公众号"知世书坊"，定期发布新书书讯和活动信息。公众号不仅宣传"知世"品牌图书，也做所有与国际关系、政治学相关的图书推荐，使读者能够掌握新书上市的一手消息，为原丛书系列增加了宣传渠道。编辑团队积极参加学术会议、各地书展、读书沙龙，每年更新产品手册，在上述场合公开发放。产品手册以"知世"品牌的标志性绿色和品牌 Logo 为封面，增加了辨识度；内容涵盖"知世"品牌书系、各类丛书和精品单品，使产品线更加明晰。同时，编辑室做了关于"知世"的系列文创，包括帆布袋、水性笔、便签本、文件夹、大信封等，在活动场合回馈读者，进一步加强读者对于品牌的印象。由于"知世"品牌图书相较于专业学术图书包装更新颖、内容更具话题性、受到更多媒体关注和推广，不少读者从某一本热门图书关注到"知世"品牌，进而关注到其他丛书作品。在此意义上，"知世"品牌打开了普通读者了解和喜爱国际关系图书的大门。

（三）以优质内容建立品牌矩阵的市场口碑

无论是做"知世"品牌还是做系列丛书，编辑团队始终坚持"内容为王"，以优质内容获得作者和读者的信赖，建立市场口碑。品牌和丛书的互动使读者将编辑室的全产品线联系起来，互相背书，一荣俱荣。

"东方编译所译丛"和"欧盟与世界丛书"系"十四五"时期国家重点图书出版专项规划项目，"东方编译所译丛""当代国际政治研究丛书""地区研究丛书"均入选国家出版基金项目。系列作品多次再版，成为学科领域中研究和学习必不可少的读物。同时，不少优质图书加快"走出去"，如《关系与过程》获第十八届优秀输出图书奖，由英国剑桥大学出版社引进并出版英文版；《东亚秩序论》获国家社科基金中华学术外译项目资助，由斯普林格出版社引进并出版英文版。

"知世"品牌秉持高质量发展的自我要求，一路前行。"知世"品牌入选上海市促进文化创意产业发展财政扶持资金首批图书出版品牌项目，获得第三十六届华东地区优秀哲学社会科学图书二等奖。旗下作品《大国政治的悲剧》获国家新闻出版署优秀引进版图书；《注定一战：中美能避免修昔底德陷阱吗？》获得2018年上海书展媒体推荐的二十种好书；《美国自由的两面性》入选2021年第7期"新华荐书"；《保守主义：为传统而战》入选中国出版传媒商报2024年第四季度影响力图书；多部图书获得人民网、瞭望智库等权威媒体报道推荐，入选"人文社科联合书单"，在《中国社会科学报》《中华读书报》上刊载书评等。同时，"知世"品牌图书的经济效益也得到了市场的认可和检验。

综上所述，在数字化与全球化的背景下，品牌已成为出版企业赢得市场的关键策略。图书品牌与丛书的矩阵效应，相辅相成，互为背书。优质内容与优质作者的加持，极大地发挥了二者的优势。事实证明，"知世"品牌在继承系列丛书的学术基础上，结合新的技术与营销方式，走出了自己的生命线，进一步维护和加强了品牌矩阵的声誉。

参考文献

［1］出版机构以规模取胜的时代结束了！［N］.出版商务周报，2025-2-12.
［2］温泽远.学术出版的初心与创新［J］.编辑学刊，2025（2）.
［3］钱敏.学术出版品牌建设的思考和实践［J］.编辑学刊，2024（6）.
［4］王冲.传统出版提升品牌效应的观念变革与路径探索——以"知世"品牌的创立为例//中国编辑学会.创新行业人才培养机制　打造骨干编辑审校队伍——中国编辑学会第23届年会获奖论文（2022）［M］.上海：上海人民出版社，2023.

优质学术类图书的二次制作与营销

上海三联书店　　宋寅悦

摘　要

本文通过研究"三联精选"丛书的案例，探讨优质学术类图书二次制作与营销的必要性、可行性及其价值意义；分析了出版环境变化带来的挑战与机遇，阐述了存量学术资源的再利用潜力，以及多平台营销策略的有效性；同时，强调了内容精修、装帧统一、封面设计的高要求等在二次制作中的重要性，以及丛书内部书目的关联性和形式上的成套性设计对提升整体丛书价值的作用。

关键词

出版业变革　优质学术类图书　二次制作　"三联精选"

随着数字技术的迅猛发展和读者需求的日益多样化，传统出版模式正面临着前所未有的挑战与机遇。优质学术类图书，作为传承知识、促进学术交流的重要载体，其价值和意义不言而喻。然而，在快速变化的市场环境中，如何让这些经典学术作品焕发新的生命力，更好地服务于广大读者和学术界，成为一个亟待解决的问题。

于是，以市场化为导向，对已经出版过的优质学术类图书进行二次制作与营销，成为一种创新的出版模式。这一模式不仅有助于挖掘和传承经典学术资源，还能满足现代读者的多元化阅读需求，推动学术文化的广泛传播。上海三联书店的"三联精选"丛书是实践这一模式的典型案例。该丛书精心挑选以往出版过的优质学术类图书，进行重新编辑、设计和包装，以全新的面貌呈现给读者，不仅保留了原书的学术价值和思想深度，还在形式和内容上进行了创新，使其更加符合现代读者的阅读习惯和审美需求。

一、优质学术类图书二次制作与营销的必要性及可行性

（一）出版环境的变化使出版机构产生了忧患意识

一是同类产品竞争的加剧。近年来，学术类图书的市场份额虽然整体保持稳定，但内部竞争却愈发激烈。一些热门的学术领域，如经济学、管理学、历史学等，每年都有大量的新书出版，使得同类图书之间的竞争异常激烈。同时，数字化出版的发展也使得学术类电子书、在线数据库等数字化产品成为竞争的新焦点。

二是传统学术类图书制作模式的没落。随着数字化时代的到来，人们的阅读习惯和信息获取方式发生了巨大变化。年轻一代读者更倾向于通过电子书籍、在线数据库、学术论坛等渠道获取学术资源。这一变化导致传统学术类图书的市场需求逐渐萎缩。据相关统计，近年来全球电子书籍市场规模持续增长，年复合增长率超过 10%。这一趋势反映出电子书籍在学术阅读中的普及程度越来越高。相比之下，传统纸质学术类图书的销量却呈现出下滑趋势。特别是在一些热门学术领域，如计算机科学、经济学等，电子书籍的普及率已经远超纸质图书。我们必须在保证学术类图书质量的基础上，去探索能够使其价值被认识到的新渠道。

三是读者口味与兴趣的变化。在快餐化阅读盛行的时代下，读者面对这么多的图书种类，不再可能像以前那样一本本仔细了解图书的内容，出版机构必须探索一种更快抓住读者眼球的方式。同时，读者对学术类图书的内容需求呈现出多元化和个性化的特点。传统的学术类图书往往侧重于某一领域的深入研究，而现代读者则更希望获取跨学科、综合性的知识。

（二）优质的存量学术类图书资源为二次制作奠定了基础

这种变化促使出版机构必须利用优质的学术图书资源，打造一套跨学科的以市场化为导向的丛书来满足读者的新需求。正是在这种思路下，"三联精选"丛书确立了自身的产品主旨，即致力于打造历久弥新的学术佳作、好看有趣的社科精品，以"彰显三联的学术品牌，守护好中国知识分子的精神家园"为己任，希冀通过优质的图书内容、良好的阅读体验、个性化的周边产品，获得读者和市场的认可和赞誉。

第一，优质学术类图书的完整产品线。上海三联书店完整的学术类图书产品线为优质学术类图书的二次制作提供了丰富的素材和资源。只有具备完整的学术类图书产品线并且存有丰富的优质学术类图书资源，出版机构才可以根据读者的反馈和评价，对图书内容进行修订和完善，推出修订版或增补版，以满足读者不断变化的需求。此外，出

版机构还可以将优质学术类图书中的核心观点、研究方法等提炼出来，制作成精简版的学术指南或教程，方便读者快速掌握核心知识。上海三联书店高质量的学术类图书产品本身就是一座富矿，从中挑选一些在当前依旧具有蓬勃生命力的产品来制作，为"三联精选"丛书的起步提供了坚实的基础，让我们可以在探索中进步，不断完善项目运作思路。

第二，市场存在多层次需求。在学术领域，随着知识的不断更新和拓展，读者对于深入、系统、前沿的学术内容的需求日益增长，而现有市场上的学术类图书往往难以满足这种全方位、多层次需求。通过二次制作，如推出增补版、修订版或系列丛书等，可以进一步完善和丰富图书内容，满足读者对于更深入、更全面学术知识的渴望。同时，二次制作还可以针对特定读者群体或应用场景进行定制化开发，从而更精准地满足市场需求。上海三联书店的很多优质学术类图书第一次售罄后，没有再版或者重印，但读者对这些图书的呼声很高，经常在邮箱或者微信公众号后台咨询相关图书的重印及再版情况，孔夫子旧书网上的旧书已经卖到原价的十几倍，这种市场缺口的存在，为"三联精选"的横空出世奠定了基础。

第三，"老坛装新酒"的可操作性高。所谓"老坛装新酒"，即在保持原有学术品牌和内容基础的同时，通过创新的形式、更新的内容或拓展的应用场景，为老书赋予新的生命力和市场竞争力。一方面，通过更新内容，可以吸引那些对原有主题感兴趣但希望获取最新研究成果的读者，从而拓宽图书的读者群体。另一方面，通过创新的形式，如将原有的纸质图书转化为电子书、在线课程或音频等，可以满足读者多样化的阅读需求，提高图书的便捷性和可达性。上海三联书店优质学术类图书的内容有较多值得挖掘的东西，如被选入"三联精选"丛书的《巫术的历史》，其主题与内容非常吸引人，书中很多小的故事或者知识点，完全可以摘取出来做不同形式的宣传，甚至可以制作文创和相关的衍生产品，这就为"三联精选"项目实现"老坛装新酒"提供了无限的可能性与可操作性。

（三）出版机构上下通力合作是优质学术类图书二次制作与营销的支撑

在提出策划"三联精选"丛书的时候，上海三联书店领导就给予高度认可，并且在具体制作丛书内图书产品的过程中，发行中心、印制科等各部门都提供了非常多有益的意见。在项目宣传方面，营销编辑提供了丰富的资源与平台，调动各种形式对丛书进行宣传推广，扩大丛书的影响力。社领导及全社各部门的支持与推动是"三联精选"项目能够落地实施的重要后盾。

二、优质学术类图书二次制作的价值与意义

（一）满足市场需求与读者需求

优质学术类图书往往具有长久的学术价值和知识传承意义，但原版图书可能因年代久远、版式陈旧或获取渠道有限而难以满足现代读者的阅读需求。二次制作可以更新内容、改善版式，使这些优质学术资源更加符合当前市场的阅读习惯和审美，从而更好地满足广大读者的需求。在"三联精选"丛书策划制作的过程中，我们根据读者的阅读习惯，重新调整了丛书内图书开本的大小，并且对内文的字体大小、字符间距和行距进行了设计，以充分保障读者的阅读体验。

（二）促进学术传播与文化传承

优质学术类图书是学术研究成果的重要载体，通过二次制作，可以将这些成果更广泛地传播给学术界和公众，促进学术交流和知识共享。同时，这也有助于文化的传承和发展，让更多人了解和欣赏到学术文化的魅力。优质学术类图书的二次制作不仅是对过去学术成果的回顾和总结，更是对未来学术创新的激励和推动。同时，优质学术类图书中的研究成果往往具有实际应用价值，可以加强与产业界、政策制定者等的合作，推动学术成果的转化与应用，为社会经济发展和解决实际问题提供智力支持。针对"三联精选"丛书而言，其中所包含的诸多书目均为此前获得国家出版基金等国家级基金资助的书目，通过二次制作，这些书目今后可以探索进一步申报中华学术外译项目、国家社科基金等。

（三）提升出版社品牌影响力与竞争力

出版优质学术类图书是出版社提升品牌形象和竞争力的重要途径。通过重新制作出版经典学术作品，出版社可以展示自己的专业水平和学术品位，吸引更多学术作者和读者的关注，从而在激烈的市场竞争中脱颖而出，实现经济效益与社会效益的双赢。从经济效益角度看，"三联精选"丛书为出版社带来了较为可观的销售收入和利润。同时，丛书内图书的出版也有助于提升出版社的社会影响力和公信力，实现社会效益的最大化，如《叫魂》作为上海三联书店长销类学术著作，经过重新制作放入"三联精选"后，获得了较好的口碑，进一步提升了出版社的认可度。通过市场化运作，出版机构可以在保证学术品质的前提下，实现经济效益和社会效益的双赢。

（四）适应数字化时代需求

数字化时代为学术类图书的二次制作提供了广阔的空间。通过数字化技术，可以对原有的学术内容进行重新编排、设计，使其更加符合数字阅读的习惯和需求。同时，还可以结合多媒体元素，如音频、视频、交互图表等，丰富图书的表现形式和内涵，提升读者的阅读体验。这种二次制作不仅赋予了老书新的生命力，也使其能够更好地适应数字化时代的阅读场景，满足读者多样化的需求。笔者责编并已列入"三联精选"丛书的《巫术的历史》一书，在初版时就曾探索与喜马拉雅FM的"喜马讲书"节目进行合作，通过音频形式向听众介绍学术类图书的主要观点及吸引人的章节内容，推动图书传播及销售。

三、优质学术类图书二次制作的呈现方式与营销模式

通过全面调研目前市场上主要同类产品的情况，我们总结出一些优质学术类图书二次制作与营销的模式及思路：

（一）结构上的系列性

定位的一致性与延续性。"三联精选"丛书有着非常明确的产品线，没有将自己的产品做成大杂烩，即使涉及不同门类的图书，也会兼顾整套丛书内部各书目的关联性与逻辑性。纵观各学术类丛书品牌，其产品要么是能够回应当前中国的社会实践，比如"薄荷实验"中的图书都是直面社会问题的，要么是具有长久的生命力的议题，如"理想国译丛"，甚至有些书目是具有前瞻性的，如"甲骨文丛书"中的几本图书很早就涉及了乌克兰问题。"三联精选"的定位以上文介绍的产品主旨为依凭，以如下四个要素为判断标准：（1）典籍类、名家著述；（2）兼具专业和通俗类读物；（3）前沿、热点类作品；（4）译著和原创产品兼顾。

丛书内部书目的关联性。这种关联性不仅体现在内容上的相互衔接和补充，还体现在风格、主题以及品牌形象上的一致性，这对于提升丛书的整体价值、增强读者的阅读体验以及推动丛书的市场营销具有重要意义。"三联精选"丛书内的书目都基本围绕一个核心主题或研究领域展开，相互之间形成逻辑上的联系和补充。例如，同样是历史类著作，但"三联精选"丛书会避免放置两本研究相同主题的书目，而是分别介绍历史学的不同发展阶段、重要理论、代表人物等，使读者能够全面、系统地了解某一学科的全

貌。这种内容上的关联性不仅能够提升丛书的学术价值，还能够满足读者对深度知识的需求。比如，《叫魂》与《巫术的历史》虽然都是研究迷信问题在历史中的作用的，但是前者是中国语境，后者是西方语境，并不会存在过度的交叉与重合。"三联精选"丛书会合理安排丛书内图书产品的品类，实现各个图书产品之间的互补、衔接与搭配，并且在产品种类达到一定数量之后，我们可能还会考虑继续细分出一些子类别，以更加清晰地界分丛书内的产品。

（二）制作上的精良性

内容精修，强化编校质量。图书作为内容产品，内文质量永远是第一位的。在数字化时代，学术信息的更新速度极快，原有的学术观点、数据和结论可能很快就被新的研究成果所取代。因此，"三联精选"丛书不仅仅是对原有内容的简单复刻，更是对内容的深度挖掘和精修。这就意味着，"三联精选"丛书的编辑团队具备敏锐的学术洞察力，能够及时捕捉学术前沿，对图书中的过时或不准确内容进行更新和修正，以确保图书的学术价值和时效性。同时，"三联精选"丛书通过精炼语言表达、优化逻辑结构，使得图书更加易于理解，提升读者的阅读体验。此外，强化编校质量，则是保证图书品质的关键环节。编校工作不仅关乎图书的准确性和规范性，更直接影响到读者的信任度和满意度。一本编校精良的学术类图书，能够体现出出版社的专业素养和严谨态度，赢得读者的尊重和信赖。"三联精选"丛书内产品在印刷前都会进行质检，对依据已出版图书重新制作的图书都会对内容重新进行修订，力求在编校质量上精益求精。

形式上的成套性设计。成套性设计可以强化丛书本身的收藏价值，从而提高读者黏性，扩大丛书影响力。当读者购买并阅读丛书中的某一本书时，如果这本书在形式上与丛书内的其他书籍保持一致或者具有成套性关联，那么读者就会感受到一种连贯性和整体性，这种感受有助于读者更好地沉浸在图书所营造的学术氛围中，提升阅读的愉悦感和满足感。同时，成套的设计也能让读者对丛书产生更强烈的归属感和收藏欲望，从而激发他们购买整个丛书的兴趣。在市场营销方面，形式上的成套性设计同样发挥着重要作用。一套设计精美、风格统一的丛书，往往能够吸引更多消费者的目光，提升图书的卖点和竞争力。在书店陈列、线上展示等销售环节中，成套的设计也能使丛书更加突出和醒目，吸引更多潜在读者的关注。

装帧风格统一。优质学术类图书的二次制作与营销是一个系统性的工程，其中保证装帧风格的统一是至关重要的一环。在优质学术类图书的二次制作过程中，保持装帧风格的统一，对于塑造图书系列化形象、增强读者认知度以及提升营销效果具有不可忽视的作用。同时，统一的装帧风格也有助于提升营销效果。在图书市场上，系列化、品牌化的图书更容易引起消费者的注意和兴趣。通过保持装帧风格的统一，可以打造出具有鲜明特色和辨识度的图书品牌，吸引更多潜在读者的关注。"三联精选"丛书内图书均采用精装带护封，开本为 155 mm×230 mm，书脊处有"三联精选"的 logo；封面文字统一，限于中文书名、西文书名、原著者、译校者；左、右勒口放置作者、译者简介或内容简介（文字力求简洁精准）；封底放置名家推荐；根据产品内容决定是否采用腰封；宣传文字放置在护封或腰封上。

封面制作高要求。优质学术类图书的二次制作与营销应在封面制作上多花心思，要尽可能地抓住读者的眼球，可以尝试抛弃传统的大图、大色块组成封面的形式，进行更多细节方面的设计，使得封面兼具艺术的美感以及与图书内容的呼应感。江苏人民出版社的"海外中国研究丛书"原来采用的是类似于"上海三联人文经典书库"的那种比较质朴的封面，但是这两年他们也将其中的一些图书拿出来重新制作封面，推出精选系列，获得了非常好的反馈。将已经出版的优质图书重新包装再出版是很多出版机构都认可并在实践的一条赛道。"三联精选"丛书在设计封面时，我们邀请不同的设计师提供不同风格的方案，并且充分征询了同事、领导的意见，确定方案的过程也可为一波三折，同一本书的封面方案不断推翻的情况也是屡见不鲜。所有这一切，都是为了保证最终呈现给读者的封面是符合整个丛书的主题与格调的，能够实现充分吸引读者的目标。

（三）营销上的开创性

数字化时代为优质学术类图书提供了更多的传播渠道和营销手段。通过互联网、社交媒体、在线学术平台等渠道，我们可以将图书的信息迅速传播到更广泛的受众群体中。同时，还可以利用大数据分析、人工智能等技术，对读者的阅读行为和偏好进行精准分析，制订个性化的营销策略，提高图书的曝光度和销售量。这种基于数字化技术的营销方式不仅降低了营销成本，还提高了营销效果，为优质学术类图书的推广和传播提供了有力的支持。

多平台营销，线上线下结合。利用电子书平台、在线书店、学术数据库以及社交媒体等渠道，将图书信息广泛传播。通过电子书平台，读者可以方便地获取电子版本的图书，满足随时随地阅读的需求；在线书店则提供了便捷的购书渠道，让读者能够轻松购买到实体图书；学术数据库则可以将图书纳入其中，增加图书的学术影响力和引用率；而社交媒体则可以通过分享、推荐等方式，扩大图书的曝光度。线下平台方面，可以与实体书店、图书馆、学术机构等合作，开展图书展览、讲座、研讨会等活动。实体书店是传统的图书销售渠道，通过与书店合作，可以让更多读者接触到实体图书；图书馆则是学术类图书的重要收藏和展示场所，将图书纳入图书馆馆藏，可以增加图书的知名度和使用率；而学术机构则可以组织相关活动，邀请专家学者进行讲座或研讨，进一步提升图书的学术价值和影响力。"三联精选"运用各类营销渠道，实现线上营销与线下营销的结合。在充分重视馆配这个渠道的基础上，充分利用豆瓣、知乎、有影响力的公众号、各类媒体等资源进行宣传销售。近段时间，上海三联书店的直播工作也获得了很大的进展，因此直播也会是今后推广"三联精选"丛书的一个主要方向。

文创与衍生产品制作。在二次制作过程中，优质学术类图书已经奠定了其深厚的学术底蕴和独特的文化价值。这些元素，正是文创与衍生产品开发的宝贵资源。文创与衍生产品的制作，不仅能够丰富图书的产品线，满足读者多样化的需求，还能够进一步传播图书的文化价值，提升图书的品牌影响力。例如，一款设计精美的定制文具，不仅实用性强，而且能够成为读者日常生活中的文化符号，时刻提醒着他们图书所传递的知识和智慧。"三联精选"丛书中的产品也有非常多的点值得挖掘并延展成一些文创产品，从最简单的根据图书的内容做一些导读手册、书签、藏书票，到更复杂一些的根据书中的一些元素制作文具、包包、装饰品等，这些都是我们未来探索的方向。

IP 的扩充使用。随着信息技术的快速发展，融合出版和数字化转型已成为出版业发展的重要趋势。学术类图书也应当跟上脚步，将自身 IP 的价值发挥到最大化。针对优质学术类图书而言，将纸质书的内容转化为音频课程、电子教案等都是具有现实可能性的。

四、结语

在出版业变革的浪潮中，优质学术类图书的二次制作与营销作为一种创新的出版策略，正日益凸显其在推动学术文化传播、满足读者多元化需求方面的重要作用。上海三联书店的"三联精选"丛书作为这一领域的经典案例，其成功经验不仅为其他出版机构提供借鉴，也展现了优质学术类图书二次制作与营销的巨大价值与深远意义。

在二次制作与营销的过程中，"三联精选"丛书注重图书内容的精修与完善，确保学术信息的准确性和时效性；同时，通过统一的装帧风格和精美的封面设计，提升了图书的整体品质和视觉效果。此外，该丛书还充分利用了多平台营销手段，包括线上电子书平台、在线书店、社交媒体等，以及线下的实体书店、图书馆、学术活动等，实现了图书的广泛传播和深度影响。

　　"三联精选"丛书的成功，不仅在于其对经典学术资源的深入挖掘和重新包装，更在于其对市场需求和读者口味的精准把握。通过持续推出具有学术价值和市场潜力的图书产品，该丛书不仅赢得了广大读者的认可和喜爱，也成功提升了上海三联书店的品牌影响力和市场竞争力。其成功经验为其他出版机构在优质学术类图书的二次制作与营销方面提供了有益参考和启示。

参考文献

[1]张万兴."学术集林"对新时代学术出版的再启示［J］.编辑学刊.2023（3）.

[2]高雁.新形势下学术图书出版再思考［J］.文教资料.2017（9）.

[3]陈金川.论数字出版背景下的内容创新［J］.出版发行研究.2012（6）.

[4]伊静波.专业出版社学术图书营销策略探析［J］.出版广角.2011（8）.

[5]王宇.图书出版的"双效"关系辨析［J］.传播力研究.2023（24）.

[6]张博.国家文化数字战略下的数字出版机遇［J］.编辑学刊.2024（4）.

[7]柳斌杰.加快传统出版与数字出版的融合发展［J］.现代出版.2011（4）.

[8]张跃华.论现代书籍装帧设计艺术中的"书卷气"［J］.包装工程.2009（9）.

新时代图书编校质量提升的对策建议

华东师范大学出版社　　朱妙津

摘　要

提升出版社图书质量，是振兴出版、实现高质量发展的重要课题之一，也是满足人民日益增长的精神文化需求的具体举措。本文从影响图书编校质量因素分析入手，从加强选题的政治把关、完善编校质量管理机制、加强专业人才的培养与管理、建立质量检查和反馈机制、加强现代化技术和先进工具应用等方面提出了具体的对策和建议，以期为出版社提升图书编校质量提供有益的借鉴和参考。

关键词

高质量发展　编校质量　人工智能

图书质量是出版社的生命线，2018 年中宣部印发《图书出版单位社会效益评价考核试行办法》（以下简称《办法》），将社会效益考核纳入顶层设计，明确指出，"出版质量"主要考核图书出版单位坚持正确出版导向的情况，出版物的科学性、知识性水平，以及编校印装质量整体情况，其分值权重占到总分的一半（50 分），其中出版物编校印装质量整体情况占 8 分。国家新闻出版署、各省市级新闻出版局开展的图书质量管理年度专项工作持续多年，目的正在于引导出版单位强化精品意识、夯实流程管理，推动高质量发展。

图书编校质量是衡量出版社图书质量的关键指标，其重要性毋庸置疑。为了落实《办法》，各家出版社都制定了本社的社会效益考核实施办法，但从国家新闻出版署近三年质量管理专项工作编校质量检查结果看，效果并不理想，每年通报 60 多种不合格图书，差错率甚至有在万分之七以上的。一直以来，图书编校质量未臻理想水平是困扰出版社的难题，这不仅影响到图书出版单位的年度社会效益评价考核，在各类出版物评奖活动中也是一票否决的因素之一，同时，编校质量水平的高低也直接影响到读者对出版社的信任度和忠诚度，成为影响出版社市场竞争力的主要因素。

一、影响图书编校质量的因素分析

图书编校质量受到多种因素影响，通常包括作者来稿质量、编辑编校技能、出版社编校质量管理制度等各个方面。具体分析原因如下：

（一）来稿质量参差不齐

书稿的内容质量与作者的专业水平和创作态度直接相关。许多优秀作者创作出了大量高质量的作品，为丰富人们的精神文化生活作出了积极贡献。但也有部分作者态度不严谨，特别是一些主编在分配编写任务后，未对稿件进行全面审核便直接交给出版社，或在稿件交付后再进行大篇幅修改，导致书稿内容和形式上都存在诸多问题。也有出版企业为追逐经济效益，在选题策划时过度迎合市场热点，跟风出版，放松了对图书质量的要求。如果责任编辑在审核环节未能切实负起把关责任，质量低劣的稿件进入出版流程后，势必给后续的编校工作造成重大隐患。

（二）编辑专业编校技能仍需加强

在队伍建设方面，由于业务拓展规划与发展的需要，很多出版社的新入职编辑大多拥有扎实的专业功底，但在科学化、规范化的编校流程认知上仍显不足。由于工作节奏加快等因素制约，新人培训及"老带新"的时间投入相对有限。图书编辑是一项非常依赖经验积累的工作，编辑的专业水平与实际操作熟练度直接影响着出版物的质量。当前，许多新手编辑对稿件审读、校对环节的具体要求和规范尚未完全掌握，对相关标准规范的理解也还不够深入，再加上工作中主动学习、深入思考的良好职业习惯尚未完全养成，这些因素都可能给编校质量带来一定的风险。

（三）出版社编校质量管理制度有改进空间

构建科学完善的图书质量保障体系，是提升出版品质、满足读者需求的基础保障。通过对现有制度的分析，笔者发现还存在以下改进空间。首先，质检机制尚存不足。尽管当前许多出版社已建立印前质检制度，配备专业质检人员，但少有对上市流通的成品书进行后续监测与跟踪管理的。这不仅反映出人财物资源配置方面的压力，更折射出行业在质量管理上的盲区：一旦出现问题，哪怕是微小的工作错误也可能被持续放大，甚至引发舆情。其次，信息反馈机制不够健全。读者作为内容产品的消费者和使用者，他们往往能发现编辑在编校过程中的疏漏以及更深层次的问题，如果缺少畅通的反馈途径，这些意见和建议可能无法有效传达至出版社，致使问题长期存在。再次，激励机制不够科学合理。出版社的编校质量管理相关制度普遍存在"重惩罚、轻奖励"的倾向，对质量事故的追责措施较为完善，但对优质图书的激励手段相对单一，力度不大，这在一定程度上影响了编校人员的工作积极性和主动性。

二、提升图书编校质量的对策

（一）加强对选题的政治把关

为提升出版物编校质量，出版社必须正视出版物在文化传播中的重要作用，将价值导向作为编校工作的核心准则。同时要强化选题论证机制，对书稿内容进行多维度审读，确保其思想性、艺术性和文化引领性符合社会主义先进文化的发展要求。

把握政治导向是图书审稿工作的首要原则，编辑须以高度的政治责任感，严格审核书稿中涉及的党和国家方针政策、领土主权、港澳台用语、民族宗教、法律法规、国际关系及保密要求等关键内容。出版社要严格遵循《出版管理条例》《图书质量管理规定》等法规要求，落实社会效益考核标准，在编校全流程中强化政治意识，严守内容质量底线。同时，还要加强与作者的沟通协作，确保文字表述、图片选用等符合社会主义核心价值观，正确引导社会舆论，杜绝不良意识形态渗透，切实维护出版物的健康性和思想性，坚定文化自信，履行出版工作的社会责任。

（二）进一步规范编校质量管理机制

一是严格执行书稿的"三审三校"制度。以"三审三校"制度建设为重要抓手，在编校人员专业化分工基础上，进一步规范编校流程，构建完整的预审、初审、复审、终审以及校对、封面审核、质检等质量管理机制。对于专业类书稿、重点书、工具书、音频、视频等，相应增加审次、校次，尤其加强对图文书的审核把关，确保所使用图片素材的正确导向性、科学性以及与内容的适配性等。

二是完善技术辅助手段，健全流程监督机制。通过全面的信息化改造，将编辑出版的各个环节，包括从提交选题到审批、三审三校、质检等各个环节，都纳入出版社 ERP

系统，实现对关键操作节点的实时追踪与监督。借助 ERP 平台减少了人为失误的可能性，提升工作效率和操作规范性，保障出版质量的稳定性，优化整体资源调配能力。

三是建立完善的责任管理体系，明确各个环节的工作职责、质量要求和时间节点，做到分工明确，责任到人。设立明确、具体、可量化的绩效指标，与编校人员的职责和工作目标相匹配，建立起与责任管理体系配套的编校人员的考核和奖惩制度。通过完善制度，建立公平、合理的图书审稿质量奖惩机制，充分调动编辑、校对的工作积极性，进一步提升出版社的图书编校质量。

（三）加强专业人才的培养和管理

打造专业化编辑人才队伍，也是保证图书质量最重要的举措。

一是加强编校队伍的政治素养建设，提升编辑的政治敏锐性和内容把关能力。出版社在业务培训中，要重点加强马克思主义新闻出版观教育，开展多种形式的党史学习教育、党的理论学习、党的方针政策学习等，切实增强编校人员的政治把关能力。要始终把确保出版物的政治安全作为第一责任，使全体编校人员深刻认识意识形态工作的极端重要性，在内容审读中准确识别和防范各类政治风险，坚决守好出版阵地。

二是强化编校人员的编校质量意识。出版社应把培养编校人员的质量意识作为中心工作予以开展，着力引导新入职编辑、校对人员准确定位自身的职业角色，深刻认识作为文化传播者的重要使命。在图书编校工作中，编校人员必须时刻秉持"质量为先、精益求精"的职业准则，强化责任担当，将编校质量视为出版物的核心竞争力。通过系统化的专业训练和实践锤炼，持续提升编校业务水平，通过高水平、专业化的编校工作，确保每一本出版物都经得起市场和读者的检验。

三是加强编校人员的专业能力培训，提升编校人员的审稿技能。首先，作为稿件质量的第一把关人，责任编辑应当具备专业的学术素养和技术能力，保持持续学习的意识和能力，包括跟踪相关领域的前沿进展，准确把握学科发展动向，从而在与作者沟通时能够做到对等交流，客观评估稿件的学术价值、创新点以及科学意义，在此基础上提出建设性的审稿意见，确保来稿质量。其次，编校人员应全面掌握审稿加工各个环节的规范要求，熟练把控其中的思想导向、知识点、字词句、图片等每个细节；恪守图书出版的学术规范，在图文标注、引用著录等方面做到准确无误，同时加强对语言文字规范的执行力度，实现对书稿内容和形式的双重提升。此外，编辑在撰写审稿意见时应当坚持客观性原则，注重逻辑性和条理性，问题分类明确，内容翔实，提出的修改建议要具有可执行性，并考虑实际编校过程中的可行性，以确保后续审次的审稿效率和审稿质量。

四是鼓励、要求编校人员养成善学、善思、勤查、慎断的良好职业习惯。编校人员在日常工作中要注重收集整理典型编校差错，深入剖析错误成因，从个案中总结普遍规律；持续研习与图书编校相关的法律法规、标准规范等；长期积累各类编校实务知识，培养严谨细致的职业作风，做到审读时字字推敲、修改时有据可依，全面提升编校工作的规范性和科学性。出版社层面定期组织社际，以及跨部门的业务交流活动，互通有无，鼓励编辑参与各级各类专业协会组织举办的编校技能比赛、优秀审读报告评比等活动，有效促进编辑业务能力的提升。

（四）建立完善的质量检查和反馈机制

随着国家对出版质检工作的高度重视，出版社的出版物质量保障工作仍需持续优化管理机制、提升工作标准，确保质检工作在保障出版物品质方面发挥核心作用。

首先，明确分工，加强对质检的统筹管理。由不同的部门负责不同环节的检查，如编校部门负责对文本进行语言、逻辑和知识核查，装帧设计部门负责对封面、插图、排版设计方面的检查，出版部门负责对图书的印制、装订等进行检查。确保对所有环节进行全面检查，并记录和反馈错误情况。其次，不断完善图书质量评价体系，确保评价结果客观公正。在设计质检评价标准时，遵循系统性、科学性和可操作性原则，参照《图书质量管理规定》等国家标准规范，建立分类分级评价指标体系，针对策划、编辑、校对等不同环节设置差异化指标，同时定期评估标准的适用性，动态优化评价指标，为编校质量提升提供精准指引，最终实现图书品质的持续优化。最后，建立图书质量反馈与改进机制。出版社内，对每一本图书的质检结果进行详细的分析和评估，并及时向相关责任人提出问题和建议，督促快速处理和纠正。出版社外，加强与读者的互动，可通过官网、微信公众号、微博等平台开放反馈、纠错渠道，为之后的重印或再版收集信息。对有些重大项目图书也可建立对读者的回访调查机制，通过学术会议、座谈会等方式，听取专业读者对图书质量的意见。此外，有条件的出版社可设立成书质检机制，作为印样质检的重要补充。

（五）加强现代化技术和先进工具的应用

人工智能（AI）与大数据技术快速发展，并在图书编校领域得到广泛的应用，加强现代化技术和先进工具的应用对提高编辑工作效率和图书编校质量有着重要的作用。首先，出版社要建立技术支持体系，为编校工作提供必要的技术支持。目前，出版社配套的主流智能软件工具包括黑马校对软件、方正智能辅助审校云服务、善锋软件、经典古籍库、辞海数字版等，各有所长，能有效提高编校工作的效率和准确性。其次，尝试在编校工作中应用生成式人工智能，包括人工智能生成内容（AIGC）、大模型、智能体等。生成式 AI 凭借其迅速获取和处理文字信息的能力，不仅能够基于上下文理解进行更准确的语法和逻辑错误纠正，并且在润色稿件方面展现出强大的能力，这在传统审校软件中往往难以实现。再次，加强人机协作，取长补短，通过将技术工具与人员的经验和技能相结合，形成更为高效、准确的编校模式。如黑马校对和方正审校在政治性错误、敏感词和常用字词错误纠错方面表现出色，但是黑马校对无法结合上下文、报错率过高，方正审校也常有误报和漏报的问题；善锋校对软件可以自动检查参考文献的格式和信息错误，给出符合要求的文献内容，但也有少量文献作者书写错误无法覆盖；AI 在处理某些专业性强的学术文本时，以及理解语言语境和隐含意义方面也存在局限性，最终的甄别认定仍需依赖于专业编辑的经验和知识。最后，出版社要建立规范的技术应用流程，明确新技术的应用范围、参考标准以及使用权限等相关问题，以确保技术应用的有效性和安全性。但须注意的是，不管传统审校软件，还是生成式 AI，应被视为编校工作的辅助工具，而非替代品，避免陷入过分依赖技术进行编校工作的误区。

提升出版社图书质量是振兴出版、实现高质量发展的重要课题之一，也是满足人民群众日益增长的精神文化需求的具体举措。出版单位需要不断加强编校工作的管理和监督力度。一方面要通过专业化培训提升编校人员的职业素养和业务能力，另一方面要建立科学合理的奖惩激励机制，充分调动编校人员的工作积极性与创造力。与此同时，提升编校质量是一项系统性工程，既需要出版社建立健全质量管理机制并长期坚持，也应当注重引入现代化技术和先进工具，减负增效。通过这些努力，出版单位才能为读者提供更多优质的阅读产品，更好地服务于社会主义文化繁荣发展大局。

参考文献

［1］杨琳.高质量发展背景下编校人员编校质量提升策略探析［J］.新闻研究导刊，2024（15）.
［2］杜坚.提升图书编校质量的路径探究［J］.出版参考，2024（8）.
［3］陈玮，叶飞.国内外人工智能工具在中文编校中应用效果评价与建议［J］.编辑学报，2024（3）.
［4］秦永红.新时代图书编校质量中存在的问题和解决对策分析［J］.新闻传播，2024（8）.
［5］徐敬宏，张如坤.ChatGPT 在编辑出版行业的应用：基于、挑战与对策［J］.中国编辑，2023（5）.
［6］蒋姗姗.出版高质量发展背景下出版社图书编校质量提升路径［J］.新闻文化论坛，2023（4）.
［7］李维杰.如何提升出版社图书编校质量［J］.文化产业，2023（13）.
［8］王瑞瑞.质检是图书编校工作的最后一公里［J］.北京印刷学院学报，2023（5）.

学术图书翻译出版路径探析

华东师范大学出版社　　朱华华

摘　要

本文以学术图书的翻译出版为切入点，探讨其在文明交流互鉴中的独特价值，分析当前面临的挑战，并提出提升学术图书翻译出版质量的策略。具体而言，文章结合当下人工智能技术（AI）的深度应用，重点关注译者选择与培养、编辑综合能力提升、流程管理优化等关键环节，同时探讨 AI 技术在处理复杂学术内容中的优势与局限，强调人机协作在高质量学术出版中的必要性。

关键词

学术图书　翻译出版　译者选择　人工智能

随着我国"文化走出去"战略的深入实施，图书版权贸易取得显著进展，引进与输出规模稳步增长，结构持续优化。根据《新闻出版产业分析报告》（2021 年），当年全国共出版新版图书 22.5 万种，引进出版物版权 12220 项，输出出版物版权 12770 项，首次实现贸易顺差。在活跃的版权贸易环境下，学术图书翻译出版既迎来机遇，也面临挑战，尤其是在高影响力、高翻译难度的学术出版领域，仍存在翻译质量参差不齐、出版流程管理不足、译者与编辑能力尚未完全适应高质量发展要求等突出问题。在全球化语境与国际版权贸易活跃发展的双重驱动下，如何突破学术翻译瓶颈、提升出版质量，已成为亟待破解的重要课题。

近年来，人工智能技术的迅猛发展深刻变革了翻译与出版行业，推动翻译效率提升、优化出版流程，为学术图书出版提供了新的可能性。在此背景下，本文聚焦学术图书翻译出版，系统梳理当前存在的困境，并探讨如何在技术革新的时代，创新实践路径，充分发挥人工智能的优势，同时规避其局限，以提升学术翻译质量与出版效率。

一、学术图书翻译出版在文明交流互鉴中的价值

习近平总书记高度重视推动不同文明的交流互鉴，明确提出要"着力加强国际传播能力建设、促进文明交流互鉴"，为提升我国文化软实力、加快建设社会主义文化强国指明了方向。在这一背景下，学术图书翻译出版作为连接不同文化的重要桥梁，在促进知识传播与文明互动方面展现出不可替代的价值。

首先，学术图书是思想传播与知识共享的重要媒介。通过翻译出版，不同国家的学术成果得以跨越语言和文化壁垒，为构建全球知识共同体奠定基础。德国哲学家康德、黑格尔等思想巨擘的作品经翻译传入中国，启发了中国现代哲学的建立与发展，也推动了本土学术与西方理论的深度对话。同样，中国传统文化经典如《论语》《道德经》等的外译，使国际学术界得以理解东方智慧及其深远的哲学价值。这种思想的双向流动丰富了学术内容与研究方法，也体现了人类文明交流的多样性与平等性。

其次，学术翻译是一种思想的再创造，优秀译者在忠实原著思想的基础上，结合目标读者的文化背景，进行创造性表达。这一过程不仅能够准确传达原著的深刻性与复杂性，还可在新的语境中激发学术讨论。特别是在新兴学科或交叉学科领域，译者需解决大量未统一的术语和概念问题，这也为学术话语体系建设提供了契机。事实上，许多学术译著的影响力堪比原创研究，成为全球学术共同体形成的重要纽带。

最后，学术图书翻译与出版是提升中国学术话语权的重要手段。近年来，中国哲学社会科学研究围绕国家发展与全球议题，产出了一系列具有中国特色的学术成果。这些成果的翻译出版不仅有助于国际社会理解中国智慧、中国经验和中国方案，还能提升中国学术在全球的影响力。

二、学术图书翻译出版的主要困境与问题

学术图书翻译出版在促进知识共享与文明交流方面发挥着不可或缺的作用，然而，其高质量发展仍受到多重困境的制约。首先，从经济与时间成本来看，学术图书翻译出版面临较高的资金压力与市场风险。引进版学术图书需支付高昂版权费用，而其市场回报却存在较大不确定性；版权输出则因缺乏有效推广机制和目标市场认知度较低，难以充分展示国内学术成果的价值。这种资金压力与收益风险并存的局面，不仅延长了项目

周期，还凸显了学术出版体系中资源配置的结构性矛盾。如何在经济效益与文化传播之间取得平衡，探索更具可持续性的运营模式，已成为当前学术出版必须面对的挑战。

其次，翻译与出版流程中存在的多重问题，直接影响了学术图书的传播质量与国际影响力。其中，学术翻译的专业性和复杂性在版权输出过程中往往被低估。当前，国内出版社多采用招标方式选择学术著作译者，但这一肩负"摆渡人"重任的角色，往往对原著知之甚少，有的出版社仓促上马，翻译成为流水线作业，译作谬误百出、翻译水准低下，致使原本高水平的著作翻译出版后鲜有人问津。实际上，学术文本具有高度专业性和复杂性，对译者的语言能力、学术背景及文化适应性提出了极高要求，然而，"学者型译者"的稀缺导致许多译本难以达到学术标准。同时，部分出版单位在选题策划、译者遴选和审校流程上缺乏科学规范，导致译文错误频发、术语使用混乱，甚至违背学术规范。此外，重复翻译与内容同质化问题严重，进一步削弱了学术译著的价值。这一系列问题不仅影响了译本的学术质量，也在一定程度上损害了学术出版的公信力，从而制约了学术成果的国际传播深度与广度。

尽管中国学术外译已取得一些成绩，但国际接受度仍然不足，部分学术译著在选题策划、翻译策略及传播方式上未能有效匹配海外目标读者需求。许多外译作品缺乏明确的二次传播策略，未能充分利用学术会议、专业评论、媒体推广等渠道提升影响力。这种传播短板使得部分中国学术成果难以有效融入国际学术体系，削弱了其全球学术话语权，影响中国学术在国际上的可见度与影响力。

面对这些困境，需要系统提升译者与编辑的专业能力，优化出版流程管理，并创新翻译与传播策略，以实现学术图书从内容生产到全球传播的质量跃升。这一策略不仅是对既有问题的应对，也旨在为推动学术出版高质量发展提供实践路径。

三、提高学术图书翻译质量的路径

（一）合适的译者是决定学术翻译质量的关键

高质量的学术翻译依赖于高水平的译者。与普通文本翻译不同，学术翻译的复杂性在于，它不仅要求精准的语言转换，更需要深入理解并准确再现原著的思想内核。译者不仅是语言的桥梁，更是思想的诠释者和重构者。德国哲学家伽达默尔在《真理与方法》中探讨翻译的本质，认为翻译不仅是语言转换，而"始终是解释的过程，是翻译者对先给予他的语词所进行的解释过程"。意大利诠释学家贝蒂也强调，翻译与解释是不可分割的整体。这些观点揭示了学术翻译的内在复杂性：译者需超越语言表层，深度挖掘文本内涵，并精准传达给目标读者，在此过程中发挥语义阐释与文化再现的主体性角色。

学术图书的翻译要求译者具备以下能力：第一，语言能力强，能够精准理解并转化原文；第二，专业知识扎实，能准确把握学术文本的核心概念；第三，翻译经验丰富，熟悉学术文本的表达规范与逻辑结构；第四，研究能力突出，能够对术语和关键思想进行考证与诠释，有效解决翻译过程中的疑难问题。实际工作中，符合上述标准的高水平译者极为稀缺。笔者在负责《杜威全集》和《雅斯贝尔斯著作集》的编辑过程中，深刻体会到译者选择对翻译质量的决定性作用。《杜威全集》的译者团队主要由哲学研究者组成，他们在学术背景上具有显著优势，但部分译者因缺乏翻译训练，译文风格晦涩，语义表达不够流畅，增加了后期编辑的难度。《雅斯贝尔斯著作集》立项初期，曾尝试选用德语专业译者，但由于对哲学内容理解不足，又出现了语言流畅但思想偏离的问题。实践经验表明，最理想的译者是兼具语言能力与学术背景的"学者型译者"，虽然其筛选与培养成本较高、周期较长，但优势在于从根本上提高翻译质量，减轻后期编辑审校的负担，从长远来看亦能提升出版效率。

在中国学术"走出去"的过程中，译者质量同样决定着版权输出的成效。学术外译不仅涉及双语转换，更需要译者熟悉目标文化的背景与读者的阅读习惯，在忠实于原著思想的基础上，对文本进行适度调整，使译作既能保留学术深度，又能符合目标读者的阅读习惯，从而提升学术影响力。

实践证明，优质译者的选择是学术图书翻译成功的第一步。出版单位应建立译者培养与遴选机制，以提升翻译质量并增强学术出版的国际竞争力。具体而言，可从三方面入手：第一，构建高质量译者资源库，通过长期合作与培训机制，建立稳定的专业化翻译团队。第二，探索"译者—学者"协作模式，推动学术专家深度参与翻译过程，增强译作的学术精准度。第三，优化译者选拔流程，不仅考查其语言与翻译能力，还应引入对学术背景、研究能力与文化适应性的综合评估，确保译者能胜任高质量学术翻译工作。

（二）复合型编辑为学术图书翻译质量保驾护航

在学术图书翻译出版中，编辑的作用不可替代。编辑不仅是学术出版的组织者，更是内容质量的把关者。行业共识认为，编辑是图书质量的第一责任人，其外语能力、学科素养、职业操守与编校技能直接影响学术翻译的质量。因此，推动学术图书翻译出版的高质量发展，培养兼具多种能力的复合型编辑至关重要。

一是全球视野与学术洞察力。复合型编辑需具备全球化视野，能够敏锐洞察学术研究前沿及社会文化需求，通过精准的选题策划来推动高水平学术成果的国际交流。一方面，编辑需要"引进来"，引入国际优质学术著作；另一方面，需要助力中国学术"走出去"，推动本土学术成果进入国际学术传播体系。此外，编辑还需科学评估图书内容价值，并精准匹配合适的译者，从源头上保障学术图书翻译出版的整体质量。

二是专业知识与职业操守。复合型编辑不仅需具备扎实的外语能力和相关学科背景，更应掌握翻译审校的专业方法，确保译稿的学术准确性与规范性。在翻译审校过程中，编辑应细致比对原文与译文，重点排查漏译、误译及不当删减，确保学术思想的精准再现。同时，职业操守要求编辑严格遵循原著精神，避免因主观判断或过度润色影响译文的学术价值。在实际出版实践中，编辑还需借助专家力量，通过多层次的审校机制提升译稿质量。如在《杜威全集》《雅斯贝尔斯著作集》的翻译出版过程中，编辑团队多次组织专家复审，集中解决术语翻译不当等关键问题，确保译本的学术准确性与学理深度，凸显了编辑在质量把控中的核心作用，也体现了学术出版的严谨性与规范性。

三是数字化技能与技术敏感度。人工智能与翻译辅助工具的广泛应用正在重塑学术编辑的工作方式。复合型编辑需具备基本的数字化技能，如熟练运用计算机辅助翻译（CAT）工具，优化翻译审校流程；利用大数据优化选题策划，提高选题的精准度和国际传播力；探索机器翻译与人工审校结合的模式。同时，应对技术保持开放与警惕并存的态度。未来编辑需构建既依托技术，又能独立判断，兼顾学术操守和技术边界的编辑技术观，在充分利用技术的同时，确保学术出版的专业标准不被削弱。

（三）完善的翻译流程是高质量翻译的前提

翻译流程的科学性与规范性直接影响学术图书的翻译质量与出版效率。完善的翻译流程应涵盖译前准备、译中跟进及译后审校三个关键阶段，实现全链条质量管理。

译前准备：严格筛选译者与完善资料支持。译前准备是决定翻译质量的基础环节。译者筛选需经过严格试译，考察其语言能力、学术素养及出版规范掌握情况。译者人数需合理控制，10至20万字的学术著作建议由一位译者独立完成，以保持风格一致；30万字以上的大型学术著作，如需多人合作，译者人数应限制在三人以内，并设立一位主译负责统稿，确保用词、术语与行文风格的统一。正式翻译启动前，编辑应为译者提供详尽的翻译规范及术语表，包括推荐的工具书、注释体例和参考文献格式等。对于多译者合作项目或套书翻译，还需提供术语推荐译法表和人名译名对照表，并结合过往翻译经验提示可能出现的问题，避免风格不一致或术语混乱。

译中跟进：时间节点控制与及时沟通支持。翻译过程中，编辑需设定明确的时间节点，确保翻译任务按计划推进。多译者合作项目需加强术语协调与进度同步，定期沟通，确保译者对核心术语达成共识。译稿中期应进行节点性质量检查，通过抽样审核部分译文，及时发现并解决问题，避免后期集中修改导致时间和精力浪费。编辑与译者需建立高效的双向沟通机制，在翻译过程中及时解答疑问，确保译稿质量稳步提升。

译后审校：质量把控与试读反馈。译稿完成后，编辑需对照原文，核查词句、语法、语义与逻辑，确保行文流畅、表述精准；核查术语、辅文与注释体例，确保符合学术规范；核查是否存在误译、漏译或改动，确保译文忠实、完整。译校与审读过程中发现的问题，应及时与译者沟通并修改，共同完善书稿。同时，在定稿前可邀请学术同行或目标读者进行试读，收集反馈意见，进一步优化译文质量。

（四）人工智能技术为学术图书翻译与出版带来革命性变化

人工智能技术（AI）的快速发展正在深刻改变学术图书翻译与出版模式，在提升翻译效率、优化质量控制以及增强出版管理等方面展现出巨大潜力。

一是自动翻译与术语库建设。AI 翻译技术已成为学术翻译的重要工具，特别是在生成初稿方面，为译者节省了大量时间。传统出版单位的最大优势在于海量内容积累，若能充分运用 AI 技术构建和优化术语库及语料库，不仅能在短期内积累高质量的翻译资源，还能为后续翻译工作提供坚实的知识基础。基于大规模术语库，译者可以借助机器翻译快速生成初稿，并通过 AI 技术与大数据分析高效查证学术术语，建立译名对照表、索引等，进而将更多精力投入语言理解与精准表达，确保译文的准确性与学术严谨性。在这一过程中，"机器翻译＋人工校对"的协作模式成为可能：AI 负责处理重复性任务与大数据分析，人工则专注于概念辨析、逻辑推演及文化转化。这一模式有望在缩短翻译周期的同时，提升高难度学术翻译的整体质量。

二是智能校对与审读支持。AI 技术在智能校对与审读支持方面的优势同样显著。目前，出版行业已广泛应用方正审校系统、蜜度智能校对等 AI 工具，可自动检测错别字、语法错误、术语不一致等常见问题，并对敏感内容与逻辑漏洞进行提示。

在专业学术书稿的编校过程中，某些错误（如术语误用、数据错误、引文不规范）往往需要人工大量查阅、求证与核对，耗时费力。而 AI 技术可辅助编辑快速识别潜在错误，甚至针对专有名词、术语对译、参考文献格式等提供精准建议，从而使编辑能将更多精力投入到学术性内容的深度加工，提升翻译和出版的质量。

三是出版流程管理与市场分析。AI 技术的应用还延伸至出版流程管理和市场分析，显著提升出版单位的项目管理效率与市场响应能力。现代 CAT 软件通常集成项目管理模块，涵盖翻译任务分配、进度跟踪、质量控制及协作管理等功能，为出版单位实现自动化项目管理提供了工具支持。编辑通过这些工具可以更高效地协调译者团队，确保术语与风格的一致性，提升多语种项目的管理效率。此外，AI 技术在市场分析中的应用也日益成熟，可精准识别目标读者群体，为编辑制订个性化营销策略提供数据支持。在图书销售环节，AI 还能辅助优化市场推广方案，提升学术图书的市场表现与国际传播效果。

尽管 AI 技术在翻译与出版领域展现出广阔前景，但学术图书翻译的核心仍涉及复杂的学术内容与文化内涵，机器尚难以完全胜任。学术著作中的概念阐释、逻辑推演、文化语境与风格差异的传递，仍需依赖译者和编辑的专业判断。AI 的核心优势在于处理海量信息与执行重复性任务，而人工则负责创造性、批判性思考与质量把关。"AI+人工"的人机协作模式或将成为未来学术翻译出版的新常态。出版单位、译者与编辑需共同探索 AI 技术的合理应用边界，在充分利用其高效性与数据优势的同时，确保学术出版的专业性与严谨性。

随着人工智能技术的飞速发展，传统翻译与出版模式正经历深刻变革，AI 技术在提升翻译质量、优化出版流程等方面提供了全新路径。面对这一技术驱动的行业变革，出版单位需要积极吸收并应用新技术、新工具，推动译者与编辑的综合素养提升，并通过技术与人工的深度融合，推动学术图书翻译出版质量和效率持续提升。

参考文献

[1] 国家新闻出版署. 2021 年新闻出版产业分析报告 [R/OL]. https://www. nppa. gov. cn/xxgk/fdzdgknr/tjxx/202305/P020230530667517704140. pdf. 2022-02-23.
[2] 颜维琦. 中国学术出版走出去还需爬坡过坎 [N]. 光明日报, 2019-4-22.
[3] 官欣欣. 出版视角下引进版学术图书索引翻译问题探析 [J]. 江苏经贸职业技术学院学报, 2023 (6).
[4] 吴卫国. 我国引进翻译类图书出版现状与控制研究 [J]. 内蒙古科技与经济, 2024 (2).
[5] [德] 汉斯-格奥尔格·伽达默尔. 真理与方法 (下卷) [M]. 洪汉鼎, 译. 北京: 商务印书馆, 2010.
[6] 张鹏骞. 诠释、方法与客观性——埃米里奥·贝蒂诠释学思想研究 [D]. 上海: 华东师范大学, 2020.
[7] 宁帅. 人工智能时代期刊编辑素养提升的路径 [J]. 采写编, 2024 (6).
[8] 郑汉, 肖谦, 丁毅, 许洁. 出版从业人员对生成式人工智能技术的认知与使用现状调查 [J]. 中国编辑, 2024 (10).

新质生产力驱动下医学高质量出版路径浅析

复旦大学出版社　　肖　芬

摘　要

随着全球科技革命的深入推进，新质生产力已跃升为推动各行各业高质量发展的核心驱动力。在此背景下，医学出版作为知识生产与传播的关键渠道，亟须顺应新质生产力的发展潮流进行变革。本文浅析以政策为导向、聚焦前沿技术的选题策划机制，学科交叉和产学研协同的创新融合模式，以及智慧化的出版形态和价值延伸的服务体系，为面向未来的医学高质量出版理论框架与实践路径提供浅见。

关键词

新质生产力　医学出版　智慧化　产学研协同

随着全球科技革命的持续深化，生产力的发展已迈入一个全新的阶段。2023 年 9 月，习近平总书记在黑龙江考察调研，首次提出"新质生产力"，为我国在科技与产业变革的大潮中指明了前进的方向。在当下，新质生产力已成为推动各行业发展的关键引擎，深刻改变着经济社会的发展格局。医学作为典型的技术密集型行业，其发展更是深受新质生产力的影响。近年来，随着基因编辑、人工智能（AI）辅助诊断、脑机接口、3D 器官打印等前沿技术的不断涌现，医学正迎来前所未有的创新发展浪潮。

医学传统出版方式的单一性和选题方向的局限性，已难以满足新质生产力所驱动的快速知识更新和多样化传播需求，导致知识传播效率难以提升，因此亟须构建与新质生产力发展相适应的新型出版策略体系。

本文立足医学出版在科技创新中的独特位势——既是知识扩散的加速器，更是价值创造的赋能者——提出构建政策驱动、聚焦前沿、学科交叉、产学研协同、智慧化、价值延伸"六位一体"的全新医学出版策略体系，旨在推动医学前沿技术出版的高质量发展，为健康中国建设和全球医学事业的进步贡献更大力量。

一、构建选题策划机制

（一）政策驱动的选题策划

在医学出版领域，国家政策是价值坐标，精准反映社会需求与发展方向。通过政策体现的国家战略布局为选题策划提供了宏观指引，策划编辑可通过构建"政策数据库—动态追踪分析—项目落地"的完整链条，实现医学出版与国家战略的深度契合。

近年来，我国在医学领域发布了一系列重要文件，涵盖基层医疗、公共卫生、中医药发展、技术创新等多个方面，编辑要深入研读这些政策文件，系统梳理医学领域的重点发展方向，以健康中国建设、生命科学发展等战略规划为核心，搭建医学优先发展领域数据库。数据库应涵盖政策关键词、疾病防治重点、技术攻关方向等内容，为选题策划提供坚实的政策依据。编辑需密切关注国家政策动态，更新数据库，并及时捕捉政策变化带来的新的选题机遇。

在捕捉到选题方向后，编辑要对政策进行深度分析，明确政策出台的背景、目的和预期效果。通过分析政策与医学发展的关系，确定选题的学术价值和社会价值，策划具有创新性和前瞻性的选题。例如，在 AI 医疗应用政策出台后，编辑可在数据库中建立"AI+ 医疗"专题模块，收录相关政策条文、技术发展趋势、临床应用案例等信息，为策划"AI 在医疗影像诊断中的创新应用""AI 在肿瘤治疗领域的创新应用"等选题提供数据支持。此外，围绕国家医学中心建设、区域医疗中心布局等战略工程，策划编辑可积极开发针对性选题，如诊疗规范、技术标准、案例集成等系列图书，推动国家战略在医学出版领域的落地实施，助力医学行业朝着国家规划的方向稳健发展。

（二）聚焦前沿技术的选题策划

在新质生产力驱动下，前沿科技已成为医学领域创新发展的核心动力，其重要性不言而喻。首先，前沿科技如 AI、基因编辑等，为医学研究提供了全新的工具和方法，推动了科研范式的变革，为解决复杂医学问题提供了新的思路。其次，医学大数据共享、多中心临床试验管理等前沿技术提升了科研协作的效率和质量，打破了信息孤岛，促进了科研资源的优化配置。医工交叉技术、生物材料再生医学等领域的突破，为临床应用提供了更多可能，加速了科研成果的转化进程，缩短了从实验室到病床的距离。

在选择前沿科技进行选题策划时，策划编辑应采取精准的策略。首先，要深入分析医学科研中的关键阻碍，聚焦科研痛点，选择能够提供切实解决方案的前沿技术作为选题方向。如可以策划"医工交叉技术转化指南""临床研究设计规范"等工具型选题，为科研人员提供切实可行的解决方案。其次，要紧跟技术发展趋势，通过积极参与医学前沿技术研讨会、关注科技媒体报道等方式，及时掌握技术发展的最新动态，确保选题的前瞻性。例如，可以围绕 AI 辅助诊断、生物材料再生医学等新兴交叉领域，策划涵盖技术原理、临床应用、伦理规范在内的完整知识体系，引领科研前沿探索。

二、医学出版模式的融合创新

（一）推进多学科交叉融合创新

在新质生产力视域下，医学出版正处于关键变革节点，注重学科交叉、协同发展成为其突破传统、开拓创新的核心路径。这不仅是顺应时代科技发展潮流的必然选择，更是满足医学领域日益增长的多元化知识需求、推动医学进步的重要举措。

从学科交叉定位来看，医学出版不再局限于医学单一学科的知识传播。以医学前沿的精准医疗领域为例，它涉及生物学、遗传学、信息科学、计算机科学等多学科的融合。在相关医学出版物的策划中，应充分考量这种多学科特性。以肿瘤学研究为例，融合了多学科知识的医学出版物能为肿瘤的早期诊断、精准治疗提供全面的知识体系。通过生物学和遗传学的知识，揭示肿瘤的发生发展机制，为早期检测提供分子标志物；借助信息科学和计算机科学的大数据分析技术，对大量肿瘤病例进行数据挖掘，建立精准的诊断模型和个性化治疗方案。此类医学图书的编写团队的组建至关重要，需要汇聚各方专业人才，既要有精通遗传学、分子生物学的基础医学专家，能深入探究疾病的遗传机制、分子靶点等；也要有临床经验丰富的临床医学专家，从实际诊疗需求出发，明确出版物对临床实践的指导方向；信息科学和计算机科学领域的专业人士也不可或缺，他们能利用大数据分析、AI 算法等技术，助力医学数据的处理、分析以及精准诊断模型的构建；此外，医疗器械研发企业的人员参与也极为关键，他们能提供最新的技术设备信息，确保出版物内容与实际应用紧密结合。

这种学科交叉、协同发展的医学出版模式，打破了学科之间的固有壁垒。不同学科的专业人员在编写、交流过程中，实现了知识的共享与互补，促进了多学科之间的深度交流与合作。医学编辑的生态化协作能力是实现医学出版创新发展的重要保障。跨界资源整合是医学出版生态化协作的基础。医学编辑需要打破传统的行业界限，建立起"科学家—临床医生—工程师"协同网络，整合各方资源，为医学出版提供全方位的支持。通过跨界资源整合和搭建数字出版中台，医学编辑可以构建起一个开放、协同、高效的医学出版生态系统，为医学领域的知识传播和创新发展提供有力支持。

（二）构建出版产学研协同创新

在医学图书出版领域，产学研协同是提升图书质量、推动医学知识传播与应用的核心要素，是确保医学图书内容权威性与转化可行性的坚实基石。构建这样的协同模式，需精心整合各方优势资源，形成高校、科研机构、医院、企业深度融合的编写团队，让学术研究、临床实践、产业应用紧密结合。例如，策划出版一本智能医学诊疗技术相关图书，需要高校、医院、科研机构、科技企业以及出版社结合各自的优势，共同达到创新出版的目的。各参与方的独特优势体现在：

高校与科研机构提供理论支撑：医学院校联合生物医学工程研究院，负责梳理 AI 辅助诊断、医学影像识别等前沿技术的基础理论，撰写技术原理与算法逻辑，并通过实验室数据验证技术可行性。

医院与临床专家贡献实践经验：合作医院的临床医生团队，结合真实病例，提供技术在诊断、治疗中的实际应用场景，如 AI 在肺癌影像筛查中的准确率分析、智能手术机器人的操作难点等，确保图书内容贴近临床需求。

科技企业开发配套技术工具：某医疗科技公司参与开发书中的互动模块，例如通过 AR 技术扫描书中的病例图像，实时展示 AI 辅助诊断的过程；或嵌入 VR 模拟系统，让读者在虚拟环境中练习使用智能诊疗设备。

出版社整合资源并推动应用：出版社将高校的理论、医院的实践案例及企业的技术工具整合成书，以"纸电融合"形式出版。通过这种产学研协同模式，医学图书不仅成为知识传播的载体，更成为连接理论研究、技术开发与临床实践的桥梁，推动医学教育与医疗技术的同步革新。

三、重塑智慧化出版生态

在当今科技飞速发展的时代，医学出版领域正经历着深刻变革，利用先进技术对医学知识进行数字化成为提升医学知识传播效果与学习体验的关键举措。在医学图书及相关内容的编写过程中，充分运用前沿技术来呈现医学内容，能够极大地增强医学知识的可视化、互动性与可理解性，为读者带来全新的学习感受。以策划出版脑机接口相关图书为例，通过整合虚拟现实（VR）、增强现实（AR）、3D 动画和全息投影等技术，可构建智慧化出版的创新模式。脑机接口涉及神经科学、计算机科学等多个领域，内容比较抽象，所以使用 VR、AR 等技术可以帮助读者更直观地理解。通过 AR 技术可以在书中扫描图片，显示脑机接口设备的工作原理，或者实时展示神经信号的传递。VR 可以让读者沉浸在虚拟环境中，模拟脑机接口的操作，比如控制虚拟光标或机械臂。3D 动画可以详细分解大脑活动与设备之间的交互过程，而全息投影则可以立体展示脑机接口系统的结构。还需要考虑用户体验，通过技术增强互动性，让读者更主动地参与学习。通过上述技术整合，这本脑机接口图书不仅以传统文字和图片传递知识，更通过 VR 的沉浸操作、AR 的动态交互、3D 动画的深度解析和全息投影的立体展示，构建了一个多维度、智能化的学习生态，使脑机接口这一前沿领域的复杂内容变得直观、可感，推动医学图书向智慧化、沉浸式方向升级。

四、拓展医学出版价值延伸

为进一步拓展医学出版的价值，医学编辑需积极延伸价值链，开展多元增值服务。以策划出版精准医学与个体化诊疗实践相关图书为例，通过跨界整合与增值服务可以延伸医学出版的价值链。

一是配套慕课（MOOC）与认证体系：图书出版后，同步开发线上课程，邀请作者及临床专家录制视频，深入解析书中的精准医学案例、基因检测技术及诊疗方案。课程设置考核机制，学员完成学习后可获得继续教育学分或认证证书，吸引医护人员、医学生等群体付费订阅，将单一图书销售转化为"内容＋教育服务"的复合盈利模式。

二是虚拟病例讨论社区：搭建线上论坛，读者可基于书中案例进行虚拟病例讨论，分享临床实践经验。出版社通过会员订阅、广告合作或企业赞助（如药企、基因检测公司）获取收益，同时提升图书的长期用户黏性。

三是 AI 辅助诊断小程序：结合书中的诊断标准与治疗流程，开发 AI 工具。例如，医生通过小程序输入患者的基因检测数据、病史等信息，AI 可基于书中的精准医学知识提供初步诊断建议或治疗方案推荐。

四是个性化指导方案：与智能医疗设备（如血糖仪、心电监测仪）合作，将书中的健康管理知识转化为设备端的个性化指导方案。例如，糖尿病患者使用设备监测数据后，系统自动推送书中对应的饮食、运动建议，出版社通过设备厂商分成或用户订阅实现价值延伸。通过上述模式，该书不再局限于传统图书销售，而是通过教育服务、智能工具及产业合作等，构建了覆盖"知识传播—技能培训—临床应用—大众科普"的完整价值链，实现了从单一出版物到多元化医学内容生态的升级。

医学编辑通过实施价值链延伸策略，不断适应市场变化，满足新时代用户的需求，在医学知识传播、医学人才培养、健康服务拓展等方面发挥关键作用，为医学知识的广泛应用与医学事业的发展贡献重要力量，推动医学出版行业在新质生产力时代实现高质量发展。

本文探讨了新质生产力驱动下医学出版的策略体系，建议构建以政策驱动为引领、前沿技术为支撑、学科交叉为特色、产学研协同为路径、智慧化为手段、价值延伸为目标的"六位一体"创新发展框架。通过建立政策导向的选题策划机制与产学研协同创新生态，有效弥合医学知识生产与临床应用的鸿沟；依托多学科交叉融合方法论与前沿技术攻关路径的协同作用，显著提升医学成果转化效能；借助知识智慧化转型构建的数字孪生出版平台，以及价值延伸形成的健康管理服务矩阵，实现从传统知识传播向健康生产力引擎的跃迁。

参考文献

［1］张新新，刘骐荣.新质生产力驱动出版高质量发展的三个着力点［J］.中国出版，2024（12）.

［2］刘佳.新质生产力视域下编辑核心素养重构［J］.中国出版，2024（24）.

［3］訾宇彤，龙杰.数字出版的历史定位、技术路径和新质生产力［J］.中国编辑，2025（181）.

［4］周艳.新质生产力在医学出版高质量发展中的具体应用［J］.质量与市场，2024（8）.

［5］方卿，张新新.出版业高质量发展目标之创新发展——以新质生产力推动出版业高质量发展［J］.编辑之友，2024（2）.

中医药古籍学术出版高质量发展的实践与思考

上海科学技术出版社　　陈玲玲

摘　要

中医药古籍是科技典籍的重要组成部分，对其进行深度整理并挖掘其学术价值，对中医药学术的发展、新药的发掘以及临床科研的借鉴均起到重要的作用。本文通过梳理与总结上海科学技术出版社中医编辑部在中医药古籍学术出版方面的历史与特色，重点介绍了编辑部对中医药古籍学术高质量出版的实践与探索，尤其在打造精品、推广品牌、团队建设进行了重点介绍，突出编辑部在中医药出版领域专业化、权威性、引领性的高质量特色。

关键词

中医药古籍　高质量发展路径　出版品牌

中医药古籍是中华传世古籍的重要组成部分，在中医药传承与发展中具有重要地位。科技类古籍，尤其是中医药古籍，除了传世古籍所固有的历史文献价值与文物价值之外，还具有重要的学术价值。习近平总书记多次提到要"深入发掘中医药宝库中的精华"，而中医药古籍文献正是这一宝库的真实载体和精华所在。通过中医药古籍文献研究才能真正挖掘中医药宝库精华的根本，提供理论创新的源泉。2022年4月，中共中央办公厅、国务院办公厅印发《关于推进新时代古籍工作的意见》指出："深度整理研究古代科技典籍，传承科学文化，服务科技创新。梳理挖掘古典医籍精华，推动中医药传承创新发展，增进人民健康福祉。"上海科学技术出版社（以下简称"上海科技社"）在中医药古籍出版方面具有一定的传统优势，特别是近年来依托上海市新闻出版局"中医学术传承与文化传播出版中心"建设，取得了一些成绩。本文拟通过上海科技社中医编辑部近年来对于中医药古籍学术出版的研究与探索，对中医药古籍学术出版的守正创新、融合出版谈一点粗浅的看法。

一、中医药古籍学术出版的定位与价值

中医药古籍文献涵盖传世中医药古籍文献、出土医药文献、中医药专题文献、学术流派文献等类别。不同于现代医学，中医药的学术精华主要蕴藏于大量的古籍之中。2022 年 10 月，《2021—2035 年国家古籍工作规划》要求"推进中华医药古籍总目编纂工作，整理出版《中华医藏》，编纂总目提要，加强珍稀孤本、出土医药文献、专题文献、学术流派和中医药疫病防治史料的系统整理出版"。

中医药古籍文献的学术出版，也不同于一般的古籍文献整理，属于深度古籍文献整理与研究出版，亦属于交叉学科领域，对作者与编辑的学术素养要求颇高，不仅要掌握古籍整理基础知识，如语言文字学、古籍版本、目录学等，还要有深厚的中医药学知识体系。相关出版项目不仅仅是对中医药古籍文献进行简单影印，而是对其进行深入整理研究，为临床提供重要的参考，为国家防治重大疑难疾病提供攻关助力；还可为新药开发提供新思路；对研究医学提供重要的史料。

2015 年屠呦呦因"青蒿素"获诺贝尔生理学或医学奖，这是她在青蒿提取物实验药效不稳定的情况下，东晋葛洪《肘后备急方》中对青蒿截疟的记载——"青蒿一握，以水二升渍，绞取汁，尽服之"给她灵感，最终成功提取了"青蒿素"。而国家卫健委发布的《新型冠状病毒肺炎诊疗方案》中的清肺排毒汤，则是由中国中医科学院特聘研究员葛又文根据新型冠状病毒感染的核心病机，结合《伤寒杂病论》中的方剂创新化裁而成，在新冠病毒感染的治疗中起到了重要的作用。

二、深挖中医药典籍，打造中医典籍产品矩阵，建设自有独特品牌

上海科技社成立于 1956 年，其前身包括千顷堂书局、大东书局、世界书局、上海中医书局等多家上海近代知名的中医药出版机构，继承了这些书局整理出版中医药古籍的传统。1956 年遵照中央卫生部《关于改进中医工作的报告》中的指示和要求，影印和重印出版了一大批中医古籍，以明清古籍为主，约 200 种，为中医古典文献的学习和普及，提供了较好的文本，亦为上海科技社的中医药古籍出版打下了坚实的基础。建社以来，上海科技社出版了诸多具有较大影响力的中医古籍丛书。如《中国医学大成》(初

集、续集、终集）、《中医古籍珍稀抄本精选》《珍本医书集成》《中国医学珍本丛书》《中医古籍珍稀抄本精选》《明清中医珍善孤本精选》等。

习近平总书记对传承弘扬中华优秀传统文化高度重视，在不同场合多次强调中医古籍是中华优秀传统文化的一部分，打造中医经典品牌，推动中医药的创新和发展，我们孜孜不倦，不敢懈怠。

其一，中医传世经典古籍的整理研究工作。近年来，上海科技社中医编辑部围绕传世经典古籍展开了相关品牌建设与选题开发，多以学术类古籍文献为主。如国家古籍整理出版基金项目《新编仲景全书》，由沈澍农教授主编，系统考察了仲景三书现存早期要本，厘清仲景著作流传的版本情况。该书择善本校注，力图还原仲景全书原貌，为临床诊疗和研究常见与疑难病证（尤其是温病）提供了创新思路，对当今诊疗流感、新冠病毒感染等温（疫）病提供了重要的诊疗与方药思路。又如"十三五"国家重点图书出版规划项目《黄帝内经百年研究大成》，由内经大家王庆其教授主编，系统整理了1922—2011年《黄帝内经》近百年来的研究成果，探索了今后研究的方向或趋势，勾勒并总结出了内经学术研究的阶段性特征。

其二，出土医学文献的整理与临床应用。出土医药文献始终是目前中医学术的热点，亦是国家支持的重点。纵观目前已经出版的书籍，往往关注校注、语言学多，具体内容研究少，这与整理出版出土医药文献的终极目标有较大差距。中医编辑部长期以来致力于出土医药文献的整理出版工作，并在该基础上拓展深度整理研究出土医药文献研究项目。如马继兴先生的《中国出土古医书考释与研究》，王兴伊教授的《新疆出土涉医文书辑校》，近年又策划了"西域医药文献辑刊"，入选"十四五"国家重点出版物出版规划项目。此外，还有一些国社科相关项目成果拟于近期出版，这些项目围绕出土医药文献与传世文献比较以及中医临床应用展开，如《敦煌吐鲁番出土本草写本研究》《简帛文献疾病预测研究》《天回医简与〈黄帝内经〉校读比较研究》等，这些研究，不再停留在对原文的校读，而是对出土医药文献进行了深度释读与思考，并冀以在临床实践中利用。

其三，中医典籍文献与临床结合应用研究。中医编辑部致力于有效解决近年来中医药文献研究与当前中医临床实践相脱节的突出问题，注重研究成果临床应用，促进历代中医名家、名著、名流学术成果对当代临床实践的系统指导和借鉴。与上海市中医文献馆合作出版了"中医疑难杂症专病专辑""民国医家临证论丛"，以及"十四五"国家重点出版物出版规划项目、国家出版基金项目"中医常见及重大疑难病证专辑文献研究丛书"（16分册）。与南京中医药大学合作出版了"十三五"国家重点出版物出版规划项目

"中医临床病证大典"（11 分册）。通过整合中医药医史文献研究资源，从古籍文献中寻找理论根基和临床实践的源泉，为中医药事业发展的根基建设助力。

其四，中医典籍与中国传统文化研究。中医编辑部侧重中医典籍的文化、历史属性进行深度整理，如"十四五"国家重点出版物出版规划项目"中华传统中药堂药目丛刊"，该套丛书对传统中药堂售卖的中成药目录进行提要撰写、影印、原文点校等研究。药目承载了中华传统中药堂的历史变迁，是中药堂与中成药之间连接的桥梁，亦是彼时社会形态与人文风貌的延伸，具有十分重要的学术研究价值。对深入挖掘传统中药堂的内涵与特色，推动中医药传承与文化传播，加深大众对中医药文化的认知具有较高的现实意义。

此外，中医编辑部还致力于古代及近代上海及江南地方性中医药文献与文化整理，打造海派及江南文化学术特色，其中与上海市中医文献馆、上海中医药大学长期合作，出版了《上海中医药文化史》《上海中医药发展史略》《海派中医流派传略图录》、"上海蔡氏妇科历代家藏医著集成"、《江南视域下的医疗社会文化史研究》等地方性文化研究的代表性著作。

三、创新营销手段，注重多媒介、新媒体的宣传推广

中医编辑部通过举办新书分享会、读书会、学术沙龙，以及新媒体直播等形式，将中医典籍文献及文化进行大众传播。"十四五"国家出版重点规划项目《〈植物名实图考〉新释》出版后，中医编辑部与作者联手合作，通过中国科学院官网、国家植物标本资源库公众号、《中国科学报》等对本书进行了报道，上海科技社公众号发布的新书信息阅读量达 4399 人次。2022 年 2 月 25 日《中国科学报》发表了作者专访报道《这门小而美的学问，太有"爱"了》。除了通过传统的发行渠道外，本书采用了有赞分销售书方式，通过作者与责编的人脉进行销售，作者与责编将含有有赞购书链接的新书信息发往各大植物学、本草学以及中医中药学术交流群，合力将本书精准推送给需要的专业学者。《新编仲景全书》出版后，笔者充分利用上海科技社的微店销售渠道，同时请中医古籍相关销售达人进行推广代销模式，并在《中国中医药报》发表书评，书评阅读量截至目前为 7117 人次，转发 370 人次，对该书进行精准直推。该书主编沈澍农教授多次在学术会议上对《新编仲景全书》进行宣讲介绍，并于 2024 年 10 月在南京中医药大学校庆之际，向学校图书馆捐赠其主编的《新编仲景全书》，向母校七秩大庆献礼。《新编仲景全书》在正式上市后 2 个月即告售罄并进行了 2 次印刷。

此外，笔者通过参加相关学术会议并进行学术交流，推广上海科技社相关图书。如

由上海中医药大学举办的"写本文献与东亚传统医学"学术研讨会，笔者受邀作"江湾古镇视域下的蔡氏妇科与春生堂"以及"上海科学技术出版社写本简谈"两场报告，很好地推广宣传了上海科技社的图书。

新媒体亦是营销推广的主要媒介，笔者作为志愿者参加世纪讲书团，多次为编辑部相关好书进行直播推介，如2023年、2024年连续两年参加上海书展抖音直播活动，对《〈植物名实图考〉新释》等中医药古籍进行营销推介，起到了一定的宣传推介作用。

四、中医药古籍编辑人才梯队培养

中医药古籍编辑，需要同时具备中医药学术专业素养与古籍基础知识，属于交叉融合学科领域。目前尚未有大学专门开辟中医药古籍出版专业，故需要出版社对于新进员工进行多年的培训，方能进行中医药古籍学术的编辑。中医编辑部在多年探索与实践中，摸索出以下路径。

其一，为团队提供专业培训机会，积累作者资源。除了每年常规的编辑出版培训外，还提供如全国古籍整理培训班、数字出版培训班、全国医学编辑学术研讨会、全国及上海市辞书学会举办的培训班等，使其拓展创新思维，加强业务学习。聘请中医药医史文献专家作为顾问，邀请请资深专家授课。如2024年9月，邀请上海市中医文献馆王春艳主任医师来上海科技社进行授课。鼓励编辑部编辑参加各种中医药文献学术会议，有利于团队编辑掌握中医药文献学术出版动态、积累作者资源、挖掘优质选题。

其二，充分发挥人才的作用，利用每个人的特长，制订培养计划，盘活现有人才。根据编辑部每位编辑的专业并结合兴趣等，分不同的版块与产品线，每个人专攻一到两条产品线，深耕该领域的作者与选题资源。

其三，完善奖惩机制。严格按照已制定的社内考核标准进行考核，设立策划编辑考核制度。考核方案包括社会效益与经济效益两个方面。重视国家重点出版物出版规划项目以及国家级出版基金等社会效益在考核标准中的权重。培养青年人才骨干，优先提拔在主持与承担国家级出版项目方面表现优异、敢于争先的青年编辑。

参考文献

[1] 李盼飞, 张楚楚, 李海燕.科技赋能中医古籍精华传承与创新应用 [J].中医杂志, 2023, 64（15）.
[2] 陈仁寿.中医药古籍整理现状与关键问题探析 [J].南京中医药大学学报（社会科学版）, 2022, 23（3）.
[3]《2021—2035年国家古籍工作规划》公布实施 [N].光明日报, 2022-10-12.

人工智能时代编辑核心素养的重构

华东师范大学出版社　　吴　伟

摘　要

本文从工具理性与价值理性的视角出发，探讨人工智能时代编辑核心素养的重构路径。编辑应提升数据素养、技术素养、跨学科素养和创新能力，实现从"技术使用者"向"技术驾驭者"、从"内容把关者"向"价值引领者"的转变，以此坚守出版的价值理性，在技术浪潮中保持主体性，确保技术服务于文化使命，推动出版业的高质量发展。

关键词

人工智能　编辑核心素养　工具理性　价值理性

近年来，人工智能技术发展迅猛，在自然语言处理、机器学习、计算机视觉等领域取得了突破性进展，并逐渐渗透到各行各业。在出版领域，人工智能技术也展现出巨大的应用潜力，正在重塑出版业态，重构编辑的职业身份与工作重点。尤其是生成式人工智能利用高效的机器学习和海量的数据生成，促进人机协作背景下的知识涌现、打破学科壁垒、实现个性化知识推送，极大地改变了知识生产和传播的内在逻辑，也冲击了编辑的主体性与出版价值理性本身，这给出版业带来了颠覆性的机遇和挑战。

一、融合：人工智能赋能出版业

出版以内容为核心，人工智能赋能出版行业的影响主要体现在内容生产、内容审核、内容分发三个环节的深度应用，它不仅可以提升出版行业的效率，还能推动出版业态的转型升级。

首先，内容生产的最大变化在于选题策划和内容创作。人工智能技术可以分析市场数据、用户数据，识别热门话题、读者偏好，分析竞品图书的内容、销量、评价等，基于历史数据和市场趋势生成选题方向、挖掘相关领域内有潜力的作者，为选题策划提供数据与信息支持，提高选题策划的效率；也可以推动编辑携手作者，利用相关工具打磨书稿、优化逻辑、调整框架，利用智能写作或智能翻译工具提高效率、辅助创作。人工智能还能为编辑和作者提供灵感，缩短创作周期，推动内容生产的多样化和个性化。其次，内容审核方面，人工智能的自然语言处理技术可以自动检测错别字、语法错误、标点符号错误，识别敏感信息、违规内容等，加之其能够快速处理大量数据，可以提高审读与校对的效率和准确度。同时，人工智能还可以通过语义分析技术，识别潜在的意识形态风险或文化冲突，确保内容符合出版规范和社会价值观。这种技术赋能不仅减轻了编辑的重复性劳动，还提升了内容审核的全面性和精准性。最后，内容分发环节，人工智能技术可以分析用户数据，包括其阅读习惯、兴趣爱好、社交关系等，构建用户画像，为精准营销提供依据，实现个性化推荐、场景化分发，同时可以自动生成有效的营销文案、海报、视频等，以此提高营销的吸引力与转化率。此外，人工智能还能够通过实时数据分析，动态调整分发策略，优化内容触达效果，提升用户的阅读体验和参与度。

《2023—2024 中国出版业发展报告》指出，"发展""变革"是当前出版业的关键词，人工智能技术与产业发展正不断融合。目前，多家出版机构对此作出积极的尝试和探索。中信出版集团自主研发了赋能出版全流程的"夸父 A 平台"，进行了多项 AI 赋能的探索，针对选题、翻译、审校、营销等各个业务场景提质增效。凤凰出版传媒集团探索开发了"凤凰智灵"人工智能应用综合服务平台，提供与智能写作、智能编辑、智能推荐等相关的一系列智能化出版服务。在提高出版效率、增强市场竞争力的逻辑背后，是出版人对技术的主动探索以及对出版业态升级、创新的追求。

二、冲击：工具理性与价值理性的张力

技术既可能是解放的力量，也可能成为潜在的枷锁。作为一把双刃剑，人工智能在显著提升编辑的工作效率，拓展内容创作边界的同时，也蕴含着不可忽视的风险与挑战，如出版数据安全、版权风险、创作伦理等。另外，人工智能的纯粹工具性可能导致的编辑主体性的削弱和出版理性价值的侵蚀。

马克斯·韦伯将人类的理性分为工具理性与价值理性。工具理性强调通过最有效的手段实现既定目标，追求效率和结果的最大化，它关注"如何做"的问题，即如何通过技术手段实现目标。在出版行业，工具理性体现为通过人工智能技术提升内容生产效率、优化分发策略、降低运营成本。价值理性强调行为的道德、情感和文化价值，关注"为什么做"的问题，即行为的目的是什么，是否符合道德和文化价值。在出版行业，价值理性体现为在出版物中融入文化元素，提升出版物的文化价值，确保出版物符合社会主义核心价值观，避免因技术工具的滥用而导致内容低俗化、同质化。

在此基础上，法兰克福学派进一步提出对"技术理性"的批判，指出技术的支配性极易造成人类主体性的丧失和人的异化。哈贝马斯也认为，当技术理性侵入人类的生活领域，就会削弱人的主体性和社会交往的丰富性，冲击人类的交往理性。一方面，人工智能虽然具备强大的学习能力，但是人类的情感、思维方式、价值取向等，是其无法理解与触及的。出版本身就是作者和编辑思想性的彰显，这个过程中，如果人工智能取代作者或编辑做决策，那么出版环节中的主体性就会大大消弭。另一方面，当读者拿到一本书开始阅读，广泛意义上的社会交往与连接也就此形成，这是一种由文字与内容构筑而成的知识与意义的互动，如果过分依赖于技术，这种交往与互动就会断裂。

因此，在出版业与人工智能的深度融合中，要谨慎地对待工具理性和价值理性的平衡问题。正因为工具理性强调手段的效率和结果的最大化，而价值理性强调主体与行为的道德和文化价值，编辑更需要在技术应用中保持警惕，确保技术服务于出版价值，而非被技术工具理性所侵蚀。

三、重塑：人工智能时代编辑核心素养的重构路径

人工智能的进步在重塑世界的同时，也在重新定义人类的角色与责任。同样，这些变化要求编辑重新审视自身角色，同时重构自身的核心素养，以适应智能化时代的需求。因此，探讨人工智能背景下编辑核心素养的重构与培养，不仅是对编辑职业发展的深刻思考，更是对出版业与出版价值未来走向的前瞻性探索。

一是从"内容把关"到"价值引领"。在人工智能与出版业深度融合的背景下，编辑的角色正在发生深刻变化。传统编辑的核心职责是内容的把关，确保出版物的准确性、规范性和合法性。然而，随着人工智能技术的广泛应用，编辑的工作内容逐渐从繁琐的重复性任务中解放出来，转向更高层次的价值判断和引领。编辑需要更加明确自身作为"知识把关人""价值判断者""文化引领者"的职业角色，坚守出版的价值理性，

确保人工智能服务于出版价值。牢牢掌握对知识进行筛选、加工的话语权，在冗余庞杂的碎片信息中，挑选有价值、高质量的内容。坚守知识传播过程中的主体权，熟练掌握数智化工具，提升自己在出版和传播过程中的自主性和个体性地位，创造出真正对人类社会有意义的内容与产品。

同时，编辑需要具备更高的政治素养、文化素养和审美素养，准确把握时代脉搏，引领社会思潮。出版是意识形态和宣传工作的重要阵地，是繁荣文化事业和文化产业的主力军，发挥着培根铸魂、传承文明、引领思想的示范作用，可人工智能基于数据的生产是线性的、没有温度甚至缺乏价值取向的。在世界百年未有之大变局加速演进的背景下，编辑要能够自觉承担起文化使命和社会责任，坚定政治立场，提高政治站位，保持高度的政治敏锐性和政治鉴别力，把好意识形态关，坚持正确的出版方向。也要能够挖掘具有中国特色的高质量选题，推动优秀传统文化的创新转化，拓展出版的国际视野，实现以更加生动的方式、更贴合时代的新形式，讲好中国故事、传播好中国声音，加快构建中国话语和中国叙事体系，推动中华文化更好地走向世界。

二是从"单一技能"到"复合创新"。在传统出版模式下，编辑的核心技能主要集中在内容审校、文字加工和出版流程管理等方面，属于"单一技能"型人才。然而，随着人工智能技术的迅猛发展，其不仅能够替代部分传统编辑工作，如智能审校工具可以自动检测错别字和语法错误，还推动了编辑工作向更高层次的内容策划、价值判断和技术应用转型。编辑需要从"单一技能"型人才成长为"复合创新"型人才，具备数据素养、技术素养、跨学科素养以及创新能力，以应对人工智能时代的机遇与挑战。

首先，数据素养是编辑在信息爆炸和数据驱动的数字化时代中不可或缺的能力。编辑需要具备敏锐的数据意识，能够通过数据收集和分析精准把握市场动向和读者需求；分析用户行为数据，识别热门话题和阅读趋势，优化选题策划和内容生产。同时，编辑还需要熟练掌握数据分析工具，能够从海量数据中挖掘有价值的信息，系统梳理读者和市场反馈，用数据驱动决策、优化内容；分析用户偏好，优化内容分发策略，提升出版物的市场竞争力。其次，技术素养是编辑在生成式人工智能时代中必须具备的能力。生成式人工智能已经深刻改变了内容生产的逻辑，编辑需要熟悉当前主流的生成式人工智能工具，掌握如何利用这些工具快速生成文本、图像、视频等内容。例如，编辑可以使用智能写作工具辅助创作，但需对生成内容进行严格把关，确保内容的真实性和准确性。同时，编辑还需要了解新的技术动态和应用案例，及时调整和优化内容生产策略。最后，编辑还需要具备较强的创新能力，能够在内容生产中融入创新元素，提升出版物的创新性。以内在动机驱动自身，以开放的心态拥抱新技术、新变化，主动探索适应新的知识生产与传播规律，具备终身学习的意识和能力；更新出版理念，培养融合思维，运用新工具创新工作模式、提高工作效率，通过创意策划和跨界思维开发新的内容表达与呈现方式，不断丰富知识服务的可能形式与多种场景，以前瞻性的视角，策划出有创意的选题以及有新意的营销推广。

四、结语

人工智能技术的广泛应用虽然极大地提升了出版效率，但编辑不能仅仅依赖技术工具，而应保持独立思考与判断能力，深入理解人工智能技术的原理与局限性，强调通过出版内容实现社会共识与文化沟通，避免技术理性的过度扩张对出版价值的侵蚀，确保技术应用始终服务于出版的核心价值。编辑应坚守出版的价值理性，确保技术赋能与文化使命的平衡。编辑应具备高度的政治素养与文化自觉，确保出版物符合社会主义核心价值观，推动优秀传统文化的创新转化，增强人民的精神力量。同时，编辑还应具备国际视野，讲好中国故事，推动中华文化走向世界，提升中国出版的国际影响力。

编辑应积极拥抱技术变革，重构自身的核心素养。通过不断学习新技术，在复杂多变的市场环境中，推动出版业的高质量发展，创造出真正对人类社会有意义、能产生深远影响力的内容与产品。

参考文献

［1］国家新闻出版署.《2023—2024 中国出版业发展报告》发布：九大趋势直击出版业发展与变革［EB/OL］. https://www.nppa.gov.cn/xxfb/ywdt/202412/t20241216_877437.html. 2024-12-16.
［2］葛俊俊.中信出版集团：创新、融合、突破，构建阅读服务新生态［EB/OL］.人民网.http://sh.people.com.cn/n2/2024/1018/c134768-41012676.html. 2024-10-18.
［3］2024 年行程过半，书业的回望与向往［EB/OL］.上观新闻.https://sghexport.shobserver.com/html/baijiahao/2024/07/10/1374933.html. 2024-07-10.
［4］Oakes, G. Max Weber on Value Rationality and Value Spheres Critical Remarks［J］. Journal of Classical Sociology, 2003, 3（1）.
［5］［德］弗兰克·费舍尔，等.国际学习科学手册［M］.赵建华，等，译.上海：华东师范大学出版社，2022.
［6］［法］米歇尔·福柯.规训与惩罚：监狱的诞生［M］.刘北成，等，译.北京：生活·读书·新知三联书店，2007.
［7］周慧琳.提升编辑素质 增强文化自信［J］.中国编辑，2017（12）.

以人工智能赋能出版业高质量发展

上海科学技术出版社　　王　辉

摘　要

随着人工智能（AI）技术的快速发展，出版业正迎来深刻的变革。本文探讨人工智能在出版业中的关键应用，包括选题策划、编辑加工、审稿校对、营销推广、纸数融合、装帧设计、发行库存等多个环节，旨在帮助出版社提高出版效率、降低成本，提升内容质量和增强市场竞争力。在应用人工智能的过程中，出版社还需应对版权的保护、复合人才的培养、制度的建设、流程的再造等多方面的挑战。

关键词

新质生产力　人工智能　出版业　高质量发展

2023 年 9 月，习近平总书记在黑龙江考察时指出："整合科技创新资源，引领发展战略性新兴产业和未来产业，加快形成新质生产力。"人工智能是新质生产力的典型代表，它可以推动科技跨越发展、产业优化升级、生产力整体跃升的驱动力量。这也给出版业指明了发展的方向和路径——高质量和人工智能。

一、出版业高质量发展的内涵

新时代，出版业高质量发展主要表现在以下几个方面：

一是坚持把社会效益放在首位，服务于国家战略，传播正能量，弘扬时代精神，引领社会风尚，为人民群众提供精神和文化滋养、思想和知识启迪的作品，推动全民阅读和文化强国建设。

二是注重思想性、艺术性、科学性、可读性，推出更多具有原创性、文化价值、社会价值、专业价值的优质作品，满足人民群众多样化、多层次的精神文化需求。

三是充分利用数字化、智能化技术，加快推动纸数融合、线上线下融合、出版流程优化，提升出版的生产效率和传播能力。从传统单一的纸质出版向提供多元化服务平台转型，形成更加健康、可持续发展的产业生态。

四是传承和发展中华优秀传统文化，结合现代社会和市场需求，进行创造性转化，创新性表达，增强出版物的文化影响力和国际竞争力。

出版业高质量发展是以创新理念为指引，实现行业转型升级和可持续发展。这不仅是经济层面的提升，更是文化责任的体现。

二、人工智能的功能和优势

2022 年 11 月 30 日，由人工智能研究实验室 OpenAI 发布的生成式大语言模型 ChatGPT，一经推出便引发了全球范围内在人工智能领域的广泛关注与应用探索。在过去的两年多的时间里，人工智能技术进步飞速，国内外各种人工智能应用软件如雨后春笋般地冒出来，通过不断地迭代，功能也越来越强大。人工智能对各行各业的渗透，正在催生一系列行业变革，也成为驱动各行业转型升级的重要工具和关键力量。

本文探讨的人工智能主要指 AIGC（AI-Generated Content，即人工智能生成内容），它的主要功能表现在：

一是可以生成文章、小说、诗歌、对话甚至编程代码。根据用户的提示词生成自然流畅的文本，回答问题或创作内容。相关的工具软件国内有 DeepSeek、豆包、通义千问、腾讯混元、文小言、Kimi 等，国外有 ChatGPT、Claude、Gemini、Grok3、GitHub Copilot、Copy.ai 等。

二是可以生成图像。根据文字提示的内容，能根据用户的文字描述生成高质量的图片、插图、艺术作品或设计草图。相关的工具软件国内有即梦、奇遇 AI、Vega AI，国外有 Midjourney、DALL E3、Arbreeder、Waifu Labs、Drem Fusion 等。

三是可以生成音频。根据文字提示的内容，可以合成语音，模仿人类声音，甚至创作音乐。相关的国内工具软件有讯飞语音合成、百度语音合成，国外的有 Google Text-to-Speech、Amazon Polly、Microsoft Azure Text to Speech、OpenAI Jukebox、Amper Music 等。

四是可以生成视频。根据文字提示的内容，能够生成短视频、动画，甚至是复杂的虚拟场景，广泛应用于游戏、娱乐和广告等领域。相关的国内工具软件有一帧秒创、剪映、快影等，国外的有 Sora、Synthesia、Pictory、Lumen5、Runway ML 等。

人工智能的优势体现在以下几个方面：

高效性。可以在短时间内生成和处理大量内容，节省大量人力和运营成本。

创造性。可以突破人类思维局限，生成富有创意的音视频作品。

全面性。在回答问题和给出解决方案时，能从多方面、多角度进行考虑，更加全面。

精准性。可以根据用户的提示词快速、精准地找到所需的内容和资料。

全能性。能广泛应用于众多领域和产业，如 AI+ 工业、AI+ 农业、AI+ 教育、AI+ 医疗、AI+ 出版、AI+ 娱乐、AI+ 营销、AI+ 科研等。

三、人工智能在出版业的应用

目前不少出版社已开始在编辑出版中尝试应用人工智能。如将自然语言处理（NLP）技术用于智能选题策划和文本优化；将机器学习技术应用于图书智能推荐和精准营销；将文字生成图像技术用于优化书刊的装帧设计；将文字生成音频和视频用于融合出版物的配音和动画；将办公智能化用于出版流程中以提升出版管理水平等。这些技术的融合应用，使出版社在保持文化传播核心价值的同时，更具市场竞争力。

一是策划高质量选题。利用人工智能开发选题，不仅时间短、效率高，而且能够提升质量、降低风险。

分析数据挖掘热点。借助智能系统分析海量的图书信息、社交媒体数据、电商数据、搜索指数等，捕捉当下热门话题和趋势。还可以通过分析历史数据，预测未来可能出现的热点，提前策划相关选题。对于引进选题，人工智能也能通过分析原版图书的多维数据，结合国内读者的阅读习惯等，给出选题引进的分析报告，帮助出版社作决策。

挖掘用户痛点和需求。利用人工智能分析用户的评论、反馈、提问等内容，找出他们在特定领域存在的困惑、问题和未被满足的需求。比如通过收集数据和分析，发现家长、学生和老师对"如何缓解学生心理压力问题"普遍关注，因而策划相关选题。

确定选题风格。通过上述步骤确定选题内容后，利用人工智能分析可以确定选题的风格，如科普选题可以选择问答型、图文型或叙述型，并给出具体的目录以及编写的样稿。

优化选题内容。可以向人工智能输入包含"对象＋场景＋数据"等精准要素的提示词来获得更符合需求的选题。如"为学生家长提供缓解学生心理压力的方法，结合最新的调研数据给出图书选题的书名、目录、内容提要"。还可以让人工智能对初步生成的选题进行优化，如修改书名、调整图书编写形式等，使选题其更具吸引力和传播性。

评估选题可行性。利用人工智能从多个维度评估选题的可行性，如分析选题热度、同类选题情况、与自身资源和能力的匹配度等，可降低出版社的投入风险。

作者的选择。好的选题要成为一本好书，作者很关键。利用人工智能分析现有作者的编写风格、以往作品的风格和热度、个人社交媒体影响力等，可以给出编写这一选题的推荐作者名单。

二是智能编校。人工智能在编辑加工和校对环节的应用将大大提高出版效率和内容质量。

在编辑加工环节，基于人工智能的自然语言处理技术，能够检测文章的语言逻辑、语法错误、冗余表达等问题，并提供修改建议。人工智能的文字编辑能力不仅速度快，而且水平也不亚于一般的编辑。除了加工文字外，人工智能能对书稿中的知识点进行校对，指出可能错误的专业术语；还可以对教辅中的习题进行详细分析解答，给出正确的答案。在古籍书稿编辑加工方面，人工智能（如尚古汇典）能帮助编辑对古籍书稿进行自动句读、古文识别等工作，大大提高古籍书稿编辑加工的效率和准确性。

在校对环节，智能校对系统（如校对通软件）能够精准识别错别字、标点误用以及排版错误。相比人工校对，人工智能校对系统速度快，效率高，无遗漏，可以 24 小时无休校对。这对于目前出版社校对人员匮乏的情况，是一种很好的解决方案。

三是精准营销和服务。人工智能在出版营销方面的应用，使得推广更加精准、个性化和高效。

人工智能可以监测和收集社交媒体上的读者对图书的反馈信息，通过大数据分析读者行为，如用户的阅读记录、购买习惯、社交媒体的热点等数据，构建用户画像，便于出版社为读者推荐个性化的书籍，精准定位目标用户。同时，根据不同的社交媒体的特性，营销人员借助人工智能，可以快速生成不同的营销方案，进行精准投放，不仅减少营销人员的工作量，而且可提高效率和营销效果。此外，人工智能还可以实现 24 小时无人值守的客户服务，自动解答读者的问题，为读者提供更好的服务。

四是加速纸数融合的步伐。人工智能的应用使得纸质出版和数字出版的协同发展更加高效。

基于已出版的纸质图书资源，出版社借助人工智能可以方便快捷地转换成电子书、有声书、在线课程、在线数据库等衍生产品。还可开发 AI 互动学习平台，将现有古籍图书转化为通俗语言或生成互动故事，深化中华优秀传统文化的教育效果。利用人工智能技术，可以将纸质图书和数字资源深度融合，创作出更丰富的多媒体内容，以及互动性强、个性化的融合出版物。

五是提高装帧设计质量。人工智能在装帧设计中的应用，可以实现内文排版智能化，使封面设计更具创意性，提高了出版物的美观度和吸引力，同时可以节省大量的绘制时间。

创意灵感与方案生成。美术编辑提供的书稿基本信息和创作要求，人工智能分析市面上大量优秀设计作品，为美术编辑提供具有创意灵感的初稿：快速生成不同设计风格、不同色彩搭配、不同版式布局、不同字体的设计方案供选择。

提供丰富的设计素材。美术编辑在设计时，往往需要许多图片和装饰元素，为了寻找这些设计的元素要花费大量的时间翻阅图库，费时费力。人工智能可以根据提示词快速地提供各种设计素材，满足设计人员的需求。

对设计初稿进行优化。美术编辑也可将自己设计的初稿，"喂"给人工智能，它通过自动分析畅销书的封面设计趋势，对设计初稿进行修改和完善。此外，可以对封面等的字体进行变形，避免字体侵权；可以优化正文的图文布局和版式；还可以利用人工智能所具备的计算机视觉技术，对设计稿进行印刷工艺优化，确保印刷质量稳定。

四、面临的挑战与对策

其一，面对人工智能的态度。出版人要清醒地认识到人工智能即将对出版业带来的变革，采取积极的态度，快速跟上时代的步伐，才能在这场潮起潮涌的变革中不被淘汰。要在编辑出版工作中通过不断学习和尝试运用各种人工智能工具，总结出适合本单位使用的经验，建立一套行之有效的应用规程，使人工智能真正赋能编辑出版工作，从而走出一条出版社效率提高、人员减少、成本降低、高质量和可持续的发展之路。

其二，面对版权保护的问题。一方面，人工智能生成内容的版权归属问题仍存在争议，目前尚未有相关法规和标准，可以确保人工智能创作内容能高枕无忧地使用。因此，人工智能生成的文章、图片、音频和视频有可能侵害他人版权，在使用过程用要小心谨慎。目前对于人工智能生成的内容，应进行标注，如"本图片由 AIGC 软件生成"的字样。比较好的做法是使用人工智能软件生成的内容作为我们的思路或参考，然后根据思路进行人工改写和再创作，结合本社的情况进行具体化，以规避版权的问题。另一方面，在使用各种人工智能工具软件时，要注意保护自身的知识产权和核心资源，首先要了解相关软件的安全性；其次要与软件提供商签订关于版权的保护和信息安全的协议条款;最后不应随便联网上传出版社核心资源内容和书稿,如有条件可将人工智能软件部署在本地服务器。

其三,面对复合人才的匮乏。传统出版企业在人工智能部署过程中,不可避免要进行一些本地化的改造和嵌入工作,这就需要既具备人工智能技能又懂出版的复合人才。目前这方面的人才稀缺。要高度重视人才问题,现阶段可以采取"合作"+"培训"的模式,一方面与 AI 技术公司加强合作,解决燃眉之急;另一方面对全体出版人员进行专题培训。此外,出版社要全面推动编辑出版工作全面智能化升级,真正用好人工智能,适时引进优秀复合人才是捷径。

其四,面对制度的缺失。目前出版社应用人工智能软件是摸着石头过河,一边探索,一边总结经验。需要制定相关的规章制度,对原有编辑出版流程进行重构,以确保人工智能的应用有章可循,编辑出版流程顺畅高效,书刊质量可控。在使用人工智能过程中,必须始终坚持正确的出版导向,确保"三审三校一读"的制度落实到位。在制度建设方面主要有以下的制度需要修订:书稿管理制度、书稿安全保障制度、责任认定制度、版权保护制度、出版流程管理制度等。

其五,面对人工智能的不可靠性。出版人切忌过度依赖人工智能,特别是在编辑加工环节应用智能审校软件时,对于软件提示的差错和疑似差错,责任编辑不能一键接受,必须逐一进行确认并进行修改,并保留修改痕迹,以便在二审和三审过程中,对上述修改痕迹进行复核和定夺。在质检环节,最好选用其他智能审校软件对书稿进行再次检查,发挥不同软件的特长,弥补可能的漏洞。在校对环节,责任校对工作应从"校异同"向"校是非"的人工通读过渡,增强责任校对的主动性,提高错误的检出率,实现编审校三方共同把关书稿质量。

人工智能技术是推动出版业高质量发展的重要手段和途径。出版人要高度重视人工智能技术的应用,引进和培养具备人工智能技能的人才,建立健全人工智能应用和质量监管机制,加快编辑出版工作的数字化与智能化升级的步伐,推动出版业向更智能、更高效、低成本、精品化方向发展,真正实现出版业高质量发展的目标。

参考文献

[1]谢清风.大变革背景下新动能催生出版高质量发展[J].科技与出版,2024(3).
[2]张萌,朱鸿军.知识暗流的合规实践:ChatGPT 在学术出版中的应用与挑战[J].科技与出版,2023(5).
[3]谢炜,王瑾.人工智能视域下的学术出版:新变、实践与进路[J].科技与出版,2023(12).
[4]杨晓文.生成式 AI 与图书封面设计[J].科技与出版,2023(12).

浅论新时代社科学术译著出版的实践路径

格致出版社　　刘　茹

摘　要

本文从选题策划、编辑加工与营销宣传三个维度探讨社科学术译著出版的实践路径。选题策划环节需立足学术译著的学术价值，回应中国本土需求，并严格把关意识形态，甄别潜在政治风险。编辑加工环节强调通过译者遴选与翻译团队搭建、编辑的专业化编校能力提升以及边码、索引等技术细节优化，提升译著的内容准确性与使用。营销宣传环节则需兼顾学术精准触达与大众传播，借助学术会议接触核心读者，通过权威书评积累口碑，同时利用跨媒介活动扩大社会影响力。新时代背景下，学术译著出版需以精准定位、专业打磨和多元传播助力自主知识体系建设，为全球知识再生产与文明对话提供支撑。

关键词

学术译著　学术出版　文化强国

随着世界文明交流的便利程度不断提升，学术译著的出版逐渐成为学术出版体系构建中的一个重要支柱。自清末民初以来，我国学术译著出版蓬勃发展。商务印书馆等出版机构在东西文化激烈碰撞的时期，积极引进赫胥黎的《天演论》、亚当·斯密的《国富论》等学术著作，这些书最终成为推动中国社会进步的重要力量。新中国成立后，尤其是改革开放后，学术译著越发多元，"汉译世界学术名著丛书""东方编译所译丛"等系统引介国外学术经典或前沿著作的丛书，为我国的学术进步贡献力量。在中国特色社会主义新时代，学术译著出版亟须以中国特色社会主义理论体系为核心，坚持守正创新，通过借鉴世界各国的优秀文明成果，助力我国自主知识体系建设。

格致出版社（以下简称"格致社"）秉承"始终专业，始终学术"的口号，深耕社科及经管学术著作出版，学术译著在其中占据重要地位。本文从选题策划、编辑加工、营销宣传三个维度，简要探讨新时代社科学术译著出版的实践路径。

一、选题策划：精准定位与思想甄别

完备的选题策划将为出版一本好书奠定基础，而在学术译著的出版中，选题策划更是关键步骤，也对编辑的学术审美和出版眼光提出了重要考验。笔者认为，学术著作的立足之本在于学术价值，而是否符合新时代中国特色社会主义建设的具体需求，则决定了它是否值得引进，此外，编辑在选题策划过程中还必须注意潜在的政治"陷阱"。

一是彰显学术价值。学术译著必须有独特的学术价值。专业性、创新性和重要性是衡量书籍学术价值的关键指标，也是衡量一本学术著作是否值得引进的基础考量。专业性是对学术著作的基本要求。一本优秀的学术著作应该基于科学严谨的研究方法，遵从学术规范，以学术的语言阐述问题，所得出的结论和观点要经得起专业领域的检验。创新性是学术著作的灵魂所在。任何学术著作都不能仅仅复述既有观点，而应在总结中挖掘新的角度，在质疑中提出新的洞见，或在探索中开拓新的路径。只有提出了新问题、新观点，才能成为有意义的学术著作，因此，学术著作的引进必须注重考察原版著作的创新性，这也是衡量一本学术书籍是否值得被引进的核心标准。重要的学术著作能在学科内部引发广泛讨论和研究，推动学科理论体系的完善与拓展，甚至对社会发展产生深远影响。重要的学术著作具有更大的社会效益潜力，更有可能成为我国学术研究发展的"它山之石"。

二是回应时代需求。各国面临的问题不同，致使其本土学术研究的聚焦点也不同。学术译著的出版归根结底是为国内读者服务。因此，编辑必须坚持从我国新时代学术体系建设的实际需求出发，在外国学术著作中筛选出契合我国国情、能够与国内研究形成对话，并且有助于推动我国自主知识体系建设的优质作品。

为了精准遴选出这样的作品，编辑必须对国内相关学科具备深刻了解，敏锐追踪学科热点，精准把握前沿方向，引进国内学者和读者真正迫切需要的优秀学术作品。与此同时，由于国家政策通常对学科发展的重点方向起到引领作用，编辑还应当熟悉国内的政策导向。只有将深入了解学科情况与熟悉政策导向两者有机结合，才能够确保学术译著的出版切实服务于社会需求。如格致出版社的"国家治理研究译丛"，响应党的二十大所提出的"国家治理体系和治理能力现代化深入推进"的目标任务，精心挑选公共管理、政治学、社会学等多个学科关于国家治理的优秀外国学术著作，致力于拓展我国国家治理研究的理论视野，为国家治理研究的体系化、学理化作出贡献，堪称学术译著服务时代需求的成功案例。

三是意识形态把关。学术译著为国内读者带来了多元的学术视野和丰富的知识资源，然而，世界各国在政治体制、意识形态、历史文化等方面存在巨大差异，在学术译著的选题策划过程中，政治倾向成为不容忽视的要点，尤其是潜藏在细节中的政治"陷阱"，需要保持警惕。

为有效应对这些问题，编辑需要对原版书进行细致阅读和严格审核，全面考察其内容是否符合我国出版行业的相关要求，特别注意地图绘制、插图中的人物形象、对敏感地区的文字表述等细节。以上这些尚属"表层"政治问题，还有一些隐藏得更深的政治"陷阱"。尽管学术著作应本着客观中立的标准进行写作，但部分作者受限于自身政治立场或认识不足，会在作品中隐晦地表达西方中心主义观念，或是呈现与中国主流价值观相悖的观点，如在案例选择中过分强调西方制度的优越性；在历史叙述中对本国历史片面地强调，而世界上其他国家的成功经验刻意忽视。编辑必须练就火眼金睛，对这些潜在的意识形态问题进行准确判断。

二、编辑加工：专业打磨与细节提升

学术出版作为知识传播与学术交流的关键渠道，格外强调专业性与准确性。在中国特色社会主义新时代，包括学术译著出版在内的学术出版，应当精益求精，呈现出更高的品质，助力引进后的学术书更好地发挥价值。为此，编辑需从翻译环节就全程参与，在编辑加工环节对内容进行进一步打磨，并在各种呈现细节上精心设计。

一是译者协同机制。在学术著作的引进过程中，翻译环节具有举足轻重的地位。为了提高学术译著的翻译质量，首先应对译者资质设定明确要求。所谓"术业有专攻"，学术著作的译者除具备扎实的语言功底外，也应具有相关的学术背景，特别是对相应背景知识和专业术语有较强的驾驭能力。在组织引进较大的译丛时，可考虑邀请学科带头人牵头组建翻译团队。比如，格致社在引进"计量史学译丛"时，邀请在量化历史方面深耕的熊金武教授广泛招募该领域的专业学者，精心搭建翻译队伍，最终将这套专业性极强的计量史学领域研究指南以高质量出版，丰富了国内计量史学研究的学术资源。

翻译过程并非译者的单打独斗，出版社方面亦需全程跟进。编辑尤其要与译者保持沟通，及时解决翻译中出现的问题——小到注释的格式，大到多卷本书籍的术语统一等。正因为学术译著对专业性要求极高，最好在翻译环节就对各类问题进行严格把控和及时处理。

二是专业编校打磨。学术译著的编校环节是确保译作学术品质的关键步骤，需要以严谨的态度对待每个细节。相较于普通图书，社科学术译著的编校工作要求略有不同。首先，编辑需要具备更扎实的外语和汉语转换能力。社科学术译著中的长难句处理往往构成难点，编辑既要能够梳理外语原文复杂的逻辑关系，保证译文含义的正确性，也要尽量避免"翻译腔"，提高中文阅读的流畅性。

其次，社科学术译著更要求编辑具备跨学科的知识储备和学术判断力。编校环节的学术判断力主要用于精准理解原文在学术语境下的内涵，识别译文中可能存在的问题。比如"power"一词的日常含义为"力量"，但在国际关系领域可能指"强国"；"service"一词的日常含义为"服务"，但在金融领域可能指"还债"。学术译著编辑应当能够识别出这些词在具体学术语境下的含义。

最后，鉴于学术著作对内容准确性要求严格，社科学术译著的编校过程更应该精益求精。比如，面对原书存在的疏漏，编辑应秉持"忠实而不盲从"的原则，通过添加注释或其他方式予以说明；在遇到用外语引用的中文典籍时，也应查证原文，避免二次翻译造成的信息丢失。

三是使用体验优化。学术译著作为跨语言学术传播的载体，它提供的良好使用体验首先来自图文内容的精准转换，但形式方面的细节也是一个重要因素。在翻译及编校过程中，译者和编辑容易陷于语言文字之中，而忽略了能够优化社科学术译著使用体验的细节。事实上，边码、索引等看似技术性的处理环节，也是保证社科学术译著可信度与功能性的关键。在边码方面，虽然中文版图书为中文读者带来了便利，但许多学者仍然喜欢将中文版与原版进行比对翻阅。因此，为了方便读者查找原文，与索引配套的边码应予以保留。此外，原版著作的索引部分按照外语规则进行排序，但译成中文之后，这一顺序便失去了引导功能。作为中文出版的社科学术译著，索引部分也应符合中文读者的使用习惯，可按照汉语拼音顺序进行调整，使读者更为便捷地获取所需信息。

三、营销宣传：定向推广与破圈传播

在传统认知中，学术译著因其专业深度与学科壁垒，传播范围受到客观限制。但是，在构建中国自主知识体系成为国家战略的当下，能够为本土文化发展提供资源和借鉴的社科学术译著，也应在定向营销推广的基础上扩大传播范围，从而拓展学术出版的社会影响力，推动中外文明交流互鉴，为构建自主知识体系作出应有的贡献。这正是新时代赋予学术出版工作者的历史责任。

一是精准触达，学界深度渗透。学术著作的核心价值在于其专业性，其内容往往聚焦特定学科领域的前沿问题或深度理论，具有一定学术门槛，因此其受众首先是专业领域的学者和研究人员，相应的推广渠道也应该以此类人群为优先。为此，出版社需构建多维立体的推广体系。编辑和市场推广人员应系统梳理目标学科的年度学术会议清单，重点参与领域内具有风向标意义的学术活动（如规模较大的年会、学科建设研讨会等）。在会议期间可采取多层次、多手段相结合推广策略——在展位上陈列新书样本，在论坛期间发放电子版和纸质版书目手册，针对主题契合度高的学者进行点对点赠书。通过这些方式，借此，编辑既能社科与学术译著的核心目标读者建立直接联系，深入了解学科发展动态，又能积累翻译资源与书评作者资源，使学术译介工作切实服务于自主知识体系的知识再生产。

二是专业评判，书评积攒口碑。学术书评是对学术著作的评论与介绍，担负着学术评判和学术纠偏的职责，在学术译著的推广宣传中也发挥着重要的作用。由相关领域的专家学者撰写的书评，往往能够从学术层面对学术译著进行专业化评价，尤其是点明其在学术领域内的贡献，指出该书在某一学科领域发展中的地位，综合联系相关的学术著作，为读者搭建出某一本学术译著的理解框架。严谨的学术书评通过文献考据、概念辨析和理论对话，既彰显特定学术译著的学术贡献，也客观指陈书中可能存在的讹误与局限，形成有效的质量把关体系。此外，学术书评可以转化为宣传营销的"子弹"。具有学术公信力的专业书评，不仅能够有效提升学术译著的学术影响力，还可为市场营销提炼核心价值点——当权威学者的客观评述转化为传播素材时，其说服力远超商业宣传话术，有助于推动学术译著在学术圈乃至更广泛领域获得认可，促进学术知识的传播与交流。

三是扩大影响，大众文化赋能。学术译著的大众传播是进行知识普及，将专业性强的学术成果转化为大众可理解、可运用的文化资源的重要实践。学术译著，尤其是人文社科方面的学术译著，与普通人之间的距离其实并没有那么远。出版单位可从多方面发力，触达更广泛受众。一方面，可以通过新书发布会、读书会、签售仪式、书展等线下活动与读者进行面对面的沟通与交流，增进大众对学术译著的认知与理。另一方面，多媒体技术的兴起使得图书的营销宣传有了更广阔的天地。出版单位应依据学术译著的特色，打造多平台、多渠道的营销渠道，为学术译著的推广提供复合动力。而学术译著有别于其他学术图书的一大特色，在于它可以通过作者、译者双方的合力，达成 1+1 > 2 的推广效果。

在全球知识生产格局深度重构的当下，学术译著出版已突破单一的文化引介维度，成为知识再生产与话语权建构的战略性工程。引进世界各国的优秀学术著作，不仅能够为我国学术领域的蓬勃发展注入强大动力，还能促进多元文化之间的深度交流与碰撞，对于构建人类命运共同体来说是不可或缺的一环。在中国特色社会主义新时代，出版社在这一过程中承担的使命越来越具体，也越来越重要。为此，每一位致力于学术译著引进的出版人都应不负初心使命，在选题策划环节精准定位，把牢意识形态关；在编辑加工环节精益求精，做好每一处细节提升；在营销宣传环节综合发力，将优秀学术译著介绍给更广大的读者。每一位从事学术译著出版的出版人都应注意确保引进书籍的高价值、高质量，从而为我国自主知识体系的建设添砖加瓦，为推动中国学术的繁荣发展贡献出版力量。

参考文献

［1］潘丹榕.聚焦三个维度 推动专业学术出版中心学术体系建设//上海市出版协会，上海市编辑学会.守正创新 奋楫者先——2021 上海出版青年编辑论文集［M］.上海：学林出版社，2021.
［2］雷少波.学术丛书出版助力自主知识体系构建与传播的实践路径［J］.出版发行研究，2025（1）.
［3］隋嘉滨.提高社科专业学术译著质量［J］.学理论，2020（5）.
［4］王维嘉.形成与流变：改革开放以来的人文社科学术图书出版场［J］.广西大学学报（哲学社会科学版），2021，43（1）.

AI时代学术图书出版的编辑范式转型

东华大学出版社　　陈　珂

摘　要

AI技术的发展使学术图书出版面临知识生产自动化、服务个性化、出版开放共享化等的变化与挑战，推动编辑范式转型成为必然。转型目标涵盖编辑角色与职责、编辑理念、出版流程三方面。为实现转型，需加强编辑能力建设，提升专业学术素养、掌握现代信息技术、具备创新思维等能力；加强AI辅助编辑工具使用；制订适应AI时代的出版流程；搭建智能化知识服务平台。AI时代学术图书出版编辑范式转型意义深远，编辑需具备多种能力与创新理念，以推动学术出版的创新发展，同时要重视学术伦理与版权保护。

关键词

AI时代　编辑范式　学术图书　图书出版　知识服务

在人工智能（AI）时代，数字技术和AI技术的快速发展对学术图书出版的编辑范式产生了深远的影响。AI技术的进步不仅改变了知识的生产和消费方式，也在重塑着知识服务的模式。学术图书出版一直以来以高度专业化和严谨性而著称，同时，出版周期较长、编辑难度大、读者受众面较窄也是其显著的短板。但随着技术的发展和环境的变化，这些短板可以尝试通过AI来弥补。因此，为了更好地应对AI时代的变化，学术图书编辑需尽快转变工作模式，革新工作理念，不断提升自身专业技能，才能更好地服务于学术图书出版的高质量发展。

一、AI 时代学术图书出版面临的变化和思考

AI 技术的快速发展使学术出版领域正面临着一系列变化和挑战，这主要源自科技进步带来的新工具、新理念以及读者需求的变化对传统出版模式的冲击。

在 AI 时代，大语言模型和 AIGC 使知识生产过程更加自动化。AI 可以通过分析大量数据来发现新的学术研究趋势，甚至能够协助科研人员进行模型构建，提高研究效率；AI 编辑工具可以辅助进行审稿、校对等编辑工作，在保障出版物内容质量、提高出版效率方面能发挥重要作用。这些变化要求编辑必须具备一定的数据分析能力，能够理解和运用这些技术、工具来优化内容生产。

AI 技术的应用促进了出版内容的个性化服务。科技的快速迭代极大地丰富了消费者的服务选择，也催生了越来越个性化的需求。对学术图书读者而言，他们不仅需要获取知识，更希望获得与其个人知识体系相匹配的信息和符合个人意愿的阅读体验。AI技术可以通过分析用户的阅读习惯和偏好，为他们推荐个性化的内容。因此，图书编辑需要具备与时俱进的服务意识，并根据用户需求进行内容的个性化定制。

AI 技术的发展也促进了学术图书出版业的开放性和共享性。在 AI 时代，开放获取和开放科学的理念得到了广泛认可。这要求图书编辑在内容生产过程中，要更加注重知识的开放性，促进知识的共享和传播。

AI 技术推动着学术图书出版在三个方面进行变革，学术图书编辑范式的转型也势在必行。

一是学术图书出版的内容生产模式正在变革。AI 技术驱动下，学术图书的生产模式正在从"人工主导"转变为"人机协同"。传统的图书出版流程从选题策划开始，要经历作者撰写、编辑审稿、校对和印刷等诸多环节，出版周期比较长，尤其是学术类图书，通常需要 2—3 年才能完成一本书的出版，难以及时反映最新科研成果。AI 工具被广泛应用后，人机协同将成为主流的内容生成方式，作者的写作效率与编辑的出版效率都将得到较大提升，同时，编辑还可以借助 AI 的大数据分析来策划更适合市场的选题并寻找相应作者。因此，编辑范式必须进行相应的转变。

二是学术图书出版的呈现方式正在改变。随着整个出版行业数字化融合转型的不断推进，数字化资源的使用、新媒体的传播已开始逐步融入传统的编辑工作之中，而 AI技术爆发式的发展和应用，无疑大大加快了这一进程。AI 时代，知识图谱技术可以将离散的研究成果连接成可交互的知识网络，真正的知识服务将变得可行，学术图书出版呈现方式的转型趋势也更加明确，即从纯纸质图书到新形态融合出版物，再到提供可

交互的完整解决方案的知识服务形态。因此，编辑范式必须改变才能适应新的出版物形态。

三是学术图书出版传播方式正在转变。学术图书出版的呈现方式不同，其传播方式也需随之转变。多模态融合出版物的普及，将使通过新媒体渠道宣发成为学术类图书的主要传播方式。同时，出版社可以借助 AI 找到相应的专业读者进行精准个性化推送，并建立智能化的知识服务系统，从而实现通过图书进行知识服务。要更好地应对这些传播方式的改变，编辑的职能需进一步延伸，编辑范式也必然需要转变。

二、学术图书出版编辑范式的转型目标

在 AI 时代背景下，学术图书编辑工作范式的转型不仅仅是应对技术的变革，更是对编辑角色与职责的重新定义。

学术图书编辑首先要改变自身的角色定位，从传统的内容生产加工者逐渐转变为知识服务者。AI 时代，编辑的首要任务不是对文字进行加工润色，而是根据市场需求和读者偏好来进行选题策划。这要求编辑不仅要具备深厚的学术功底，还要有数据分析和市场洞察的能力，以确保选题的创新性和实用性。同时，在数字化转型的背景下，一本书的出版本身就是一个复杂的项目，需要多部门协同作战，涉及数字资源加工、设计制作、市场推广等众多环节。编辑要在这些环节之间协调沟通，以保证项目的顺利进行。因此，编辑的角色还需要从单纯的"文字编辑"向"项目经理"转变。

有了 AI 工具的辅助，除传统的选题策划、内容审校外，音视频多模态资源整合、图书视觉设计、营销宣传推广等环节的工作都需要编辑介入甚至主导，可以说编辑的职责在不断扩大。编辑的职业道德和责任感也是其角色转变中不可或缺的一部分。在越来越多的作者使用 AI 辅助进行内容创作的背景下，编辑的道德判断和责任意识尤为重要。编辑要坚守学术伦理，严把内容质量关，确保权威性和可信度，以维护出版社的品牌和信誉。

AI 时代，知识的筛选变得十分便捷，传播的方式也更加多样，但筛选什么样的知识、传播给谁以及怎么传播成为编辑考量的重点。这就需要编辑转变工作理念，从内容的加工者转变为内容的策划者，从为图书找读者，到为读者匹配其需要的内容。

在 AI 和融合出版转型双重驱动下，学术图书编辑的目标更加多元化。图书出版的目的是传播知识、传递信息、传承文化，而不仅仅是出版一本书。以书为媒介，可以开展跨界合作，把书中的内容用更多的方式传播给更多的人，使出版的价值发挥到最大。

如东华大学出版社依托《中国最美服饰丛书——五色华彩马面裙》的出版，先后与中国服装设计师协会共同举办了马面裙精选图片与创新设计作品展，与上海纺织博物馆、清华大学艺术博物馆联合主办了马面裙专题展览，并在展览开幕时举办了新书发布会和主题学术研讨会，邀请专家就中国传统服饰和色彩开展学术交流；在书中植入了 AI 智能知识助手，将读者手机变为马面裙的掌上知识库，同时还采用书中的纹样图案开发了系列文创产品。基于这本书的系列运作正是出版社转变理念，将图书、展览、研讨会、人工智能和文创开发结合起来进行跨界融合出版的创新实践，这种复合传播模式的受众比单纯出版书要多出数倍。

AI 时代学术图书编辑范式的转型，在某种程度上就是通过对新技术、新工具的使用，来提高选题质量，缩短出版周期，降低工作强度，提高出版效率，实现更广范围的传播和销售转化等，这些目标实现的过程也是对出版流程进行优化的过程。如 AI 技术可以改变排版设计在编辑流程中的启动节点。专业学术图书通常会涉及大量图片、表格在书中的引用，好的排版设计对学术成果的准确表达和便于理解作用显著。传统出版流程中，为了控制成本，通常在三审后启动排版，但如今智能化排版工具日趋成熟，作者与编辑甚至可以通过专用工具或平台同时在线编排、修改书稿，这样排版的工序就得以提前，从而缩短了出版周期，也提高了出版效率和服务质量。

三、学术图书编辑范式转型的实施策略与路径

其一，在 AI 时代，要实现专业学术图书的高质量出版，使学术成果更高效地触达受众，需要编辑具备多维度的能力和素养。

首先，学术图书编辑需要具备深厚的专业学术素养和跨学科的知识结构。由于 AI 工具的使用，编辑的工作重心从繁重的文字审读转向了更具创造性的内容构建，因此，编辑的知识专业化程度和多样化程度是保证出版物内容质量的关键。编辑应不断深入研究相关学科领域，及时掌握学术研究动态，以便为作者和出版社提供高质量的选题建议和内容支持。其次，学术图书编辑必须熟悉现代信息技术，尤其要掌握与 AI 相关的知识和应用技能，如基础网络知识、云计算、机器学习以及数据分析处理能力等，加强对 AI 技术的认知和应用，能够熟练使用相关工具来提高工作效率和质量。再者，学术图书编辑需要具备创新思维能力。在 AI 时代，大众获取专业知识的途径很多，如果只是把作者的学术成果简单地进行汇编堆砌，将很难获得读者和市场的认可，因此，编辑的创新思维能力显得尤为重要。要善于通过学科交叉、填补空白等维度创新进行选题策

划，要敢于颠覆传统视角，在图书内容结构和呈现形式上不断创新，积极与不同行业开展跨界合作，并根据市场需求不断开发新的产品和服务，以满足学术界和公众的多元化需求。

此外，AI 时代的学术图书编辑还需要不断提升自我学习能力，树立终身学习意识。通过自主学习和积极参加学术交流活动等方式，不断提升自己的专业能力，开阔行业乃至全球视野，以适应快速变化的出版环境。

其二，AI 辅助编辑工具的使用为学术图书编辑的工作带来了重大变化。

编辑需要借助 AI 技术工具来全面提升工作效率和自身的综合能力。图书审稿在编辑工作量的占比中通常是最大的，也是最容易出现差错的环节。经过专业大模型的训练，AI 工具的深度学习和自然语言处理技术可以高质量进行书稿校对和文字润色，不仅能发现拼写差错，还能遣词造句，在内容优化和对专业知识核查方面也同样具有显著的优势，提升了编辑审稿的工作效率。特别是对学术图书编辑而言，不可能每部书稿都是自己的专业特长，在确保学术图书不出现专业错误方面，AI 工具发挥了很好的作用。一些校对软件还与国家权威网站实现底层数据互通，确保政治术语被准确使用，避免了意识形态方面的风险。

一些 AI 辅助编辑工具不仅有书稿校对功能，还可以帮助编辑润色、翻译书稿，撰写市场调研报告、选题策划方案、宣传推广方案和图书评论，根据图书内容生成配套课程开发方案、宣传视频分镜剧本，进行图书市场分析、读者画像描绘、智能教辅出题，辅助封面创意设计和智能排版，推荐图书印制方案等，涵盖了编辑、印制、营销的诸多关键环节，助力编辑成为全能型选手，并真正能匹配"项目经理"的角色定位。但同时需要注意的是，编辑也不能过度依赖此类工具，一方面，AI 工具并不能保证绝对可靠，另一方面，审稿、策划和意识形态把控等能力仍然是编辑的核心竞争力，可以说是用进废退，需要不断锤炼才能得以精进。

其三，制订适应 AI 时代的出版流程和标准。

通过科学的流程设计和高标准的质量控制，可以有效地提高学术图书的编辑质量和出版效率，更好地服务于学术研究和读者需求。传统的出版流程通常以线性为主，容易产生资源闲置、跨部门协作困难、信息传递不畅、后期修改成本高、出版周期长等问题。由于 AI 的快速发展，一些原来存在的问题如今可以借助工具来改善和解决。传统的线性出版流程可以通过调整先后顺序、多线并行和增加环节等方式不断进行优化。如内容创作、质量控制、排版设计、数据分析和营销推广等在一定程度上可以同期并行或较传统流程大幅前置。

另外，随着 AI 在内容创作中的广泛应用，确保内容的学术诚信等问题成为编辑工作中不可忽视的重要问题。在出版流程中还必须要增加对学术不端的审核把关和检测环节，不仅要确保内容质量，还要确保符合学术伦理和正确的社会价值观，避免日后发生版权纠纷。同时，编辑也要积极参与制定相关的行业标准和伦理准则，以保障读者和出版社的利益。

其四，搭建基于 AI 的知识服务平台是学术图书出版发展的必然趋势。

由于平台建设需要高昂的资金投入，以及具有高素质的技术人员，对于中小型学术出版单位来说，建设自主可控的知识服务平台一直是可望而不可即。然而，当云技术日益成熟，算力租赁日趋普及，当 DeepSeek 公司宣布他们部分模型的训练成本仅为行业平均水平的 1/10—1/30 时，可以预见 AI 即将全行业普及化，2025 年初 DeepSeek 的火爆已经在印证这一点。因此，大多数出版社搭建自己的知识服务平台已日渐变得可行。搭建智能化的知识服务平台，出版社首先应建立自己的资源管理系统，并将已经出版的图书内容数字化和分门别类地碎片化。这些经过梳理的高质量数字资源构成了出版社的核心资产，未来不论是进行数据查询服务还是进行专业模型训练，都离不开此类底层数据。在此基础上，智能化的知识服务平台还应提供云服务甚至算力支持，为专业读者提供易于调用的工具，通过构建开放的知识资源基础设施，打造专业语料知识库，让知识服务更具专业性与针对性。

四、结语

在人工智能的驱动下，学术图书出版正经历一场深刻的编辑范式转型。这一转型要求对编辑的角色和职能重新定义。学术图书编辑工作的核心是对内容质量和价值的把控，AI 工具在这方面的辅助作用可能会与日俱增。编辑不仅要利用这些工具提高工作效率，还要评估产出内容是否符合学术出版的高标准和科学性要求。在 AI 辅助下，学术图书编辑将从传统的内容生产者转变为内容的策划者和管理者，编辑需具备更加全面的项目管理能力，以及对学术动态的敏锐洞察力。

此外，随着数字出版平台的兴起，编辑、作者和读者之间的互动模式将得到重塑，作者可以直接与读者进行互动，收集反馈信息并快速迭代更新内容。编辑在这一过程中的角色，将是协调和促进这些互动，确保反馈机制的有效性，并引导反馈转化为内容的持续改进。同时，学术图书编辑还必须重视学术伦理把控和知识产权的保护，对 AI 技术在内容生成和分发过程中可能引入的版权问题需引起足够重视。

　　综上所述，AI 时代的学术图书出版编辑范式转型，要求编辑不仅要有深厚的学术背景和编辑技能，更要有项目管理能力、终身学习意识和创新理念。通过这些能力和理念的结合，编辑才能更好地推动学术出版的创新发展。

参考文献

［1］丛挺，钟子琪，陈晓峰. 面向人工智能驱动科学范式的学术出版服务变革［J］. 出版发行研究，2024，395（10）.

［2］高洪涛. 新时代学术期刊编辑应对人工智能技术的策略［J］. 新闻传播，2023，462（21）.

［3］司淑一. 人工智能在智慧出版知识服务领域的问题与路径优化探索［J］. 传播与版权，2024，159（20）.

［4］王宁. 人工智能与新质生产力发展背景下的编辑角色转型［J］. 中国出版，2024，593（24）.

［5］邓霞. AI 时代出版编辑核心能力的重塑提升［J］. 传播与版权，2024（S1）.

［6］杜严勇. 人工智能伦理审查：现状、挑战与出路［J］. 东华大学学报（社会科学版），2024，24（2）.

［7］王强. 传统出版企业数字化转型的若干思考［J］. 传播与版权，2023，123（8）.

［8］王峻峰. 人工智能生成内容（AIGC）及其在图书出版中的应用探讨［J］. 传播与版权，2023，125（10）.

小而美出版机构存在的可能性

中国中福会出版社　　康　华

摘　要

本文旨在探讨小而美出版业态及其生产的纸书留存的可能性。研究方法是传统的个案分析，围绕几种出版业态为进行研究，关注少而精出版机构的生存法则。第一个案例是把匠人精神发挥到极致的 TARA BOOKS，它以做原创手工书闻名业界；第二个案例是跨文化独立出版社鸿飞文化，每年出版 10 种图书，8 种原创，2 种是把中国绘本引入法国出版，二八配比实现其精品图书的理念；第三个案例是一个类别，从开本会到草鹭文化再到建本文库，关注限量版精美图书的发展变化和出路。这些文本分析式的研究只是管中窥豹，但也为研究出版业态的多样性提供了样本。

关键词

小而美　原创书　跨文化　会员制　新业态

随着数字出版的普及和 AI 技术的崛起，大众读物市场会面临着比过去任何时候都大的挑战。不少出版社在出版策略上逐渐走向保守，不再敢大张旗鼓出版新书，即便出了，多为一版一次 3000 册，甚至完成三审三校的书稿都不再付印。在这样的情况下，一些新的出版业态浮出水面，一些小而美的出版机构应运而生，其中有直接采取会员制的，根据读者口味进行匹配，以便更精准地进行定位。恰好有一部分"小众"读者的阅读习惯并没有随着数字技术的发展而消失。在这样的现状下，小而美出版社成为不可或缺的存在。《小而美：持续盈利的经营法则》作者萨希尔·拉文吉亚甚至断言："任何事物，只要它是小的，就是美的。"

一、TARA BOOKS：原生态的丝网印刷手工原创书

匠人精神在数字化时代显得尤为宝贵。TARA BOOKS 的图书每本都制作精良，插图精美，笔者曾以版权经理的身份购买了《记忆博物馆》《爱上弗里达》两本书的版权，并为它们找到合适的翻译，拿到译稿之后将两本书稿慎重地交到了编辑手上。后来又购买了《又打嗝了！》《养只公鸡当宠物？》两本书的版权，笔者编辑了这两本书。《又打嗝了！》原版按传统凸版工艺流程，由一台 1965 年生产的海德堡凸版印刷机进行纸面印刷，每一页摸上去都有一种特殊的质感和纹理。为了达到和原版一样的效果，社里就这本书询问了很多印刷厂，但很难找到 1965 年的海德堡凸版印刷机，最后选择了雅昌作为印刷厂，在调色上下功夫，尽量做到色彩与质感接近原版。

TARA BOOKS 以做丝网手工书而闻名于世。手工书通过制作手工纸、丝网印刷、凸版印刷、手工装订而成。每本书限量印刷 1000—3000 册，手工编号。2013 年，TARA BOOKS 获博洛尼亚书展"最佳童书出版社（亚洲地区）大奖"，2014 年，获伦敦书展"国际图书行业卓越奖"。《我喜欢猫》（*I Like Cats*）《树木的夜生活》（*The Night Life of Trees*）《种子》（*Seed*）《水中生物》（*Waterlife*）等都是美丽的手工书。其中《水中生物》获 2012 年博洛尼亚拉加兹奖（新地平线部门）优秀奖。这些手工编号的纸书，成为收藏家和艺术爱好者的珍贵藏品。《树木的夜生活》是其中最负盛名的作品之一，至今已出版到第 16 版，第一印为 1000 册，之后的 15 个印次均为 3000 册。每一次重印，都会更换封面并微调内页图画的色彩，翻到封底就能看见限量编号。除了英文版，这本手工书还授权了 8 个语种，印量达 12.5 万册。

除了丝网印刷和凸版印刷，TARA BOOKS 还有一种图书，采用的是古老的木版印刷术，这种技术做出的图书有种温暖的触感和大自然的味道。《母亲女神的布艺》（*The Cloth Of The Mother Goddess*）就是这样一本用木板刻印在布艺上的纯手工限量版图书，仅有红黑两色。在 TARA BOOKS 所有手工书里，这本书价格最高，要 150 美元。当然，TARA BOOKS 也出版其他非手工类的书，但一直保持着属于自己的慢节奏，这家小而美的出版社每年只出版 12 种书，走在适合自己的小而美的道路上，用时间和专业技能，为读者做出了可以长久保存的有生命气息的美书。

二、鸿飞文化：在中法文化间架桥的跨文化独立出版社

和 TARA BOOKS 这种很小的出版规模媲美的出版机构国内相对少见，但海外一些

独立出版社却不乏这样的例子，尤其是海外华人进行的华裔儿童文学的创作，比较引人注目。鸿飞文化是一家跨文化创作和传播中华文化的图画书出版社，创办人为叶俊良先生和法国人黎雅格，专门做儿童图画书，每年 10 种。叶俊良先生写的《花木兰》2015年在法国出版，出版当年即获得陈伯吹国际儿童文学奖年度图书（绘本）奖。中文版由广西师范大学"魔法象"出版，实现了中华文化的出海与回归。他还创作了《孔子》《海角乐园》，前者不仅是儒家文化的创始人，更是中华文化的灯塔人物，这样的人物故事在法国出版，不仅传播了中华文化，更是跨越文化鸿沟，在中西文化之间架起了一座桥梁；后者则是以自己的小脚外婆为原型写作。外婆虽然裹小脚，但心里却存有诗和远方，曾经送给外孙一双球鞋，希望他去更远的地方看世界。海外华人经由对过往的认知和书写，在赓续中华文脉方面深耕细作着。

从 2014 年开始，鸿飞文化陆续将中国图画书引入法国，目前每年出版的 10 种图书中，有 2 种是从国内出版社精选的。中国中福会出版社年初与鸿飞文化就《小兔的问题》《这样说爱你》实现了签约。叶俊良先生之所以选中这两种图书，是因为这两个作品的主题、人物和节奏比较接近法国读者所熟悉的阅读体验。他想先引进这两种，用心经营以得到法国读者的正面回响。在童书领域，法语版是中国相关图书通向西方世界的重要门户之一，"墨韵小兔"系列两种图画书以水墨画的绘画风格、动人心弦的文字表达传达出普世的爱，图像语言和叙事方式既有中国特色，也符合法国读者的阅读习惯，有望能够走进法国读者的内心。

作为既有原乡文化情结又具备世界出版理念的出版人，叶俊良先生在图画书的选择上自成一格，兼具故事性与艺术性，包括之前的《团圆》《棉婆婆睡不着》《打灯笼》《安的种子》《外婆家的马》《火焰》《苏丹的犀角》等。无论是以法语原创，还是从国内甄选，他都非常注重主题的普世性，避免华人原创作品不符合当地读者的审美。在他看来，东方人文精神不是猎奇的对象，而是和西方创作平起平坐的人类精神资产。鸿飞文化在做精品原创图书的同时，也将国内的精品图书传播到了海外，从而体现出海外华人做出版的独特价值和深远意义。

三、从开本会、草鹭文化到建本文库：会员制及众筹出版业态

在 2024 年 4 月 23 日世界读书日那天，"建本文库"微信公众号发布了一则启事，要不计成本地做纸书。这则启事的文字出自建本文库创始人之一梁文道之手。半个月后，也就是 2024 年 5 月 8 日，《建本文库的缘起、理念和愿景》发布，这次的文字是另

一个创始人、翻译《追风筝的人》等畅销书的李继宏写的。文章里提到一个并非大众化的出版机构：开本会（The Folio Society），又译作对开本协会、弗利欧书社。

开本会是英国老牌精品图书出版商，也是一家小而美的出版机构，1947 年成立于伦敦。开本会挑选世界上最优秀的文学作品，像对待艺术品一样精雕细琢每一本书，以求用完美的版本媲美伟大的内容，使其独一无二，既有阳春白雪的莎士比亚系列，也有脍炙人口的 007 系列小说。限量 1000 册的手工编号三卷本《莎士比亚剧作全集》，定价高达 1000 英镑，限量 1000 册编号的 J.R.R. 托尔金的《指环王》，定价也是高达 1000 英镑。笔者撰写此文时，开本会的网站显示，《物种起源》限量 500 册、定价 575 英镑，网页上标明已经出售过半；限量 750 册、定价 500 英镑的《一九八四》也标明出售过半。这些限量书用纸和工艺极其考究，插画精良，设计无不体现出独具匠心的美，堪称艺术品。开本会的图书成本差异大，一些较小的书籍价格约为 37 美元，一些小说的价格在 65 至 75 美元之间，像《美国众神》这样的带书套的巨著价格约为 140 美元，而限量版则从 150 美元到 1000 美元不等。

国内 2018 年末成立的草鹭文化也在做限量版，将西方古典制书工艺进行改良，出版过 1894 年孔雀版《傲慢与偏见》、湿拓版《白鲸》、杨苡百年诞辰限量版《呼啸山庄》和《红楼梦》（亚东复刻本）等品质图书，2024 年与中国中福会联合出版的限量珍藏版《爱丽丝漫游奇境》，分为 6 个不同的特装本。这本书不仅使用难以超越的初版本约翰·坦尼尔插图的上色版本，还是真皮装帧，在用纸上也颇为讲究，使用的是更适宜长久保存的无酸纸，就连书盒也是布面的。这本书共有 6 款设计，高定版工艺尤为上乘，定价是 6000 元人民币，完全媲美开本会的限量版定价。

建本文库崇尚开本会当初的会员制，主张以书会友，一本译著一本本土作品交叉出版，本土作品有古典也有近代的，但重在主流趣味以外的经典，寄望于拓展会员的阅读视野，主张可读性与收藏性兼具。建本文库计划每年推出 10 到 12 种书，还会在书交到会员手上一个月后录制分享视频，视频为会员专享。目前，《瓦尔登湖》已经完成。用创始人之一李继宏的话说："一切都是想象中的模样……真的无法形容那种不忍释卷的奇妙感觉。"建本文库的建本会通过会员制削减成本，除了建本会，所有图书不在其他任何渠道销售。建本会的年费为 1 万元，12 个月内将收到 10 种书籍和配套视频。与开本会第一年（1947 年）一样，建本文库的第一年，也只出一本，就是独一无二的《瓦尔登湖》。北魏杨衒之的重要著作《洛阳珈蓝记》2025 年 5 月出版，而后是大名鼎鼎的《昆虫记》。想象一下，这些以"素简做书"为宗旨、陆志昌主张"没设计"而设计出的书，不管经历怎样的时光变迁都会安居于书架，也便不负小而美的初心。

　　从以上介绍的小而美出版机构的出书理念、图书形态、销售方式可以看出，在大众出版为主流的基础上，这些小而美的出版机构坚守内心、目光长远，为人类文化的传播和纸书的恒久保存尽着自己的一份心力。我们应关注小而美的出版社，因为他们值得关注。只是由于篇幅有限，本文提到的基本是与自己供职的出版社有业务往来的出版机构，世界上还有很多其他小而美的出版社不能在文章中一一呈现。国内很多出版品牌也正走在自己的小众出版的道路上，进行个性化的小众出版。在这个数字化日趋成熟以及AI科技兴起的时代，让我们在关注主流出版的同时，也去探讨小而美出版形态的更多可能性。在大与小、多与少、新与旧、纸书与电子书之间找到一种平衡，或许可以探寻到出版业的不同路径，而这也很值得我们这些出版从业者思索和探究。

参考文献

[1][美]萨希尔·拉文吉亚.小而美：持续盈利的经营法则[M].许翻，译.北京：中信出版社，2023.
[2]叶俊良.我在法国做图画书[M].广西师范大学出版社，2020.
[3]谈凤霞.中国儿童文学的跨文化创作与传播——以欧美华裔图画书为例[N].中国社会科学报，2018-8-17.
[4]恺蒂.从《发条橙》到《备用计划》：科克拉姆的装帧艺术[N].澎湃新闻，2019-6-28.
[5]俞晓群.古书博览：上海不可或缺的文化拼图[N].文汇报，2021-1-29.
[6][美]A.爱德华·纽顿.藏书之乐[M].陈建铭，杨传纬，译.杭州：浙江大学出版社，2011.
[7][意]翁贝托·艾柯.植物的记忆与藏书乐[M].王建全，译.南京：译林出版社，2014.
[8][英]汤姆·摩尔.唯有书籍：读书、藏书及与书有关的一切[M].李倩，译.上海：上海文化出版社，2023.

人工智能时代学术译著出版浅议

上海音乐学院出版社　　　秦展闻

摘　要

学术译著在人工智能（AI）重塑出版生态的背景下，以系统性知识建构、经典思想传承、跨文化知识再生产等核心价值成为抵御信息碎片化的关键载体。目前 AI 技术正渗透学术译著出版的全流程：智能翻译通过多模态处理和知识图谱实现跨学科术语的精准转换；智能审校依托 RAG 技术解决索引混乱等问题，保障学术规范；智能营销通过用户画像和动态定价模型实现精准推荐。然而，人工智能在专业术语语义的崩坏、逻辑结构的解构和文化语境的理解上存在先天不足，亟须人机协同破解困局。由此，译者需加强领域知识建设，建立动态术语库，对 AI 输出的文本进行逻辑强化和文化校正；学术编辑则应提升学科素养，持续学习掌控各种技术工具，带着批判性思维守好学术伦理底线，为学术译著的出版提供质量保障。未来，以人类智慧主导的人机协同不仅能大幅提升效率，更能通过"人类校验—机器学习—质量反哺"的循环构建起人工智能与人文智慧的良好共生生态。

关键词

AI 技术　学术译著　智能翻译　智能审校

当今时代，AI 技术正以前所未有的速度改变出版业。从内容创作到编辑加工再到发行营销，处处可见 AI 技术的痕迹，例如能够为作者提供创意灵感和初稿建议的辅助创作工具、能够快速生成插图和封面设计的文生图技术等。在数据分析方面，AI 可精准分析读者阅读习惯，实现个性化推荐，提升读者满意度和忠诚度。AI 还可用于翻译、校对等工作，大幅提高出版效率和质量。

一、学术译著的核心价值

虽然 AI 技术给传统出版行业造成了巨大冲击，但引进国外学术著作的必要性没有减弱，反而凸显了学术译著在知识传播、文化传承和学科建设中具有的独特意义。人工智能时代，学术译著作为跨文化交流的纽带依然意义重大。

（一）知识体系的"骨架搭建者"：构建系统性认知框架

学术译著是将国外优秀学术成果进行本土化转换的知识产品，其本质是跨文化学术交流的桥梁与纽带。学术译著具有构建完整知识体系的独特优势。它通过严谨的学科术语转换、完整的理论框架移植和系统的知识脉络梳理，为本土学界搭建起与国际接轨的知识架构。如著名华裔音乐学家赵如兰教授的《宋代乐谱及其解译（中英双语版）》，不仅完成了中国古代音乐术语的英语体系化建设，更通过多学科交叉的研究方法——融合文献学考据、历史语境还原、音乐形态分析和跨文化阐释，重新构建了宋代音乐研究的理论范式，为中国传统音乐研究的国际化提供了方法论示范，展现了学术译著在知识体系建构中的不可替代性。

（二）穿越时空的"智慧火种"：经典学术价值的恒久性

经典学术著作之所以能够跨越时空的界限，是因为其对学科根本问题有着深刻的洞悉以及范式上的创新。正是这种基于严谨学术研究的思想价值，在时间的长河中，不仅不会因技术的迭代而贬值，反而愈发显现它睿智的光芒。《宋代乐谱及其解译》1967 年英文原版问世时，它在西方汉学界和音乐学界引起了轰动；时隔 57 年后，即 2024 年，它的中英双语版面世，依然在学界引发了广泛讨论。更值得注意的是，赵教授开创的乐谱解译方法和宋乐研究范式，至今仍被国际学界频繁引用和借鉴。这种跨越半个多世纪依然保持旺盛学术生命力的现象，恰恰印证了真正有价值的学术思想具有超越时代的恒久性。

（三）学术思想的"二次生长"：跨文化语境下的知识再生产

当代学术译著已经超越了简单的语言转换层面，发展为打破知识垄断、促进学术对话的思想再生产平台。通过译者序言、学术注释、专题导读等丰富的副文本形式，译著实现了对原著的创造性诠释和本土化重构。以《梅西安的"节奏角色"——〈春之祭〉与〈图伦加利拉交响曲〉分析》为例，译者撰写的 20 余页深度导读不仅系统梳理了梅西安节奏理论的发展脉络，更创造性地将西方现代音乐理论与中国传统音乐研究的既有成果进行对话，构建了具有东方特色的分析框架。这种"西学中解"的阐释路径，既突破了西方中心主义的理论垄断，又丰富和发展了音乐分析的跨文化方法论，充分展现了学术译著在促进知识再生产方面的独特价值。

二、AI 技术在学术译著出版全流程中的应用

随着全球知识共享时代的到来和跨学科研究的深入发展，人工智能翻译技术正经历着从工具性辅助到系统性赋能的范式转变。从早期的基于规则的机器翻译（RBMT）到统计机器翻译（SMT），再到现在的神经机器翻译（NMT），技术迭代使翻译质量有了质的飞跃。尤其是 Transformer 架构和大语言模型（LLM）的出现，使得 AI 能够在保持专业术语准确性的同时，处理复杂的学术文本语境，实现语义的精确转换。这种技术进步不仅使传统翻译效率得到指数级提升，而且通过持续学习机制不断优化专业领域的翻译效果，为学术著作的跨国传播构建了高效通道。

从人工智能发展的角度来看，学术译著提供了难得的人工智能训练优质语料。根据上海市人工智能行业协会最新发布的《语料库建设导则》（T/SAIAS 015-2024），优质语料库需要满足五大核心标准，而学术译著恰好能全面满足这些要求：在数据规模上，学术译著通过精准的学科术语对照和系统的理论转换，可提供大规模、高密度的双语平行语料素材；在多样性上，译著涵盖多学科领域和多元文化视角，能有效避免语料库的文化单一性；在质量控制上，经过严格学术审查和专家校对的译著，能保证语料的准确性和权威性；在安全合规上，获得正规版权授权的内容，可以规避数据采集的法律风险；在价值对齐上，通过专家学者及市场反馈对译著选题的筛选，能够确保语料库的建设符合社会需求。可以说，学术译著为 AI 发展提供了兼具广度和深度的"营养基"。

AI 技术在学术译著出版的全流程中多维度渗透，其应用场景主要包括：

（一）智能翻译：从基础转换到知识重构

现代多模态 AI 系统突破了传统文本处理的局限，具有强大的文档解析能力，例如采用 OCR 技术结合 NLP 算法，可直接对扫描版 PDF、图片类文献进行端到端的翻译处

理，最大程度保证完整的学术文献传输。

此外，在跨学科翻译领域，AI 展现出独特优势，能够通过构建学科知识图谱，有效识别出不同学科的概念体系。以声乐教育领域为例，在翻译《美声声乐教学的历史》这一融合了艺术史与声学物理的著作时，AI 可自动关联"共鸣腔体"等专业术语在声乐表演教学实践与生物声学中的差异化表述，实现知识的准确迁移。这种能力完美契合《教育强国建设规划纲要（2024—2035 年）》提出的"实现基础学科突破，引领学科交叉融合再创新"的要求，为前沿学术成果的引进提供了技术保障。

（二）智能审校：从错误检测到质量优化

现代 AI 审校系统已发展出多层次的质控体系。基础层：包括基础错误筛查及格式与规范自动化核查，在初审阶段快速识别错别字、语法错误等基础问题。语义层：AI 可通过注意力机制分析逻辑连贯性，检测前后文矛盾或逻辑漏洞。安全层：结合政策数据库，AI 可实时检测敏感内容。

这里有必要特别强调一下 AI 在解决学术译著索引混乱方面的作用。学术图书索引作为学科知识体系的结构化导航工具，本质上是通过术语关联构建学科知识图谱的骨架。国际学术出版界普遍将索引视为学术严谨性的象征，其完整度直接影响著作的专业性认可度。然而当前学术译著的索引存在三大症结：一是缺失或删减现象普遍，部分出版社为降低成本甚至删除原版索引；二是翻译粗糙引发术语混乱；三是索引与正文割裂，前后译法不统一。针对这些问题，可引入生成式人工智能技术实现突破：利用 RAG（检索增强生成）技术构建双语术语库，通过语义匹配算法关联专业概念在不同语境下的定义；建立跨语言知识图谱，如基于商务印书馆的不同语种姓名译名手册系列构建规范库，自动纠正索引与索引之间、索引与正文之间译名的不匹配，开发 OCR 校验模块检测索引页码一致性；等等。索引规范化不仅能提升学术译著的市场价值，还能推动学科交叉与国际话语权建设。

（三）智能营销：从信息传播到知识服务

AI 技术改变了图书营销，将出版业带入智能化、精准化的新时代。这种改变不是对图书的营销方式进行简单的修改，而是从底层逻辑出发对整个流程进行重塑，对知识传播的生态进行深度改革，通过智能化的精准匹配提升图书的流转效率，让每一本好书都能更快、更准地找到读者。

以宣发环节为例：AI 能够深度解读图书内容，自动提炼产出专业书评、清晰的思维导图等优质宣传素材，准确呈现著作的核心价值，帮助读者快速了解书籍。同时，AI能够通过先进的预测模型洞察学术社群、专业媒体等传播节点，智能匹配宣发渠道，实现宣传资源的高效投放，让图书精准到达潜在受众。

在销售环节，AI 同样大有可为。基于过去的销售数据以及 JSTOR 等权威平台数据，AI 可以构造出精准的用户兴趣模型，分析不同类型读者的阅读偏好，从而为制订营销方案提供依据，使营销更有针对性；AI 可以提供智能交互服务，使读者沉浸在个性化的阅读体验中，进而对图书及出版品牌产生更强的黏性；通过实时监测市场供求关系，结合读者反馈，AI 可以建立动态定价模型，平衡图书的市场可获得性与商业效益，助力出版社在市场竞争中获得一定的优势。

三、AI 在学术译著翻译及审校流程中的多维挑战

（一）AI 翻译专业术语的语义塌陷与学科知识壁垒

人工智能在学术译著翻译中面临的首要挑战是专业术语的语义塌陷。这种技术缺陷在音乐学等专业领域尤为显著，表现为术语语义维度的压缩和学科特性的消解。以复调音乐理论中的核心概念"counterpoint"（对位法）为例，该术语在作曲技法分析、音乐史研究、教学实践等不同语境中具有动态的语义场域：在巴赫《平均律钢琴曲集》的分析中指向严格对位规则，在 20 世纪新古典主义作品中则涉及自由对位技法。AI 系统往往难以精准辨识语境差异，倾向于采用高频词义进行简单对应，导致术语语义的扁平化流失。这种现象的深层症结源于 AI 训练数据的离散性和学科知识的结构性矛盾。当前主流翻译模型虽能识别"harmony"（和声）这类基础术语，却无法解析其在不同音乐理论体系（如申克分析体系与里曼和声理论）中的差异化内涵。当处理涉及"tonal harmony"（调性和声）与"modal harmony"（调式和声）的学术辨析时，AI 常出现概念混淆，造成理论阐释的失真。这种语义塌陷不仅会影响基础知识的传递，更可能导致学术观点曲解，动摇译著的学术可信度。

（二）AI 翻译的离散性缺陷与学术逻辑解构

神经机器翻译的离散性特征给学术文本的处理中带来特殊的解构效应。现有模型基于注意力机制的翻译模式，往往将文本单元切割为孤立片段，这种处理方式与学术著作严密的逻辑体系形成根本性冲突。在翻译音乐史论著作时，涉及"维也纳古典乐派风格演进"的连续性论述，AI 可能将海顿的奠基性贡献、莫扎特的戏剧性突破、贝多芬的

革命性拓展等递进关系割裂处理，导致历史发展脉络的断裂。这种离散性缺陷在音乐分析类文本中会产生更严重的认知偏差。当翻译"奏鸣曲式结构分析"时，AI 可能将呈示部、发展部、再现部的内在关联转化为独立段落，破坏作曲家"主题动机发展"的逻辑链条。更值得关注的是，这种碎片化处理会消解学术论证的严密性，如将阿多诺关于"音乐社会性"的辩证论述拆解为孤立命题，导致批判理论的哲学深度被平面化，最终影响读者对其学术思想体系的整体把握。

（三）AI 翻译文化语境的理解鸿沟与意义耗散

学术翻译本质上是跨文化知识迁移工程，而 AI 在文化语境的解码与重构方面存在系统性缺陷。音乐学文本中广泛存在的文化符号体系，要求译者具备双重文化认知框架。当处理"Orpheus"（俄耳甫斯）这类文化意象时，AI 翻译往往止步于神话人物的字面指称，却无法传达其在西方音乐史中的原型意义——从蒙特威尔第的《奥菲欧》到斯特拉文斯基的《俄耳甫斯》，该意象始终承载着"音乐超越性"的哲学命题。这种文化能指与所指的断裂，造成学术文本意义网络的局部坍塌。文化语境鸿沟在非西方音乐理论的翻译中更为凸显。翻译印度音乐理论中的"raga"（拉格）概念时，AI 难以捕捉其作为"音阶体系""即兴范式""时间美学"三位一体的文化内涵；处理中国古琴理论中的"韵"范畴时，AI 常忽略其连接"音色审美""演奏技法""哲学意境"的多维属性。这种文化元语言的翻译失效，不仅造成学术概念的失真，更可能导致跨文化音乐对话的错位，阻碍比较音乐学的知识生产。

四、学术译著出版过程中的人机协同

以上这些挑战，单靠 AI 技术是难以突破的。鉴于人类译者和编辑专业知识深厚、逻辑感知敏锐、文化底蕴丰富，人与 AI 在翻译和审校过程中密切合作，发挥各自优势，共同构筑学术译著精品出版的坚实基础，是这些问题的最优解决方案。

（一）AI 与译者

在 AI 技术不断发展的当下，翻译活动的本质正经历范式的变化，通过海量的平行语料库训练，以深度学习架构为基础的 AI 翻译引擎实现了工业化输出的基础语义转换，从而促使译者的角色发生根本性的转变。在当前的技术生态中，AI 不仅能够完成术语对齐、句法标准化等基础工作，还可以通过知识图谱技术实现跨文化概念的初步映射，这为译者释放出更多的认知和时间资源，使其能集中精力深度解构学术文本本身。

面对 AI 技术渗透带来的行业洗牌，译者核心竞争力所在的焦点发生了转移。首先是领域专业化的纵深发展。这需要译者对特定学科进行持续的深入研究，系统掌握该领域知识的概念谱系、方法论范式和学术话语特征。这种深度专业化使译者能够有效地识别 AI 翻译在专业语境中的语义偏差，在文化预设解构、学术逻辑重组等层面形成 AI 技术不可替代的认知优势。随后是技术协同能力的结构化升级。译者在译前阶段需要使用自然语言处理工具进行术语库动态构建和语料预处理，在译中阶段需要对 AI 薄弱环节（语义塌陷、学术逻辑结构等）进行人工干预，在译后阶段需要使用智能质检系统实施多维度校验（术语的一致性、学术规范等）。但在此过程中，译者必须培养技术批判意识，既要善于利用 AI 技术带来的大规模处理优势，又要防止受到其对潜在的学术严谨性的影响。因为学术翻译仅仅是文字信息的转换，更是知识的再生产。译者要创造性运用技术杠杆，在机器输出的基础上进行学术逻辑强化、文化语境校准，将自身的角色从信息传递者转为知识建构者。

（二）AI 与学术编辑

AI 技术目前可应用于文本处理全流程，例如以自然语言处理技术为基础的智能审校系统可以实现毫秒级的拼写校对、语法纠错、逻辑连贯性检测、术语一致性检测、敏感信息过滤、学术规范核查等一站式审校服务，对文本进行多维度检测。在 AI 的辅助下，编辑的工作效率得以大幅提高。

技术迭代条件下，学术编辑的核心竞争力主要体现以下方面。一是掌握学术前沿。学术编辑在学科前沿领域要保持敏锐的洞察力，持续跟进学术前沿动态，紧跟本学科研究范式演进的趋势，构建本学科领域及其交叉学科的知识图谱，为学术内容的质量把关提供专业支撑。二是掌握 AI 技术应用能力。学术编辑要系统掌握 AI 写作辅助工具、智能校对系统、内容审核平台等数字化工具，实现人机协同的编校流程。同时，学术编辑应该坚持学科本位，发挥学科素养基础，保持批判性思考，以智能工具提高编校效率，预防偏见对学术内涵和学术伦理判断产生干扰，保障学术译著的专业品质，驱动学术传播生态的智能化升级。

人工智能时代，学术译著作为跨文化交流的知识媒介，能以系统性和经典性抵御算法推荐的信息茧房；能通过译者和学术编辑的人工调适，维持学术话语的准确性和多样性；作为 AI 训练的高质量语料，还能为机器翻译模型提供结构化的规范学习样本，与之形成"人类校验—机器学习—质量反哺"的良性共生。

展望未来，学术出版的智能化转型需要在技术创新与人文价值之间找到一种动态的平衡。一方面，要构建专业领域的知识图谱和伦理审查算法，提升 AI 系统对学术的理解与对文化的敏感度；另一方面，要增强译者和学术编辑的人类智慧主导能力，使学术伦理在人机协同的过程中能得到坚守。这样，学术译著就能在人工智能时代中延续其作为文化桥梁的作用，实现全球知识资源的普惠共享与代际传承。

参考文献

［1］徐润婕，王鹏涛.学术出版智能服务生态系统研究的综述［J］.出版与印刷，2022（2）.

［2］官欣欣.出版视角下引进版学术图书索引翻译问题探析［J］.江苏经贸职业技术学院学报，2023（6）.

［3］王鹏涛，徐润婕.AIGC 介入知识生产下学术出版信任机制的重构研究［J］.图书情报知识，2023，40（5）.

［4］宋明珍，王鹏涛.人机协同审核：出版审核工作智能化转型的必经之路［J］.出版科学，2024（2）.

［5］上海市人工智能行业协会.语料库建设导则（T/SAIAS 015-2024）［S］.2024-8-1.

高质量出版物新议——以副文本理论为支点

华东师范大学出版社　　卢　荻

摘　要

副文本理论最早由法国当代学者热拉尔·热奈特提出，既被用于文艺批评，也涉及出版研究。在追求出版业高质量发展的当前中国，我们可用"文本—副文本"的结构框架对高质量出版物进行考察。其中，副文本作为至关重要却未被充分认识的部分，承载着以下三项功用和任务：一是呈现文本，即指示文本与彰显文本相统合；二是充分利用位置和内容优势，发挥社会效益；三是培育自足性，创造使自身成为独立作品的可能。在传统考察方式之外另辟蹊径，有助于我们更全面地理解高质量出版物，更有效地推进高质量出版。

关键词

副文本　出版物结构　高质量发展

推动出版业高质量发展成为近几年出版工作的显著特征。"合抱之木，生于毫末"，出版业高质量发展有赖于无数大小出版物的高质量产出。以此为契机，我们不妨征引兼事文艺批评与出版研究的副文本理论，用"文本—副文本"（text-paratext）的结构框架，来考察目前中国所需的高质量出版物：它怎样建构？每个部分又承载怎样的功用或任务？相比传统的考察方式，这种另辟蹊径的做法或可帮助我们进一步理解高质量出版物，在后续研究和实务工作中精益求精。

一、何谓副文本

不言而喻，一种出版物（或者说书刊）作为一个相对完整的结构体，往往包括若干构成要素。编辑出版者必须统筹兼顾，才能保障书刊的总体质量。至于如何统筹，实则对应于如何划分，即以哪条或哪些思路来定位书刊中各个要素及其相互关系。按照行业惯例，若以信息载体来定位，所要统筹的就是字符、图表、音视频附件等。同理，以装帧设计来定位，就要统筹内文、封面、扉页和插页；以文字主从来定位，则要统筹正文与辅文。值得注意的是，如今书刊生产花样百出，这些积年累月而来的经验尽管成熟且仍然行之有效，却很难避免成熟过后的疲态：它们无法阻止做书的程式随时间推移而趋向刻板，以至越来越像器具零件的简便组装，而越来越偏离其理想状态——多元要素的有机结合。

在书刊结构划分方式中，"文本—副文本"占据一席。何谓副文本？中国出版界援引过这个概念，用于描述书刊的版式装帧、品牌构建等，但遗憾没有结合现时代的宏观需要加以充分发掘。在最早提出此概念的法国文艺理论家热拉尔·热奈特看来，副文本意为伴随文本、文本周边，指环绕文本的辅助性、支持性材料。它们通常以文字／语言、图像、物质或事实的形式存在，涵盖标题、副标题、互联性标题、前言、后记、告读者、致谢，以及封面、插图、插页、版权页、磁带、护封等其他附属标志，还有作者亲笔或他人留下的标记。当然，副文本的涵盖范围并非一成不变，毫无灵活性。热奈特在1979年首提此概念后的数年里，依然颇为积极地撰文重释。后人对此概念的译介也会联系实际语境，自觉或不自觉地带入时代新象。及至当下，理应纳入副文本的事物明显更多了，直观的如营销和拓展学习渠道的标识（品牌图标、网页链接、二维码），随书礼品（书签、明信片、贴纸、书中书、手工材料），非直观的如嵌于网页链接和二维码的多媒体信息。这种扩容之势大概率还会持续。

进而言之，副文本对任意一本书刊来说，皆为不可或缺且举足轻重的存在。一方面，书刊的形成离不开副文本，特别是其辅助文本之用。热奈特很早就点明，副文本旨在"呈现文本"，亦即"包围并延长文本"，最终"把文本变成书，以书的形式交予读者，或者更普泛些说，交予公众"。副文本、文本和书的关系好比象夫、象和演出，"文本缺少副文本犹如象缺少象夫，必会无的放矢"；"副文本没有文本可依托则如象夫没有象可驾驭，只能傻兮兮地表演"；唯当象夫、象兼备且彼此配合时，才有完整的演出。同样地，唯当副文本、文本兼备且彼此配合时，才有完整的书。另一方面，书刊形象的树立十分依赖副文本。副文本是一片由著／编／译者、编辑出版者合力开辟的，位于文本以外、书刊以内的综合型场域，文本概要、装帧设计、营销风格、印装工艺等他们在幕后完成的大量工作集中展现于此，让人一目了然。在文本—副文本—书刊—读者这条时空链上，副文本凭借其位置的便利与内容的直观、综合，能够比文本更快速地进入读者视线和脑海，促使他们建立对书刊的初步印象。

综上可知，副文本不仅自身内容丰富，放在当前中国语境里，副文本质量高低直接关系着全书质量高低，如要获得高质量出版物，应先打造高质量副文本，包括打造其丰富的细部，就像老生常谈的总目标套分目标、总任务套分任务那样。

二、指示文本与彰显文本的协调统一

高质量副文本首先表达为高质量地呈现文本，更确切地说则是，高质量地指示文本和彰显文本，并保持两者的协调统一。前者注重准确性，以保障读者快而准地认识所见书刊；后者注重感染力，以吸引读者继续探索该书刊。

从指示文本谈起。中国现行的出版法规明文写道，"图书质量包括内容、编校、设计、印制四项"，"报纸、期刊质量包括内容质量、编校质量、出版形式质量、印制质量四项"，"四项均合格的，其质量为合格；四项中有一项不合格的，其质量为不合格"。副文本对文本的指示穿插于以上各项，指示得准确与否显然关系重大。因而，高质量副文本不单在字符、图片等直接信息上与文本一致，避免像图书"封一、扉页上的相关文字不一致"、期刊"目次页中文章标题、作者、页码以及作者简介信息与正文不一致"这样的编校差错，在深层指涉上也是如此。借语言学观点来说，作为副文本普遍载体的文字、图像皆为重要的语言类型。但凡是语言，就不排除有多重指涉的可能，甚至文学语言还以复义、含混即指涉内容不单一、不绝对为特色。高质量副文本选用的语言必定在主要指涉上忠实遵从文本，在其余指涉上不妨害文本。

再者是有效地彰显文本。高质量副文本以恰当的方式让读者看到并认可文本的价值。这首先意味着，高质量副文本能恰当地为文本扬长避短。任何文本都不是完美无缺的，即便再出色，也无法在所有评价标准下皆达到最佳。而若副文本予以辅助，将文本的长处尽可能地凸显出来，对短板连同疑似短板之处进行合理地弱化或解释。此外，高质量副文本会恰当地体现读者的参与感。归根结底，文本的彰显永远指向读者，正如接受美学所讲的，使读者接受并释放其强大的能动性，以阅读和反馈的方式介入作品/文本，让作品/文本在离开作者之手后仍可持续生长。高质量副文本由作者、编辑等操刀，其操刀过程必然渗透着读者意志，比如使用易于唤起读者情感共鸣的文字，选择符合读者审美期待的配色等，为读者释放后力作好铺垫。

在副文本这里，文本指示与文本彰显原是两项递进、互补的功能，而实践中，这种良好关系必须通过有意控制后者对前者的隐形挤压才能维持。因为市场化大环境下逢迎消费者（读者亦即书刊消费者）的趣味是大势所趋，读者趣味与文本指归又并不等同，所以副文本一旦过于逢迎读者，则极易曲解文本。简言之，文本彰显的失度易造成文本指示的失灵。高质量副文本应建立在统合两项功能的基础上。

三、副文本的社会效益

在中国，书刊出版长期以来坚持把社会效益放在首位，努力满足人民日益增长的精神文化需求。这是由中国国情决定的，也与社会效益具有时间久远性、潜移默化性、综合性和复杂性的事实紧密相关。而且及当前，另一则事实也愈发显豁：随着碎片式、跳跃式阅读的常态化，很多书刊虽然会被翻看，但却得不到完整阅读，以致其社会效益无法完全发挥。对此，高质量副文本能起到一定的弥补作用。它凭借自身的优越位置（比文本更先进入读者视野）和优秀内容，可以相对独立地发挥社会效益，帮助书刊惠利大众。这主要表现为下述三个方面：

一是审美教育。通常看来，一本书刊无需囊括所有副文本类型，但充当书刊先导的封面必不会缺席，加上封面有突出的审美特征，审美教育于是成为副文本最直接的社会效益。如蔡元培所说，"美育之目的，在陶冶活泼敏锐之性灵，养成高尚纯洁之人格"。高质量副文本从给人以感官上，特别是视觉和触觉上的审美刺激开始，继而渗入人的意识层面，催发出愉悦、兴奋、共情等审美感受，潜移默化地培养人对美的感受力、辨别力和创造力，达成陶冶人心与塑造人格之效。关于此，陶元庆为鲁迅小说集《彷徨》画的封面是公认的典范。这张封面由橘红色背景和暗蓝色图文构成，右上方挂着一轮颤颤巍巍的太阳，左下方是三个人并排靠在椅背上，非坐非站，彷徨不安。如此简单的画面，竟与小说情节一样摄人心魄，引得鲁迅直言，"实在非常有力，看了使人感动"。在这里，副文本恰到好处地将感官美与精神美融为一体，对读者的审美教育超越了浅表的美感传递，到达更深刻的维度。

二是文化普及。得益于教育事业的稳健推进，中国的国民文化素质以可观的速度持续提高着。同时，社会生活的日新月异又决定了国民文化素质必须与时俱进，文化普及工作不容懈怠。近年来在弘扬优秀传统文化、时代文化，以及宣传中国非遗、"新质生产力"等宏微观方面所作的努力，皆顺应于此。高质量副文本根据自身和所在书刊的特色，有针对性地承担文化普及的使命。比如《咬文嚼字》数年来封面一直采用应时应景的插画，插画主题一年一换，内容一期一换。2025 年的插画以菜肴为主题，显要处配有相应菜肴的两三句简介，介绍其历史、做法、品相等；2024 年是花卉，同样配有简介，介绍其科属、形态和典故；再往前数还有植物果实、特色小吃、传统节气、水果……每期插画皆不乏知识传播意义。此外，《咬文嚼字》封底长期设置"火眼金睛　图中差错知多少？"栏目，选取日常生活中的错别字案例，通过与读者的互动来引导其汉字使用，推动其语文学习。该刊副文本纵然所占版面有限，却在尽可能地务实，力求创造更多文化效益。

三是思维训练。如前所述，副文本是一片集中展现书刊信息的综合型场域。以更开阔的目光看，它们所展现的远不止这些，还有它们关涉的媒介、人群、话题、语言、学科、地区、时代等等。因此，副文本又是一个反映世界多样性的微型展厅。无论读者是否察觉，其接触和接受不同副文本的过程，都是接触和接受世界万象的过程，以及"无痛"训练开放性、包容性思维的过程。高质量副文本主动为这种训练提供便利，乃至适当助推。华东师范大学出版社旗下主收欧洲学术随笔的"轻与重"文丛，每本书的封面和扉页上皆印着一个由蝴蝶和螃蟹两种对立意象组成的椭圆形图标。第二页"主编的话"作了解释：该图标以螃蟹的沉稳承载蝴蝶的轻灵，提示读者在把握随笔文体的书写风格之余，学习其兼容并蓄的思考方式，"既要审慎，又要平衡"。与"轻与重"文丛一脉相承，该社"快与慢"书系选取蜜蜂筑巢和蜘蛛结网的意象，分别隐喻古人的品位和今人的智慧，以带领读者体悟古今之辨。

四、副文本的自足性

除了前述两点，高质量副文本还具备一定的自足性。这种特性是相对副文本的文本依附性来说的，指在客观条件利好的情况下，副文本倘若离开其依附的文本，走出其服务的书刊，能够像独立作品那样继续传播并产生影响，从而更长久地为原书赋能。按照既往经验，高质量副文本在自足性上有以下几种可能：

首先，标题、序跋等关键副文本的自足。弗洛伊德有部专著叫作《文明及其不满》。此标题后来被多位学者化用，陆续产生了《文学批评及其不满》（约翰·塞尔）、《美学及其不满》（雅克·朗西埃）、《全球化及其不满》（约瑟夫·斯蒂格利茨）、《现代性及其不满》（史蒂文·史密斯）以及《文本及其不满》（黄子平）等若干著述，"×× 及其不满"的习语化也成为互文性研究的典型案例。弗洛伊德的原作本已享誉学界，受惠于此，其在知名度上更可谓如虎添翼。

其次，书籍装帧设计、随书礼品等固定副文本组合的自足。装帧设计把构成书籍封面、插页的全部副文本类型组织起来，经过装帧材料、装帧工艺的恰当辅助，最终形成一个和谐的整体，俗称"书衣"。1963年启动的国际大奖"世界最美的书"（Best Book Design）就是专门面向装帧设计的。2003年起，上海市新闻出版局主动与此奖项对标，评选每年度中国"最美的书"并向其报送。许多被报送的作品都不负众望，其中张志伟设计的《梅兰芳（藏）戏曲史料图画集》、李瑾设计的《订单——方圆故事》还先后斩获2004年、2016年"世界最美的书"金奖。至于随书礼品，这类新晋副文本从一开始就较为独立，有些甚至已经商品化，成为可单独售卖的文创产品，间接拓展着原书的外延。

再者，副文本总体的自足，主要适用于期刊、系列图书等需读者长期关注的连续性出版物。熊猫丛书的"入睡"曾留给我们难忘的教训。这套大型中国文学外译丛书自1981年起重磅推出，经历过一阵沉寂和一次调整后，在2009年法兰克福书展之际重出江湖，前后品种总数达二百有余。尽管如此浩荡，却被普遍认为收效不佳，特别是21世纪以来，"很多种书其实在我国的驻外机构里'沉睡'"，直到今天也未见苏醒。有研究表明，熊猫丛书进入这般境地，与其配备的副文本不充裕、不统一紧密相关，不仅缺乏符合海外读者预期的多模态副文本，包括对应正文的书评、推介语、图像插画、音视频等，且仅有的副文本大都只顾凸显作者地位，同样应当凸显的译者地位、外译初衷则被有意无意地遮蔽了。久而久之，老读者流失，新读者不进，熊猫丛书也就难以为继了。

与呈现文本、发挥社会效益相比，培育自足性无疑最具挑战力，毕竟它没有明确标准可循，而且格外依赖"天时地利人和"，成效难以预判。不过换个角度讲，它也是最具未来性的任务，高质量副文本如要继续提升乃至突破历史，其突破点极可能在这里。

副文本与文本共同构成书。确保副文本高质量，当是我们孜孜以求的确保出版物高质量的一条可行路径。而恰逢其时，新近现实又赋予我们空前的行动便利——"AI+出版"在部分副文本设计上甫获成功，走向纯熟指日可待。从理论准备到现实支持，我们有充足的动力多加探索。在"十四五"即将收官、"十五五"紧密筹划之际，这种探索也是总结与展望的一部分。

参考文献

［1］王晓光，简华.超越数字摇篮本：AI时代出版物创新的基本要求与技术逻辑［J］.出版发行研究，2025（1）.
［2］李沄沨，李悦.新质生产力视域下出版物新型生产要素构成分析［J］.中国出版，2024（18）.
［3］缪小云.儿童绘本阅读与创作研究［M］.厦门：厦门大学出版社，2020.
［4］蒋诗萍.论副文本在财经报刊品牌构建中的作用//林辉.中国财经传媒评论（第1辑）［M］.上海：上海交通大学出版社，2017.
［5］张泽青.关于期刊社会效益几个特点的思考［J］.编辑之友，2016（11）.
［6］吴越.如何叫醒沉睡的"熊猫"［N］.文汇报，2009-11-23.
［7］余小梅.副文本视角下的中国文学"走出去"——以"熊猫丛书"为例［J］.翻译界，2017(2).

"一带一路"背景下的学术出版走出去

上海人民出版社　　史美林

摘　要

自"一带一路"倡议提出以来，沿线共建国家对于中国式现代化建设所取得的巨大成就十分关注，渴求中国经验与中国方案的分享与交流。随着中国哲学社会科学领域自主知识体系建设的逐步推进，涌现出越来越多优秀的原创理论作品。这些作品的外译出版是自主知识体系国际传播的重要组成部分，将有力地加强中国国际学术话语权。作为承载着学术思想的跨领域学术网络，学术共同体的建设为学术出版走出去提供了更具可行性、更符合学术生态的实践路径。这一路径着眼于跨国学术人才的交流与培育、学术成果的出版以及研究机构的合作等形式，为当下学术出版走出去提供了有益的启示，也将助力自主知识体系更高效的国际传播。

关键词

学术出版走出去　"一带一路"　自主知识体系　学术共同体

中国式现代化建设是人类历史上一次波澜壮阔的政治实践，受到世界各国关注。尤其是"一带一路"倡议提出以来，沿线共建国家对于中国式现代化建设所取得的巨大成就十分关注，渴求中国经验与中国方案的分享与交流。中国哲学社会科学领域的自主知识体系建设正是基于中国巨大的发展成就之上，试图解释中国道路、对中国经验进行理论提炼。近年来，随着中国哲学社会科学领域自主知识体系建设的逐步推进，涌现出越来越多优秀的原创理论作品。这些作品的对外推介将大大提升中国的学术影响力，为世界学术界提供新的知识积累。

一、"一带一路"背景下的学术出版走出去

"一带一路"沿线国家有着源远流长的文化传播历史，古代丝绸之路曾是中外文化交流、文明互鉴的大通道。"一带一路"倡议给国际交流合作带来了更多机会，中外人文与学术交流也日渐常态化。在此背景下，图书出版走出去也迎来了新的发展机遇。代表性的成果包括于 2017 年成立的"一带一路"共建国家出版合作体，是当下中国出版业对外合作的国家级平台。截至目前，合作体共有来自 56 个国家和地区的 319 家成员单位，基本覆盖了"一带一路"沿线所有国家，涵盖出版机构、学术机构和专业团体。自成立以来，合作体成员间国际版权贸易量逐年攀升，中国内容图书合作出版日趋活跃，并举办了四届高峰论坛，推动"一带一路"国家出版文化交流。于 2018 年成立的哈萨克斯坦欧亚国际书展虽然初创不久，但已发展成为欧亚地区最大的文化和教育活动之一，汇集了欧洲和亚洲国家的出版、科学教育和印刷公司，向世界展示欧亚地区国家在文化、文学和图书出版领域的成就。这些国际合作平台与机制为中国的出版走出去提供了广阔的平台和丰富的资源，大大增强了中国文化与思想的国际影响力。

具体到学术出版走出去，依托"一带一路"的发展浪潮和蓬勃的国际出版合作机制，也取得了不凡的成绩。中国出版协会"一带一路"出版工作委员会主办的"一带一路"出版合作典型案例征集目前已举办五届，共征集了 400 多个经典案例，内容包含主题出版、社会科学、科学技术、艺术文学等全品类图书，成为目前中国出版界最权威的国际合作评选机制。根据案例征集的公开数据，影响范围广、传播效应强的优秀案例集中在大众读物，专业的社科类学术理论专著则鲜有入选。造成这一现象的原因之一，即目前普遍的出版合作方式是以出版社为主体、注重机构间的长期合作，这种模式的优点十分显著，规模大、影响范围广，短期内可形成良好的市场效应。但对理论性强、翻译难度大、受众群体小的学术专著来说，这一模式却不是最适合的。因此，针对学术专著的内容特点，我们亟须探索一种不同于大众品类图书的独特的国际传播路径。

二、自主知识体系的国际传播与学术共同体的构建

2016 年，习近平总书记在哲学社会科学工作座谈会上指出："不断推进学科体系、学术体系、话语体系建设和创新，努力构建一个全方位、全领域、全要素的哲学社会科学体系。"2022 年，习近平总书记在中国人民大学考察时又指出："加快构建中国特色哲学社会科学，归根结底是建构中国自主的知识体系。"

随着中国式现代化的不断深入，基于中国发展经验的社会科学自主知识体系建设受到了世界学术界，尤其是"一带一路"共建国家的关注。自主知识体系是对中国方案的理论提炼，是对中国经验的系统解释，其国际传播将有助于促进全球知识的多样性和丰富性，是当代出版人的时代使命。

（一）学术出版走出去与自主知识体系的国际传播

自主知识体系是当代中国在长期发展过程中形成的、具有中国特色和优势的知识结构和理论体系，其国际传播是提升国家文化软实力和国际影响力的关键。自主知识体系的国际传播形式不仅包括高质量的学术出版，还包括参与国际会议、建立国际合作项目，以及利用数字平台进行多语种传播，从而有效地将本土学术思想和研究成果介绍给全球。这样的传播特点决定了传统的走出去模式已不再适用。为了更好地服务于自主知识体系的国际传播，学术出版走出去亟须一种不同的、更加符合学术生态，且具有强实操性的新路径。而学术共同体的构建则为之提供了一个可行的思路。

（二）学术出版走出去与学术共同体建设

2013 年，习近平主席首次提出"人类命运共同体"重大理念："这个世界，各国相互联系、相互依存的程度空前加深，人类生活在同一个地球村里，生活在历史和现实交汇的同一个时空里，越来越成为你中有我、我中有你的命运共同体。"构建人类命运共同体成为中外文化与学术交流的指导思想。学术共同体建设是对人类命运共同体这一重大理念的深入践行，为构建人类命运共同体提供了坚实的知识基础。近年来，学术界大力推进自主知识体系建设，对学术共同体建设也愈加重视。2023 年，"一带一路"建设十周年研讨会在北京举行，与会专家学者交流研讨达成共识后发布了加强"一带一路"学术共同体建设的倡议。这是目前国内较为权威、覆盖范围也较广的学术共同体，除此之外，一些由高校等研究机构主导的多边或双边学术共同体也在不断发展。

学术共同体是由学者、研究人员、教育机构、出版机构等组成的，承载着学术思想和学术传统的跨地区、跨领域的学术界社会网络，是知识社会的重要组成部分。它们共同推动知识的创造、传播和应用。学术共同体建设的关键要素包括学术成果的创新与分享、学术人才的培养与交流、学术交流的常态化机制。自主知识体系和学术共同体之间存在密切的关系，一方面，自主知识体系的建设为学术共同体提供了学术成果、学术思想等内容基础；另一方面，学术共同体通过学术会议、期刊、图书以及国际合作和交流等多种形式将自主知识体系中的理论、方法和发现传播给更广泛的受众，促进不同知识体系之间的对话和融合。两者相互作用，共同促进知识的创新、传播和应用。

学术共同体的建设为学术出版走出去提供了一种更具可行性、更符合学术生态的路径，将更有效地促进自主知识体系的国际传播。本文选取第五届"一带一路"出版合作典型案例名单中的《政治逻辑——当代中国社会主义政治学》（以下简称《政治逻辑》）韩文版的输出为例，进行具体分析。

三、基于学术共同体建设的学术出版走出去

2024 年 10 月 11 日，由中国出版协会、中国出版集团主办的第五届"一带一路"出版合作经验交流会在四川成都举办，会上发布第五届"一带一路"出版合作典型案例征集与国际化人才遴选活动结果，上海人民出版社的《政治逻辑》韩文版输出案例入选。

本书围绕当代中国政治的重大议题，把政治学理论与中国的政治实践有机结合，从中国经验的角度形成了对政治和民主的新的理解，很好地回答了中国式现代化发展的问题。实现现代化不仅是近代以来中国人民矢志奋斗的梦想，也是世界各国人民的共同追求。而过去几十年，韩国也创造了举世瞩目的"汉江奇迹"，创新发展全球领先、社会治理卓有成效，成功走出了韩国式现代化道路。不过目前在韩国，充分了解中国式现代化、中国政治逻辑的人相对较少，相关学术研究也刚刚起步。现实的需要与学术研究的空白是本书韩文版出版的背景与前提。韩文版书名定为《中国式现代化的逻辑》。

《政治逻辑》韩文版的出版从一开始就着眼于中韩学术共同体的建设。以师生传承为特点的翻译团队、专注于引进中国哲学社会科学学术成果的专业出版社，以及与韩国高校机构的定向合作，共同完成了一次中国政治学自主知识体系建设理论成果的国际传播。

（一）以翻译为桥梁，推动学术思想的传承与传播

中国的学术研究自古以来就讲究"传承"，而在中国的影响下，许多东亚国家也极为"重师道"。"一带一路"倡议提出至今，越来越多来自新兴国家的留学生来到中国，学习知识的同时，也向母国介绍中国的发展经验，而他们也自然成为中国自主知识体系国际传播的重要生力军和对外话语体系建设的无可替代的实践者。

《政治逻辑》韩文版的译者金美来博士就是一位这样的"完美"译者。她来到中国后，一直在《政治逻辑》的作者刘建军门下学习。她的中文水平已经接近母语使用者，

并用中文发表了多篇学术文章，此前还曾翻译过刘建军的另一部著作《当代中国政治思潮》。她成为《政治逻辑》韩文版译者的不二人选。另两位合作译者具声哲和姜崖利也是刘建军研究团队中的一员，有着丰富的翻译经验。熟练的语言能力与扎实的学术水平，使得他们仅用了 6 个月便高质量完成了这部 50 多万字的学术理论著作的翻译工作。

（二）专业学术出版社保证学术成果的高质量出版

目前中国的出版合作大都倾向于选择知名度大、业务范围广的综合类出版社。这些综合类出版社一般拥有完善的国际合作网络，便于联系沟通，同时还有着跨地区的营销渠道，有助于图书的销售。然而，对于阅读门槛高、受众群体小的学术图书而言，小而精的专业出版社则能提供更有针对性的出版服务。

韩国山鹰出版社（SANZINI）是一家小众而专业的出版社，自建立以来，便坚持不懈地向韩国读者介绍中国的文化和历史，其代表性的"亚洲丛书系列"旨在专门介绍亚洲各国的文史哲研究。《政治逻辑》韩文版《中国式现代化的逻辑》便收录在这套丛书之中。选择山鹰出版社有一定的必然性。一是译者团队都是有着丰富翻译经验的年轻学者，曾经与山鹰有过多次合作，彼此熟悉、工作交流上也更默契。二是山鹰出版社虽然"年轻"，却有着鲜明的学术定位，其在韩国与各所高校以及主流学者都有着长期合作关系。对口的学术定位以及专业的学术品味，使得山鹰出版社在《政治逻辑》韩文版的出版过程中，不仅可以提供专业的服务，还可以帮助对接韩国本土更多的学术资源与平台，助力译著更有效地得到传播。

（三）学术交流常态化，打造中韩学术"朋友圈"

在本土的译者与专业的出版社的助力下，研究机构之间的学术交流变得水到渠成。韩国东西大学东亚研究院中国研究中心（以下简称"中心"）成立于 2015 年，是韩国专门从事中国学和东北亚问题研究的重要机构，致力于中韩学术共同体的建设。中心与山鹰出版社保持着长期的合作关系，同时，院长辛正承和所长李弘揆都是"中国通"，汉语流利，与中国政治学学术界也一直保持着密切的联系，因此对于《政治逻辑》一书的出版十分关注。他们希望能够以《政治逻辑》韩文版的出版为契机，一方面促进两国学者进行深入的交流；另一方面，借此与中国的高校与研究机构建立起长期稳定的交流机制，进一步加强中韩学术共同体的建立。

2024 年 4 月 26 日，《政治逻辑》韩文版新书发布会暨"中国式现代化的理论内涵与世界意义"中韩学术研讨会在韩国东西大学召开。除了《政治逻辑》的作者代表和韩文版的译者，包括复旦大学政治学系、中韩双方出版社、上海市社联，以及韩国东西大学、世宗大学、东亚大学、国家安保战略研究院等多所高校与研究机构，共有 20 多位学者和代表出席。会上两国学者深入探讨了对于中国式现代化的理解，认为《政治逻辑》韩文版的出版向韩国学者展现了一个具有多重内涵的中国，尤其是中国学者对于构建自主知识体系的努力给长期缺乏自主性框架和方法的韩国学术界带来诸多启示。研讨会不仅预告了《政治逻辑》韩文版的正式发行，中国学者也借此机会向韩方介绍了"中国政治学研究手册"等其他中国政治学自主知识体系建设的最新成果。可以说，这次研讨会不仅是中韩学术交流的一次盛会，更是中国自主知识体系国际传播与中韩学术共同体建设的一次成功尝试。

四、结语

随着中国式现代化和"一带一路"建设的不断推进，在哲学社会科学领域涌现出大批优秀的学术理论作品，这些作品代表了中国学术界自主知识体系建设的最新成果，向世界，特别是向"一带一路"共建国家解释中国道路、传播中国经验、讲述中国故事。这些作品的国际传播将深刻影响中国的国际学术话语权。

与日益紧迫的自主知识体系的国际传播任务相对应的，是当下学术出版走出去所面临的困境。一方面，相比于文学类等通俗大众读物，学术作品的翻译难度大、读者群小、市场效益不明显，走出去的难度也就相对较大。另一方面，在实践中，目前中国学术著作外译的通行做法依然还是以中国本土译者为主，且倾向于选择大型的综合性出版社，导致翻译水准不稳定、传播效果不理想。面对此困境，出版社需要一个更具针对性，且容易操作、可复制的输出方案。

笔者认为《政治逻辑》韩文版的出版实践，提供了一种基于学术共同体构建的路径，其特点包括：在译者的选择上，优先选择有师承关系的留学生，保证译作质量的同时也使译者成为传播者之一；在出版社的选择上，优先选择小而专的专业出版社，在保证出版质量的同时可以有针对性地进行营销传播；在后出版时期，利用学术共同体的资源进一步推动学术交流与合作，加强学术成果与学术思想的传播效果，进而助力自主知识体系的整体国际传播。

自主知识体系的国际传播是一项系统工程，不仅包括学术图书的出版，还包括学术思想的传承、人员交流、机构合作等。而作为知识社会重要组成部分的学术共同体，其本身就与自主知识体系的发展与传播有着相辅相成的关系，从而为学术出版走出去提供了一个既有操作性、又符合学术生态的实践路径。

　　基于学术共同体的学术出版走出去不仅限于文字内容的翻译，而是要将中国的自主知识体系、话语体系进行系统的、有效的国际传播。《政治逻辑》韩文版的出版就是一次成功的尝试，通过以师生传承为特点的翻译、专业出版社的选择、研究人员的交流、研究机构的常态化合作，在翻译出版的基础上着眼于人才交流、学术交流等，以构建学术共同体为路径，最终推进自主知识体系的国际传播，为当下学术出版走出去工作提供了有益的启示。

参考文献

[1] 习近平.建设开放包容、互联互通、共同发展的世界——在第三届"一带一路"国际合作高峰论坛开幕式上的主旨演讲[EB/OL].新华网.http://www.xinhuanet.com/world/2023/10/18/c_1129922670.htm. 2023-10-18.

[2] 习近平.在哲学社会科学工作座谈会上的讲话[M].北京：人民出版社，2016.

[3] 习近平在中国人民大学考察时强调　坚持党的领导传承红色基因扎根中国大地　走出一条建设中国特色世界一流大学新路[EB/OL].新华网.http://www.xinhuanet.com/politics/2022-04/25/c_1128595417.htm. 2022-4-25.

[4] 习近平.习近平在莫斯科国际关系学院的演讲[EB/OL].人民网.http://politics.people.com.cn/n/2013/0324/c70731-20892698.html. 2013-3-24.

[5] 余永和."一带一路"提升中国教育对外开放水平[EB/OL].光明网.https://www.gmw.cn/xueshu/2023-11/24/content_36988642.htm. 2023-11-24.

学术出版走向市场的可行性与挑战

上海社会科学院出版社　　叶　子

摘　要

学术出版是出版的重要领域之一，它通过传播知识与文化，激励学术研究，以及推动出版业的良性发展，从而获得自身市场化的可行性。本文通过分析学术出版走向市场的可行性，试析看到学术出版面临的市场挑战。

关键词

学术出版　市场化　学术普及　读者需求

学术出版应该如何推向市场，吸引大众来阅读？在市场化的过程中，学术出版又如何严守学术的严谨与纯粹，通俗但不流俗，引领思考却不只顾热点，真正做到将象牙塔里的知识与研究，准确与优质地传递到更广泛的读者中？本文结合人文社科领域学术著作的出版实例，围绕学术出版的市场化这一主题，分析其可行性，并且在此过程中，尝试探讨学术出版工作的难点及其可能的解决办法。

一、学术出版走向市场的可行性

随着近代印刷工业的发展，出版的数量与品质都大幅提升，阅读越来越成为一桩寻常事。在这个过程中，学术著作的出版，也从思想圈、学术圈的小范围交流，走入越来越多的读者之中。比如在 1859 年，达尔文的《物种起源》首次出版发行，据说首印量 1250 册且当日售罄，时至今日，这部著作依然是自然科学和人文研究的必读著作之一，类似的学术著作还有马基雅维利的《君主论》、牛顿的《自然哲学的数学原理》、亚当·斯密的《国富论》，等等。学术出版走向市场，有利于知识和智慧走出象牙塔，对社会发展产生真正的影响。

出版活动的价值在于记录和传播，首先要有值得记录的内容，其次要能传播到更大的人群中。在这个基础上，学术出版只有在一定程度上走向市场，才算真正发扬其作为出版的本质要求。概括来说，学术出版通过传播知识与文化，激励学术研究，以及推动出版业的良性发展，从而获得自身市场化的可行性。

（一）传播知识与文化

学术知识生发于思想界、学术圈，这对大众读者来说是有一定距离的，之间存在着一定的"知识壁垒"。学术出版正是打破这种区隔的重要方式。从这个意义上来说，学术出版天然带有普及化的属性。值得注意的是，学术内容的普及性和其他文化内容的普及性有根本上的不同，如果对于后者来说，准确性、客观性、严谨性等科学性是加分项，那么这些对学术知识来说，则是本质要求。因此，学术出版既要求出版的内容具有传播所必需的普及性，又要求这些内容具有科学性，在两者兼备的情况下，学术出版才是在传播知识与文化，否则就可能是在复制不可能被大众读者理解的生冷知识，或是打着学术幌子传播错误信息。

随着全球化的深入与数字技术的发展，学术出版的市场呈现跨地域、跨学科的传播状况，这进一步扩大了学术出版的影响力，也对学术出版市场化的水准提出了更高的要求。

以一项文化资源学研究领域的学术出版为例。上海社会科学院出版社不久前出版的《文化资源导论》是一部围绕高校"文化资源学"所撰写的学术著作，其知识体系整合了文化遗产学、文化人类学、文化经济学等多学科的内容。著作中有一部分内容涉及非物质文化遗产，以广东、福建地区的"飘色表演"、益阳地区的"小郁竹艺"、徽州的歙砚制作技艺等为例，分析了非物质文化遗产的概念、门类、保护措施和转化利用等。这样的学术出版具有专业知识性，又使用通俗易懂的语言表达，结合丰富生动的案例，为相关专业的初级学习者和想要了解文化资源学的大众读者，降低了阅读和理解的障碍。这些都有利于专业知识与文化的传播，在学术出版走向市场方面作出了一定的努力。

（二）激励学术研究

学术研究被誉为清冷的象牙塔，大部分的研究者也都"默默无闻"。常见的是，学术出版只是完成了出版的"记录"功能，而没有实现"传播"价值，学术研究者的积极性也被逐渐消磨。

学术出版若能成功走向市场，获得更多的读者，学者的学术和社会影响力就能得以提升，这不仅有利于著书立说的学者本人，还能积极推动某个学科的研究，如吸引更多年轻的、潜在的研究者加入，为专业领域带来新鲜的思考。正如党的二十大报告强调的："青年强，则国家强。当代中国青年生逢其时，施展才干的舞台无比广阔，实现梦想的前景无比光明。"落实到学术出版工作中，就应当鼓励更多学术基础扎实，学术热情充沛的青年学者著书立说。他们所接受的教育，拥有的思考方式都天然地更加与时俱进，这便是其著作市场化的基础所在。

以一项文学研究领域的学术出版为例。《小说不小：欧洲经典长篇小说九种》是一部基于西方文艺思想理论，对西方现代小说兴起至今的 400 年内出现的重要小说作品进行分析与品鉴的作品。所评的作品，遴选自作者多年来与学生和友人共读的众多经典作品，因此这一"经典性"不仅有学界的传承，更是当下青年喜闻乐见的作品。在这个基础上，以学术的方式对作品进行分析，这样的分析自然更容易切中大众读者的所思所想，具有走向市场的较高潜力。而对学者本人来说，这样的著作既是他学术水准的见证，也饱含了研究的热忱。图书进入市场后引起不错的反响。在这样的面向市场的学术出版中，学术研究工作得到正向激励。

（三）推动出版业的良性发展

出版工作具有文化和商业的双重属性，推动文化发展是其初心，而只有把书卖出去，行业才具有可持续性。学术出版与学术研究息息相关。正如学者吴婧所说，"学术著作出版单位社会效益考核能够为学术著作出版的健康发展保驾护航，同时，也可以纠偏片面追求经济效益之流弊对出版业发展造成的冲击"。也因此，建议"在学术著作社会效益评价体系中补充市场流通数据这一指标"。学术出版如果能推动出版业本身的良性发展，那么其自身的市场化才成为可能。而这对学术研究自身也有积极意义。

以一项心理学领域的学术出版为例。《拉康十讲》是一部法国精神分析理论的解读类著作。书中引用和分析了许多弗洛伊德和拉康的理论和概念，同时结合作者自身的临床实践进行解读。正是这样一部具有较高理论性的书籍，在出版一年内加印 3 次，做到了不仅对相关从业者和专业学生有研究参考价值，而且吸引了更广泛的心理学爱好者来阅读。这类学术出版对出版业本身具有积极的推动作用，让出版社既出版了具有较高思想品质的作品，又获得了较好的经济效益，在这个过程中，学术出版实现了市场化。

二、学术出版走向市场的挑战

在市场化的过程中，学术出版也面临着挑战。与文艺作品相比较，学术作品具有更高的理论性，阅读门槛较高，这对于其市场化来说是核心难点。从这一核心难点出发，学术出版走向市场的挑战主要有以下三种。

（一）学术要求与市场要求的博弈

大众阅读要求文本具有有趣、简明、实用性等特质，而学术文本在这些方面天然不足。因为学术研究的严谨性要求其以科学性的语言来表达，故难免读起来枯燥、艰深；而一旦没有把握好通俗化的尺度，又容易导致科学性的下降，甚至不再是名副其实的学术著作。因此，学术出版要走向市场，就面临与市场的博弈，既要保持学术著作自身的价值，又要能为市场接受，这对作者和编辑双方都提出了要求。

首先，对于作者来说，如果其学术著作想要走向市场，在文字表达上就要尽可能减少使用不必要的学术概念或艰涩语句，结合其研究主题，深入浅出地传达出内涵。其次，对于编辑来说，在装帧设计、宣传文案等方面，都要在基于学术严谨性的基础上，采用更符合大众读者偏好的方式来进行整体考虑。

以一项外国哲学领域的学术出版为例。《维特根斯坦与伦理反应》是作者国家社科基金项目结项后完成的一部学术著作，研究的是哲学家路德维希·维特根斯坦对逻辑与伦理的思考。面对这一深刻的哲学主题，虽不可能以简单的语言来处理，但作者在分析维特根斯坦的思想历程和一些人文性的哲学概念时，使用了文艺化的语言，让读者在阅读学术文本时，对思想家的思想风貌与独特个性产生共鸣，丰富了哲学作品的人文性。而在设计方面，编辑结合学术文本的风格与作者赴挪威维特根斯坦档案馆研究时拍摄的风景照片，采用市场化的装帧风格，以封面模切、明信片与风景图全景呈现的方式，为学术著作赋予了优雅和新颖的视觉风格。

（二）读者需求的愈来愈高

学术作品进入市场，不仅在语言表达方式上或装帧设计上要适应大众的眼光，而且在内容上，也应贴近大众文化生活，满足大众的文化需求。学术出版如果只围绕老生常谈的主题炒冷饭，那么在市场化上就走不远。

以教育学领域的一项学术出版为例。《教育的光和影：吴遵民的教育世界》是教育学资深教授的研究成果辑录。党的二十大报告指出："教育是国之大计、党之大计。……

推进教育数字化，建设全民终身学习的学习型社会、学习型大国。"所以，在遴选众多的研究内容时，作者与编辑就有意识地围绕"终身教育"这个核心点进行设计。在一场线下的读书分享会上，读者对书中阐释的老年教育的本质等主题进行了提问，并分享了自己退休后继续在老年大学等机构学习的故事。可见，学术著作所涉及的话题如能真正符合大众读者的所思所想，研究课题就能成为谈论的话题，在这个过程中，学术出版的市场化也真正走到终端，引发思考。

（三）出版物的品质与效益之间的平衡

出版物作为商品，其品质与成本投入有密切关系。就学术出版而言，其成本来自作者和出版社两个方面。

首先是作者方面的成本，包括在前期研究上投入的人力、物力，以及在作品出版后，作者能否以恰当方式在作品的宣传推广中继续投入精力。学术出版不同于其他出版物特别是畅销书的出版。如何把一本好的学术著作推广好，就需要作者付出较大努力。

其次是出版社方面的成本，主要指出版社投入的各项制作费、宣传费，以及编辑的人力成本。其中，就学术出版而言，编辑的人力成本尤其关键。华中师范大学新闻传播学院教授冯会平认为："编辑如果没有专业知识背景，又没有经过较长时间的出版专业训练就做学术出版，就难有专业的敏感性，就容易出现知识性、科学性的错误。"编辑的专业水平和其出版的学术出版物的品质成正比，这不仅因为专业的编辑能协助作者规避学术出版物中的知识性错误，更重要的是，只有编辑具有了专业领域的眼光，才能从繁多的研究之中，发现既有学术品质又有市场潜力的佳作，然后将其进行出版。

学术出版走向市场的难度高于其他出版物，因此，把握好成本和效益的关系，是确保学术出版市场化得以成功的关键。

三、结语

党的二十大报告指出："发展面向现代化、面向世界、面向未来的，民族的科学的大众的社会主义文化，激发全民族文化创新创造活力，增强实现中华民族伟大复兴的精神力量。"

学术出版是出版工作的重点之一，做好了学术出版的市场化，优质的文化和思想才能传递给大众读者。通过对学术出版走向市场的可行性进行分析，不仅能挖掘学术出版的价值、意义，探索市场化的途径，也能进而明确市场化时遇到的难点，从而在实践中不断探索有效的解决方式。进而实现学术出版走向市场实现社会效益和经济效益双丰收。

参考文献

［1］谢寿光.中国式现代化与中国学术出版高质量发展［J］.现代出版，2023（2）.
［2］杨红.文化资源导论［M］.上海：上海社会科学院出版社，2024.
［3］陆浩斌.小说不小：欧洲经典长篇小说九种［M］.上海：上海社会科学院出版社，2024.
［4］吴婧.新时代学术著作出版社会效益考核受众维度探析［J］.科技与出版，2021（12）.
［5］严和来.拉康十讲［M］.桂林：广西师范大学出版社，2023.
［6］贺敏年.维特根斯坦与伦理反应［M］.上海：上海社会科学院出版社，2024.

主题出版中的口述史类图书

上海人民出版社　　吕桂萍

摘　要

在主题出版深化发展的背景下，口述史类图书凭借其亲历者叙事的真实性与情感张力，成为记录国家重大历史进程、传播主流价值观的重要载体。本文聚焦口述史类图书在主题出版中的实践，探讨两者深度融合的独特优势。文章认为，口述史图书出版呈现出版数量显著增长、地域差别明显和多元化发展的趋势，但实践中仍面临诸多挑战：如选题同质化、营销手段不足及数字转化浅层化等。应加强对口述史类图书出版的统筹策划、优化对口述史类图书的出版流程、创新口述史类图书的市场运作等路径，以期为口述史类图书的实践提供一些启示。

关键词

主题出版　口述史类图书　实践思考

主题出版是指围绕党和国家在政治、经济、社会、文化等方面的重大主题，针对重大事件、重大活动、重大理论问题等进行的选题策划和出版活动。其核心目的是通过出版物弘扬社会主义核心价值观、记录和传承国家发展历程中的重大事件和重要人物，从而发挥出版物的思想引领和文化传承功能。口述史类图书则是通过亲历者的口述，记录历史事件、人物经历和社会变迁的图书形式。它以第一人称的视角，生动、真实地再现历史场景，具有较强的故事性和情感性，能够为读者提供独特的历史体验，产生情感共鸣。现代中国的口述史研究于 20 世纪 80 年代崭露头角，随后逐渐在历史学、社会学、人类学及相关学科领域得到广泛应用。在出版实践方面，口述史类图书在重要事件口述史（如抗日战争、改革开放）、人物口述史（如革命先驱、科学家、文化名人）以及非物质文化遗产传承史等领域取得了丰硕成果。进入新时代，各出版单位的口述史类图书选题进一步拓展，主要集中在"中共党史""新中国史""改革开放史""重要人物个人生命史""非物质文化遗产传承史"等主题上，与国家主题出版方向高度契合。

口述史类图书的发展使其在主题出版中显示出独特优势，主要体现在其内容与主题出版的目标高度契合、独特的叙事方式、增强的历史真实性与可信度、传播主流价值观的能力、多元化的内容生产与传播形式以及跨学科合作带来的学术价值提升。这些优势使得口述史类图书在主题出版中扮演着重要角色，两者深度融合能够有效传播主流意识形态、弘扬民族精神、记录和传承国家发展历程中的重大事件和重要人物。

一、主题出版视域下口述史类图书出版的特点

党的十八大以来，口述史类读物不仅数量急剧上升，涵盖的题材也愈加广泛。笔者在超星检索数据库，以"口述历史""口述史""亲历者说"为关键词，检索从 2012 年至 2024 年的此类图书出版信息，共收集到 4182 种图书，并围绕其数量、学科分类、作者、地区分布等方面，梳理了十几年来口述历史图书的发展情况。在进一步梳理其题材分类的基础上，结合出版实践分析得出，近年来主题出版视域下的口述类图书出版呈现选题多样化、数量稳步上升、地域差别明显、内容生产多样性的特点。

（一）政策引导下选题的多样化

近年来，随着国家对口述历史图书出版的扶持力度不断增强，口述历史图书的选题呈现出多样化和深入化的趋势。这种变化主要体现在以下三个方面：一是越来越多的口述历史项目被纳入国家出版基金的资助范围。这不仅体现在资助数量的增加，还表现在资助领域的扩展和资助强度的提升；政策扶持不仅关注传统的历史事件和人物，还逐渐扩展到非物质文化遗产的继承与保护等领域，使口述历史图书的选题更加丰富和多元。二是选题范围逐渐扩大，涵盖更多不同历史时期和不同领域的人物与事件。随着国家对文化遗产保护的重视，口述历史图书的选题逐渐扩展到非物质文化遗产领域，如传统手工艺、民间艺术、地方民俗等。同时，口述历史图书开始关注社会热点和民生话题，如改革开放、脱贫攻坚、城市更新等，通过口述的方式记录普通人的生活变迁。三是口述历史图书不再局限于单一的历史叙述，而是通过多角度、多层次的记录方式，深入挖掘

历史事件的背景、过程和影响，使得历史叙述更加立体和全面。在政策推动下口述历史图书在主题出版领域进一步发展，使其在传播历史文化、提升民族精神、增进文化交流等方面扮演更加关键的角色。

（二）口述史出版物数量不断提升

据统计数据可知，从 2012 年至 2024 年，口述历史类图书的出版数量呈现出稳步增长的趋势，显示出该类图书在市场上的强劲需求和读者的广泛认可。这一增长趋势不仅体现在总量上，还体现在每个出版单位自身的比较上。以笔者所在的上海人民出版社为例，近些年来我们围绕"工人运动""解放战争""改革开放史""脱贫攻坚""科创中心建设""城市更新"等主题，出版了约百种口述史类图书，并且我们还在围绕重大时间节点等不断拓展新的选题。这表明单个出版单位也在不断扩展其出版品种，以满足市场的多样化需求。随着越来越多的出版社开始参与口述史类图书的出版，市场竞争愈发激烈，这不仅促进了图书质量的提高，也推动了内容的持续丰富和创新。

（三）地域特点明显

在口述历史类图书的主题出版中，地域特点表现得尤为明显。不同地区的出版单位在口述历史类图书的出版数量、品种和影响力上存在差异。这种差异反映了出版单位自身的传统优势和地区特色，也揭示了口述历史类图书在出版行业中的发展不平衡现象。

一些出版社在口述历史类图书的出版上表现出色，数量多、品种丰富，形成了自身的出版特色。部分出版社能够充分利用自身的传统优势和地区优势，推出具有地方特色的口述历史图书。上海人民出版社通过其"党的诞生地主题出版中心"，围绕"上海工人运动""改革开放""脱贫攻坚""科创中心建设"等重大题材，推出了一系列意义重大、影响深远的口述历史图书。这些图书不仅在数量上有所体现，更在内容上展现了上海在历史进程中的重要地位。

（四）内容生产多样性

随着数字化出版的兴起，口述历史类图书的电子书、有声书等数字化形式也逐渐增多，使历史故事和知识可以以更加生动和互动的形式呈现，为读者提供了更加多样化和丰富的阅读选择。这种趋势不仅改变了传统的阅读习惯，也为内容创作者提供了新的表达方式和传播途径。此外，数字化出版还降低了出版成本，使得更多独立作者和小型出版社能够参与到内容生产中来，进一步丰富了市场上的内容种类。这种多样性的提升，不仅满足了不同读者群体的需求，也为整个出版行业带来了新的活力和机遇。

二、口述史类图书出版实践中的挑战

尽管口述史类图书在主题出版领域取得了显著成绩，并以其独特的历史视角和亲历者的讲述备受读者和学术界的关注，但在实际出版过程中，仍然面临诸多挑战。

（一）内容生产面临挑战

主题出版不仅要契合重大主题，坚持正确导向，也要保证内容质量，才能打造精品力作。口述史类图书的内容生产是出版实践中的核心环节，但在实际操作中却面临多重挑战：其一，口述内容的真实性与客观性问题。口述资料依赖于讲述者的记忆、情感和立场，这些因素可能导致内容的偏差或主观性。编辑团队需要花费大量时间和精力对口述内容进行甄别、考证和核实，以确保史料的准确性和可靠性。这不仅增加了出版成本，也对编辑的专业素养提出了更高要求。其二，理论提炼深度不足。部分口述史类图书偏重于事件罗列，缺乏从口述访谈中挖掘本土化理论与文化价值的意识，这种浅层次的内容呈现方式，削弱了图书的学术价值和主题出版的意义，难以在更深层次上引发读者的思考和共鸣。其三，作者团队单一化。许多口述史项目由党政机关或科研院所主导，作者团队背景比较单一，缺乏多元化的视角和观点。单一化的作者团队容易导致内容同质化，限制了口述史类图书的多样性和创新性，难以满足不同读者群体的需求。

（二）市场营销手段不足

有不少出版单位对口述史类图书的市场营销是缺少甚至缺失的，主要体现在以下方面：市场价值被忽视，许多口述史类图书的出版工作偏向公益性质，主要依赖政府或社会资助，这种依赖外部资金支持的出版模式，使得出版社缺乏主动开拓市场的动力。受众圈层固化，部分口述史类图书因内容专业性强，难以吸引普通读者，导致受众范围局限于学术圈或特定群体；老年史料等题材的图书，由于缺乏对年轻读者群体的吸引力，限制了市场的拓展。口述史类图书本应具备突出的故事性和情感性，但出版单位未能充分利用这些优势，导致其市场潜力未被充分挖掘。

不得不提的是，笔者在口述史类图书的市场运作实践中经常遇到定价与市场接受度的矛盾。口述史类图书在采访、整理、编辑等环节的投入较大，出版成本较高，导致定价相对较高，可能影响普通读者的购买意愿。因此，如何在保证内容质量的同时，控制成本并制订合理的定价策略，是亟须解决的问题。

（三）数字转化停留在浅层

数字化是出版行业的重要趋势，但口述史类图书在数字转化方面仍处于浅层阶段。目前，口述史类图书的数字化形式大多局限于"纸质书＋二维码"模式，这种模式虽然实现了传统媒体与数字技术的初步结合，但转化程度较低，未能充分利用数字技术的潜力，读者无法通过数字平台与内容进行更深入的互动。数字内容的丰富度有限，数字化的口述史类图书在内容呈现上仍以文字为主，未能充分利用音频、视频、动画等多种形式来增强内容的吸引力和表现力。数字平台的开发和应用不足，未能形成完整的数字化生态系统，限制了内容的传播和影响力。

三、口述史类图书出版的创新策略

口述史类主题出版图书已经成为扎根中国本土、讲好中国故事、传承中国特色社会主义文化的重要形式。但是我们对口述史资源的利用开发程度和效果远远没有达到预期目标，亟须各方合力，开拓口述史类图书主题出版的空间。

（一）加强对口述史类图书的统筹策划

口述史项目包含初期资料收集、现场采访记录、后期文本编辑等大量工作，需花费极大的人力物力。为了充分挖掘口述史料的价值，口述史类图书的出版要在多个层面统筹策划。一是要构建"国家战略—地方实践—个体记忆"的选题矩阵，从国家重大历史事件、地域特色文化、个体独特经历等多个维度出发，确保选题既有宏观视野，又能见微知著。例如《口述上海科创中心建设》围绕"国际科创中心建设"的国家战略，结合上海的前沿实践，通过展示典型人物和集体的案例，体现科学家精神和工匠精神。二是培养打造作者团队。各地区的党政机关、事业单位、高校、科研院所在口述史料方面都有自己的特色文化资源，出版单位应加强联络，搭建起口述史项目从研究到出版的协同网络。三是要注重跨学科合作，邀请历史学、社会学、文学等领域的专家学者，让不同背景和视角的作者参与，提升图书的学术价值和可读性。

（二）优化对口述史类图书的出版流程

图书质量既是图书出版的底线，更是出版社的生命线。受到讲述者记忆、情感、立场等多种因素的影响，口述史真实性与客观性面临挑战，需要编辑仔细甄别与认真考证，这就对整个出版的编校流程提出更高要求。首先，强化编辑团队的专业培训，提升编辑人员的专业素养和责任心。编辑人员应具备丰富的历史知识、敏锐的学术洞察力以及严谨的治学态度，能够准确判断口述资料的价值和意义。其次，加强与其他领域的专家学者合作，可以组建"编辑＋学者＋技术团队"的协作平台，借助其专业力量，提升口述史类图书的学术水平和可读性。再次，及时进行重大选题备案。主题出版视域下的口述史类图书选题有时涉及重大历史、重要事件、重要人物、重大题材等，出版社应及时备案，确保口述史类出版物的高质量高水准。最后，借助人工智能提高效率。利用 AI 技术可以辅助编辑快速识别并纠正口述资料中的错误和不准确之处，提高勘校效率。AI 还可以用于数据分析，帮助编辑团队更好地理解读者需求，优化内容设计。

（三）创新口述史类图书的市场运作

在创新口述史类图书的市场运作方面：首先，要注重品牌效应。出版单位可以通过系列化出版、打造精品力作等方式，逐步建立起自己的口述史品牌形象，提高读者对口述史类图书的认知度和信任度。同时，可以利用社交媒体、线上读书会等新媒体平台，加强与读者的互动和交流，提升品牌影响力和口碑传播效果。

其次，要创新产品形式。通过开发有声书和制作短视频等衍生品，丰富图书呈现形式，满足不同读者的多元化需求，吸引读者关注和了解书籍内容。比如上海人民出版社为纪念浦东开发开放 30 周年出版了《奇迹：浦东早期开发亲历者说（1990—2000）》，并在后续配套衍生了"见证浦东奇迹·开发者说"系列有声书和视频，在阿基米德、喜马拉雅、哔哩哔哩、腾讯视频、西瓜视频推出。不仅丰富了读者的阅读体验，也显著提升了《奇迹：浦东早期开发亲历者说（1990—2000）》一书的覆盖面，增强了读者与口述史类图书的互动频率。

此外，出版单位还可以探索与文化产业的跨界合作，例如与影视制作机构联手，将口述史内容改编成影视作品，进一步拓展口述史的传播路径，扩大其社会影响力。通过这些创新手段，口述史类图书能够更好地满足市场需求，吸引更多读者的关注和兴趣。

最后，跨界融合传播。口述史图书有独特的生动性和体验感。可以通过设计以口述史为主题的旅游线路，或者开发以口述史为主题的研学活动，让读者在实地探访中感受历史的厚重与生动。这种跨界融合的传播方式，不仅拓宽了口述史类图书的传播渠道，也增强了其社会影响力和教育价值。同时，出版社还可以与教育机构、文化机构等建立合作关系，共同推广口述史类图书，形成多元化的市场推广模式。

参考文献

［1］周蔚华，何小凡.以精品为引领，做强做亮做活主题出版——十八大以来主题出版回顾与展望［J］.中国出版，2022（21）.
［2］何军民，王海平.新时代主题出版的基本经验与学术构建［J］.出版发行研究，2024（5）.
［3］李尚平，魏扬波.口述史研究方法［M］.上海：上海人民出版社，2010.
［4］刘书峰，黄芷凌.中国口述历史类图书出版与展望［J］.中国出版，2023（15）.
［5］林卉.2023年中国口述历史观察报告［N］.人民政协报，2024-1-11.
［6］李陶生.数字化时代的图书出版业务模式创新［J］.传播力研究，2023（34）.

在模仿中创新：中医经典图书的策划与出版

上海科学技术出版社　　周俊梅

摘　要

"中医教·学经典备课笔记"丛书总印数近十万册，并成功输出我国香港、台湾地区，成为业界口碑佳作。本文以该丛书的策划与出版实践为例，认为中医经典图书策划与出版的实践路径在于"从模仿中寻求创新"。通过模仿市场上成功的图书，出版人可以迅速找到选题突破口，尤其对年轻编辑而言，通过这种方式，可以迅速积累经验、降低风险，增强对选题策划及市场趋势把握的信心。

关键词

中医经典　图书出版　选题策划　模仿　创新

中医经典著作作为中医学理论体系的根基，凝聚了数千年来中医先贤的智慧结晶和临床经验。在中医药事业蓬勃发展和国际化进程加速的今天，高质量的中医经典图书出版不仅肩负着传承中华优秀传统文化的重要使命，更是推动中医药学术创新和国际化传播的关键环节。

然而，当前中医经典图书出版面临着多重挑战：其一，原著多为文言文，语言艰深，且诸多文献因传承历史久远、成书年代久远等原因，在版式、体例等方面与现代阅读习惯存在显著差异，加之传抄过程中难免出现讹误、脱漏等问题，增加了阅读和理解的难度，亟须专业的解读和现代诠释；其二，图书市场竞争激烈，同质化现象严重，如何打造独具特色的精品图书成为出版人的重要课题；其三，在数字化阅读快速发展的时代背景下，传统出版模式亟待创新转型。因此，探索既能保持学术价值又符合市场需求的出版策略，已成为中医经典图书出版领域的重要课题。

自参加工作以来，笔者即致力于中医经典图书的出版实践与创新探索。2017 年底，即进入出版行业的第二年，笔者策划出版的"中医教·学经典备课笔记"丛书在出版界和中医界获得良好反响，至今重印 7 次，累计销售近 10 万册，并成功输出我国香港、台湾地区。在近些年中医专业图书普遍面临销售困境，多以包销、补贴为主，部分图书印数仅数百册的背景下，该丛书不仅成为中医领域的长销书，更树立了良好的市场口碑。这一成功案例为中医经典图书的出版实践提供了有益参考。

本文试以"中医教·学经典备课笔记"丛书的出版实践为切入点，浅谈中医经典图书的策划与出版的实践路径为何在于"从模仿中创新"，以期为相关出版工作提供借鉴。

一、模仿：借鉴热点思路，降低风险

出版行业历来充满挑战，特别是对于新入行的编辑或规模较小、以市场为导向的出版社而言，模仿市场上已成功的图书能显著降低风险。在策划"中医教·学经典备课笔记"丛书时，笔者通过市场调研发现，人民卫生出版社的"中医名家名师讲稿丛书"在市场上表现优异，决定借鉴这一思路，聚焦"讲稿""教参"等中医领域的书籍。

回溯策划之初，作为一名初入出版行业的新人，笔者起初并不知道该从哪里找切入点。面对浩如烟海的中医经典著作和竞争激烈的图书市场，深感迷茫和压力。同大多数编辑新人一样，笔者按部就班地从市场调研工作开始：网上查看图书分类、销售数据，分析读者评论，研究市场趋势，试图从中捕捉到市场的微妙动向。笔者的运气不错，在读者评论区里找到了突破口：从评论区偶尔出现的人名、图书名中，"嗅到了"可以与中医经典著作相媲美的作者资源、竞品；从读者偶尔的赞美之词或者不满情绪中，挖掘到读者对内容或者版式等真实的需求与期望……此外，笔者系统梳理了上海科学技术出版社（以下简称"上海科技社"）自创立以来出版的中医经典图书书目，坚信其中蕴含着丰富的资源有待发掘。

但仅凭这些数据与评论，还远不能形成一个完整的中医专业图书出版策划。笔者深入中医领域，与中医专家、学者进行交流，倾听他们对中医经典图书的看法与期待。同时，积极参加各类中医学术会议与研讨会，从中汲取灵感与启示，渐渐明确，中医经典图书的出版不仅要注重学术价值，更要关注读者的阅读体验与学习需求。

基于上述调研与认识，笔者开始着手策划"中医教·学经典备课笔记"丛书。但策划之路并非一帆风顺。市场调研发现，中医名家经典著作几乎已被人民卫生出版社（以下简称"人卫社"）、中国中医药出版社等中医出版的几座大山"霸榜"。尤其人卫社的

"中医名家名师讲稿丛书",更是囊括了历代中医各学科的重要奠基人、知名优秀教师、学术带头人的著作,成为读者选购图书的重要风向标。面对如此严峻的竞争态势,让人深感压力山大。选题方向能否获得批准?这是一个至关重要而且非常令人忐忑的问题。然而,转机却在不经意间悄然降临。

上海科技社的成功经验提供有力支撑。笔者找到了上海科技社口碑长销书"名家临证医著重刊"丛书的销售数据。《伤寒论通俗讲话》已累计印刷4次,销量达9500余册;《金匮要略通俗讲话》首次印刷即售出4000册;小众的《温病名著通俗讲话》首次印刷同样有售出4000册的佳绩;《谦斋医学讲稿》更是印刷了6次,销量高达11600册。(以上数据为2016年调研时所得)这些数据进一步验证了市场对高质量中医经典解读类图书的需求,也为"中医教·学经典备课笔记"丛书的策划提供了宝贵的参考。

二、模仿的具体实践:作者队伍与经典重塑

将目光聚焦于"讲稿""教参"等中医领域的图书后,笔者进一步发现"中医名家名师讲稿丛书"等之所以成功,是因为其作者队伍权威、体系完整,并且满足了中医学子对经典著作系统学习的需求。然而,如何在浩瀚的市场中发掘出未被发掘、能够超越竞争对手的优质内容素材,成为摆在笔者面前的重要挑战。

(一)锚定目标作者,打造一流内容

在模仿的基础上,笔者进行了精准选题和作者资源的发掘。通过深入研究上海科技社历年来中医书目及"最经典"的中医"五版教材",锁定目标作者群体——即新中国成立后中医药院校初创时期的老一辈专家。这批专家在中医业界享有盛誉,其临床经验和理论造诣均被公认为行业翘楚。

很快,通过在线浏览南京中医药大学图书馆的馆藏图书,笔者发现了几位与目标竞争对手"中医名家名师讲稿丛书"中最畅销作者齐名的重要作者——陈亦人先生(与刘渡舟并称"南陈北刘")、孟景春教授(被誉为"内经学教育的开拓者")、孟澍江教授(被誉为"现代温病学的奠基人")等。他们不仅是新中国成立后中医药院校首批教参的编纂先驱,更是中医领域的泰斗级人物。

(二)精准选题,发掘经典教参

如何挖掘作者背后的作品呢?笔者决定从底蕴深厚的传统中医四大高校图书馆入

手，首选南京中医药大学。这一抉择基于两大考量：一是上海科技社与南京中医药大学合作密切，曾共同出版过《中药大辞典》《中华本草》等经典著作，这些作品代表了中国当代中医药研究的最高水平；二是上海与南京地理位置相近，便于实地调研，同时也能有效控制经费与时间成本。即便最终选题未能如愿以偿，这一调研过程也能进一步加深与南京中医药大学各专家的紧密联系，这也将为未来可能的合作奠定坚实基础。

由于线上图书馆未提供电子书预览服务，必须到现场方能全面了解图书内容及出版状况。经实地考察，这批教参的编写始于 20 世纪 50 年代，当时我国中医院校尚无规范教材，南京中医学院（今南京中医药大学）组织了一批造诣精湛的专家，将多年的读书笔记和备课资料整理修改后编成教学参考资料，包括《内经教学参考资料》《金匮教学参考资料》《伤寒论教学参考书》《温病学教学参考书》《灵枢选辑：针灸教学参考书》等。这批教参的出版开创国内中医药院校之先河，亦是此后各类、各版教材的重要参考。但由于年代久远，这些经典教参如今踪迹难觅，许多读者求索无门，恰也说明具有独特的资源优势。于是，笔者决定以这些教参为基础，重新整理和编排，打造一套独具特色的中医经典图书。南京中医药大学的相关负责人对我们的出版计划表示高度认可与支持，合作和出版的意向均得到妥善安排。这批经典教参的重生之旅蓄势待发。

三、从模仿迈向创新：探索超越之门

模仿是起点，创新才是终极目标。在策划"中医教·学经典备课笔记"丛书时，笔者不仅借鉴了"中医名家名师讲稿丛书"讲稿类题材的成功经验，并且根据市场需求和读者定位，进行了差异化定位与创新。这套丛书自出版以来斩获 10 万册销售佳绩，并成功获得"版权输出"。

（一）内容权威性与实用性并重

"中医名家名师讲稿丛书"之所以能树立市场标杆，很大程度上归功于其内容的权威性。而讲稿这一形式也打破了传统中医专著晦涩难懂的印象，以通俗易懂的表述方式赢得了大众的喜爱。笔者模仿"讲稿"这一选题方向，选取南京中医药大学的首批经典教参作为内容基石。这些教参由 20 世纪五六十年代的中医药学权威专家编纂，其编写者如陈亦人、孟景春等，均为南京中医药大学建校初期的教研室奠基人，其学术地位与刘渡舟教授、郝万山教授等不相上下。而且从其内容看，"教参"比之"讲稿"其内容更为精炼、可能实用性更大。根据市场需求和读者定位以及图书内容特点，丛书名被定为"中医教·学经典备课笔记",突出了其教学备课的特点,既满足了中医学子对高质量讲稿内容的需求,又能获得教师等特定读者的青睐。

(二)体系完整性的精准把握

"中医名家名师讲稿丛书"的成功还得益于其体系的完整性,丛书囊括古今中医专家的著作,满足了不同层次读者的多样化需求。从《刘渡舟伤寒论讲稿》《郝万山伤寒论讲稿》到《李德新中医基础理论讲稿》等,针对不同读者群体,既有专注于伤寒论的著作也有涵盖中医基础、金匮要略等内容的选题。因此,"中医教·学经典备课笔记"丛书以南京中医药大学的经典教参《内经教学参考资料》《金匮教学参考资料》《伤寒论教学参考资料》《温病教学参考资料》为蓝本,分别更名为《黄帝内经》《金匮要略》《伤寒论》《温病学》,这些分册名称分别对应家喻户晓的"中医四大经典"名称,很多中医院校老师、中医学子已经把这套"中医教·学经典备课笔记"丛书作为学习中医"四大经典"入门推荐书。

(三)内容设计创新

从市场读者意见中可知,讲稿类图书存在"内容不够精练""讲稿过于口语化、啰唆"等问题。这些反馈为"中医教·学经典备课笔记"丛书的选题形式和风格、内容编排提升等提供了重要参考。与讲稿类追求口述风格不同,本丛书在保留原教材精华的基础上,大量采用图表形式对重点内容进行扼要归纳,便于读者理解和记忆。同时,通过现代编排方式和专业注释,使图书更符合现代读者的阅读习惯。此外,我们邀请南京中医药大学各教研室专家对原著中少数字词错误或体例不当之处进行了修正,一来确保了图书的质量,二来加深了与作者之间的情谊,为将来的合作打下了基础。

具体来说,创新之处主要体现在以下几个方面:

丛书名创新:"中医教·学经典备课笔记"结合教学、备课和笔记等元素,突出了丛书的实用性和针对性。

内容设计创新:在保留原教参精华的基础上,通过图表形式归纳重点内容、现代编排方式和专业注释等手段,提升了书籍的可读性和实用性。

超越模仿对象:模仿对手"讲稿"的选题方向,但是在选题上经过挖掘与巧妙设计而更加精准、在作者资源上更加丰富、在内容呈现上更加现代和实用,以更高的品质在激烈的市场中脱颖而出。

回顾"中医教·学经典备课笔记"丛书策划与出版过程，让人体会到，作为一名出版人，不仅要具备敏锐的市场洞察力，更要拥有深厚的专业底蕴与创新精神。模仿并不是一比一简单复制，而是在借鉴中寻求突破，优化资源配置，以期在激烈的市场竞争中独树一帜。"中医教·学经典备课笔记"丛书成功出版，增强了笔者对选题策划及市场趋势把握的信心。依托该系列所积累的丰富作者资源，笔者继而策划推出了"中医经典·跟读名师手记"系列，自出版以来，销量已近四万册，同样收获了令人瞩目的佳绩。在模仿中创新，让笔者尝到甜头。

参考文献

［1］佘江涛.走向未来的出版（第二版）［M］.南京：南京大学出版社，2022.

［2］胡晓燕.青年编辑在学术图书高质量出版中的责任与担当［J］.今传媒，2023，31（5）.

［3］孙璐.论新时代学术出版的文化使命［J］.天南，2022（5）.

［4］周永斌.新时代学术出版编辑的项目管理素质与能力建设［J］.编辑学刊，2023（3）.

［5］方卿，张新新.推进出版业高质量发展的几个面向［J］.科技与出版，2020（5）.

青少年哲思类图书助力中小学心理健康教育

上海教育出版社　　王　璇

摘　要

近年来，中小学生的心理健康问题日益突出，在认知、情感、意志力、社会适应等方面，还存在较多问题，而心理健康教育的内容、方法及师资水平仍有待提升。中华优秀传统文化中蕴藏着丰富的哲学智慧和心理学资源，通过引入儿童哲学研究方法，为中小学心理健康教育提供新的路径。具体包括：选择合适的哲学话题，树立目标及问题意识，满足不同年龄段学生心理健康教育需求；创设安全的对话环境，掌握高阶思维方法，帮助学生习得多元能力；充分挖掘中华传统文化价值，引导中小学生树立积极人生观和价值观；激发教师的引导作用；发挥教育出版作用等。基于出版融合策划视角，遵照"选题策划＋知识重构＋场景适配"核心路径，构建"内容创新—思维创新—形态创新"的内容生产体系，实现从单一出版物向教育服务生态的升级。

关键词

青少年哲思类图书　中小学心理健康教育　儿童哲学　融合策划

　　随着社会、学校、家庭、个体对中小学生的心理健康问题的关注，如何维护、保障中小学生的心理健康，有效提升其心理素质，建立积极乐观的心理品质和应变能力，成为全社会特别是教育工作者面临的重要挑战。在新时代"立德树人"根本任务的纵深推进中，随着各项政策的颁布、执行，中小学心理健康教育正逐渐从"被动干预"向"主动培育"的范式转型，工作的重点也逐渐转为注重青少年思维素养培育和心理韧性塑造。传统的心理健康教育模式多聚焦于问题疏导与行为矫正，在预防和发展方面仍存在结构性问题。

在此背景下，策划出版青少年哲思类图书，可以发挥出图书出版对认知启发与价值建构的功能，通过将中华优秀传统文化和儿童哲学相结合，以思辨对话激活心理自愈力，借助经典智慧重构生命意义感，实现图书出版从"静态文本"向"教育服务"的跃迁，与国家"培养健康人格"的教育战略形成深度共振。

一、青少年哲思类图书与中小学心理健康教育的契合性

随着社会经济发展，国际国内环境的变化，中小学生的心理健康问题日益突出，出现了认知、情感、意志力、社会适应等多方面的问题，不仅问题形势严峻，还存在区域间心理健康不平等、心理健康问题低龄化的态势。这让大家日益关注青少年的心理健康水平和主观幸福感受。据国家统计局 2025 年 1 月 24 日发布的《中国儿童发展纲要（2021—2030 年）》统计监测报告显示，"小学、中学配备专职心理健康教育教师的学校比例为 42.3% 和 64.8%，分别提高 9.1 个和 6.2 个百分点"。对专业的中小学心理健康教育教师的需求也随之上升，对建立中小学生心理健康支持系统的需求也随之增长。

青少年心理健康教育正从"被动干预"逐渐向"主动培育"过渡。在这样的背景下，作为一名教育出版社的编辑，应该抓住从"问题干预"向"预防性成长"转型的出版机遇，基于文化强国战略目标和行业使命，发掘哲思类图书的独特价值，发挥"出版＋教育"深度融合优势，实现教育出版从"知识传递"到"成长引导陪伴"的角色升级。

二、构建"内容创新—思维创新—形态创新"的生产体系，充分发挥青少年哲思类图书优势

哲思类图书一般指以哲学思考为核心的，囊括有一定思想深度和哲学价值主题的图书，具有思维升级和价值觉醒的作用。在中小学阶段加强哲思类图书的阅读推广，有利于塑造青少年对知识和教育的终生态度，充分体验思考和学习的乐趣。通过"确定主题—重构知识—迁移场景"这样的系统策划，遵照"选题策划＋知识重构＋场景适配"核心路径，构建"内容创新—思维创新—形态创新"的内容生产体系，实现从单一出版物向教育服务生态的升级。

首先，内容开发方面，充分利用中华优秀传统文化在"立德树人"上的价值，运用

儿童哲学研究方法，结合中小学心理健康教育内容框架，打造适合现当代青少年成长的创新性内容，真正实现青少年的认知及能力升级、心理素养和心灵智慧的提升。

　　根据《中小学心理健康教育指导纲要（2012年修订）》，笔者整理归纳了中小学心理健康教育的内容，并按照相应的主题，与中华优秀传统文化和儿童哲学相结合，提炼出中小学生在心理健康领域需要掌握的十大能力（见表1）。

表1　中小学心理健康教育内容（与中华优秀传统文化和儿童哲学相结合）

序号	心理健康教育内容	与中华优秀传统文化关联点	与儿童哲学关联点
1	自我认知能力	儒家"自知者明"，道家"认识自我"，中华优秀传统文化修身养性	哲学经典问题"我是谁""我想成为什么样的人"等
2	情绪管理能力	儒家"中庸之道"，道家"顺其自然"，情绪调节智慧（如"静以修身"）	讨论"什么是情绪""如何面对负面情绪"等
3	压力应对能力	道家"无为而治"、佛家"放下执念"等思想，帮助学生以平和心态面对压力	讨论"压力的意义""如何面对困难"等，帮助学生从哲学视角理解压力，培养应对智慧
4	人际交往能力	儒家强调"仁爱""己所不欲，勿施于人"等	讨论"什么是友谊""如何与他人相处"，帮助学生理解人际关系本质，学会尊重、包容和共情
5	学会学习能力	儒家的"学而不厌，诲人不倦"以及"凿壁偷光"等倡导勤奋学习的态度和学习观念	讨论"为什么要学习""学习的意义是什么"，激发学生对学习的深层思考，增强学习的内在动力
6	挫折应对能力	传统文化中的"逆境成才"（"天将降大任"）"塞翁失马"等激励学生面对挫折	讨论"失败的意义""如何面对挫折"，帮助学生从哲学角度看待得失，培养坚韧和乐观的心态
7	生涯规划意识	儒家"修身齐家治国平天下""志存高远"等人生理想，为学生提供方向的指引	讨论"生命的意义是什么"，帮助学生思考生命的价值意义
8	心理健康常识	从"身心合一"的角度强调中华传统文化中的养生智慧	讨论"什么是健康？""心理健康与幸福的关系"增强学生理解心理健康的本质
9	求助意识与能力	儒家的"三人行，必有我师"，传统文化中的"虚心求教"等思想鼓励学生主动寻求帮助	讨论"求助的意义""如何面对自己的弱点"，帮助学生认识到求助是智慧的表现，增强求助意识
10	积极的心态与幸福感	儒家"知足常乐"、道家的"清静无为"等，帮助学生树立积极的幸福观	讨论"什么是幸福""如何获得幸福"等问题，引导学生思考幸福的内涵，培养积极的生活态度和价值观

通过表1的内容对比发现，将中华优秀传统文化和儿童哲学融入中小学心理健康教育不仅具有可行性，还具有可执行性。当下中小学心理健康教育的方法主要集中在学科性质的课堂教育、主题性的活动教育、个体咨询与团体辅导上，在网络教育、家校社协同、多学科融合等方面，还有较大提升空间。通过选取中华优秀传统文化中的相关主题，结合哲学探究方法，运用多学科融合的角度，实现在课堂上、活动现场、家庭环境等多样化的场景里，潜移默化地进行心理健康教育。

其次，思维创新方面，充分利用儿童哲学方法论，通过挖掘出中华优秀传统文化的跨学科价值，帮助中小学生树立"问题"意识，在安全的"问题情境"中，实现自我教育及成长。

笔者策划的《哲思心理课（成语故事卷）》，正是通过以"成语"作为资源，挖掘成语的认知学价值，最终在创设的课堂安全问题情境中，实现青少年的认知和能力升级。成语因其简洁的四字结构，包含字面意义和比喻意义，不仅具有语言学的价值，还在认知学领域具有重要作用。不同年龄段的学生对其理解水平也存在差异。据学者统计研究，对成语的理解包含了由浅入深、由字面意义到引申意义、由单一认知到综合语境、语用背景的认识理解过程。成语蕴含的丰富的比喻意义大多以隐喻的方式呈现。"认知科学家说，隐喻是人类认知事物的一种基本方式。"这样的认知过程与儿童哲学探究活动从刺激物入手，发问、追问、讨论、总结的过程存在一致性。不同的时代的不同视角会对已有的文本内容进行不同的诠释，从而让儿童在基于文本又超越文本的哲学探究中，产生创造性的思考和解读，形成新的认知经验。

成语所具有的隐喻认知特点在实际教育中具有重要作用。一些学者从语言学的角度，通过剖析成语的语义结构和民族文化特色，探讨了隐喻认知在教学中的作用，成语作为中国传统文化的重要组成部分，"简洁、意思精辟、结构定型"，经历了几千年的流传，"蕴含着丰富的民族文化内涵"，"在认知语言学领域，概念隐喻理论在成语和概念隐喻之间建立起了密切的关系"。儿童隐喻习得的四种特点，也使得成语隐喻在儿童在探索自我和世界的过程中作用颇大。

成语背后蕴含的故事以及随之设计的问题，为中小学生创设了安全的课堂问题情境，便于儿童哲学探究活动的开展。《哲思心理课（成语故事卷）》一书中指出成语故事为儿童提供了"激发儿童好奇心和探究欲的故事情境"，同时也指出这样的故事情境"同儿童的生活事件或心理困扰有所联系，但又不是这类事件或困扰的直接写照"。融合中华优秀传统文化的儿童哲学探究活动使得师生在一个相对安全的问题情境里，循序渐进地完成学习和自我教育。通过创设安全的哲思探究对话环境，帮助学生掌握高阶思维方法，习得多元能力的同时，树立积极人生观和价值观。

最后，形态创新方面，注重交互体验，发挥充分利用 AI 技术，打造融媒体出版形式。以笔者策划"哲思课堂"书系为例，考虑到当下青少年哲思类图书市场存在品种众多，但缺乏切实可操作、可迁移、可复制的哲思教学类图书的现状，遂策划如何教一线老师用儿童哲学的方法给孩子上心理课的选题《哲思心理课（成语故事卷）》，并且为此书准备配套的课堂数字资源，包括课件、教案、案例课、学习单等，同时将 AI 技术与教学资源相结合，在作者团队厦门大学南强儿童哲学研究中心的支持下，打造国内首个儿童哲学 AI 智能体，帮助一线教师及相关从业者，充分利用提问对话模式，以书为纲，重构心理健康教育课堂。

根据不同年龄段学生的特点以及对成语的理解力，选择与其认知、理解及心理发展状况相匹配的哲学话题，设计科学而合理的课堂教学环节。通过合适的哲学话题，树立目标及问题意识，满足不同年龄段学生心理健康教育需求。

采用游戏化、对话探究式教学方式，创新课堂教学方式。比如一线教师林旭总结出的将儿童哲学融入小学的方法是运用隐喻构建对话平台，然后通过同伴讨论观点碰撞的方式，"以哲思为枢纽实现德育与智育的融合"。并进一步细化成"团体启智、情境呈现、自主提问、探究对话、评价升华"五个实践方法，实现在课堂场景下的儿童哲学和小学心理健康课的融合。

在学校实践的场景下，无论是教育界还是大众对儿童哲学的印象还是停留在学科层面，随着 AI 技术的不断更新迭代，要想真正实现教育创新，就需要在教学实践层面，挖掘出儿童哲学的教育价值，"将儿童哲学化为尊重儿童、探究观念、深化学科教学乃至重建学校教育的方法"。目前已有一些一线的教师、学者在实践及研究过程中，将儿童哲学融入心理健康课程，比如汪琼"将儿童哲学课程和儿童心理健康教育进行整合"，郭学东从教学效果层面，强调"小学心理健康教育中应用儿童哲学，可显著提升学生社会情感学习能力，增强学习动力，同时提高教师专业素养与教学能力"等。

三、建立"出版 + 教育服务"应用模式，赋能心理健康教育的实践创新

通过出版物的教育服务化转型，构建"资源供给—方法指导—效果评估"支持链，可以突破传统出版边界，形成"内容生产—服务延伸—价值增值"的效果。

一是加强与高校研究机构及一线教师合作，打造教育支持系统，理论与实践相结合，实践反哺理论研究与出版创新。

　　《哲思心理课（成语故事卷）》的出版就是厦门大学儿童哲学研究团队与一线教师合作合力的成果体现。从最开始的一堂公开课开始，逐渐形成"儿童哲学＋学科"的研究模式。如厦门大学哲学系南强儿童哲学研究中心的曹剑波、黄睿等学者从儿童哲学与学科结合的角度，探讨了将儿童哲学融入学科教学需要满足精神、理念、方法、问题这四大条件，并且从技术操作的角度，通过预想目标、培育团体问题、促进生生对话、绘制课堂四维图等方式，促成"哲思课堂"的实践，实现学科教学的创新和超越。

　　目前将儿童哲学融入心理健康教育的实践大多停留在幼儿园和小学阶段，对小初衔接阶段、初高中学段的教育创新研究不够，在教学课程设计、教学成果的理论化转化、人才培养储备、新技术创新等方面存在不足，尚有较大进步空间。笔者结合义务教育课程方案（2022年版）及中小学心理健康教育相关文件，总结了学前、小学、中学阶段的心理健康教育侧重点，提出结合课堂、学校、家庭、社会的力量，充分利用先进技术，为中小学心理健康教育策略提供一些思路。

　　创设安全的哲思探究对话环境，离不开师生的共同努力。能否提出有价值的哲学问题是哲思探究对话是否高质量的标志。比如黄睿提出的"通过补足故事情节、假设不同可能、代入故事角色、改变叙事视角、质疑预设前提"五种哲学提问方式，从实操层面帮助学生厘清哲学问题的提问方式，锻炼中小学生的提问与思考能力。基于成语故事提出哲思问题，进而进行哲思探究对话，使得中小学生能够在课堂环境中逐渐熟练运用推理、延伸、发散、假设、反例等思维工具，习得多元能力，还能提升其逻辑思维能力、创新能力和批判性思维能力。

　　二是发挥教育出版作用，搭建融媒体教育服务平台，推动内容和教育模式创新。通过开展师资培训、跨媒介开发等，将教学研究成果应用和教育服务增值等落到实处。

　　搜索读秀平台"心理健康教育"关键词，已出版图书412422册；搜索"儿童哲学"关键词，已出版的学术类著作有6114种，笔者参与策划出版的儿童哲学类图书包括《新儿童研究》《小孩童大观念：基于绘本的儿童哲学教育》《111个儿童哲学思考练习》《马修·李普曼的对话：论儿童哲学与智慧教育》，从儿童哲学的角度探讨思维教育和智慧教育。2025年2月出版的《哲思心理课（成语故事卷）》更是以案例的方式，系统呈现了由教师带领学生从师生对话，一步步引导到生生对话，再由教师进行相应的总结、提炼的哲学探究活动，通过对成语这一具有哲思价值的中华优秀传统文化资源的开发，为当代中小学生提供了解决心理困扰的方法及解决问题的参考。

　　随着杭州师范大学、厦门大学、复旦大学、上海交通大学等高校一系列"儿童哲学＋学科"等融合性课程的开展，各地先后运用儿童哲学工作坊的形式，组建儿童哲学项目研究团队，开展区域性、群体性教研活动，并与出版社密切联系，以图书出版的形式进一步巩固学术及一线教学成果。偏学术系列的类型包括广西师范大学的《新儿童研究》书系，上海教育出版社的"世界儿童哲学文库""哲思课堂"书系等，偏儿童阅读类的类型包括《儿童哲学智慧书》《思考拉儿童哲学绘本》等。

在 AI 技术带动的新的产业革命来临之际，教育出版人应该抱着开放的心态，立足政策导向、策划路径与应用模式三重维度，通过内容创新与生态构建，实现从单一文本内容提供者到教育解决方案服务端的转化，使哲思阅读真正融入中小学心理健康教育体系，为青少年的心智成长提供兼具文化厚度与时代温度的解决方案，真正实现出版在教育改革方面的传承和创新价值，诠释并践行文化强国战略下的"以书育人"。

参考文献

［1］宋逸，朱广荣.儿童青少年心理健康与促进策略［J］.中国教师，2024（6）.

［2］国家统计局.2023 年《中国儿童发展纲要（2021—2030 年）》统计监测报告［R/OL］.https://www.stats.gov.cn/sj/zxfb/202501/t20250124_1958440.html.2025-1-24.

［3］丁毅伟.隐喻·文化·认知［M］.南京：南京大学出版社，2018.

［4］古秀蓉.论儿童哲学探究活动的主题特征［J］.北京教育学院学报.2017，31（6）.

［5］刘婷.成语的隐喻认知研究［D］.呼和浩特：内蒙古师范大学，2010.

［6］束定芳.儿童语言习得过程看转喻与隐喻的特征［J］.外语教学，2024，45（2）.

［7］徐声汉.从成语典故谈心理健康［M］.上海：上海教育出版社，2007.

［8］林旭.儿童哲学融入小学心理健康教育课的实践探究［J］.中小学课堂教学研究，2025（1）.

［9］程亮.儿童哲学：从"科目"到"方法"［J］.华中师范大学学报（人文社会科学版），2023，62（2）.

［10］汪琼.儿童哲学课程用于儿童心理健康教育的可能性及途径探索［J］.新课程评论，2021（1）.

［11］郭学东.儿童哲学在小学心理健康教育中的社会情感学习实践研究［J］.教育实践与研究，2024（33）.

［12］黄睿，曹剑波.儿童哲学如何融入学科教学——哲思课堂的本质特征、关键技术与育人价值［J］.中小学课堂教学研究，2025（1）.

［13］倪凯哥，等.儿童哲学在幼儿园中华优秀传统文化教育中的应用探索［J］.北京教育学院学报，2025，39（1）.

融合发展视域下出土文献出版资源整合

上海辞书出版社　　姜　慧

摘　要

在融合发展的战略要求下，越来越多的出版社积极探索新的学术出版发展路径，以适应数字时代新的出版需求。本文立足于学术出版规模化的思考，通过分析出土文献的整理出版现状，探讨出版资源整合的特点及趋势，从构建学术生态、管理数字资源、应用数智技术等方面进行展望，提出注重建构系列化、专题化和数字化选题布局是推动出版高质量发展的重要路径。

关键词

融合发展　学术出版　出版资源整合　出土文献

随着技术发展和学术理念的日益更新，出版融合发展的趋势愈演愈烈，专业门槛较高的学术出版领域正遭遇严峻的发展挑战。近年来，在国家重大文化政策的指引下，出土文献新材料的不断发现和考古学的日新月异，使出土文献进入新时代，推动着古文字研究与学科建设进入快速进步、水平不断提高的新阶段。

上海辞书出版社和中西书局在延续既有汇编性专科辞典等工具书系列、出土文献原始著录出版外，更在学科建设、大众普及和融合发展等领域积极拓展，不断打造多条出土文献产品线，形成丰富的出版结构，着力推动出土文献领域的学术资源整合。本文基于上海辞书出版社和中西书局出土文献相关选题调研和出版实践，从资源概况、必要性分析、存在问题、发展策略建议等方面探讨出土文献出版资源建设方面的思考和认识。

一、出土文献资源概况

出土文献作为第一手文字书写材料，对古文字学、文献学、考古学、历史学等具有重要的价值，上海辞书出版社和中西书局致力于围绕出土文献，积极开拓出版块面，优化学术出版格局，努力搭建良性的学术交流平台。现已有的出土文献学术出版资源主要包括以下 8 种：

（一）资料著录汇集

这是指对经清理、保护和技术处理的出土文献材料进行原始信息记录、编目分类和文本释读等整理报告出版工作，通常包含图版、释文、注释等。通过与考古文博单位、高等院校和科研单位等协同合作，适时出版新见的出土文献整理材料，涉及对象包括甲骨文、金文、玺印、简帛、石刻，以及敦煌文书、吐鲁番文书等。例如，《上海博物馆藏甲骨文字》（2009）、《流散欧美殷周有铭青铜器集录》（2007）、《鸟虫书通考（增订版）》（2014）、《英国国家图书馆藏斯坦因所获未刊汉文简牍》（2007），以及清华简、岳麓秦简、肩水金关汉简、悬泉汉简、五一广场东汉简牍、玉门关汉简、定县汉简等战国秦汉简牍和西域文书等原始资料。此类资源是文献视角的专类整理，是后续学术研究最基础的资料。

（二）工具书汇编

伴随学术研究的日趋深入，出土文献的工具书主要可分为古文字工具书和专科辞书。前者是在出土文献材料深度整理研究的基础上编纂多种文字编、字形表、辞例类纂、逐字索引、考释集释等资料性工具书，如清华简、岳麓简等各类战国秦汉简牍的单种材料文字编、《甲骨文字形表》（2008）、《古文字构形类纂·金文卷》（2023），《秦汉印章封泥文字编》（2019）、《汉代隶书异体字表》（2021）等，以及《甲骨文校释总集》（2006）、《〈岳麓书院藏秦简（壹—叁）〉释文修订本》（2018）等。后者是汇集某一门类或领域专业词语、专名和术语的辞典，如《中国文物精华大辞典·青铜卷》（1995）、《敦煌学大辞典》（1998）、《中国青铜器辞典》（2013）、《中国古兵器集成》（2015）、《敦煌艺术大辞典》（2019）等。此类资源是学科视角的专类资料及研究成果的集成性整理，是聚焦学术体系脉络最重要的呈现。这类资源涉及内容广泛，具有一定的实用性，可方便提供综合查阅、征引。

（三）系列集刊

当前出土文献研究的快速发展和学术交流的日益频繁，除了出土文献领域目前唯一的专业期刊《出土文献》（中西书局与清华大学共同主办）外，《出土文献研究》《古文字论坛》《出土文献与中国古代史》《殷商历史与文字》《中国古代法律文献研究》等集刊也已成为进一步集成和优化出土文献科研成果发布、交流和传播的重要平台。此类资源是专题视角的内容聚焦，具有显著的专深性、前沿性和交叉性。

（四）论文集

根据作者的构成，论文集可以分成两类：一是会议论文集，学术会议多是围绕特定领域或主题、以最新的研究成果进行交流，论文的结集出版具有突出的聚焦性和交互性，使研究者能够打破校际间、学科间、方向间的交流障碍，在追踪学术前沿的同时，在交流中抱团，形成某特定细分领域的作者集群，从而成为学术出版中的作者资源，如汉语字词关系学术研讨会会议论文集《汉语字词关系研究》系列。二是个人论文集，同一作者不同时期的论文成果汇编，能够避免个人研究成果过于分散，更具有学术整合价值，展示个人研究方向轨迹的同时，可深入了解其研究思路和研究方法，便于为学术出版储备核心作者、挖掘选题，如《书馨集续编：出土文献与古文字论丛》（2018）。

（五）专题研究

由于出土文献材料整理更加全面系统，分析考察更加细致深入，古文字研究的整体水平进一步提升，专题系列出版也取得众多新成果。如"先秦秦汉讹字研究"丛书，旨在对出土与传世先秦秦汉文献中的"讹字"进行全面整理分析，已出版《讹字研究论集》（2019）、《出土文献与古书形近讹误字校订》（2019）和《战国文字形体混同现象研究》（2019）等。此外，也能够为其他学科提供必要的新见文献资料，持续开拓古文字学跨学科相结合的研究领域。如"岳麓书院国学文库"系列，结合新见的秦简和传世文献，探讨政治、军事、礼制、职官、法律、思想等，已出版《岳麓书院藏秦简的整理与研究》（2014）、《秦代官制考论》（2018）等。

（六）学科建设

随着古文字"强基计划"的推行，古文字学专业的人才培养、学科建设也进入全面发展的新时期。为配合古文字知识普及和专业发展要求，出版社也积极探索出土文献相关的学科体系、学术体系和话语体系建设，为学科建设和发展提供有力支撑。一方面，加强古文字专业入门类教材建设，如《出土文献与古文字教程》（2024）、《Access 数据库文字学应用实例》（2024）、"中山大学古文字学系列教材"（2025）等，系统介绍专业知识、新研究范式等，填补了长期以来相应领域缺少综合性、系统性教材的空白。另一方面，以访谈录的形式为学术研究和规划提供创新式的指导和借鉴，如《却顾所来径——汉语史青年学者访谈录》（2021）、《日就月将——出土文献与古文字研究青年学者访谈录》（2022）等。此外，还组织相关领域学者编纂《汉语古音手册》（2023）、《中国语言文字学的发展》（2023）等学术前沿项目，加深对古文字前沿知识的概括和梳理。

（七）大众普及

除了专业学术出版外，还在出土文献的大众普及方面逐步拓展。一方面，出版兼具学术性与可读性的古文字入门读物，如《大师说器·杜松说青铜器与铭文》（2011）、《殷墟甲骨精粹注译》（2024）等。另一方面，为书法艺术等文创活动出版提供字样、提升艺术创意的普及读物，既有多种书法碑帖的拓本整理，如"彩色放大本金文名品"系列（2014）、"篆隶拓本精粹"（2016）、"彩色放大本中国著名碑帖"（壹—拾贰集）、《战国竹简书法艺术》（2020）等，也有方便书法学习和集字的实用字典，如《篆书实用字典》（2013）、《隶书实用字典》（2010）、《多体书法大字典》（2012）等，能为古文字书写在艺术创意中追求断代、类型风格统一提供便利。

（八）融合出版

立足于出土文献整理出版领域的内容资源优势，一方面，在古文字工具书数字化转型方面有所探索，如《秦汉简帛文献断代用字谱》（2021）、《古文字构形类纂·金文卷》（2023）等在传统纸质工具书的基础上，建有配套的数字化网络平台，均能够满足定量统计的需要。前者实现了纸质正文与电子附录相互融合、优势互补，后者则创造了纸质工具书与网络数据库的双载体新格局，对古文字工具书的数字化转型以及古文字数据库建设具有重要意义。另一方面，于数字化平台开发建设用力颇深，如"楚文字综合整理平台"为楚文字协同整理与数据共享提供流程化、规范化的平台支撑；"清华简电子书平台"可支持查检全部已出清华简整理报告数字化、分类检索、整理校勘等。这些数字融合探索，是打造出土文献整理研究的学术交流平台的一系列重要尝试，有助于推动出土文献资源建设与出版数字化转型的深度融合。

二、出版资源建设的必要性

在"互联网+"的时代，专业学术资源数字化是必然趋势。出土文献资料种类繁多、刊布滞后、成果分散，爱好者与专业研究者难以高效获取原始著录信息。与出土文献密切相关的古文字学、考古学等具有长期的知识积累和学术传承，相关研究成果的出版产品形态受到传统纸质平面载体的限制，未经系统的数字载体转换，多造成出土文献材料的字形、文句、释义、考释等相互割裂、不能互通，易造成重复劳动和学术资源的浪费。加之出土文献新材料层出不穷、考释研究成果未能与时俱进等，故现有的出土文献出版资源无法契合学界期待，更难以满足新时代多层次精细化的研究应用要求。随着出版融合迅速发展，所有这些问题的解决途径，只能是出版社利用专业性的深厚积累，与时俱进地进行出土文献资源的整合建设。

一是新时代古文字研究与学科发展的需要。在新型知识服务纵深发展的趋势下，读者对出土文献检索与利用提出了更高的要求，但已有的出版资源无法满足数字时代学术研究和学科发展的新需求。得益于信息技术的飞速发展，出土文献资源数据库作为古文字研究和应用的新形式，能够使出土文献文字资料的获取更加便捷，在一定程度上突破了长期以来制约古文字学发展的资料瓶颈。从出版融合的实践看，出版社依托资源集中的优势，不仅可以改变出土文献资料及其成果的存储方式，还能将文献文字资料的多维度信息借助数字化方式加以呈现，在满足多层次古文字数字化使用需求同时，推动相关学科进一步向纵深发展，为知识的传承传播提供极为便利的条件。因此，加强出土文献资源建设是当前出版社适应数字化时代、谋求学术研究和学科新发展的必经之路。

二是资源集中与共享的需要。在深度融合发展的大背景下，出土文献资源的集中整合具有重要的学术、文化和社会意义。实际上，出土文献资源常分散于各考古文博单位、高等院校和科研单位等，对其出版资源进行系统整合和集中共享，能够打破时间、地域的限制，满足读者对于图片高清、释文精审等日渐"精品化"研究资料的需求，使之成为学术研究的基础。此外，兼具集成性、再生性和多用性的大型文献整理资源，在提升学术研究效率、促进多学科交叉研究、推动学术创新等方面有重要意义。这不仅能够反映学术研究的新进展，还能够为大数据分析、机器学习模型训练等提供基础样本，为图像识别、数据挖掘等智能应用提供持久动力，推动数字人文的发展。

三是拓展出版形态与市场培育的需要。在图书出版实践中，资源整合是出版形态创新的底层支撑。不论是纸质图书出版还是提供知识服务，只有实现内容建设的数字化转型，才能激活已有资源的价值，将其转化为可重组、可交互的数据，为出版形态的多样化拓展提供核心内容支持，如能够实现文本实时更新的网络阅读端口等。同时，数字化手段的资源整合，能够反向支持和提升学术出版的质量和效率，再造学术出版的生产流程。此外，通过延伸出土文献知识的应用场景，降低专业知识的使用门槛，还能扩大"冷门绝学"文献资源用户基数。可见，出版资源整合能够融合数字内容的生产和应用，倒逼出版模式转型，加快出版形态走出原有的传统模式，催生新的出版业态，反哺学术出版资源的再生，从而形成"资源整合—学术研究—成果反哺—资源扩容"的循环生产模式，持续优化出土文献资源。

三、出土文献资源建设存在的问题

上海辞书出版社和中西书局的出土文献出版资源具有长期的历史积累，内容丰富、种类多样，并于各出版产品门类多有创新式探索。但大多分布较为零散，多仅限于原始著录阶段的基础数据，从长期可持续性的资源整合角度看，目前还存在一些问题：

一是数据资源闲置，现状梳理不足。社内既有出土文献资源拥有较大的体量，文献种类覆盖面较广，但闲置、分散状况相对严重，未进行系统的整合与规划，故无法快速、准确地在海量的出土文献资源中获取相关信息。出土文献资料整理的传统形式，决定了其资源整理具有规模大、周期长和内容复杂等特点。现有的原始著录、研究目录、工具书加工编纂资源和考释汇编等资源的分类整理水平低，尚未发挥出土文献出版资源的聚集效应，深层次的开发和利用严重不足。

二是整理程度不理想，数字化无法贯通。主要是指出土文献专业资源的高质量数据集储备不足。一方面，原始著录资料的数字化整理程度不一，即以数据形态进行储存的图片、文本素材的数字化工作较为匮乏，无法形成系统、完整、有效的数字化资料库。另一方面，研究成果跟踪整理不及时，尤其是研究著录、论文集、系列集刊中的相关研究成果资料未进行全面的摸排加工，即仅停留在原始资源的数字化简易备份阶段，未对系统性、前沿性的增值研究成果做进一步分类、系联。因此，目前面向文献和研究成果本身的编目入库、深度标注、交叉关联等尚未取得进展，系统性分类知识间缺乏联动。

三是知识生产模式陈旧，存用矛盾突出。很多出土文献汇编性的工具书能够提供古文字字形、各家考释等古文字知识，既有出土文献资源还不能满足大范围、深层次和多样化的检索和研究需求，缺乏数据的专业支撑力，最终无法直接引用和核查。纵观出土文献的出版现状，虽然专业性强、内容丰富、信息处理日趋精细，但社内出版资源缺乏统一的、分层次的数字化整合规划，多数仅局限于满足纸质图书的出版需求，再利用的转化率低。这一陈旧的知识生产模式有其不可避免的弊端，且未就后期的延续利用进行开发。

四是技术手段有待升级。作为一项系统化的复杂工程，出土文献资源数字化应当引起出版社和技术部门的足够重视，扎实推进基础保障工作。注重以数据为向导的融合分析，提供数字媒体应用技术服务，创新组织形式和内容开发。当前的大数据时代，大模型等技术已广泛使用，但是面向海量数据的图片特征自动分析、字符检测识别、工具书自动生成等方面未能发挥应有的技术优势。尤其是在构建基于文本及内容的混合图像检索方案、模型深度学习和自动分词语义关联等问题方面，目前的技术手段不足以满足现实需求。

四、发展策略与建议

出土文献资源的数字化整理是一项长期的系统性工程。出版社要充分发挥资源优势，积极谋划专题系列产品的梯度设计，丰富多条产品线，布局垂类内容规模化。同时，亟须采取更多有效优化举措，打造一体多元的出版格局，推动专业学术资源的创造性转化和利用，实现资源聚合优势功能的最大释放。

一是构建专题资源数据库。随着计算机语料库技术发展，出版社应与时俱进地构建整合满足相关出版内容孵化需要的数字化资源。积极利用现代化数字化技术应用，根据不同文献材料开发统一标准的数据库平台，统筹社内出土文献资源的数字内容开发，以满足于不同层次的出版需求。将出土文献出版资源进行细化分类，努力构建形成作者资源、研究目录、字形图版、字词考释、新造字等多个专题类别的数据集。通过这一数据集的整合工作，构建循环再生的学术生态，既能密切出版与学界之间的学术关联，又将对学术研究应用的长远发展有所裨益。

二是盘活和管理数字资源。出版社在梳理专业学术出版资源时，应注重主动建构系列化、专题化和数字化选题，不断丰富已有的专业资源数据集，在盘活已有专业资源的基础上，突破传统单一、分散的内容生产模式。建立反哺机制，降低边际成本，实现规模效益。同时，充分发挥专业学术编辑的积极性、主动性，通过出版、编辑、学者、读者共建共享，将出土文献海量数据结构化为数据，优化数字资源管理，并实现数据联动高效处理，助力整合分散资源的学术挖掘、技术融合。在推动出版高质量发展的同时，促进学科交叉发展，打造出土文献研究的学术交流平台。

三是提升编辑的数字化素养。编辑应该充分利用学术背景，在提升各文献学术能力的基础上，培养自身的学术眼光，积极策划有延展空间的出土文献类选题，推动优质的出版资源进行重组，并向大众化、市场化转化。一方面，注重利用新材料扩展学术研究视野，持续推进和深挖既有的出版项目，拓展新出土材料，重视出土文献再整理、再研究等。另一方面，加强前沿学术动态的跟踪，拓宽跨学科视野，就专题系列领域进行深耕，支持出土文献可持续性的规划和开发。最后，提升整体的策划和运营能力，培养数据驱动思维，提升自身数字化素养，提高技术工具应用水平。

四是创新数智技术深度融合。在出土文献出版资源整合的过程中，实现专业编纂与技术研发优势互补、紧密协作，组织构建多模态数据库，提升数据库的自动化水平。通过集数字化、资源库于一体的内容挖掘，对数据集进行深度学习、对模型进行系统开发，推动数据库再生出版实践。数字技术部门通过技术革新传统文献整理方式，覆盖内容生产、技术应用、资源管理等全流程，推动"融而深"的一体化发展。在改变出土文献整理出版范式转型的同时，为人工智能时代的出土文献研究开辟新路径。

未来，出版社将合力探索以出版资源数据库建设为抓手的融合出版新路径，整合各方力量和资源，推动出土文献的基础性、专题性、交叉性研究，在守正与创新中不断寻求新定位，于互促共融中提升专业学术出版力。

参考文献

[1] 黄德宽. 新时代古文字学学科建构 [J]. 历史研究，2024（12）.

[2] 侯君明，陈媛媛，周佳益. 中国古籍数据库资源建设的现状与展望 [J]. 天津师范大学学报（社会科学版），2024（6）.

[3] 许洁，朱瑞. 数智时代的知识生产与出版深度融合发展 [J]. 现代出版，2025（2）.

"AI+出版"时代图书编辑核心能力的重塑

华东理工大学出版社　　黄　娜

摘　要

随着人工智能（AI）技术的迅速发展，出版行业正经历一场深刻的变革，特别是在编辑工作中。本文通过分析 AI 在选题策划、内容创作与审校、数字出版等环节的应用，揭示了 AI 技术在提升出版效率、优化内容质量和创新出版形式方面的显著作用。AI 技术的引入不仅改变了传统编辑的工作方式，还要求编辑掌握新型工具并提升跨媒体创作和数据分析能力，以应对数智化出版环境下的挑战。尽管 AI 技术在内容生成和数据分析方面表现优异，但编辑在创意策划、内容深度和审美把控方面仍具不可替代性。编辑的核心能力在"AI+出版"时代正经历深度再造与升级。

关键词

"AI+出版"　编辑核心能力　数字出版　内容定制

在数字化和信息化迅猛发展的当下，AI 技术以其强大的计算能力和智能化特征，深刻影响着各行各业的发展轨迹。出版行业作为信息传播、文化传承与社会变革的重要载体，正面临着前所未有的技术变革。传统图书编辑工作，长久以来依赖于编辑人员的专业知识、经验积累和敏锐的直觉判断，但随着 AI 技术的介入，图书编辑的工作方式、职责与核心能力发生了显著的变化，甚至在某些方面产生了颠覆性的影响。AI 的出现不仅推动了编辑工作流程的优化，还要求编辑人员在专业能力上进行深度的再造与升级。如何在"AI+出版"时代保持出版质量、创新出版形式、提升编辑竞争力，成为当前出版行业的重要议题。

一、AI 在出版领域的应用现状

（一）AI 在选题策划和市场分析中的应用

在出版领域，选题策划是决定图书市场表现的关键环节。传统的选题策划依赖编辑的经验和市场调研，而 AI 的引入使选题决策更具数据支持和科学依据。通过大数据分析，AI 可对历史销售数据、社交媒体趋势、读者反馈等进行挖掘，预测市场热点，为选题决策提供有力支持。例如，机器学习算法可基于畅销书的内容特征，分析哪些主题在未来具有市场潜力。此外，AI 可通过对数据的挖掘，构建受众画像，分析特定群体的阅读习惯、兴趣偏好，帮助出版机构精准定位市场目标。此外，还能够利用 AI 对比同类畅销书籍的关键词、章节结构、内容侧重点等，为出版方提供竞争情报，使其能够策划差异化选题，提高市场竞争力。

（二）AI 在内容创作和编辑加工环节的应用

从文本生成、内容优化到语言润色、语法审校，AI 技术已成为出版行业技术变革的重要动力，它的应用能大大提升出版物的生产效率和质量。AI 生成式模型已具备较强的文本生成能力，能够自动撰写书籍介绍、章节概要，甚至辅助创作科普文章、小说及学术书籍。

除了自动生成文本，AI 技术还能分析文本的一致性和逻辑性，优化内容的连贯性。同时，AI 工具还可以提供语言润色建议，自动检测并纠正语法、拼写和标点错误。以华东理工大学出版社（以下简称"华理社"）为例，英语稿件在正式进入编辑加工环节之前，责编都会先借助智能校对工具（如 Grammarly、LanguageTool），对全文的英文进行初步审校，减少低级错误，提高文本质量。再比如针对翻译类稿件，编辑可以借助 DeepSeek、ChatGPT 等翻译工具，实现机器翻译＋人工校对的混合模式，提高翻译的精准度和文化适配性。

（三）AI 在数字出版上的应用

AI 技术正在推动出版行业向数字化、智能化方向发展。生成式 AI 已能够自动生成在线课程、互动故事、定制化教材等，为出版机构提供多样化的数字出版解决方案。此外，AI 语音合成技术可将文本转化为高质量语音，支持有声书的制作，提高内容的可访问性。AI 结合增强现实（AR）和虚拟现实（VR）技术，可打造沉浸式阅读体验，特别适用于教育、科普和儿童出版领域，提升内容的互动性和吸引力。

（四）AI 在图书排版和设计上的应用

传统的排版工作通常需要编辑在软件中进行复杂的手动操作，既繁琐又容易出现疏漏。而 AI 技术的引入，AI 的引入提升了设计效率，并增强了视觉优化能力。智能排版工具可根据内容自动调整文本布局、字体大小、段落间距及图片位置，确保视觉效果与阅读体验的最优化。随着出版行业对 AI 技术应用的不断深入，自动化排版与格式化将成为出版流程中不可或缺的关键环节，为出版行业带来更多变革与发展机遇。

在设计方面，AI 绘图工具（如 MidJourney、DALL-E）可基于市场趋势和用户需求快速生成设计方案，优化封面风格，提高视觉吸引力。以华理社某本英语教辅书为例，其中有很多单词需要绘制插图，如果以传统的操作方式，可能会聘请插画师进行插图绘制，一套书下来预计绘图周期至少要三个月，且插画成本在 2 万元以上，而借助DALL-E，我们在短短两周内就完成了所有单词的配图，且节省了插画师的支出。

（五）AI 在个性化推荐与精准营销上的应用

AI 在出版行业的个性化推荐与精准营销中发挥着关键作用。基于机器学习和大数据分析，AI 能够深度挖掘用户的阅读历史、购买记录、浏览行为及互动数据，精准预测个体兴趣，并为其推荐更符合其偏好的图书，能有效提升销售转化率。此外，在营销优化方面，AI 可生成个性化的广告文案，并结合自然语言处理（NLP）技术，分析不同受众的偏好，调整营销策略，使推广内容更具针对性。最后，在社交媒体传播方面，AI 还能实时监测社交平台上的话题热度，追踪用户评论情绪，帮助出版机构及时调整宣传策略，精准定位营销方向，提升书籍的市场曝光度和影响力。通过 AI 驱动的精准营销，出版行业能够更高效地触达目标受众，实现更具个性化和数据驱动的营销模式。

二、AI 技术给编辑工作带来的冲击

（一）自动化内容生成的兴起

随着 AI 技术的快速发展，尤其是在自然语言处理（NLP）和生成对抗网络（GAN）等领域的应用，自动化内容生成逐渐成为一种趋势。以励讯集团为例，该集团的主题专家根据可信来源的数据和内容用大语言模型建立并训练了一批专业的生成式 AI 工具，分别面向律师、研究人员、临床医生、护理专业学生、人力资源、能源和化工专业人

士，以帮助这些领域的客户做出更好的决策，提高工作效率。除了专业领域，在日常内容创作中，AI 同样表现出色。它不仅能依照预设主题迅速撰写新闻报道、博客文章、社交媒体内容，甚至连广告文案也能信手拈来，短时间内产出符合特定要求的文本。在传统编辑工作里，像新闻摘要、基础文档撰写这类重复性高的内容生产任务，如今已逐步被 AI 接手，让编辑人员得以从繁琐的基础工作中解脱出来，将更多精力投入内容的深度编辑、细节打磨以及创意构思。不过，AI 自动化内容生成在带来便利的同时，也使部分岗位和工作流程面临被替代的风险。编辑需要不断学习新技术，深入了解 AI 的运作逻辑，进而探寻如何将人类的创意和独特价值融入工作中，在新的内容生产模式下找到自身不可替代的定位。

（二）内容质量与原创性问题

虽然 AI 在生成内容的速度上远超人类编辑，但其生成内容的质量和原创性常常难以达到人类编辑的高度。AI 基于庞大的数据集进行训练，通常从已有的信息中提取知识，而非创造全新的观念。这意味着 AI 生成的内容可能存在信息重复、创意不足或者结构单一的问题。特别是在深度分析、情感表达和创新性内容的撰写上，AI 依旧难以与人类编辑匹敌。例如，AI 生成的新闻报道可能较为机械、缺乏情感波动，而一篇深度报道或评论文章则需要结合实际情况进行多层次的分析，涉及社会背景、文化差异等复杂因素，这些往往超出了 AI 的处理能力。因此，AI 生成的内容往往需要编辑人员进行大量后期修订，以确保文章的质量、原创性及其适应目标受众的需求。

（三）编辑技能的转型与新要求

随着 AI 在内容生成领域的广泛应用，传统的编辑技能正在面临前所未有的转型。编辑工作不再是单纯的文字修饰、语法校正和排版工作，而是向"智能调控"和"技术监控"转变。编辑人员不仅需要具备传统的语言能力，还需要掌握 AI 工具的使用技巧，包括如何高效地与 AI 合作、如何利用 AI 进行数据分析、如何评估 AI 生成的内容质量等。此外，编辑人员的工作内容开始向内容策划、AI 训练、数据标注等方向延伸。为了最大化 AI 技术的优势，编辑人员可能需要参与 AI 模型的训练，或是对 AI 生成的内容进行评估与优化。这要求编辑人员具备一定的技术背景，尤其是在编程、机器学习以及大数据处理方面的知识。因此，编辑行业需要对其从业人员进行技能升级培训，使其能够更好地适应 AI 带来的变化。

（四）伦理与法律问题的挑战

AI 在内容生成过程中不仅面临技术性挑战，还涉及伦理和法律层面的复杂问题。首先，AI 生成的内容常常基于大量的公开数据，这就可能触及版权问题。AI 是否会无意中复制和粘贴版权作品的内容？如果 AI 生成的文本侵犯了某一作品的版权，责任应由谁承担？这些问题尚未有明确的法律界定。其次，AI 生成的内容有可能反映出算法设计中的偏见，尤其是当 AI 在处理敏感话题时（如政治、社会和文化问题），如果未进行充分的伦理审查，可能会造成不适当的观点传播。此外，AI 生成的内容如何确保遵守隐私保护法律？尤其是在生成涉及个人信息的内容时，如何平衡隐私权与创作自由，也是亟待解决的法律问题。编辑行业需要在应用 AI 技术时，增强对这些伦理与法律问题的敏感性，建立起相关的监督机制和法律框架，以避免在内容生成过程中出现法律风险或道德失范的情况。同时，编辑人员也要加强对 AI 生成内容的审核和判断，确保发布的内容合规且具有社会责任感。

三、"AI+ 出版"时代编辑核心能力的重塑

（一）编辑对 AI 技术的认知及应用能力

在"AI+ 出版"时代，图书编辑的核心能力正在不断地被重新定义，其中 AI 技术的认知和应用能力尤为重要。编辑首先需要理解 AI 技术的基本概念，特别是自然语言处理（NLP）、机器学习和深度学习等技术，这些都是 AI 能够在出版领域发挥作用的基础。比如，智能校对工具如 Grammarly 在编辑加工中的应用，能帮助编辑减少基础编辑工作，从而将更多精力集中在创意和内容的深度提升上。

此外，AI 还在市场动态预测方面发挥着重要作用。编辑不仅要依据数据分析来确定选题方向，还需要利用 AI 对读者的兴趣和偏好进行预测，从而调整出版策略。AI 通过分析社交媒体评论、购买记录以及阅读习惯等数据，能够帮助编辑预测某一类型书籍或内容的市场走向，提供数据支持来优化出版决策。例如，通过 AI 对过去畅销书的分析，编辑可以迅速识别出当前热门趋势，确保出版内容紧跟市场需求。总之，编辑需要不断提升自己在 AI 技术方面的应用能力，以适应快速发展的出版行业。

（二）内容策划与创意发展能力

在"AI+ 出版"时代，尽管 AI 技术在数据分析和内容生成方面提供了强大支持，

但创意的核心仍然依赖于编辑的专业素养和市场洞察力。在策划新书时，编辑必须综合AI提供的市场数据与自身对读者需求和行业趋势的理解，提出具有独特性和前瞻性的内容策划方案。例如，假设编辑负责策划一本关于"智能家居"的书籍，AI能够提供类似主题书籍的销量、读者反馈等数据支持，但只有编辑通过对家居行业趋势的敏锐洞察，才能找到一个与众不同的切入点，如从AI在智能家居中的实际应用出发，来吸引读者的兴趣。

在"AI+出版"时代，AI更多是作为一种辅助工具，帮助编辑发掘符合市场趋势的创意。AI可以通过情感分析、数据挖掘等方式，预测某些话题或形式的文章可能引起的反响，为编辑提供创作灵感和数据支持。例如，AI分析过往出版的书籍，能够预测哪些内容会受到读者的喜爱，但最终的创意生成和内容策划仍需依赖编辑的独立思考和创意构思。编辑需要在AI提供的基础数据上，结合自己在内容策划和创意上的积累，找到内容创新与市场需求之间的平衡点，从而提高出版物的吸引力和市场竞争力。在这个过程中，编辑的任务不仅仅是利用AI进行选题预测或内容生成，更是通过自己的专业知识和创意思维，推动出版物向着更具深度和差异化的方向发展。最终，编辑的创意策划能力与AI技术的结合，能够使出版产品更好地契合读者需求，提升市场价值。

（三）跨媒体创作技能与数据分析能力

在"AI与出版业深度融合"的背景下，图书编辑的工作不再仅限于传统的文字加工，跨媒体创作技能与数据分析能力成为编辑的关键能力。跨媒体创作要求编辑根据不同平台的特点，将内容转化为适合的形式，包括文字、图像、音频、视频等多种媒介。例如，一本科普书籍的编辑除了撰写文字内容外，还需要制作配套的图表、视频或音频，确保内容形式与传播平台相匹配，提升读者的理解和参与感。对于复杂的主题，编辑可以通过动画或视频阐述，使抽象概念更加直观。以环保类书籍为例，出版社不仅发行纸质版，还制作微电影和音频节目，通过社交平台推广。编辑需要协调各类文本的质量和一致性，确保在不同平台上能够有效传播。

数据分析能力在这一过程中也发挥着重要作用。借助AI技术，编辑不再单纯依赖经验，而是通过数据分析来指导决策。通过分析读者行为、市场趋势和社交媒体反馈，编辑能够精准把握受众的兴趣和消费习惯，优化内容创作和推广策略。例如，编辑通过分析数据了解读者对不同主题和风格的偏好，从而调整内容，确保出版物能够快速响应市场需求，提升书籍的市场反应速度和影响力。

（四）编辑的内容质量控制与审美把控能力

"AI+出版"时代，内容质量控制与审美把控能力依然是编辑不可替代的关键职能。内容质量控制不仅仅是确保文本的流畅性和准确性，更涉及对图书内容深度与广度的把握，确保其符合受众的认知需求。例如，在专业书籍的出版过程中，编辑需要判断内容是否具备学术价值，是否有严谨的逻辑框架，以及是否能够提供真实、可靠的信息。再如，在编辑一本关于人工智能的书籍时，AI工具能够帮助检查语法错误和排版问题，但如何确保书中的观点前沿、语言简洁且富有逻辑，仍需要编辑与作者和专家的深度沟通，以确保内容的严谨性和启发性。

审美把控能力则主要体现在出版物的艺术性和视觉效果上，尤其是图书封面设计、排版布局和图文搭配等方面。尽管AI可以根据数据生成一些标准化的设计方案，但艺术性和个性化设计往往依赖于编辑的审美判断。例如，在一本小说的封面设计中，编辑不仅需要考虑市场潮流和目标读者群体的审美，还要确保封面能够准确传达作品的主题和氛围。虽然AI可以根据流行趋势推荐某些设计风格，但如何将这些风格与书籍的内容和情感表达相结合，则需要编辑的艺术性判断和创意思维。编辑通过细致的审美把控，能够确保图书的视觉呈现与内容相得益彰，从而提升图书的整体质量和市场吸引力。

本文探讨"AI+出版"时代下图书编辑核心能力的重塑，揭示AI技术在图书策划、内容创作、数字出版等领域的广泛应用，强调编辑需要提升数据分析与创意策划能力，以适应行业变革。然而，研究中对AI技术应用的具体案例分析仍存在局限，未能覆盖所有出版领域的全面影响。未来，研究可以进一步探索AI在出版深度融合中的具体实践和创新模式，以推动出版行业在新时代背景下的持续发展和技术突破。

参考文献

［1］滕亚帆."AI+出版"时代图书编辑核心能力重塑探究［J］.新闻研究导刊，2024，15（4）.
［2］闫志慧.AI技术在出版行业中的应用及未来发展探究［J］.新闻文化建设，2024（21）.
［3］王羽佳.AI与出版融合视角下图书选题策划与内容生产的优化路径［J］.出版科学，2023（31）.
［4］陈鸿.AI驱动下未来的编辑和编辑的未来［J］.青年记者，2021（12）.
［5］付丽霞，刘鑫.AI时代新闻出版领域著作权问题的类型化分析［J］.科技与出版，2021（6）.

融合出版时代编辑能力提升的路径探索

华东师范大学出版社   谢慧华

摘　要

编辑是出版业转型升级和高质量发展的核心动力，在融合出版的时代背景下展现出新的重要性。本文结合融合出版的概念及发展趋势，重点探讨了融合出版时代编辑在专业知识技能外还应具备技术应用、跨领域协作和数据思维三个核心能力，并从宏观国家政策引导、中观行业协作以及微观个人学习三个维度，探讨了编辑核心能力提升的路径，以期为出版行业的高质量发展提供有益参考。

关键词

融合出版　编辑　人才培养

一、融合出版的定义与发展趋势

近年来，出版深度融合已上升为媒体生态再造的国家战略。国家相继出台了《出版业"十四五"时期发展规划》《关于推动出版深度融合发展的实施意见》及《关于组织实施出版融合发展工程的通知》等政策文件，明确了融合出版的发展目标、战略方向、实施路径、具体措施以及所需的支持保障。伴随着数字信息技术如大数据、人工智能等在出版领域的广泛应用，融合出版由数字出版诞生之初的并立发展，到出版融合发展阶段的相融发展，再到出版深度融合发展阶段的深融发展、一体化发展新阶段，每个阶段都离不开数智技术的赋能。未来，融合出版将更加注重深度融合，通过不断的技术创新和模式创新，推动出版业向着高质量发展的目标不断前行。

二、融合出版对编辑能力的要求

党的二十大报告指出，人才是第一资源，要坚持人才引领驱动。融合出版要不断发展和推进，需要培养和储备能够适应时代发展需求的出版人才。编辑作为最重要的出版人，对内容生产负责，在出版产品策划、制作、分销、推广中起到关键作用，是出版生产中最活跃、最具决定意义的能动主体。故而在融合出版的背景下，编辑的工作职能也发生了巨大变化，从围绕图书的策划、营销和文字处理转变为以内容为中心、面向多个场景的交付体系设计。传统编辑大多具有专业的学科素养和政治导向把控能力、较强的选题策划和编辑加工能力，但将编辑出版行业的发展趋势与信息技术有效结合的能力往往比较欠缺。目前，融合出版已进入高质量发展的新阶段，行业对一专多能的复合型编辑人才的需求空前高涨。这一趋势要求现代编辑在掌握传统出版技能的基础上，还要实现"一专多能"的能力提升。编辑既需要在特定领域保持专业权威，又需要在技术应用、跨领域协作和数据思维三个方面提升能力，最终从单一内容加工者转型为知识服务产品的总策划师，为出版业高质量发展提供强大动能。

（一）技术赋能，提高技术应用能力

在出版深度融合发展的背景下，出版领域的生产力与生产关系正在发生重大变革，内容生产、分发与消费的界限日益模糊，人与信息、技术、媒介之间呈现新的协作关系。当下，以人工智能、大数据、云计算、增强现实（AR）、虚拟现实（VR）为代表的新一代信息技术在出版领域的应用越来越广泛和深入，不断重塑内容的创作、传播和消费方式。这些新技术的赋能不仅为融合出版的发展提供了强大动力，也对出版业人才提出了更高、更新的要求。编辑亟须实现从传统思维到融合思维的范式转变，必须重视并掌握融合出版的新技术、新方法和新工具，更新自己的知识结构，成为技术应用的先行者和创新的实践者。编辑需要突破传统的纸质图书策划的单一、线性思维模式，建立跨媒体、跨平台的立体化内容开发视角，将出版内容与数字技术进行有机融合。这种转型并非要求编辑人人都成为技术开发者，而是要理解新技术的基本原理与应用场景，并掌握一些技术工具的具体操作方法，在此基础上将技术赋能于编辑出版全流程。以生成式人工智能为例，其自然语言交互特性极大降低了技术使用门槛，使用得当，会大大提高编辑的工作效能：在选题策划阶段，可以通过大数据分析读者画像，实现精准的选题策划；在审读环节，借助 AI 辅助完成文字校对、逻辑校验等基础工作，提升审稿效率

和准确率；在营销推广时，运用 AIGC 技术快速生成个性化宣传素材，实现精准触达。还可以采用数字人技术，充当图书营销直播的虚拟主播，通过智能互动和实时数据分析，精准对接观众需求，在保持专业性的同时提升趣味性；同时借助大数据算法优化内容节奏和传播策略，实现 24 小时无休、高度一致的直播效果。这些技术和应用能大大解放编辑的生产力，推动其工作重心向创意策划、内容把关等更高价值领域转移。

在融合出版的新时代，编辑应当以开放姿态拥抱技术创新，通过人机协同提升工作效能。一方面可以利用技术工具处理标准化工作，另一方面将精力聚焦于需要专业判断的创造性环节，在技术赋能中重塑出版人的专业价值。这种转型既是应对行业变革的必然选择，更是推动出版业高质量发展的关键路径。

（二）协作赋能，推动创新融合

在融合出版的新时代，编辑的跨领域协作能力对于推动知识创新与融合具有举足轻重的作用。融合出版，并非不同出版形态的简单嫁接和相同内容在不同载体上的重复呈现。它是一场涉及多领域、多专业背景人才智慧与力量的协同共创。其本质在于通过纸质与数字、线下与线上、静态与动态等多维度的有机融合，构建起立体化的知识服务体系。在这个过程中，编辑需要突破传统工作边界，扮演"知识连接者"的角色，打破部门壁垒，跨越多个业务部门，构建包含作者、设计师、技术开发者、市场营销人员等不同领域的专业人士的高效协作网络，在此基础上，掌握跨界对话能力，既要理解不同专业领域的语言体系，又要善于整合多元创意，共同推动内容的创作、形式的创新和价值的实现。

这种跨领域协作能力，能够帮助编辑在专业性上实现学科交叉的深度挖掘，精准满足用户的内容需求，为读者提供千人千面的内容体验，大大拓宽了知识服务的维度。编辑唯有通过持续强化这种"连接—整合—创新"的协作能力，才能在融合出版时代持续创造优质的知识服务价值。

（三）数据赋能，用数据说话

融合出版背景下，数据不仅仅是生产要素和劳动对象，它更是出版单位的核心战略资产。随着媒体融合的深化，从选题策划、内容生产到精准传播、流量变现等传媒业各运作环节都已转化为基于数据的生产实践。用数据说话已成为融合出版时代的新特征。选题策划阶段，通过对用户行为数据的挖掘分析，可以精准捕捉市场需求的细微变化；

内容创作环节，借助生成式人工智能等工具，能够实现知识内容的智能化重组；营销推广方面，基于大数据的个性化推荐系统大大提升了传播效率。

由此可见，编辑的数据素养是多维度的。在认知层面，要培养对数据的敏感性和洞察力，善于发现数据背后的市场信号；在技能层面，要学会使用数据挖掘、可视化工具和统计软件等工具，需掌握数据采集、分析的基础方法；在应用层面，要能将数据洞察转化为具体的出版决策，比如通过阅读时长数据优化内容结构，或利用销售地域特征调整发行策略。融合出版背景下，优秀的编辑应当兼具数据素养和人文素养，既善于运用数据工具提升工作效率，又能保持对内容质量的严格把控。

三、编辑能力提升的路径

在融合出版产业的浪潮中，人才是最为关键的资源。要培养适应新时代需求的一专多能的融合出版人才，需要构建系统化、多维度的培养体系。从宏观政策引导到中观行业协同推进，再到微观层面的个人主动学习，这三个层面相互支撑、有机衔接，共同推动编辑队伍转型升级。

（一）完善顶层设计，加强政策引领

宏观层面，政府应当充分发挥宏观指导作用，强化战略规划与政策引导。通过完善制度设计和配套措施，构建系统化的政策支持体系，为融合出版人才培养营造良好的制度环境和发展生态。近年来，国家相继出台了《关于推动出版深度融合发展的实施意见》《关于推进出版学科专业共建工作的实施意见》等重要政策文件，不仅明确了新时代出版业人才培养的主要目标，更从产业全局高度对融合出版领域的人才队伍建设进行了系统规划与部署。这些政策从基础能力建设、高层次人才培养、创新激励机制等多个维度入手，着力构建政府主导、企业主体、高校支撑、社会参与的协同育人机制，为培养一专多能的复合型出版人才提供了坚实的政策基础和广阔的发展平台。

高等院校和科研院所肩负着出版专业学科建设、人才培养和前沿研究的重任。面对融合出版的新要求，高校应当主动对接产业需求，动态调整人才培养方案：一是要建立与时俱进的培养目标体系，科学设置课程模块；二是要创新评价机制，突出实践能力导向；三是要深化产教融合，通过共建实验室、产业学院等形式，实现教育资源和产业资源的高效对接。最终构建起学历教育与继续教育相衔接、理论培养与实践锻炼相结合的融合出版人才培养体系，为出版业高质量发展提供源源不断的人才支撑和智力支持。

（二）加强行业协作，拓宽成长路径

在中观层面，行业应当充分发挥桥梁纽带作用，拓宽编辑的成长路径，优化继续教育体系，更新培训内容，为融合出版人才培养提供系统性支撑。出版单位应当将人才建设纳入战略发展规划，构建科学化、制度化的人才培养体系。一是要完善人才发展机制，制定覆盖引进、培养、评价、激励的全链条政策，重点培育兼具内容策划能力、数字技术素养和跨界融合思维的复合型编辑人才；二是要深化校企合作，联合高校、研究机构共同开发适应媒体融合发展的课程体系与实践项目，推动产学研用深度融合；三是要创新学习模式，充分利用在线教育平台、虚拟仿真技术等数字化手段，构建灵活多样的学习场景，满足员工个性化发展需求；四是要强化实践培养，通过导师制"传帮带"、重点项目实战锻炼等方式，助力青年编辑成长，尤其要鼓励其参与国家级、省部级重大出版工程，在实践创新中提升专业能力。

此外，有关行业协会、研究机构等应当立足行业发展前沿，发挥专业引领作用。一是要密切跟踪融合出版发展趋势，围绕 AIGC 应用、全媒体运营等新兴领域，及时开发标准化培训课程；二是要建立知识更新机制，定期组织新技术、新理念专题研修，促进数字技能与编辑业务的深度融合；三是要搭建职业发展平台，通过举办行业竞赛、专业认证、技能比武等活动，为编辑人才成长提供展示舞台和晋升通道，真正实现"以培促学、以赛促能"的良性发展生态。

（三）强化学习意识，提升核心能力

融合出版时代，新兴技术的不断涌现、出版物内容形态的多样化以及新型业态的发展，对编辑的专业知识和综合能力提出了更高的要求。为了适应这一变化，编辑必须树立终身学习的理念，不断学习新知识和新理念、提高业务能力以形成自己的核心竞争力，把握职业发展的主动权。

在媒体深度融合发展的新时代背景下，编辑人员面临着前所未有的机遇与挑战。随着人工智能、大数据等新兴技术的快速迭代，出版物形态向数字化、智能化、交互化方向演进，行业边界不断拓展延伸。这一变革态势要求编辑人员突破传统角色定位，以终身学习为核心理念，持续完善知识结构、提升专业素养，构建面向未来的核心竞争力。一方面要构建系统性学习框架，立足行业发展趋势，制订个性化学习规划，深化专业领域知识储备，掌握数字内容生产技术，提升跨界融合思维能力。另一方面要拓展多元化学习渠道，比如定期研读专业期刊、行业报告、智库研究成果，把握前沿动态；还要主动参与行业峰会、学术论坛，与领域专家建立深度联系，拓展专业人脉；系统参加行业协会组织的专业培训，重点提升内容策划、数字工具应用、全媒体运营等实务能力。另外，还要打造实践性学习闭环，在单位内可积极参与本单位的融合出版项目，将学习成果转化为实践能力，在单位外，还可以加入行业专业社群，通过案例分享、经验交流实现共同成长。

编辑的专业发展是一个系统工程。宏观层面的政策支持构建了制度保障，中观层面的行业协同提供了成长平台，微观层面的个人努力则是能力提升的内生动力。这三个维度相互支撑、有机统一，共同推动编辑队伍向专业化、复合型方向发展。在融合出版向纵深发展的关键阶段，只有将国家政策导向、行业发展需求和个体成长诉求紧密结合，才能培育出适应新时代要求的高素质出版人才队伍。

在融合出版的新时代背景下，高素质的编辑人才队伍是出版业的高质量发展的关键力量。面对新技术不断涌现、内容形态日益多样化以及新型业态蓬勃发展的挑战，编辑需不断提升自身的专业知识与能力，以适应行业变革的需求。本文结合信息技术快速发展的实际情况，综合分析了融合出版时代编辑需要具备的关键业务能力，并从宏观的政策引领、中观的行业协作到微观的个人学习意识提升等多个维度，探索了编辑能力提升的策略与路径。只有通过不断培养符合时代需求的编辑人才，才能有力推动出版业的高质量发展，并确保出版强国建设目标的顺利实现。

参考文献

［1］任赟.深度融合时代编辑全程策划能力提升［J］.中国出版，2022（23）.
［2］张新新，孟轶.Sora驱动下的融合出版新技术新业态新模式分析［J］.中国编辑，2024（4）.
［3］方卿，李佰珏.新质生产力视角下编辑数智素养的内涵、价值和培育［J］.出版与印刷，2022（4）.
［4］许桂芬，赵宏源.融合出版背景下编辑角色的变化与能力提升路径［J］.出版广角，2024（1）.
［5］周强，李莎，姜钰.数字出版编辑的数字素养与培养建议——基于出版深度融合发展的实践思考［J］.出版广角，2023（3）.
［6］张小荫.出版深度融合背景下的编辑能力提升与拓新［J］.中国传媒科技，2024，34（4）.
［7］王润珏，黄沁文."数智"时代传媒业新质生产力的生成路径与作用逻辑［J］.中国编辑，2024（5）.

学术出版的价值思考与实践探索

同济大学出版社　　宋　立

摘　要

学术出版是传播前沿知识、传承经典文化的重要方式。本文结合工作实践，阐述了学术出版在响应国家发展战略、促进科技进步、推动出版融合转型和社会责任拓展四个方面的价值及面临的挑战。在社会责任拓展方面，本文以同济大学出版社的出版实践和阅读推广活动为例，讨论了理性素养和人文素养在学术出版中的和谐统一。

关键词

学术出版　高质量发展　出版价值　社会人文价值

在百年未有之大变局背景下，新一轮科技革命与产业变革迅猛发展，党的二十届三中全会要求"健全因地制宜发展新质生产力体制机制"，发展新质生产力是推动高质量发展的内在要求和重要着力点。学术出版以记录、传播、认证、评价和存档五大基本功能要素作用于人类创新思维成果，并将其转化为有组织的知识形态以进一步促进人类社会发展，学术出版是传播知识、传承文化、引领社会的重要力量，与高质量发展有着相辅相成的关系。学术出版更应顺应发展需求，走基于新技术、新方法的高质量发展之路，服务广大群众、传播中国话语，在全球范围赢得发展主动权。

在上述命题之下，打破传统学术出版的内容与形式框架，以高科技数智技术变革出版形式为手段，以交叉学术资源提升内容品质为重点，以多重发展需求深化出版价值为核心，探索和思考学术出版的新生态是大势所趋。高质量发展背景下，学术出版体现了更为深刻的出版价值：国家发展的知识基建与话语构建、科技进步的学科演进与知识再生产、出版转型的深度融合发展、社会赋能的理性素养与人文素养和谐统一，特别是当下学术出版在承载生态价值、伦理价值、美学价值等广义的社会人文价值方面的作用更值得重视。

一、学术出版响应国家战略：知识基建与话语构建

精品学术出版物通常强化自身响应国家战略、服务党和国家工作大局的使命担当。一方面，学术出版是国家发展中不可或缺的知识基建，不少优秀出版作品是面向国家重大需求打造的精品力作，切实推动了相关领域的创新发展和国力提升。另一方面，高品质的学术出版成果往往积极拓展国际合作空间，持续推动学术成果的国际传播力和国际影响力。

以同济大学城市风险管理研究院和同济大学出版社联合策划的"城市安全风险管理出版工程"为例，其策划与出版均是响应国家战略需求。第一个系列"城市安全风险管理丛书"的策划与出版正是在党的十九大报告提出的"坚持总体国家安全观"基本方略的背景之下开启；第二个系列"城市公共卫生安全风险管理丛书"的策划与出版则是在《中共中央关于制定国民经济和社会发展第十四个五年规划和二〇三五年远景目标的建议》强调的"推进健康中国建设"和党的二十大报告强调的"强化国家安全工作协调机制"等一系列关于安全发展的国家战略指导下进行。

"城市安全风险管理出版工程"学术出版项目也充分体现了高质量学术出版物作为知识基建服务国家发展的特质。丛书以发展的眼光凝练和完善自身的风险管理内核，触及城市建设的方方面面，汇集长期从事安全管理等领域工作和研究的专家学者的智慧，从而建立面向中国城市实际需求的风险管理理论体系和实践案例，以其坚实的风险管理"知识基建"为国家政府管理部门提供城市风险管理思路。

"城市安全风险管理出版工程"学术出版项目在筑实自身基础的同时，集成最新理论研究成果和总结中国实践的《城市风险管理学：城市运行安全的中国实践》出版中英文版，进入全球发行体系，以加快构建中国话语和中国叙事体系，用中国理论阐释中国实践，用中国实践深化中国理论，打造融通中外的新概念与新范畴，形成有益的学术交流。

二、学术出版推动科技进步：学科演进与知识再生产

学术出版在进行选题策划时，通常紧紧围绕学术研究的前沿话题和社会实践中的热点难点问题，立足推动学术资源的可持续增值，提高学术资源的价值水平。而随着科技进步历程中学科的边界逐渐被打破，高度细分化的学科在面对21世纪现代性社会的一

个又一个难题时，开始迫切地寻求交叉融合。一个接一个崭新的命题涌现，给学术出版带来丰富的资源的同时也带来了充足的挑战，而学术出版则以自身的开放性、自适应性和自衍生性反哺学科演进，完成知识再生产。

仍以"城市安全风险管理出版工程"为例，在接近十年的策划与出版期间，丛书作为一个开放的体系不断吸纳不同学科与不同领域的学术资源，作者团队围绕城市风险管理理论不断进行自身演进，在"确立居安思危、系统防范"的理念基础上，逐步形成了"一个理念、两个关键、三个机制"和"五个一"工作举措的城市风险防控理论体系和路径方法。作者团队的主要理论体系通过出版活动被记录、传播、认证、评价和存档；出版团队则以出版活动，即以学术出版成果为行业发展提供系统知识体系的指导和技术路径支持，又以学术出版成果为基础开展各类学术交流活动，从而持续带来演进的理论体系和指导实践工作指南。在这种学术出版互动中，学术出版与学术资源相互滋养，形成具有自生力的知识谱系。

三、学术出版加快转型：数字化与深度融合

数字技术自 20 世纪中叶以来经历了迅猛发展，从计算机的诞生、互联网的普及到移动通信和人工智能的崛起，逐步构建起以数据为核心、算法为驱动的智能社会。且其进步周期呈现出显著的加速迭代与非线性增长特征，技术更替速度从"十年一代"缩短至"三年一革新"。近年来，5G、物联网、区块链和生成式人工智能等技术加速融合，推动了出版行业的数字化转型。这一进程既重塑了人类生产生活方式，也带来隐私、安全与伦理等新挑战。

数字学术出版是适应数字技术变化和出版自身融合发展的一种学术出版新生态，数字学术出版的深度融合体现在两个方面。

其一，是借助技术手段的出版新形态。人工智能—学术出版融合是借助各种人工智能技术实现传统学术出版的选题策划、评审评议、内容创作、编辑校对、排版设计和营销发行等各个流程的辅助甚至是革新。然而在这种出版新形态之下，潜藏着可知和未知风险，比如知识生产过程中需要承担的"可塑的准确"隐蔽风险，尤其对于学术出版而言，需要以严谨的学术精神待之。又如，由数字技术带来的变革深刻地冲击着学术出版关于伦理、关于学术诚信和知识产权法律法规的方方面面。在应对这些挑战时，既要求学术资源的生产者和学术成果的出版者都能够坚守意识形态底线，又对创新机制指导出版新形态提出了较高要求。

其二，是走出出版界域的"出版+"新生态。新技术也在改变人们的阅读方式以及获取知识的方式，因此，出版在秉承记录与传播的功能之时，也开始跨越既有的出版生态。出版新生态包括各类智库平台和网络知识服务，以视频或者音频呈现的课程和作品，以及近来尤其受到关注的被 AI 技术不断改变的内容呈现形式。但作为出版从业人员，我们在借助科技之力发挥内容传播之效时，也仍应以系统知识体系的要求和严谨的眼光审视出版成果。

四、学术出版的社会责任拓展：理性素养与人文素养和谐统一

进入现代社会以来，科学技术在人们的日常生活和生产中发挥着越来越重要的作用，社会中的各类事件不断、热点话题常常与科技发展存在千丝万缕的联系，在科技发展日新月异，科技内容不断丰富之时，学术出版则常常聚焦专业领域的理论知识和实践指导，通常面向自然科学和社会科学专业工作者或者研究者，读者对象较为有限。但是，随着社会发展和人们认知的提升，科学思维和科学精神不再是曲高和寡的存在，而是越来越多地影响着更广泛的人们。因此，学术出版也不再自封于有限人群，学术出版也自然生发出普惠性传播的需求。

当前的学术出版在提升公众理性素养的征途上，已经迈出了坚实的步伐，并收获了丰硕的成果。根据国家统计局关于中国公民科学素养抽样调查，2024 年中国公民具备科学素质的比例达到 15.37%，提前完成了《全民科学素质行动规划纲要（2021—2035年）》提出的 2025 年中国公民具备科学素质比例超过 15% 的发展目标。

然而，随着社会发展，越来越多专家学者提出不论是在面向专业读者层面还是在科技普惠性传播的过程中，都有必要注意理性素养与人文素养的和谐统一。现代社会，"人们也从工业时代的生活方式和不假思索中获得了解放。由此出发的震撼构成了风险社会的另一面。工业现代性的生活和思考所依托的坐标系开始摇晃。这一坐标系以家庭和职业为轴，坚信科学和进步"。德国著名社会学家乌尔里希·贝克用"在文明的火山上"来形容现代社会面临的危机，也指出了纯理性世界与实体世界之间的裂痕所在。

学术出版是同济大学出版社的重要板块，我们策划出版了多个精品学术出版成果，也较早开始探索学术出版之于社会赋能的理性素养培养和人文素养培养价值。在内容上，同济大学出版社策划出版工程人文系列丛书，出版中国工程院院士传记系列的同济大学院士传记，从专业出版走向科普创新的"不确定性世界漫游指南"风险科普丛书，都是立足工程哲学思维的出版物；在形式上，我们协同作者制作了有声书读物、电子

书、科普音视频等，举办了"我是小编辑"职业体验及风险科普活动、一周共读"工程艺术大师"、师生共论"项海帆院士"的科学家精神等形式丰富的活动，都是立足沉浸阅读和发挥思考价值的阅读活动。这些在学术出版里长期以来的实践探索，也是我们对理性素养与人文素养融合的思考：以时间为经，从历史发展的维度展开；以学科为纬，从人文学科、艺术学科、工程科技领域依次展开，带领读者了解这些学科的基本规律以及其背后蕴藏的科技人文精神，展现学术出版更为广泛的社会人文价值。

　　学术出版是传播前沿知识、传承经典文化的重要方式。新时代学术出版的价值犹存，在响应国家发展战略、促进科技进步、推动出版融合转型和社会责任拓展四个方面，有很多发展和新的模式，也面临一些可知和不可知的风险，需要我们以开放而富有想象力的心态面对。随着数字化与智慧化深入而深刻影响我们每个人的生活，我们可以以开发性和批判性的态度迎接变化，借助其优势、发挥其能量，进而实现自身的价值超越。学术出版在积极拥抱科学与进步实现记录与传播的功能之余，也将迎接新的挑战。

参考文献

［1］张建中，王慧婷.学术出版概念再审视——基于功能的视角［J］.新媒体与社会，2023（3）.
［2］王晖.多元化发展下的学术出版新路径探索［J］.采写编，2024（12）.
［3］朱鸿军，李辛扬.中国式现代化背景下学术出版的使命担当与发展方向［J］.科技与出版，2023（7）.
［4］邱显清，石磊，梁斐.高质量发展视域下大学出版社学术出版的时代价值与实践进路［J］.科技与出版，2023（12）.
［5］谢炜，张倩郢，王瑾.学术出版新生态——数字学术出版研究初探［J］.出版广角，2021（22）.
［6］郝海平，卢娜，丁佐奇.共生理论视角下AIGC-学术出版融合发展推进策略［J］.中国出版，2024，（20）.
［7］郑泉，赖明东.AIGC驱动学术出版变革的挑战与应对［J］.出版广角，2024（23）.
［8］程富，贾佳佳，袁庚申.人工智能赋能学术出版的知识普惠性传播策略［J］.新媒体研究，2024，10（6）.
［9］［德］乌尔里希·贝克.风险社会：新的现代性之路［M］.张文杰，何博闻，译.南京：译林出版社，2018.

大学出版社多维度选题策划的实践与思考

上海财经大学出版社 　　陈　佶

摘　要

本文从财经类图书的视角探讨大学出版社在发挥专业特色、注重精细化，多维度策划组稿，提高出版物质量等方面做的一些尝试，并认为坚持专业性、精细化，并在此基础上拓展多维度出版，才能有助于从供给侧的优势项目出发，满足日益多样化的阅读需求和偏好，实现出版由"做大"向"做强"的迈进。

关键词

大学出版社　选题策划　财经类图书　多维度

大学出版社是我国出版界的一股重要力量，尤其在学术发展、专业建设、知识普及等方面，发挥着不可替代的关键作用。大学出版社也是高等院校在教育开展、成果展现等方面，具有特色的一种延伸，特别是对于有鲜明专业特色的院校。

在现实发展中，大学出版社可能出于经济效益的考量，或对热点话题的追求，抑或对多元化出版拓展的构想，而在选题项目上面临选择。此外，在自身专业出版领域，可能会在一段时间出现视角宽度和资源挖掘上的"瓶颈"，并面临相似专业类型同行的激烈竞争。本文认为，大学出版社的发展，首先，应牢牢坚持自身的专业特色，并以此为出发点，积极寻找有良好影响力和经济效益的选题项目。其次，选题策划应注重精细化、结构性、有的放矢，避免过分铺开。再次，需关注在新媒体时代为传统出版带来的良机，大学出版社可从所擅长的专业领域，发掘、打造优质品牌项目。这样的发展思路，既顺应了未来图书需求发展的趋势，更符合我国由出版大国向出版强国迈进的大方向。

本文以财经类图书为例，通过具体的项目案例（涉及大型出版项目、市场型图书和大学教材），探讨大学出版社如何基于自身专业特色，精细化、多维度地构建出版项目，以期为大学出版社的选题策划工作提供一些思路。

一、从专业特色出发，构建大型出版项目

策划编辑需要对选题开发有良好的敏感度，能从热点主题中捕捉到与自身出版专业方向契合的点，并通过一系列出版工作的转化，形成能服务于主题理论需要、具有较高出版价值的读物。下面以笔者策划的两个较大型项目为例，探讨如何将热点主题与出版专业特色相结合，实现较为成功的出版项目。

（一）"国家与社会治理现代化译丛"项目

习近平总书记在十八届三中全会上提出了"国家治理现代化"的重要思想，并在2019年7月5日召开的深化党和国家机构改革总结会议上，再次具体强调要推进国家治理体系和能力现代化。这为出版人提供了丰富的选题探索空间。虽然乍一看，"国家治理现代化"与上海财经大学出版社的专业特色并没有完全的重合度，但通过对"国家治理"内涵的具体了解，可以发现，其涉及经济、政治、社会等方方面面，特别是经济方面，能成为上海财经大学出版社发挥专业优势，从学术出版层面服务顶层设计的一个选题切入口。

经过对选题结构的多次探讨，并借助高校学术资源，鉴于国内国家治理方面书籍如雨后春笋般纷纷涌现的现实背景，秉持打开世界在这一领域有益思想的一扇窗的理念，最终遴选了7本现代治理方面具有较高研究价值的国外力作，以期从另一种视角，呼应顶层设计。突出经济视角，是这套译丛不同于其他同一主题出版物的最大特征，其着力于展现经济政策与活动在当代治理中的重要地位，如《调整不力：美国人如何落后于全球经济的步伐》《英国的治理教训》等都反映了这一点。

作为一个具有一定规模的出版项目，译丛在策划过程中，还考虑了使其呈现出较为立体的内容结构，主要包含这样两个方面：一是从整体视角，横向联系治理思想在社会、政治和哲学领域的运用与发展，并反映在全球背景下治理思想的形成与政策架构的搭建，如《治理：社会与政治交流》《治理与社会领导力》《治理和社会责任》。二是从历史视角，展现西方国家在当代治理方面的经验与教训得失，如《为何华盛顿不再发挥作用》等。译丛后入选"国家出版基金项目"和"上海市新闻出版专项资金资助项目"。

（二）"马克思主义政治经济学译丛"项目

2018 年是马克思诞辰 200 周年，如何反映马克思主义思想在当代的丰富发展成果，是出版人应当积极思考的一个问题。马克思主义由马克思主义哲学、马克思主义政治经济学和科学社会主义三大部分构成，并且随着时代的发展，马克思主义甚至在如生态环保、心理学等领域焕发出思想活力。面对这一博大的领域和浩瀚的文献，在出版工作中如何精准定位是关键。

通过项目的前期调研，笔者发现，虽然国内图书市场上有如"国外马克思学译丛""马克思主义研究译丛"等马克思主义主题译丛或单行本译作出版，但鲜有从"马克思主义政治经济学"的视角去呈现全球范围优秀研究成果的出版项目。较为相近的是经济科学出版社 2003 年推出的"当代马克思主义经济学研究译丛"4 本，但无论从时间上还是规模上，都有提升的空间。结合自身专业出版特色，我们最终确定有针对性地从"马克思主义政治经济学"这一领域切入开展专题项目，并与上海财经大学马克思主义学院合作，选定 9 本国外知名马克思主义学者在政治经济学领域的代表性著作，组织马克思主义学院专业学者负责翻译工作。希望能在当代全球政治经济环境下展现马克思主义政治经济学所焕发出的新思想活力，最终落脚点是为中国特色社会主义政治经济学的丰富完善，提供有益的补充，并在一定程度上填补学术文献方面的空白。

在如何合理地布局项目结构的过程中，主要考虑如下两点：一是从整体上，系统介绍马克思主义政治经济学的新近研究成果，如《全球化与政治经济学批判：马克思著作的新视角》《马克思主义体系：经济、政治与社会观》《劳特利奇马克思主义政治经济学手册》等；二是对马克思主义政治经济学的核心概念、要义的发展，以专题形式开展深入论述，如《价值、技术变革与危机》《马克思的危机理论：稀缺性、劳动与金融》等。内容结构上有总有分。译丛后获第十七届上海图书奖提名奖，入选上海文化发展基金会图书出版专项基金资助项目。

二、从专业角度出发，打造畅销类市场型图书

进入新媒体时代，会有不少人认为阅读资源的极大丰富、阅读方式的便利化和碎片化，可能对传统出版物造成冲击。而笔者认为，虽然信息资源发生了变化、传播方式发生了变化，但信息的接收者并没有发生本质的变化，仍旧是阅读者，只是在新的阅读方式与知识汲取的环境中，人们的口味和要求变得更高了、更挑剔了。对此，传统出版物

如果能始终坚持将内容质量摆在第一位、精益求精，甚至反过来也去借助新媒体资源的东风，传统出版物也能获得提升的机会。

2019 年，卢克文横空出世。其在微信公众号平台上发送的推文，观点系统精辟，文字幽默风趣，收获大批读者粉丝。上海财经大学出版社与其合作，于 2020 年 6 月出版《卢克文作品二〇二〇》，首印 2 万册，后多次加印。这本书的成功一定程度上是借助新媒体的东风。首先，信息资源的开放和快捷传播，为发掘这样一个优质出版资源提供了机会。其次，卢克文微信公众号通过一段时间的积累，已经形成了规模可观的读者群，这也为后续纸质出版物的出货提供了现成的渠道。这是新媒体与传统出版融合互惠的一个现实案例。但是这只是此书获得成功的一部分原因，还应认识到其背后更深层次的因素。

正如作者在其文章中反复会提到的，对于世界的风云变幻以及社会的日新月异，"要坚持从经济的角度去分析"。如法国人看似生活浪漫背后的经济资本支撑，美洲和非洲国家经济发展困境所导致的社会动荡等等。又如在《一个普通湖南农民的经济数据》一文中，作者以自己的亲身经历与几十年后再回到老家所做的实地考察作对比，真实展现了中国在基础设施建设上的巨大投入，以及在教育、医疗等方面对人民所做的切实保障，展现了中国的发展与强大在普通百姓生活中的真实反映。这方面的内容与出版社的专业特色相契合。在出版工作中，有利于编辑从经济学专业的角度，对选题的可行性做出较为准确的判断，并敏锐地发觉其出版价值；在组稿过程中，对于文章的取舍、编排能更为合理，突出鲜明的主题；在文字审稿过程中，编辑能从经济学专业的角度，给出较为中肯的修改建议。

另外，在内容结构的编排上，通过对作者所发表文章的视角、内在逻辑关系等进行归纳提炼，最终将全书分为四篇，而不是按作者最初所构想的根据发表时间顺序进行堆砌。通过这样的编排，既能清晰地凸显经济等专业性特征，又能呈现出历史发展的脉络，从而实现了观点的凝练和主题的升华。

三、从学科专业出发，编纂特色教材

对大学教材的策划组稿是大学出版社的一项重要工作，应服务于高等院校的教学工作，并反映相应的教学成果，助力培养高素质人才。在现实中，学科教材尤其是基础类教材，有着较为明显的同质化竞争问题。同一门课程，可能有多本同名教材可以选用。作为大学出版社，如何从内容质量上去组稿优秀教材固然重要，但如何从学科专业角度去组织编写富有特色的教材，也是破局的一个重要思路。

以大学英语教材为例，市场上可以选择的种类有很多，而且不乏使用程度较高的。但这些教材对于各种专业环境下的英语运用虽然会有一定的涉及，但并非专门、系统地开展相应的语言应用训练。鉴于此，上海财经大学出版社向上海财经大学外国语学院组稿了一套《财经类院校通用学术英语》教材，内容专注于商业、经济、金融等非常具有财经类特色的领域，素材主要取自《哈佛商业评论》《金融时报》等知名财经类刊物，能让学生在全球化经济的背景下，充分锻炼听、说、读、写四项技能。目的是让此类专业的学生在将来从事金融类、商业类工作前，先熟悉语言环境和文献素材，在一定程度上形成运用能力。

在教材结构的设计上，根据客观教学情况，《财经类院校通用学术英语》分为初级、中级和高级3本。内容上都充分涵盖商业、金融、经济等学科知识，而在语言难度、逻辑思辨能力上逐级提升。这套教材后获上海财经大学优秀教材二等奖，并在由学校承办的大学英语教学类研讨会上，作为特色教材成果进行展示，并向同类院校推广。

本文分别以大型出版项目、市场型图书以及教材三类大学出版社比较常见的出版物为例，基于财经类视角，探讨了如何从自身专业特色出发，精细化构建出版项目，从而在策划组稿等工作中实现多维度的突破。首先，具有专业特色的大学出版社在视角上应形成聚焦，始终围绕专业特长开展出版工作。这有利于从专业角度发掘出优质选题资源，提高项目的可行性和效益质量，并且能在项目开展的过程中做到有效把控。其次，注重项目内容结构的精细化搭建，有助于使出版物的主题特色更为鲜明，甚至能帮助形成品牌效应，在同类型出版产品的激烈竞争中脱颖而出。

参考文献

[1] Nicholas A. Basbanes. A World of Letters: Yale University Press, 1908—2008 [M]. New Haven: Yale University Press, 2008.

[2] 李水仙. 大学出版与专业化 [J]. 教育科学文摘, 2009（4）.

[3] 阎娟, 张延. 中小型出版社专业化、精品化、系列化发展探析 [J]. 编辑出版, 2020（10）.

[4] 别必亮. 重点出版项目的策划与推进 [J]. 编辑学刊, 2021（3）.

[5] 黄圣英. 发挥自身特色与优势　助推高校出版高质量发展 [J]. 出版广角, 2021（6）.

学术出版高质量发展的数字生态研究

同济大学出版社　　周原田

摘　要

本文分析数字技术与学术出版高质量发展的内在关系；明确了学术出版数字生态的核心内涵及当前面临的问题；提出了由技术底座层、数据资源层、主体协同层和制度伦理层构成的学术出版数字生态四维框架；并以国家"十四五"重点图书出版专项规划项目《"智慧城市 2035"出版工程》为案例，探讨了学术出版数字生态的实践路径，并对未来发展进行了展望。

关键词

高质量发展　学术出版　数字技术　知识服务

《出版业"十四五"时期发展规划》指出，推动出版业高质量发展是"十四五"时期的主题，要"推进出版产业数字化和数字产业化，大力提升行业数字化数据化智能化水平"。2022 年，党的二十大报告指出，"高质量发展是全面建设社会主义现代化国家的首要任务"，要"实施国家文化数字化战略"。2025 年，《关于推动文化高质量发展的若干经济政策》指出，要"探索文化和科技融合的有效机制，支持利用互联网思维和信息技术改进文化创作生产流程，推动实现文化建设数字化赋能、信息化转型"。

在国家战略框架下，学术出版被赋予服务科技强国、文化强国建设的战略使命，其发展路径必须与新发展理念深度契合。可以说，学术出版的高质量发展是顺应时代发展的现实需要，这既是学术出版自身转型升级的内在需求，更是服务国家战略、回应时代挑战的必然选择。同时，这也要求学术出版从传统的知识传播媒介转型为创新驱动发展的知识服务枢纽，通过数字技术实现学术生产力与社会需求的精准对接。在数字技术与文化产业深度融合的时代背景下，数字技术成为学术出版高质量发展的核心驱动力，构建数字生态是学术出版高质量发展的战略支点与必由路径。

一、学术出版数字生态的内涵

学术出版数字生态是数字技术深度赋能学术知识生产、传播与价值实现的新型生态系统，其内涵与现状体现了学术出版在数字化转型中的结构性变革与发展态势。

（一）技术驱动的生态基底

学术出版正在经历从"技术应用"到"生态重构"的范式跃迁，技术驱动的生态基底通过构建智能基础设施与协同机制，重塑了学术知识生产、传播与价值实现的底层逻辑。人工智能、大数据、区块链、云计算等前沿技术不断赋能学术出版领域，形成技术驱动的学术生产生态。

（二）开放协同的价值网络

数字生态打破了传统学术交流的封闭边界，强调出版主体与利益相关方之间的协同共生，形成由作者、编辑、出版机构、读者、科研机构、企业等多主体构成的协同网络。这种多主体协同重塑了学术价值的创造逻辑，作者通过数字生态系统直接触达读者，出版机构转型为知识服务枢纽，科研机构、企业通过数据交易获取创新资源，形成"产学研用"四位一体的创新共同体。

（三）动态演化的创新机制

学术出版数字生态具有自我迭代的创新能力。一方面，数字技术极大地拓展了学术表达的维度，使学术出版从静态的知识记录转变为动态的数据资源。另一方面，数据资源作为新型生产要素重塑了学术生产的运行逻辑，打破了传统学术生产的线性链条，将数据作为知识生产的原始素材倒推学术出版的动态演化，构建起数据驱动的学术生态闭环，使出版机构成为知识生产的全周期参与者。

二、学术出版生态的现实困境与矛盾

（一）技术应用的结构性矛盾

尽管数字技术已渗透至出版全流程，但应用场景与行业需求存在错位。部分出版机构将技术停留在形式创新层面，如简单将纸质内容数字化或过度依赖 AI 生成内容，忽视了对学术价值的深度挖掘。同时，技术投入成本高与收益回报周期长的矛盾显著，中小型出版机构因资金和人才限制，难以承担智能平台的开发与维护费用，技术应用因成本过高而被长期搁置。

（二）数据治理的系统性困境

数据资源作为核心生产要素，其治理能力尚未匹配学术出版的数字化需求。一是学术数据的采集、存储与利用缺乏统一标准，大量数据分散在不同机构或平台中，形成"数据孤岛"，降低了数据的可发现性与可重用性。二是数据长期保存机制不完善，中小型出版机构因技术和资金限制，难以保障数字资源的长期可访问性。

（三）伦理与版权保护的双重挑战

人工智能生成内容（AIGC）的广泛应用对学术伦理构成冲击。部分研究通过 AI 辅助撰写论文、伪造数据，甚至生成虚假审稿意见，引发学术不端风险。同时，AIGC 作品的版权归属模糊，传统著作权法难以界定人机协作成果的权利分配，导致侵权纠纷频发。

（四）体制机制与人才供给的滞后性

现有学术出版体制与数字化转型需求不匹配。传统评价体系过度依赖期刊影响因子，忽视数据引用、算法贡献等新维度。学术出版的市场化程度不足，部分出版机构仍依赖补贴出版，缺乏创新活力。同时，复合型人才短缺问题突出，既懂学术又精通技术的编辑团队稀缺，"编研分离"现象普遍，难以适应数据驱动的出版模式。

三、学术出版数字生态的理论与实践

面对上述问题，完善的数字生态作为实现学术出版高质量发展的必由路径，其理论框架应涵盖技术、数据、主体和制度伦理四个维度，形成协同发展的创新体系。

（一）框架设计

一是技术底座层。技术底座层作为底层支撑，通过构建智能驱动的基础设施重塑出版流程。其中，智能生产系统将传统线性流程改造为动态协同网络，实现学术生产的智能化重构；智能传播系统利用多元分发工具，构建动态知识网络与精准分发机制，实现传播方式的生态化重建；价值创新系统着重挖掘学术成果的多维价值，如提供付费下载与定制化分析服务等，实现价值的多元化拓展。

二是数据资源层。数据资源层是学术出版数字生态的核心资产，包括学术数据库、知识图谱、用户行为数据、图书销售数据等。通过数据的整合与分析，既能够实现选题策划的科学化与精准化，又能够实现学术内容的精准推送和个性化服务。

三是主体协同层。主体协同层是学术出版数字生态的关键环节，涉及作者、编辑、出版机构、读者、企业、科研机构等多方主体。通过建立动态交互机制，促进各方协同合作，实现学术出版的全流程优化。

四是制度伦理层。制度伦理层是学术出版数字生态的保障机制，完善的管理制度和伦理规范能够为数字生态的健康发展提供支撑。

（二）实践路径探索：以《"智慧城市 2035"出版工程》为例

《"智慧城市 2035"出版工程》作为"十四五"时期国家重点图书出版专项规划项目，是同济大学出版社主动策划，由中国工程院院士吴志强、上海智慧城市发展研究院院长盛雪锋主编的一套智慧城市领域的前沿丛书。丛书依托数字技术，致力于构建良性循环的出版生态，着力汇聚一批国内外智慧城市领域的高校学者、行业专家、研究机构及领军企业，形成"产学研用"的内容生产闭环。不仅在内容上持续关注数字技术在城市领域的深化发展，更锐意进取，在项目中探索数字生态在学术出版中的实践路径。

1. 技术赋能路径

一是智能生产。主动拥抱数字时代，数字工具的深度应用显著提升了学术出版的智能化水平。在编辑过程中，编辑利用黑马、方正审校等数字工具快速进行稿件的审稿校对；作者利用豆包、DeepSeek、Kimi 等 AI 模型更便捷地完善和修改稿件；美编利用方正编辑助手、WPS Office 等软件的 AI 排版插件实现初稿的自动化处理和智能排版，减少人工操作。这些技术大大提升了《"智慧城市 2035"出版工程》的出版效率和质量。

二是智能传播。学术内容的表达在数字技术加持下愈发多元，以二维码等形式嵌入音频、视频、在线资源等多媒体元素，增强内容的表达力和吸引力。同时，构建全媒体传播矩阵，开通并完善"智慧城市"IP 下多个公众号、小程序，实现多终端协同的内容分发。同时，项目积极参与顶级行业会议，通过直播在 2022 年、2023、2024 年世界人工智能大会·国际 AI 城市论坛上大量曝光，为全球范围的学者提供交流和分享学术成果的平台。

三是价值创新。在进行内容生产之前就考虑好内容的多重开发，将出版物中的非数字化作品进行数字化处理转化成数字作品，电子书等数字内容已上架同济大学出版社自有 App"同学堂"，支持试读和购买，电子书支持内容搜索，且书中的图片、表格等都可单独点击放大。未来，按需付费、数据交易、课程培训等创新机制也将成为新的可能的变现形式。

2. 内容革新路径

一是数据驱动的选题策划。充分重视数据，利用爬虫软件搜集不同专业、不同背景的用户在学术论坛、政策文件、社交媒体（包括知乎、豆瓣、微博、小红书等）上的讨论热词，同时利用开卷数据、国家版本数据中心、中国知网数据库等行业数据库，通过量化分析找准学科研究空白，抓取"数字鸿沟""城市智能体""智慧城市实践""智慧城市评估"等热点议题，将前沿思想转化为出版产品。

二是个性精准的数据服务。以读者需求为核心，整合读者行为数据、社交媒体互动数据以及销售数据，及时调整推送策略，将不同热点议题的分册分发至不同领域。如《弥合数字鸿沟》分册着重在数字助老、为老服务、老龄化智能供给等领域传播，而《智慧城市实践》分册则主要推送至智慧城市行业第一线的学者、专家及研究机构、科技企业。同时，在项目的运行过程中，定期将最新研究成果、会议信息、基金申报动态等内容定向触达作者，为作者提供个性化服务，帮助作者更全面地掌握出版信息，提升出版物的学术影响。

3. 生态协同路径

一是大学出版与学科建设共生。依托同济大学人工智能相关学科的建设成果，由中国工程院院士、城乡规划学科领军人才吴志强领衔，汇集同济大学在智能规划、智能交通、智能建造、智慧城市等前沿领域取得的重要进展，将丛书打造为一套展现中国原创能力、代表中国研究水平的智慧城市领域学术出版精品。同时，通过系统的知识转化，将碎片化的科研成果转化为系列专著，不仅固化了学科建设成果，更构建了学术研究与实践应用的反哺机制，形成以出版物为载体的学科建设良性循环。

二是形成行业"共同体"。依托上海智慧城市发展研究院的一线实践经验，由研究院院长盛雪锋领衔，将国内外相关领域的高校学者、行业专家、研究机构、领军企业及读者整合为智慧城市行业"共同体"，共同面对智慧城市建设的新形势、新技术、新需求、新趋势，弥补了智慧城市理论方法研究滞后于实践的短板，带动智慧城市行业向实、向细发展。

学术出版的数字生态通过构建技术、数据、主体与制度伦理四维框架，正在重塑学术知识生产、传播与价值实现的底层逻辑。可以说，技术底座的智能化升级打破了传统出版的线性流程，数据资源层的深度整合催生了知识服务的创新模式，主体协同网络的动态演进促进了学术价值的多元创造，制度伦理体系的完善则为生态健康发展提供了根本保障。

未来，学术出版数字生态建设应重点关注三个方向：一是技术架构的泛在化，持续关注新技术带来的新应用，并随时准备形成学术出版新范式；二是出版质量的标准化，数字工具带来大量的内容涌入，如何确保内容质量成为挑战；三是治理机制的韧性化，唯有坚持创新驱动与伦理约束并重，坚持人才培养，方能在数字时代构建起具有中国特色的学术出版高质量发展模式，为科技强国与文化强国建设提供坚实支撑。

参考文献

［1］罗明东，周安平.出版业发展新赛道：从数字出版走向智慧出版［J］.中国出版，2024（4）.

［2］张新新，周姝伶.新质生产力推动全媒体出版传播体系构建——推动出版深度融合发展的新要素新动能新路径［J］.中国编辑，2024（6）.

［3］张耀铭.学术期刊高质量发展的新趋势［J］.江南大学学报（人文社会科学版），2024，23（1）.

［4］陈祝峰.新时代大学出版高质量发展的现实意蕴与应然路向［J］.中国出版，2024，（23）.

［5］王艺，曹越.AIGC技术赋能下图书选题智能策划系统的技术逻辑与体系构建［J］.出版发行研究，2024（2）.

新医科建设需求下医学教材编写的创新实践

上海大学出版社　　陈　露

摘　要

本文站在出版行业积极应对国际竞争大变局、自觉服务教育强国大战略、融入科技产业变革的高度，深入领会"四新"学科建设背景与意义。从把握正确的政治方向、服务国家重大医学需求、引导学科创新发展等方面，明确新医科教材建设的指导思想，确立育人目标，科学设置课程，突出医工学科交叉，创新人才培养体系。通过对上海大学出版社"医工交叉出版工程"的编写实践的分析，总结了新医科教材编写队伍的建设、发挥学科交叉在新医科人才培养创新中的引领作用、主动服务新医科人才培养模式创新等方面的创新实践。

关键词

新医科　人才培养　教材　出版

"四新"建设包括新工科、新医科、新农科、新文科建设，是高等教育在教育思想、发展理念、质量标准、技术方法等培养范式上的中国方案。新医科建设是"四新"学科建设的重要组成部分，在健康中国和教育强国建设中举足轻重。它以新理念谋划医学发展，以新定位推进医学教育发展，以新内涵强化医学生培养，以新医科统领医学教育创新。创新是新医科建设的灵魂，学科交叉融合是新医科创新的"催化剂"。上海大学出版社在充分挖掘母体大学——上海大学工科的传统优势，适时启动了"医工交叉出版工程"的编写。该系列教材的第一期项目"运动损伤与康复系列"已于2024年入选"十四五"国家重点出版物出版规划增补项目，本文结合该套教材的编写出版实践，就新医科的教材建设谈一点体会。

一、认清"四新"学科建设的时代背景，坚持正确的教材编写方向

（一）积极应对国际竞争大变局

近年来，国际形势发生了巨大变化，经济增长动能不足、增速放缓，世界进入百年未有之大变局。经济与科技的竞争，最终取决于人才的竞争。面对日益复杂和充满挑战的全球局势，教育部积极应对，组织实施新工科、新医科、新农科、新文科"四新"学科建设，系统创新人才培养新范式，形成了"复旦共识""天大行动"和"北京指南"等中国方案。

（二）自觉服务教育强国大战略

党的二十大报告明确提出，到 2035 年要建成教育强国、科技强国、人才强国。"四新"学科建设是培养创新人才的综合性改革，是整个发展思路、标准、路径、技术方法和评价等系统性新变化，将会极大地带动教育强国实力发展。工科是国家的硬实力，医科是国家的健康力，文科是国家的软实力，农科是国家的生长力，通过"四新"建设，自觉服务教育强国战略，将会大大加快建设高等教育强国步伐。

（三）主动融入新一轮科技革命和产业大变革

当前，新一轮科技革命和产业变革深入发展，方兴未艾。它以人工智能、物联网、大数据、云计算等新一代信息技术的广泛应用为标志，2024 年底 DeepSeek 的横空出世，已深刻地影响人类社会的生产方式、生活方式乃至思维方式。智力革命的核心在于科技创新，"四新"建设的最主要任务就是主动融入新一轮科技革命和产业大变革，建立科学的创新人才培养体系，培养更多具备创新思维和实践能力的人才，为智力革命的发展提供坚实的人才支撑。

二、明确新医科教材建设的指导思想，确保教材的思想性和先进性

（一）把握正确的政治方向

加强党的全面领导是教材建设的根本保证，坚持正确的方向是教材建设的首要标准。在全国高校思想政治工作会议上，习近平总书记明确指出，教材建设是育人育才的

重要依托。建设什么样的教材体系，核心教材传授什么内容、倡导什么价值，体现国家意志，是国家事权。新医科教材建设要以习近平新时代中国特色社会主义思想为指导，深入贯彻党的二十大精神，牢牢把握正确的政治方向，要充分体现人类文化和医学知识的积累和创新成果。立足时代、面向未来，全面提升教材的思想性、科学性、民族性、时代性、系统性，充分体现中国和中华民族风格，充分体现国家和民族基本价值观，促进学生健康成长，为培养担当民族复兴大任的医学人才提供更加有力的支撑。

（二）服务国家重大医学需求

聚焦服务健康中国和教育强国战略，紧扣健康中国建设、应对人口老龄化等国家战略需求，在教材的育人理念、内容选材、体系编排、呈现方式等各方面下功夫，加快培养急需紧缺复合型医学人才，更好地服务健康事业和健康产业发展，为维护群众健康提供有力支撑。

（三）引导学科创新发展

教材编写要立足中国，面向世界，拓宽视野，博采众家之长，及时反映世界科技新进展，吸收人类文明优秀成果，为培养具有前瞻思维、国际眼光的人才提供坚实基础。要把握健康事业和健康产业发展新态势，顺应信息技术、数字技术的快速发展，推动医学与其他学科深度交叉融合，促进新医科人才培养模式创新。

三、科学构建新医科人才培养体系

（一）育人目标

发展新医科要着眼于未来医学发展，树立"大健康、大卫生"理念，以立德树人为根本，以培养岗位胜任力为重点，坚持"学生中心、结果导向、持续改进"，推进现代信息技术与医学教育教学深度融合，建立服务生命全周期、健康全过程的"新医科"人才培养体系，着力培养学生的岗位胜任能力、终身学习能力、批判性思维能力和创新能力，高质量培养全方位、多层次的"仁心仁术"医学人才，尤其是具有多学科背景的"医学＋"复合型创新拔尖人才，更好地服务健康中国战略、教育强国战略和创新型国家发展战略。

一是知识目标。掌握医学、工学和工程学等医工交叉相关学科的基本知识，熟悉数字技术、人工智能、信息技术和现代医疗仪器装备技术的基本原理。

二是能力目标。具有医疗新技术的研究、新产品开发的基本能力。

三是就业目标。能从事医疗新产品开发和新技术应用、医疗护理和医疗管理等相关工作的专业人才或复合型管理人才。

（二）学科基础与教材建设

从教育部发布的新医科人才培养引导性专业指南来看，新医科专业的学科基础有了很大拓展，专业的主干学科在 3 个以上，更加适合学科交叉和创新性人才培养。其中健康与医疗保障专业的主干学科为 3 个：临床医学、管理学、社会保障学；药物经济与管理专业主干学科为 3 个：药学、基础医学、经济管理学；老年医学与健康专业的主干学科为 4 个：临床医学、药学、心理学、材料学；生物医药数据科学专业的主干学科为 4 个：数据科学与大数据技术、生物科学、医学、药学；医疗器械与装备工程专业的主干学科多达 5 个：基础医学、临床医学、医学物理学、生物学、工程学。

新医科专业的课程设置，必须立足中国，面向世界，拓宽视野，博采众家之长，及时反映世界科技新进展，吸收人类文明优秀成果，为培养具有前瞻思维、国际眼光的人才提供有力支撑。在此基础上，新医科教材编写必须遵循教育教学规律和人才培养规律，将知识、能力和正确价值观的培养有机结合，体现教育教学改革的先进理念，反映人才培养模式和教学改革方向，有效激发学生的学习兴趣和创新潜能。

四、上海大学出版社医工交叉系列教材编写实践

（一）实施"医工交叉出版工程"

为提高新医科人才培养水平，促进医学与工科学科融合创新，2022 年起，上海大学出版社联合上海大学转化医学研究院组织实施"医工交叉出版工程"。教材从医工交叉学科建设出发，集聚临床医学、神经科学、生物材料、生物制造、数字医学、细胞组学、3D 打印、中医药现代化等领域国内外知名专家教授组建编写委员会，聘请上海大学校长刘昌胜院士及张英泽院士、戴尅戎院士担任总顾问。教材编委会广发"英雄帖"，邀请了一批承担国家重大科研项目的高水平专家担任第一期"运动损伤与康复系列"主编。主编均来自科研与教学一线，热心于新医科人才培养。

（二）入选"十四五"国家重点出版物出版规划项目

"医工交叉出版工程"的第一期项目为"运动损伤与康复系列"，包括《运动损伤智

能诊疗与康复》《骨基础研究：历史与前沿》《神经康复工程理论、技术及应用》《3D 打印矫形器与康复辅具》《脑机接口与神经康复》《生物制造技术与应用》和《医学可视化技术及应用》等 7 本教材。该系列于 2024 年成功入选"十四五"国家重点出版物出版规划增补项目，其出版发行将为新医科主干学科人才培养提供重要的教学资料，为我国医疗器械及生物材料产业跻身国际先进行列奠定科学与教育基础。

（三）"医工交叉出版工程"编写思考

通过启动出版工程到第一期项目成功入选"十四五"国家重点出版物出版规划项目的过程中，我们对新医科教材建设有了更深的认识和体会。

一是提升对新医科建设意义的认识。对新医科建设的国家需求、战略意义有了更加深刻的理解和系统的把握，充分认识到新医科人才培养对教育强国和健康中国的重要意义，增强了编写人员的政治自觉性和工作紧迫性。

二是组建高水平编写团队。成立"医工交叉出版工程"编委会之初，我们就聘请著名生物材料专家、中国生物材料学会理事长、中国科学院院士、上海大学校长刘昌胜教授出任总顾问，编委遴选自医学、生物材料、自动化等多学科领域顶尖学者，其中包括 1 名中国科学院院士，2 名中国工程院院士，10 余位长江学者、国家杰青等专家教授，其学术处于国际领先水平。强有力的专家团队为本套教材的高质量出版提供了重要保障。

三是发挥学科交叉在新医科人才培养创新中的引领作用。学科交叉融合是培养高素质创新型人才的重要途径，对创新文化的形成、科学精神的培育以及创新型人才的培养有着重要意义。创新性医学人才的培养依赖与其他学科的交叉与融合，其中包括运用大数据、人工智能进行疾病预测、诊断、治疗、康复的决策型医学人才的培养；将基础研究知识成果迅速转化为疾病诊治和防治新方法的转化医学人才的培养；具备生命科学、电子技术、计算机技术和信息科学相关基础理论知识以及医学与工程技术相结合的生物医学工程人才的培养等。"运动损伤与康复系列"丛书突出医工交叉，从解决运动和创伤导致的疾病诊疗与康复临床任务入手，将生物制造、3D 打印、医学可视化、脑际接口等材料科学、生物技术、智能技术等学科与诊疗康复等医学领域相结合，系统阐述运动损伤的骨与神经康复智能诊疗技术、生物材料与组织工程医疗器械创制、生物材料与智能神经康复诊疗等方面具有代表性的医工交叉融合创新成果，以医工交叉引领新医科教材的编写，有利于创新型人才培养和新质生产力的培育。

四是主动服务新医科人才培养模式创新。通过"医工交叉出版工程"的实施，上海大学发挥在生物材料、人工智能及转化医学等领域的学科优势，开设"生物材料学""大数据分析""医学成像技术及应用"和"医用机器人技术"等医工交叉课程，积极推进以学科、专业协同融合为重点的创新训练活动，深化医学人才培养模式改革，进一步推进医学专业与理学、工学、人文社会科学等学科交叉融合，探索交叉融合新模式，培养"医学+X"多学科背景的复合型人才。教材编写紧密结合学校新医科人才培养的改革，及时吸收教学改革创新成果，主动服务新医科人才培养模式创新。

　　"四新"学科建设已横跨"十三五"和"十四五"两个国家发展规划，极大地推动了我国创新性人才培养事业的发展，在学科专业改革和人才培养模式创新等方面取得了显著成效，已成为中国高等教育卓越拔尖人才自主培养的重要举措。但是，作为一种新的教学范式，在发展思路、标准、路径、技术方法和评价等方面尚需深入研究和实践，教材编写和课程建设工作明显滞后。上海大学出版社将以"医工交叉出版工程"为平台，以承担"十四五"国家重点出版物出版规划项目为契机，积极参与新医科教材建设，为新医科人才培养编写出版更多的一流教材。

参考文献

［1］吴岩.中国式现代化与高等教育改革创新发展［J］.中国高教研究，2022（11）.

［2］彭树涛."新医科"的理念和行动［J］.上海交通大学学报（哲学社会科学版），2018，26（6）.

［3］马振秋，徐凌霄，韩魏，等.多学科交叉融合培养新医科人才的探索［J］.中华医学教育杂志，2022，42（4）.

［4］吴岩.勇立潮头，赋能未来——以新工科建设领跑高等教育变革［J］.高等工程教育研究，2020（2）.

［5］韩震.教材必须回应国家需要和时代要求［N］.光明日报，2021-12-07.

媒介融合理论视角下图书编辑的职能转变

上海文化出版社　　王茗斐

摘　要

在媒介融合与人工智能的双重驱动下，图书编辑职能正经历从"内容把关者"到"复合型价值创造者"的转变。基于技术、内容、产业与受众五维分析框架的研究发现：技术融合促使编辑从工具使用者升级为技术协作者，通过 AI 工具链重构校对、选题等流程；内容融合要求构建跨媒介叙事能力，实现数据驱动的多平台内容适配；产业融合推动编辑创新，协同多元领域打造知识服务生态；受众融合则引入 UGC（用户生成内容）与社群互动重塑生产逻辑。面对技术依赖、伦理争议等挑战，需构建更加全面的评估机制和版权保护机制。本文结合媒介融合理论，探讨 AI 时代图书编辑兼具数字工具使用者、复合型价值创造者与跨界联结者三重角色，要在这个过程提升自己，加快实现职能转变。

关键词

编辑职能　媒介融合　AI 时代

随着信息技术的飞速进步和新媒介技术的蓬勃发展，社会知识需求和用户内容消费模式正经历着前所未有的变革。出版产品，作为知识传播的核心载体，已从传统的铅印时代跨越至数字化、网络化的新阶段。这一转变不仅重塑了知识的传播路径和用户的接受方式，更将出版业推向了一个更加多元化、开放化的文化创造生态，为应对这样的变化，编辑的职能也需要转变。《出版业"十四五"时期发展规划》中强调，要加强创新型、应用型、复合型人才培养，建设新时代出版人才矩阵。在此背景下，图书编辑的职能面临着巨大的挑战与机遇。他们不仅要适应新技术带来的冲击，不断提升自身的专业技能和综合素质，还要积极探索新的传播渠道和运营模式，以满足日益多元化的市场需求。特别是在 AI 时代，大数据、人工智能等现代化手段的应用，既为编辑工作带来了前所未有的便捷，也对编辑职业的认知和身份定位产生了深刻影响。

　　本文结合媒介融合理论探讨 AI 时代背景下图书编辑职能的转变。通过解析编辑在新环境下所面临的挑战和机遇，揭示其职能的深刻变化，进而提出构建适应 AI 时代需求的复合型能力体系的具体路径。

一、媒介融合理论框架下的图书编辑职能分析

（一）媒介融合理论的核心内涵

　　媒介融合理论（Media Convergence Theory）是传播学领域的一个重要理论，主要探讨不同媒介形式、技术和平台之间的融合现象及其对社会、文化和经济的影响。这一理论的核心在于，随着数字技术的发展，传统媒介（如报纸、电视、广播）与新兴媒介（如互联网、社交媒体、移动设备）之间的界限逐渐模糊，媒介内容、生产方式和传播渠道趋于一体化。

　　媒介融合理论以技术、内容、产业、受众与文化五大维度的深度交互为核心，揭示了数字时代媒介生态的变革逻辑。技术融合是基础驱动力，数字技术的发展消解了媒介形态的物理边界，智能手机等平台可同时承载文字、音频、视频等多媒介形式，推动内容生产、分发与消费的一体化，例如新闻机构通过同一平台实现图文、短视频和直播的同步发布。内容融合要求媒介内容突破单一形态，以多平台适配的跨媒介形式呈现，如一本书可拆解为纸质版图书、播客音频等，这倒逼从业者从"专精单一媒介"转向"统筹多元内容"的能力升级。产业融合重构了传统媒介的竞争格局，出版、影视、科技等产业的界限逐渐模糊，典型案例如传统出版社与流媒体平台合作开发有声书，或影视公司依托文学 IP 打造"影剧漫游"联动的超级内容生态。受众融合则颠覆了传受关系，用户从被动接收者转变为主动参与者，通过 UGC（用户生成内容）、弹幕互动、社群传播等方式深度介入内容生产，形成"产消一体"的新模式。文化融合进一步拓展了媒介的社会意义，全球化传播与本土化叙事并存，例如奈飞（Netflix）通过 AI 翻译技术实现剧集的多语言适配，既保留文化内核又触达全球受众。对于这一理论，学者亨利·詹金斯提出的"参与式文化"强调了受众赋权对媒介生态的重塑价值，其著作《融合文化》指出媒介融合不仅是技术整合，更是文化实践与社会关系的重组；伊锡尔·德·索

拉·普尔则早在《自由的技术》中预言了媒介形态向数字平台汇流的趋势，为理解技术驱动的媒介进化提供了思想基石。两者共同构建了媒介融合理论从技术逻辑到文化意义的完整阐释体系，为 AI 时代的媒介转型提供了理论坐标。

（二）媒介融合理论在出版行业里的应用

媒介融合理论正在重塑出版行业的生态格局。在技术层面，数字技术的广泛应用推动出版流程向智能化、高效化转型。AI 工具（如智能校对、数据驱动的选题策划）与区块链技术（版权保护）的引入，革新了传统编辑与发行模式，比如施普林格·自然首推 AI 学术出版工具，其"科研报告自动生成"系统基于机器学习，可高效分析论文数据，助力学者科学决策。跨平台出版（纸质书、电子书、有声书、AR/VR 图书）则打破了媒介形态的边界，例如亚马逊 Kindle Direct Publishing 通过自助出版平台缩短了内容生产周期。在内容层面，出版业从单一文字载体转向跨媒介 IP 开发，构建"内容生态链"。《三体》的跨媒介开发（小说—影视—游戏）与企鹅兰登书屋的"有声书＋电子书"捆绑销售，体现了内容融合的商业价值。在产业层面，出版业与科技、教育、娱乐行业的跨界合作催生了新商业模式，如得到 App 将图书转化为音频课程，腾讯影业与阅文集团合作开发网文 IP 影视化，实现了资源整合与价值延伸。在受众层面，读者从被动消费者转变为积极参与者，UGC 与社群化运营（如微信社群）增强了用户黏性，《忒修斯之船》通过互动道具设计让读者成为"解谜参与者"，起点中文网则通过读者反馈实时调整剧情。在文化层面，全球化与本土化并行，AI 翻译技术助力中国图书"走出去"（如《狼图腾》多语种发行），而本土化创新项目则强化了地域文化传播。媒介融合理论的应用，本质上是通过技术赋能内容生产、跨界整合资源、重构用户关系，推动出版业从"纸质载体"向"内容生态"升级。

尽管媒介融合为出版业带来革新机遇，其深化过程中仍面临多重挑战。AI 工具与数字化平台的开发成本高昂，中小出版社难以承担；复合型人才短缺问题突出，编辑需从"文字加工者"转型为"跨媒介策划者"，兼具技术理解、数据分析和 IP 运营能力，这对编辑的个人能力要求是极高的；同时现阶段 AI 生成内容的版权归属与真实性争议，亟待行业规范。然而，媒介融合的深层影响已不可逆：编辑角色从单一职能转向"内容策划＋技术协作者"的多职能融合，出版流程从线性模式转向多平台同步开发的"网状结构"，商业模式从图书销售扩展至"内容付费＋IP 授权＋衍生服务"的多元盈利。

（三）媒介融合理论对图书编辑职能的映射关系

媒介融合理论下，图书编辑职能的革新始于技术与内容的深度交互。技术融合推动编辑从"工具使用者"升级为"技术协作者"：AI 辅助工具（如智能校对、数据化选题系统）的发展，要求编辑在未来不仅掌握数字出版技术，还需理解人机协作的边界，例如 AI 可高效完成初稿校对，但编辑需把控逻辑连贯性、文化适配性和内容的准确性。与此同时，内容融合会促使编辑职能向"跨媒介叙事者"转型，单一文本编辑扩展为多形态内容呈现，如将传统图书同步开发为有声书、互动电子书或短视频衍生内容。典型案例包括《哈利·波特》的沉浸式展览开发，要求编辑协同设计师、音效师等团队，实现 IP 的全链路叙事。技术赋能与内容创新的双重驱动，使编辑的核心能力聚焦于技术理解力、跨媒介资源整合力与 IP 开发思维。

产业融合与受众融合进一步拓展了图书编辑的职能外延。因为未来会有越来越多的跨界合作项目，编辑可能需要从"出版从业者"转型为"生态连接者"。例如，与科技公司联合开发 AI 教育产品、通过区块链管理数字版权，或联合影视公司打造"影剧漫游"联动的超级 IP。此类实践要求编辑具备产业洞察力与商业模式创新意识，从现阶段的出版纸质图书、发行到"图书＋课程＋社群"的复合变现模式。用户生成内容的兴起重构了传受关系，编辑不再只是"内容输出者"，未来可能成为"用户共创引导者"，通过众筹选题、读者投票决定剧情分支、社群化内容共创（如互动小说项目）增强读者黏性。这一过程中，用户运营能力与数据驱动反馈机制成为核心技能，有时需要基于读者行为数据实时调整内容策略。产业与受众的融合，本质是编辑从"内容生产者"升级为"文化生态整合者"。

二、AI 时代图书编辑职能的现状与挑战

（一）职能现状：技术辅助下的能力延伸

传统出版模式下，出版人肩负选题策划、内容加工、资源整合、市场拓展及文化引领多重使命，是出版生态的核心枢纽。然而，人工智能技术的崛起正深刻重构出版业态：智能化流程重塑编辑角色，海量信息催生内容形态创新，供需关系变革冲击编辑身份认同。出版机构已突破单一内容生产框架，转型为知识服务综合体，深度融合教育、文化传播及多媒体开发等领域。产业链延伸出数据营销、互动体验、区块链版权交易等新环节，使得出版人须向多元服务者转型，以应对行业变革浪潮。

一方面，AI 技术深度渗透出版全流程，重塑编辑工作模式。在内容生产环节，AI 通过语义分析、趋势预测为选题策划提供数据支撑，自动生成初稿或辅助翻译，显著提升内容生产效率。如科普童书领域，AI 可快速整合多源学科知识，优化知识图谱呈现方式。在编辑加工阶段，智能校对系统能精准识别语法错误、逻辑漏洞，甚至预测读者理解难点，使编辑从机械性校对中解放，转而专注内容深度打磨与价值提升。但是目前出版机构在 AI 这块的应用存在很大的差异，许多中小型出版社并没有相应的平台提供给编辑。

另一方面，编辑职能向复合型知识服务转型。传统"内容把关人"角色逐步升级为"价值赋能者"，需具备数据解读等数字素养，以指导 AI 生成符合出版标准的内容。在学科交叉出版趋势下，编辑需构建跨领域知识网络，如科普图书编辑既要理解儿童认知规律，又要掌握 STEM 学科知识，还要能设计交互式数字阅读体验。此外，AI 伦理风险防控成为新职责，现阶段没有这方面的规定和保护措施，所以数据隐私与安全也存在一定问题。

（二）核心挑战：融合中的矛盾与冲突

技术赋能下，选题策划转向数据驱动，编辑需掌握用户画像分析、算法推荐等技能，然而技术工具的高效性与编辑主体性的矛盾凸显，过度依赖数据可能导致内容同质化，削弱文化价值引领功能。对工具的依赖性会对内容的原创性产生一定的冲突。

智能设备普及推动阅读场景碎片化，短视频、有声书等轻量化内容占据用户注意力。据《2023 国民阅读调查报告》，67% 的读者通过移动终端完成日均阅读，非线性阅读需求使得编辑要去思考如何重构内容逻辑。Z 世代用户会成为下一个消费增长点，他们追求交互式体验，传统线性叙事的方式已经无法完全满足他们，所以如何向"场景化知识服务"转型，也是编辑需要思考的问题，这样的转型和编辑目前的工作相比差距较远，对于编辑这一岗位存在很大的压力。另外由于 AI 生成内容的版权与真实性还存在很大的争议，这对编辑工作的伦理问题也是一大挑战。

数字阅读平台、有声读物平台等新型内容服务平台不断涌现，它们凭借丰富的内容资源和便捷的阅读体验，吸引了大量读者。面对这一竞争态势，出版机构需要与这些平台进行合作或竞争，以获取更多的市场份额和读者资源，平台的话语权变大，这样也会大大影响出版社在每件产品上的决策权，从而影响编辑的行为。传统出版机构的转型是一个漫长的过程，所以当下对于编辑而言如何成为复合型人才以及对自己职业认同危机是不小的挑战。

三、AI 时代图书编辑职能的优化路径

（一）技术赋能下的编辑流程再造

媒介融合理论的技术融合维度强调数字技术对媒介生产流程的重构。在 AI 时代，图书编辑的职能优化需以技术赋能为基，通过人机协作实现效率与质量的双重提升。以人民文学出版社为例，其引入 AI 校对系统后，语法错误检出率提升 40%，但编辑仍需人工审核文化适配性（如古诗词引用准确性），体现了技术工具只是辅助但是能大大提升编辑的效率，同时还需要人工对价值的判断。当 AI 能够更好地承担初稿校对、数据清洗等重复性工作，编辑则聚焦内容创新与文化把关。编辑需要在技术和文化之间搭建桥梁，技术赋能的深层意义在于推动编辑从"工具使用者"升级为"技术协作者"，在了解许多技术如何使用的情况下根据业态的变化不断强化自己的能力以及使用 AI 的能力。技术融合并非替代人力，而是通过流程再造释放编辑的创造性价值。让编辑从"工具人"升级成"技术合伙人"，把创造力发挥到极致。

（二）数据驱动的内容创新机制

媒介融合的内容融合维度要求内容生产从单一形态转向多平台适配，而数据驱动策略正是实现这一目标的关键。中信出版社通过分析当当网、豆瓣的读者行为数据，捕捉"职场焦虑"话题热度，策划《深度工作 2.0》并定制短视频拆书内容，实现纸质书与新媒体流量的联动，这正是数据驱动下"内容—渠道—用户"闭环的典型实践。数据融合的实质是将读者的喜好、市场趋势与内容生产深度绑定：编辑可以利用一些 AI 工具，预判出版方向；通过 UGC 筛选优质内容，将其整合至再版附录或电子书互动模块，如《故宫日历》的众筹项目，就是结合了数字功能同时让顾客能够深度参与，同时未来将推出故宫月历，用户可以通过 App 定制自己的专属月历。数据驱动不仅提升选题精准度，更重塑编辑角色——从"经验主导型"转向"数据决策型"，在做选题和营销的时候这些工具都能很好地帮助编辑准确了解市场信息，一本书从酝酿到出版往往需要一年多的时间，这就要编辑对未来市场有一定的判断能力，通过数字驱动能够很好地辅助编辑精准判断。例如中信出版社就开发了 AI 选题系统，系统能一键生成热点趋势图，编辑根据这个调整内容方向，同时关注读者的评论，编辑可以直接把读者反馈体现在电子书中，达成"读者—编辑—作者"的新模式，让内容越来越贴近市场。编辑还能通过数据分析工具，实时追踪不同平台的内容表现，做出灵活调整，让书真正"活"起来。然而，数据应用需警惕"算法茧房"风险，编辑应平衡数据反馈与内容的文化引领价值，

避免过度迎合市场导致低俗化。

（三）跨界融合中的角色转型策略

媒介融合的产业融合维度消解了出版业与科技、教育、影视等行业的边界，编辑需从"内容生产者"转型为"生态连接者"。外研社与科大讯飞合作开发的 AI 口语教辅，编辑不仅策划内容，还需协同技术团队设计语音交互逻辑，其职能已超越传统文本加工，涵盖产品设计与用户体验优化。未来在许多小说 IP 的开发中，编辑能够尝试更多地参与其中，确保原著内核与影视叙事兼容，体现了"出版—影视—游戏"的跨媒介叙事能力。此类实践要求编辑构建复合型能力模型：技术素养，理解 AI 工具底层逻辑、IP 运营能力，能够多形态版权分割及项目管理能力，不单单像从前那样在出版社内部进行协调，需要跨行业进行协作。产业融合的本质是资源整合与价值延伸，编辑需成为"跨界枢纽"，推动出版业从单一内容销售转向"知识服务生态"构建。

AI 技术的深度介入重构了编辑工作的底层逻辑。生成式 AI 使内容生产突破线性创作模式，编辑职能由此向价值校准维度延伸：既需建立人机协同的创意生成机制，更要通过伦理框架规避算法偏见。这种职能升级在出版业数字化转型中尤为显著，如通过智能合约明确 AI 使用边界，运用区块链技术实现内容溯源，构建"技术赋能＋人文导向"的双重校验体系。

展望未来，编辑角色将呈现三大进化方向：其一，成为"复合型价值创造者"，在海量信息中提炼文化价值坐标；其二，在效率与公平间寻找平衡点；其三，担任"跨界知识联结者"，打破出版边界构建文化生态。随着生成式 AI 向多模态演进，编辑需建立"人机共创"的新型工作模式，在保持文化敏感性的同时，利用 AI 辅助的增强创意。

（四）伦理规范下编辑的角色转变

媒介融合的伦理困境随 AI 技术普及日益凸显，编辑职能的优化成为破解矛盾的关键。欧盟《人工智能法案》这是全球首个 AI 法案，有着里程碑的意义。未来在有更多规章、法案的支持下，AI 的版权问题也会逐渐明晰。推动编辑从内容审核者向价值校准者转型：既需核查 AI 参与创作的具体比例（如网络文学平台要求作者申报技术介入程度），更要建立人机协同的内容校验体系。面对生成式 AI 潜在的认知偏差，编辑需通过双重校验机制确保文化导向，既以合同约定 AI 使用边界（如学术出版中的数据溯源要求），又制定伦理指南规范价值表达。这种职能升级不仅体现在对洗稿行为的防范上，更要求编辑在算法效率与人文导向间构建平衡，通过人工介入矫正稿件中出版的各种深层问题。行业实践表明,编辑正在从内容生产的"守门员"转变为技术应用的"伦理舵手",在数字责任双螺旋结构中守护文化生产的本质属性,使技术赋能真正服务于人文价值的创造性转化。

在媒介融合与人工智能的双重驱动下,图书编辑正经历着职能内涵的深刻重构。媒介融合理论揭示了技术、内容、产业与受众的五维的整合逻辑,推动编辑从单一内容把关者向复合型价值创造者转型。这种转变不仅体现在技术素养的迭代——编辑需掌握AI工具链实现高效内容生产,更要求其在跨媒介叙事中构建知识网络的立体连接,如通过数据分析预测阅读趋势,以多媒体形态重构知识表达体系。

技术赋能可能带来的认知异化风险。当算法深度介入意义生产时,编辑更需守护人文价值的终极解释权,确保技术工具服务于文明传承的本质目标。可以预见,未来的编辑工作将是一种"数字炼金术":将冰冷的数据流转化为温暖的文化叙事,在虚拟与现实的交织中重塑出版业的价值图谱。图书编辑需要在这个过程中不断提升自己,积极应对挑战,助力图书出版的智慧化转型。

参考文献

[1] 国家新闻出版署.出版业"十四五"时期发展规划[J].中国出版,2022(3).
[2] [美]詹金斯.融合文化:新媒体和旧媒体的冲突地带[M].杜永明,译.北京:商务印书馆,2012.
[3] [美]伊锡尔·德·索拉·普尔.自由的技术[M].胡泳,刘纯懿,译.贵阳:贵州人民出版社,2024.
[4] 夏德元.出版业的数智化转型与出版人的职业升维[J].编辑学刊.2025(2).
[5] 夏德元,刘博.智能媒体时代编辑角色重构与编辑素养新内涵[J].中国编辑.2020(10).
[6] 张艳芬.新媒体时代图书出版如何借力出圈[J].采写编,2025(2).

少儿期刊主题出版的创新路径与多维表达

中国中福会出版社　　　张绍军

摘　要

少儿期刊作为儿童认知启蒙与价值观塑造的关键媒介，其重要性日益凸显，但少儿期刊的内容形式与儿童认知水平不适配的问题也日益突出，亟须解决。本文以皮亚杰等认知发展理论为核心框架，通过分龄化案例分析与政策解读，探讨少儿期刊主题出版的创新实践与多维表达路径。文章认为，基于儿童认知规律的实现"认知适配、主题渗透、媒介融合"三位一体的创新模式，是提升少儿期刊主题出版内容适配性的关键。未来少儿期刊主题出版需以技术为翼、以儿童为本，通过协同创新构建"选题—表达—合作—活动"四位一体的发展范式，实现社会价值与产业发展的双重突破。

关键词

儿童认知发展　主题出版　少儿期刊　分龄化设计　媒介融合

少儿期刊作为少年儿童认知发展培育的重要载体，承担着知识传递与价值观塑造的双重使命。然而，当前我国少儿期刊领域普遍存在内容与认知水平不适配现象：低龄期刊成人化叙事，大龄期刊主题深度不足，技术应用流于形式化。这一现象制约了主题出版的实践效果与社会效益。本文选取儿童认知发展的视角来深度探讨少儿期刊主题出版的创新路径，从儿童认知发展理论出发，结合政策导向与行业实践，探讨构建分龄化内容生产创新思路，探索少儿期刊主题出版与儿童认知发展的适配性问题，以期为行业转型升级提供一些参考。

一、少儿期刊主题出版的内涵外延与顶层设计

　　主题出版指体现党和国家意志，围绕我国现代化发展进程中政治、经济、文化、科技等方面开展倡导时代主旋律，弘扬传统文化、科技文化和国家精神，探索治国理政，帮助树立正确人生观和科学价值观的出版活动。主题出版是贯穿于出版实践的全领域、全方位。少儿主题出版属于主题出版的一个分支，肩负着主题出版的重要使命。

　　近年来，中宣部办公厅下发通知部署主题出版工作，都对少儿读物主题出版提出明确的要求和期望。2022年提出要"推出一批加强革命传统教育、爱国主义教育、思想道德教育的少儿读物，讲好党的故事、革命的故事、英雄和烈士的故事等"。2023年提出要"围绕中华优秀传统文化创造性转化、创新性发展，推出一批展现中华文明突出特性的文化读物，推出一批培根铸魂、启智增慧的少儿读物"。2024年提出要"着眼培养担当民族复兴大任的时代新人，推出一批主题健康向上、内容生动有趣的少儿读物。"在少儿类期刊中，主题出版是围绕少年儿童的成长需求和认知特点，以积极向上、富有教育意义的主题为核心，通过生动有趣的内容和形式，引导少年儿童树立正确的世界观、人生观、价值观。以爱国主义、传统文化、科技创新等为主题的少儿期刊，通过故事、漫画、科普等形式，向少年儿童传递正能量。

二、少儿期刊主题出版的社会责任与评价体系

　　《儿童时代》是新中国第一份综合性少儿期刊。宋庆龄在创刊号题词："《儿童时代》的刊行，便是给儿童指示正确的道路，启发他们的思想，使他们走向光明灿烂的境地。"这为《儿童时代》确定了正确的办刊方向。当下，全球化与信息化浪潮冲击青少年价值观，少儿期刊承担着"培根铸魂"的重要使命。党和国家把青少年期刊的出版工作提到事关民族素质的战略高度。中国出版政府奖近几届每届都有少儿期刊上榜，如《儿童文学》《少年科学画报》《幼儿画报》等。中宣部每年开展"青少年期刊讲党史"评选活动、"全国百种优秀少儿报刊评选活动"，中国少儿报刊工作者协会每年举办"少儿报刊阅读季"，华东地区定期开展优秀期刊奖、期刊优秀栏目奖、期刊主题宣传好文章奖等，在这些活动中，获奖的少儿期刊弘扬主旋律、继承和传播中华民族优秀传统文化、普及科学知识、注重创新和新技术应用，受到充分肯定。

　　出版管理部门对少儿期刊在主题出版方面的考评要求非常明确，上海市新闻出版局

在每年"期刊社会效益评价考核表"中，"主题出版"单列一项，分值比重很高，分三挡：不重视重大主题出版，在业务范围内涉及的重要时间节点、重大主题出版方面缺位失语；能完成业务范围内重要时间节点、重大主题出版常规工作；高度重视、精心组织、主动创新，在重要时间节点、重大主题出版方面取得突出成效。这些都是引导期刊（包括少儿期刊）聚焦主题出版、承担社会责任的重要举措。

三、少儿期刊主题出版与阅读体验的不适配现象分析

少儿类期刊按内容可分为文学阅读类、科普知识类、教育综合类、低幼启蒙类、漫话绘本类等。这些期刊在主题出版方面都发挥各自优势，开展了特色鲜明的主题出版工作，但也存在着一些内容供给与少儿读者阅读体验不适配的现象。主要表现在：

感官体验缺失与成人化叙事惯性。有些低幼类期刊在内容设计上文本密度超载，单页文字过多，远超该年龄段 3 分钟的注意力阈值。科技术语生硬，大量的专用术语，晦涩难懂。符号缺乏具象转化，未配套触摸材质或儿歌互动，认知转化率不足。交互设计形式化，多数 AR 功能仅实现"扫描看动画"，缺乏动态反馈，儿童参与度低。感官刺激单一化，未能满足该年龄段儿童的多感官探索需求。家庭共读支持不足。

任务难度失调与跨学科割裂。有些小学低年级期刊在内容上认知逻辑脱节，主题游戏栏目设计缺乏实物操作过渡，导致挫败感累积。议题碎片化，孤立呈现知识点，未能跨学科整合知识。在技术赋能上，多数"期刊＋实验包"组合停留于单向指令执行，不利于探究式学习。社会化互动上，缺乏同伴协作机制和社群激励。

议题浅层化与参与路径狭窄。有些小学中高年级期刊在内容深度上，仍聚焦"校园生活"等微观主题，未能引导少年儿童对社会普遍性关注的议题的深度思考。叙事方式单调，将主题性叙事仅以文字方式，未利用多模态的融合叙事方式。社会参与不强，儿童建言多止步于期刊版面，未能对接现实决策。缺少让世界听得懂的叙事方式讲故事，中华文化对外传播力影响力不强。

上述问题折射出期刊主题出版的不适配问题，归纳为三点：其一，内容生产仍受"成人本位"思维，忽视儿童认知主体性；其二，技术应用陷入"为数字化而数字化"陷阱，未服务于认知发展目标；其三，社会化传播体系滞后，未能构建"期刊—家庭—社会"协同生态。

四、儿童认知发展理论的简述与出版应用启示

一是皮亚杰认知发展阶段理论。感知运动阶段（0—2岁）：通过感官与动作建立客体永久性概念。前运算阶段（2—7岁）：以自我中心思维为主，依赖具象符号理解抽象概念。具体运算阶段（7—11岁）：逻辑思维初步形成，需借助实物操作深化认知。形式运算阶段（11岁以上）：具备假设演绎能力，可探讨抽象伦理与社会议题。

二是维果茨基社会文化理论。强调社会互动与语言在认知发展中的核心作用，提出"最近发展区"概念，主张通过成人或同伴协作促进儿童潜能突破。

三是布鲁纳认知发展阶段理论。将认知发展分为动作表征、形象表征与符号表征三阶段，强调教育应顺应表征方式的变化设计学习支架。

比较以上三种理论，其共同点是都强调认知发展的阶段性，重视环境与教育干预的作用；其差异点：皮亚杰侧重个体内在逻辑建构，维果茨基强调社会文化中介，布鲁纳关注表征方式演进。

少儿期刊作为意识形态启蒙的重要载体，需通过分龄化策略实现"认知适配、主题渗透、媒介融合"三位一体的创新模式，既满足儿童发展需求，又承担文化传承与时代新人培养的双重使命。

五、基于儿童认知发展理论的少儿期刊主题出版创新路径构建

分龄化设计的核心逻辑：认知适配上，内容形式需匹配儿童思维水平，避免"超龄"或"低幼化"；主题渗透上，将宏大叙事转化为具象符号、实践任务或思辨议题；媒介融合上，通过技术手段增强互动性，拓展期刊的时空边界。

基于少儿类期刊的年龄段主要为：3—6岁学龄前版、6—9岁小学低年级版、9—12岁小学高年级版。基于皮亚杰等的理论框架，以下从分龄化设计视角提出少儿期刊主题出版的具体创新路径。

（一）3—6岁学龄前版：多感官互动与价值观启蒙

认知特点与主题出版结合点：此阶段儿童以具象思维为主，通过感官体验（触、听、视、嗅）建立对世界的初步认知。

创新路径设计与多维表达：一是符号化叙事。将抽象价值观转化为可感知的视觉符号，例如以国旗拼图、国歌韵律唱诵方式传达爱国教育，降低认知难度；以"红星"图

案象征爱国精神，强化记忆；以传统文化符号（如节气、汉字、礼仪）通过游戏化互动传递核心价值观。二是主题具象化与拟人化表达。主题出版需创作以革命英雄形象的简版故事；通过拟人化角色建立情感共鸣，增强亲和力与代入感。三是跨感官联动。采用"五感联动"设计，整合触觉（凹凸印刷祖国地形图）、嗅觉（植物标本气味卡）、听觉（革命童谣、传统方言儿歌唱诵发生器）、视觉（AR 动画呈现节日舞龙）等，构建立体认知场景，有实验表明，触摸图案触发声音反馈，儿童互动时长提升 40%。四是亲子协同机制。配套家长手册，阅读革命故事后，家长引导儿童用积木搭建具体场景等，以互动深化历史认知。五是沉浸式场景。应用 AI 技术扫描期刊页面触发 3D 场景，儿童参与栏目内容的互动。六是实物化延伸。期刊可附赠"传统文化材料包"，儿童动手制作灯笼、面塑等。七是视觉表达上采用大面积色块、简单线条与高对比度插图。八是叙事逻辑上采用线性叙事＋重复句式。

（二）6—9 岁小学低年级版：实践参与与跨学科整合

认知特点与主题出版结合点：此阶段儿童逻辑思维萌芽，社会性需求增强，渴望通过实践验证知识。

创新路径设计与多维表达：一是任务驱动式阅读。可围绕红色基因传承（如英雄人物故事）、青少年学党史等并制订阅读任务卡；可围绕生态文明主题可设置连续的任务式阅读（如水质污染报道→污染源推理→治理方案设计），每完成一期阅读设置下期的话题，引导思考，答案可在下期验证，提高读者的兴趣和对期刊的黏度。二是交互式问答。设置"为什么"专栏，用对话体解答"为什么天空是蓝色？"（科学原理）与"为什么排队要遵守规则？"（社会道德）等，强化逻辑与价值观并行。三是虚实场景融合，跨媒介叙事。期刊可发布"密码破译"任务，扫描期刊二维码呈现还原红色基地、航空航天、丝绸之路等场景，通过互动问答解锁知识密码。四是社会角色模拟。可创设"非遗小传人"认证体系，以"做中学"强化认知内化。五是跨学科融合。如《丝绸之路》专题将历史路线图（地理）、文化故事（语文）知识整合。六是设计社群化学习。

（三）9—12 岁小学高年级版：思辨探索与文化自信建构

认知特点与主题出版结合点：此阶段儿童抽象思维与批判性思考能力显著提升，开始关注社会公平、文化认同等复杂议题。

创新路径设计与多维表达：一是开设共创式内容生产平台，议题众筹机制。比如开设"少年议事厅"专栏，由儿童投票确定每期核心议题（如"文化遗产保护""我的家乡非遗""人工智能的社会影响"等），鼓励青少年自提议题，撰写建议书，引导儿童参与。二是议题升级。如以深度专栏开发聚焦"人类命运共同体"框架下的科技伦理、文化冲突等前沿议题。三是专家引导议题。如每年由上海教育报刊总社、中福会出版社、少年儿童出版社联合主办的"金秋笔会"，邀请一线作家探讨儿童和社会关注的议题，进行专题儿童文学创作。四是开设辩论式话题。设计"议题导入—立场辩论—解决方案"设计，如"如何做好城市微更新"，儿童各抒己见，可参与期刊主办的线上辩论赛。五是多媒介话语融合。构建"文字—播客—视觉笔记"三位一体表达矩阵，鼓励儿童用多元媒介阐释同一主题。六是培养全球化叙事能力。可开设"少年看世界"栏目，鼓励中外儿童以期刊为媒介交流本土故事，培育文化互鉴能力与国际化表达能力。

少儿期刊主题出版的未来发展要以前沿技术为引擎、跨界融合为纽带、儿童参与为核心，构建"选题—表达—合作—活动"四位一体的发展范式，构建兼具社会价值与创新活力的生态体系。同时，还需以儿童认知规律为根基，通过分龄化设计、技术赋能与社会化传播协同，实现内容价值与儿童发展的双向适配，实现从"内容灌输"到"认知共生"，从"成人主导"向"儿童共治"的出版生态转型，推动少儿期刊主题出版成为儿童精神成长的核心载体。

参考文献

［1］韩建民，等.高度与温度：主题出版研究导论［M］.北京：人民邮电出版社，2023.
［2］李思思.少儿期刊主题出版的发展路径探析——以《亲子》杂志为例［J］.传媒论坛，2023（24）.
［3］王泳波.新时代青少年期刊主题出版体系化建设探究［J］.科技与出版，2022（6）.
［4］康红叶.新时代少儿期刊高质量发展思考［J］.传媒论坛，2023（1）.
［5］覃周亚，杨海平.以儿童为本位的少儿主题出版图书发展研究［J］.出版与印刷，2022（1）.
［6］左任侠，李其维.皮亚杰发生认识论文选［M］.上海：华东师范大学出版社，1991.
［7］任春华.不同的认知发展观对教学的启示——试论皮亚杰与维果茨基认知发展观之异同［J］.前沿.2006（10）.
［8］丁品.试论皮亚杰·布鲁纳认知发展阶段理论之异同［J］.福建师范大学学报（哲学社会科学版）.1983（2）.

新质生产力视角下学术期刊的高质量发展

上海政法学院学报　　　陈筱玮

摘　要

以大数据、生成式人工智能、云计算等为代表的新一轮科技革命，对学术期刊生产的三大要素——期刊劳动者、期刊劳动资料、期刊劳动对象提出了新的具体要求。学术期刊因此面临巨大的挑战：期刊编辑主体价值面临消解危机，还存在数智化审稿的算法偏见困境，此外，"黑箱理论"下的学术趋同困境出现，使得学术创作沦为算法系统的训练数据。针对以上问题，本文提出：实现学术期刊高质量发展，应当深入研究新质生产力的内涵及特点；加快完成学术期刊编辑价值的转型，优化算法路径的范式重构；进行审稿流程的重构与质量控制系统优化。

关键词

新质生产力　生产力三要素　学术期刊　高质量发展

一、新质生产力对学术期刊发展带来的挑战

2023 年 9 月，习近平总书记在黑龙江考察时首次提出新质生产力，社会各界围绕这一新概念展开讨论。2024 年 1 月，习近平总书记在主持中共中央政治局第十一次集体学习时强调，发展新质生产力是推动高质量发展的内在要求和重要着力点，"概括地说，新质生产力是创新起主导作用，摆脱传统经济增长方式、生产力发展路径，具有高科技、高效能、高质量特征，符合新发展理念的先进生产力质态"。

　　新质生产力是习近平新时代中国特色社会主义思想理论体系对马克思政治经济学的时代延伸，是建立在生产力三要素的逻辑范畴基础上的新阐释。劳动者作为生产力三要素中最具能动性的核心要素，其个体素质差异直接影响了劳动生产率水平。在生产过程中，劳动者通过能动地运用专业知识和实践经验，对劳动资料实施合理配置，并实现对劳动对象的有效改造。在数字化与智能化深度融合发展背景下，劳动者的技能结构呈现显著的范式转换特征。学术期刊从业者同样需要提升三个维度的能力：一是编辑过程中相关智能审稿设备操作与维护的技术应用能力；二是将传统的论文资料和数据化信息系统整合的能力；三是基于刊物数字化发行的市场开拓创新能力。期刊编辑在统稿时需要通过大数据分析学术热点、读者偏好、市场潜力，精准部署期刊内容；审稿的过程中，编辑要对人工智能发展、元宇宙等新技术概念具备相当的敏感度，要具备跨学科的复合思维能力和技术操作能力，在确保内容本位的基础上，把新技术操作方式和思维理念作为"鸟之双翼""车之两轮"；编务人员也需要具备跨界资源整合能力，有助于推动交互式出版物、音频视频融合产品等新刊物宣传模式。

　　在数智化革命纵深推进的当代，劳动资料正经历着从物理实体向数字智能的范式转型：其核心载体已由蒸汽机械、加工机床等物理设备，演进为大数据模型、智能算法平台等数字基础设施；相关运行特征则从机械化、重复性、规模化的传统范式，转向智能化、自主化、网络化的新型模式。数智技术在各领域的渗透性应用呈现显著的路径依赖性：首先需要构建特定领域的结构化数据池，继而通过模块化架构设计搭建运算框架，运用反向传播算法持续优化模型参数以达成损失函数最小化目标，最终经多维度评估后实施迭代调优。在此过程中，贯穿模式始终的数据资源已然演变为具有战略价值的关键生产资料。学术期刊的劳动资料主要集中于数智化的审稿办公工具和数据化的学术稿件，大体量的稿件数据作为训练、更新算法模型的基础数据池，对相关办公工具的设计和应用产生关键作用。随着数字化设备的普及，传统印刷设备逐渐被数字印刷、云端存储等技术代替，人工排版校对正在通过结构化排版技术实现自动化；数智驱动的智能审稿系统、翻译系统等在稿件初筛和查重中的应用进一步缩短审稿周期；部分期刊机构采用多端协同编辑、云平台储存等技术、保障工作的稳定性和安全性，技术的革新也对从业者提出更高要求。

　　劳动工具的迭代升级必然引致劳动对象范畴的拓展与重构。数智技术的深度渗透促使劳动对象实现三重维度突破：空间维度上突破物理场域限制，向信息空间、赛博空间及基因图谱等新兴领域延伸；形态维度上突破实体物质局限，形成以数据流、算法模型、虚拟资产为代表的非物质形态；价值维度上突破资源耗损困境，构建起可持续的价值增值体系。学术期刊的劳动对象不仅包括作者投稿的学术论文、文献，还包括作者信息、工作单位、关键词标签等论文元数据、文章下载量、引用频次等相关读者行文数据。从内容上看，当下的学术论文内容正在向跨学科研究、交叉学科应用转变，如"AI + 传统学科""元宇宙 + 传统学科应用"；从形式上看，论文的形式正通过新媒体技术由传统纸质论文扩展到近些年较多的各种线上平台的"网络首发"，人工智能技术的应用也让读者阅读论文这一单向线性流程扩展到"AI 讲论文"等多样化的互动模式，推动论文"可视化呈现"，劳动对象由单一的文本化信息内容扩展到数字化、智能化、多元化的新型劳动对象。

二、新质生产力视角下学术期刊面临的困境

在数智驱动的技术背景下，期刊出版领域的工作样态也全方位地改变，以大数据、生成式人工智能、云计算等为代表的新一轮科技革命，对学术期刊生产的三大要素——期刊劳动者、期刊劳动资料、期刊劳动对象都提出了新的具体要求。学术期刊出版行业在积极推动数智化变革的进程中，也受到了数智化给予的行业冲击，对投稿、审稿、校对、出版和传播等流程造成了颠覆性的变革。

（一）期刊编辑传统劳动价值受到冲击

现代期刊出版行业的人力资源体系具有显著的层级化特征，从业者群体主要包含四个维度：基础编辑人员负责文本校对与格式标准化等基础性编务工作；同行评审专家作为学科守门人，专注于学术内容的甄选与质量把控；印刷出版技术人员承担印刷环节的技术实现与成品输出职责；编务行政人员则维系编辑部系统的日常运作。其中，在编辑价值生成机制中，基础编辑与评审专家构成了核心价值单元，其通过文本精细化处理与学术价值判断的双重劳动，对知识产品实施最直接的价值重塑。

数字化智能技术迭代催生出新型学术生产工具，当特定学科的理论数据库完成算法设计并通过算法模型优化后，即可实现对该学科论文的自动化校对与规范性检测。此类技术渗透对编辑主体的劳动价值产生结构性冲击，形成传统编辑劳动价值体系的消解效应。与其他知识生产领域相似，智能编校设备的普及不仅重构了编辑劳动的技术场景，更对从业者提出跨学科能力整合的新要求。基础编校工作中程式化操作的可替代性特征日趋显著，编辑劳动内涵已从传统文本处理延伸至智能工具的适应性应用，由此催生出"AI+ 编辑"的复合型职业范式。如学术论文查重，传统范式聚焦文本相似度检测以规

避学术不端，而新质生产力语境下的查重机制需同步实施"AI 生成痕迹"的智能辨识，这对编辑主体的技术鉴别能力提出了新的挑战，标志着学术质量控制能力的跃升。

（二）数智化审稿的算法偏见困境

生产工具革新是技术演进的核心表征，学术期刊数智化转型的显著标志在于智能编校系统的普遍应用。基于自然语言处理（NLP）与机器学习技术构建的智能审稿系统，已突破传统文字校对范畴，可系统化实现重复率检测、逻辑校验及学术规范审查，并能通过语义分析辅助创新点提取。然而当前实践表明，这类智能工具存在显著的算法偏见风险，其形成机制具有双重面向：

一方面，算法架构者主观性偏见具象化。开发者在算法设计过程中，其学术价值取向、学科认知范式及职业经验等主体要素，会通过特征工程设计和权重参数设置形成隐性编码。另一方面，数据源性偏见内生性问题。以平台经济计时效能模型为例，研发者为降低训练成本，仅采用男性骑手派单数据进行模型训练，导致女性劳动者时间价值被系统性低估。同理，学术出版算法在训练数据层面，受限于现有数据库的学科分布非均衡性（如文科与理工科论文比例失调）、地域学术产出差异（如核心期刊地域集中度）及政策导向性（如重点领域扶持政策）等结构性因素，必然生成群体偏向性认知框架。

除此之外，智能审稿系统与人类编辑之间存在隐性价值冲突：前者依赖历史数据进行模式识别，天然具有路径依赖特性；后者则可通过学术共同体规训实现价值判断的动态调适。这要求我们不能全面采用机器审稿，而是建立人机协同的审稿机制，在保持算法效率优势的同时，通过持续的人类监督和算法审计，构建具有学术伦理自觉的智能审稿体系。

（三）黑箱理论下的学术趋同困境

算法黑箱（Algorithmic Black Box）是指这样一种系统或机制：它的输入和输出是明确的，但输入到输出如何转化却是部分或全部隐藏的。在学术出版场域中，这一技术特征具体演化为人文价值与算法理性之间的结构性矛盾。传统学术评议制度下，审稿编辑主要通过以下三方面对稿件进行审阅：一是基于学科前沿的创新性判断，二是对文章语言风格的共鸣，三是立足学科发展的战略性考量。审稿专家的价值判断、学术偏好与知识结构在此过程中形成动态制衡，共同维护学术生产的异质性特征。

数智化转型进程中，算法审核系统的技术黑箱正在重塑知识生产格局。当前学术期刊采用的智能审稿工具普遍存在透明度缺陷：其一，算法模型的训练数据存在学科覆盖盲区；其二，审稿算法的权重分配缺乏学术价值考量，数智系统对不同稿件的学术价值缺乏评估能力；其三，决策路径的可解释性严重不足，机器与人工之间没有形成良好互动。这种技术特性导致投稿者通过逆向思维形成策略性写作模板——术语选择、论证结构到引文模式均呈现算法适配倾向。科研人员的科研绩效考核制度与算法效率逻辑的"共谋"也是需要考量的问题，当学术创新被简化为算法可识别的特征向量，知识生产的多样性生态将面临系统性风险。这种技术异化现象表征着劳动对象层面的价值扭曲。当学术创作沦为算法系统的训练数据，知识生产便陷入"套用八股文"的循环困境。

三、新质生产力推动学术期刊高质量发展的具体路径

学术期刊作为我国哲学社会科学学科体系、学术体系、话语体系建设的重要组成部分，代表了我国学术生产力的水平，高质量的学术期刊能够充分彰显我国文化软实力，是社会文化思想领域不可忽视的意识形态重要阵地。将新质生产力运用在学术期刊领域，必须促使传统学术期刊编辑角色价值转型，同时完成算法优化路径的范式重构，实现审稿流程的智能化重构与质量控制系统优化。

（一）编辑角色的价值转型

职业价值是工作内容在劳动价值论框架下的价值表征。在传统编审模式下，学术期刊编辑的劳动范畴主要聚焦于三方面：学术文本的初审评议、语言规范性校对以及出版格式的标准化处理。在此模式下，编辑个体的劳动生产率往往与其经验累积成正相关。然而，在数智化转型的学术传播生态中，人工智能技术已实现基础性编校工作的技术替代，尤其在语法校验、文献格式化等低创造性劳动环节完成效率跃升。尽管基础性编辑岗位存在渐进式消解趋势，但编辑劳动的价值内核正经历系统性重塑，其演进路径与高质量发展战略形成耦合关系，具体表现为三方面：

第一，从单一文本处理者向跨学科复合型专家转型。数智化出版体系要求编辑群体在保留传统语言学素养的同时，亟须构建智能编校系统的协同操作能力。这种复合型能力更强调人机协同的认知重构——编辑需掌握基础数据治理能力，在数据库更新存在时滞的情况下，能够运用学科专业知识与政策解析能力构建动态知识补位机制。

第二，从经验依赖型向知识创造型转型。当前智能编校系统已具备初步的学术创新点提取功能，但其算法逻辑的路径依赖特性，反而凸显人类编辑在知识发现维度的不可替代性。这要求编辑群体必须具备扎实的知识功底和敏锐的学术洞察力，能够穿透表层

文本结构，在机器辅助下实现知识增量与学术价值的创造性发掘。

第三，从传统经验储备向持续学习型转型。新质生产力驱动下的学术出版业，正经历从纸质媒介向智能媒介的生产变革。必须清醒认识到，现有数智出版形态仅是技术演进的中介状态。面对未来跨学科知识整合、智能化操作体系升级以及学术伦理风险防控等复合挑战，编辑群体需构建持续性的学习机制，形成动态演化的能力矩阵。

（二）算法优化路径的范式重构

在数智化审稿深度融入学术出版体系的进程中，算法偏见已成为制约其从"辅助工具"向"决策支持系统"演进的核心瓶颈。与工业革命时期的技术工具具有本质差异，智能审稿系统需构建具有编辑出版行业特质的算法伦理框架。对此，笔者认为可以从三重优化路径入手：

一是要在数据层面优化。在采集大数据进行模型训练时，要构建多学科、多领域、多机构的出版文献数据库。确保研究领域涉及各类研究方法，各类相关学科以及新兴的研究方向，主动纳入传统上基数较小的样本群体数据，在数据采集方面减少算法偏见。除此之外，要定期对已有的数据进行更新，对算法形成的标签进行人工修正，编辑需要人工识别历史审稿数据中的隐性偏差。二是要在模型层面优化。模型训练需要符合公平性约束标准，如模型训练需要符合 Demographic Parity 指标，解决种族、性别、学历等社会概念里的偏见问题。三是算法信息去中心化联网，可以考虑由主管部门牵头，允许各期刊在本地数据不共享的前提下协同优化全局模型，避免数据垄断导致的偏见固化。

（三）审稿流程的智能化重构与质量控制系统优化

基于人工智能技术的学术审稿体系应定位于辅助性决策支持系统，而非替代性决策主体。现行"AI 初审—专家终审"的线性审稿架构存在学术趋同风险强化机制，亟须通过结构性创新实现技术赋能与学术创新的动态平衡。本方案提出以下优化路径：

一是设立双轨制的审稿模式，出版编辑单位收到作者投稿后，先由"AI 审稿"过滤格式、篇幅查重率等明显不符合发表规定的文章，剩下的文章进入内容评审，此阶段审稿专家和数智化审稿双轨并行，AI 对稿件的创新点和文章风险进行评估，并以对抗模型专门识别评估可能具备颠覆性创新点的文章，并输出带评分的多维评估报告；专家评审组按照传统的评估方式进行审稿，设置一定比例的"风险论文"配额，专门接收算法评分较低但人工评审认可的研究。人工审稿和 AI 审稿共同决定好的文章名单进入外审程序；AI 推荐外审专家名单，编辑从名单中挑选专家，外审评审和数智化评审再次同步进行，结果汇总到终审，由编辑和评审委员会综合判断。

二是争端解决机制：人工评审和数智化评审存在差异时，需要有较为严格的争议解决机制，学术出版行业可以在行业规定里量化学术分歧指数，学术分歧指数由 "AI 评分—人工评分"：评分极差，当结果小于 0.3 时，表明人工评审和 "AI 评审" 差异不大，可以由当期责编酌情选择是否录用；当结果大于等于 0.3 但小于 0.7 时，表明存在人机之间评审差异较大，在责编的基础上应当加入同行评议，共同决定文章是否录用。当学术分歧指数大于 0.7 时，意味着人机评审分歧很大，应当交由评审委员会定夺，并出具相关说明。

三是设置回溯期：学术研究不是一成不变的，而是后人不断总结前人经验，提出创新性、颠覆性观点的过程。学术出版的算法模型也必然不是一劳永逸，而是需要不断使用新数据训练模型以期符合最新的学术出版规定。学术刊物出版当期开始，每三年设定一次回溯期，对发表论文进行回溯评估，对人机分歧较大的争议论文每年设置回溯期，对其影响因子进行再评估，所得数据作为新数据更新模型算法参数。

本文从新质生产力三要素和传统生产力三要素的相同点和差异性入手，通过学术出版行业高质量发展的困境和路径进行阐述。现代数智技术驱动学术出版编辑行业生产资料数字化，对编辑的劳动价值造成一定程度的冲击。学术出版编辑要及时转型，善用 "算力" 赋能 "脑力"，培养终身学习的学习习惯，向跨学科的复合型人才转变。同时，要从数据和算法模型两个层面优化算法路径，避免审稿工具的算法偏见问题，建立多元化的审稿模式和质量反馈系统，避免 "AI 审稿" 造成的学术趋同。

参考文献

［1］习近平在中共中央政治局第十一次集体学习时强调　加快发展新质生产力　扎实推进高质量发展［N］.
　　人民日报，2024-2-2.
［2］陈露. 高校学术出版在新质生产力发展中的优势与作用［J］. 学报编辑论丛，2024（31）.
［3］陈榕，王炎龙. 数智出版的内涵、业态与实践路径——基于新质生产力技术创新的视角［J］. 出版广角，
　　2024（8）.
［4］李铁锤. 新闻编辑中的算法偏见与传统编辑偏见异同探究［J］. 中国编辑，2021（12）.
［5］佘晔. 新质生产力赋能学术期刊高质量出版的理论逻辑、实践创新和发展陷阱［J］. 成都大学学报（社会
　　科学版），2025（1）.
［6］谭春林，王建平. AIGC 在学术研究和出版中的使用边界、透明度与伦理［J］. 编辑学报，2024（6）.
［7］习近平. 牢牢把握在国家发展大局中的战略定位，奋力开创黑龙江高质量发展新局面［N］. 人民日报，
　　2023-9-9.
［8］张耀铭. 数智时代学术期刊的平台化生产［J］. 南京大学学报（哲学·人文科学·社会科学），2024（6）.
［9］章萌，张忠月. 期刊出版融合发展现状、挑战与路径——基于 50 家刊社的调研观察［J］. 中国出版，
　　2024（18）.

守正创新做好新时代理论类读物出版工作

上海人民出版社　　罗　俊

摘　要

理论类读物是主题出版最重要的方向之一，也是出版机构和出版人的重要责任和使命。如何坚持守正创新，做好新时代理论类读物的出版工作，文章提出，要辩证看待理论专著与通俗读物的分野，重视解决出版过程中的信息失真问题，学会如何寻找、判断反映时代特征的热点、焦点、重点选题。在编辑能力提升方面，审读把关能力、选题策划能力、技术应用能力是当前最需要提升的三种能力。

关键词

主题出版　理论类读物　守正创新　能力提升

主题出版是围绕国家政治、经济、社会、文化等工作大局，就党和国家发生的一些重大事件、重大活动、重大题材、重大理论问题等主题而进行的选题策划和出版活动。本文结合笔者的工作实践，就如何做好其中的理论类读物编辑出版工作谈一些思考。

一、明晰理论类读物的基本定位

《出版业"十四五"时期发展规划》对主题出版有专门论述，提出要"加强党的创新理论出版传播。发挥出版在理论研究宣传中系统深入的优势，推进马克思主义中国化、时代化、大众化最新成果的出版。聚焦学习宣传贯彻习近平新时代中国特色社会主义思想，统筹做好习近平总书记重要著作、讲话单行本、论述摘编、思想研究、实践成果、用语解读以及描写习近平总书记工作、生活足迹等作品出版工作，加强学理化、学术化阐释，推出一批有学理深度和学术厚度的理论专著；增强针对性，扩大覆盖面，面向党员干部、知识分子、工农群众、大中小学生等不同群体，推出一批在深入研究基础上进行浅出表达的大众化读物"。要"把学习宣传贯彻习近平新时代中国特色社会主义思想作为长期重大政治任务，及时策划、编辑、出版、传播党的创新理论读物，打造文献精编、权威读本、理论专著、通俗读物等多层次作品体系，推动党的创新理论更加深入人心、落地生根"。笔者认为，理论类读物指的就是围绕党的创新理论所出版的主题读物，大致可以分为以下三类：

（一）重要文献类

这类读物的关键词是"原文""导向"。出版这类图书的绝大多数为中央部委直属、各行业内的顶尖出版机构，相关图书有《习近平谈治国理政》《习近平著作选读》《十八大以来重要文献选编》等。各地方人民出版社出版重要文献类读物虽然相对较少，但一般具有鲜明的地方特色，同时对出版机构的综合能力有较高的要求。例如由中央宣传部统筹指导，河北、福建、浙江、上海四省（市）党委宣传部组织编写的《让群众过上好日子——习近平正定足迹》《闽山闽水物华新——习近平福建足迹》《干在实处　勇立潮头——习近平浙江足迹》《当好改革开放的排头兵——习近平上海足迹》于2022年出版。

（二）理论专著类

这类读物的关键词是"厚重""沉淀"。这是所有从事主题出版的出版机构必争之地。相关主流学科领域的顶级学者的代表作品，无论在提升出版机构的品牌形象方面，还是在提升市场的长期销售表现方面，都能事半功倍。如著名马克思主义理论家、哲学家陈先达教授的《伟大的马克思——做新时代马克思主义者》，2019年由天津人民出版社出版，社会反响热烈，就是一个例证。

理论阐释涉及哲学社会科学几乎所有学科领域，很多理论成果采用丛书形式推出。相较于单本著作"单打独斗"，丛书更能发挥哲学社会科学各路大军协同作战的特点。上海人民出版社出版的"人民至上·中国共产党百年奋进研究丛书""中国式现代化的理论与实践研究丛书""中国特色哲学社会科学'三大体系'研究丛书"等，均在10种以上，凝聚了哲学、中共党史党建、政治学、经济学、历史学等众多学科的研究成果。

（三）通俗读物类

这类读物的关键词是"理论热点""可读性"。前两类更加强调严肃性和学理性，而通俗读物类更侧重于传播效果。中共中央宣传部理论局"理论热点面对面"系列，近年先后出版《百年大党面对面》（2022 年）、《中国式现代化面对面》（2023 年）、《强信心　促发展》（2024 年）等，还有中央军委相关部门推出的《军营理论热点怎么看》系列等，都具有代表性。

上海人民出版社在策划通俗理论读物时，坚持邀请一流作者作为主创。如 2017 年推出上海市委党校专家联合撰写的《打铁还需自身硬——今天如何做一名共产党员》，2023 年出版上海市社联主席、战略家王战领衔撰写的《人工智能与新一轮科技革命》等。上海人民出版社还通过多样化的形式如年轻人喜爱的漫画来探索通俗性，推出《半小时漫画党史（1921—1949）》《半小时漫画中共一大》《马克思漫漫说·政治经济学》《马克思漫漫说·唯物辩证法》等。

二、打通理论类读物编辑出版中的痛点、堵点

以上三类读物之间其实不存在泾渭分明的界限，也有不少交叉重叠的案例。笔者根据三类读物的不同特点，结合自身工作中遇到的困惑和痛点、堵点，对于在新时代如何使理论类读物能够得到更有效的传播、更好发挥社会效益方面做了一些思考。

（一）辩证看待理论专著与通俗读物的分野

相比理论专著的学术语言，通俗读物更加强调表达方式的易接受性。理论专著的厚重感与通俗读物的可读性，似乎很难平衡，但并非无法做到。复旦大学兰小欢教授撰写的《置身事内：中国政府与经济发展》，是一部深入浅出论述中国经济发展逻辑的经济学著作，出版以来发行量超过 160 万册，获得了众多奖项。需要强调的是，有的出版机构在策划通俗理论类选题时，为了突出通俗性、可读性，要求书的篇幅不能太长太厚。其实，通俗性与篇幅并不矛盾，不能简单按篇幅长短来判断一部书稿是否通俗，是否适合大众阅读。比如一篇学术论文相比一部长篇小说来说固然很短，但能认为论文比小说通俗吗？恐怕不能。读者并不是不能看"长篇大论"，关键是这本书的内容是不是读者想看的。内容的稀缺性价值是核心竞争力。

（二）重视解决出版过程中的信息失真问题

任何一种专业性强的领域，如果要做到通俗化、被更多人了解和接受，就一定会遇到一个共同的难题——信息失真。信息失真一般是指"信息偏离了客观事物的真实状况

与一定的衡量标准"。在信息传播的"信息源→过程中→接收端"三要素过程中，通常是由于沟通不畅、误解或技术原因导致的。人在交流沟通过程中本身就可能会有不同程度的"信息失真"，文学中"一千个读者眼中有一千个哈姆雷特"就是例证。

在主题出版领域中，信息失真的后果可能会很严重，出版机构和编辑要做好"把关人"。如何尽量减少信息失真？从信息传播的三要素来看：在信息源环节，编辑可以提前介入作者的撰写，例如现在很多出版机构的编辑会参加学术界相关的会议和论文、课题结项评审等工作，在潜在书稿形成前就能在一定程度上介入；在传播过程中即编辑出版环节，应当注意加强审读把关，严格执行重大选题备案制度等；在接收端这一环节，看似出版机构能做的有限，但其实可以通过给作者和读者搭建沟通桥梁，比如组织现场交流的讲座、读书会、发布会，约写相关书评等。总的来说，凡是能够帮助读者更好理解作者思想的工作，就是出版机构应该做的。

（三）如何精准寻找、判断反映时代特征的热点、焦点、重点选题

"文章合为时而著，歌诗合为事而作。"在新时代策划出版理论类读物，需要重点围绕学习宣传贯彻习近平新时代中国特色社会主义思想和党的十八大、十九大、二十大及历次全会精神，弘扬伟大建党精神，服务国家战略与本地区发展等主题和重大时间节点。近年来，比较热门的理论主题有"中国式现代化""第二个结合""新质生产力"等，特别是对这些主题在各领域的结合、落实情况的深度研究。对于出版机构来说，除了带有时间节点性质的主题以外，理论热点还可以从学术界具有导向性的相关会议、著作、论文、课题申报指南中发掘，例如国家社科基金等。值得注意的是，发现、挖掘出版热点固然重要，但不能一味盯着所谓热点来策划选题。"万变不离其宗"，从社科理论研究的角度来说，很多社会现象是有规律性的。从事主题出版特别是理论类图书出版的编辑需要重点关注在新兴学科、交叉学科、冷门学科等领域开展的原创性、前沿性研究成果，既要准备好"坐冷板凳"，又要有时刻勇立潮头的精神。

三、对理论类读物编辑能力提升的思考

守正创新做好新时代理论类读物的出版工作，对编辑能力提出了更高要求。笔者认为，审读把关能力、选题策划能力、技术应用能力是当前最需要提升的三种能力。

（一）审读把关能力

审读把关能力是理论类读物编辑的基本能力，无论怎么强调都不为过。编辑应具备

敏锐的政治嗅觉和严谨的专业精神，对书稿的内容进行严格审核，确保其政治方向正确、学术观点严谨、内涵积极健康，符合新时代的价值观导向，杜绝虚假信息、有害内容和低俗文化。现在有些图书的错误具有隐蔽性，审稿中稍不注意就很容易"放过"，需要我们加强学习，头脑清醒，提高政治觉悟和政治敏锐性，深刻理解新时代党的各项路线方针政策，自觉肩负起出版工作的政治责任和社会责任。

（二）选题策划能力

选题策划能力是编辑个人成长和出版机构经营发展所需要的核心能力。编辑要更好地寻找、判断反映时代特征的热点、焦点、重点选题，必须紧跟时代脉搏，关注社会热点、文化趋势和学术前沿动态，结合市场需求与读者喜好，这样才能策划出具有创新性、前瞻性和价值引领意义的选题。编辑应当强化自身作为"学术共同体"一分子的意识，与作者、读者之间形成良师益友、合作伙伴的关系，增强自身的学术素养和积累。

（三）技术应用能力

技术应用能力是当前我们最为迫切需要提升的能力。随着新时代科学技术的日新月异，不可避免地给出版行业带来翻天覆地的变化，理论类读物的出版也处在这种变革之中，编辑也要与时俱进。如在选题策划方面，需要能够运用大数据分析工具（例如"开卷"系统），收集、整理和分析读者数据、市场数据等，深入了解读者需求和市场趋势。在发行渠道方面，要适应各类新兴的发行渠道，从传统的实体书店、综合电商、馆配、团购，到逐渐做大的社群、垂直电商、直播电商等，都要打交道。在图书宣传营销方面，需要熟悉新媒体平台的运营规则和技术特点，甚至要灵活运用短视频制作、直播等新媒体技术，将理论类读物的内容以多种形式在新媒体平台上进行传播和推广，扩大读物的影响力和覆盖面。

参考文献

［1］国家新闻出版署.出版业"十四五"时期发展规划［J］.中国出版，2022（3）.
［2］曹建，郭占文.中国共产党主题出版的百年发展［N］.中国出版传媒商报，2021-7-2.
［3］萧浩辉.决策科学辞典［M］.北京：人民出版社，1995.

科技强国建设和科技类主题出版发展路径

华东师范大学出版学院　　陈　昕

摘　要

科技强国建设是实现中华民族伟大复兴的战略任务。新时代以来，我国科技创新取得历史性成就，与之呼应，科技类主题出版也取得了较大的进步，承担起传播科学知识、弘扬科学家精神、提高全民科学素质等方面的重要作用。本文探讨了科技类主题出版与科技强国建设之间的内在逻辑，通过对《中国科技之路》丛书策划推广、资源调集等方面的研究，分析了科技类主题出版进一步赋能科技强国建设，提升我国科技领域国际竞争力的路径。

关键词

科技强国建设　主题出版　选题策划　路径

党的十八大以来，以习近平同志为核心的党中央高度重视科技创新，坚持科技是第一生产力，把科技创新摆在全国发展全局的核心位置。这在为科学技术指明方向的同时，也为出版业发展带来重要机遇。《出版业"十四五"时期发展规划》提出，做大做强主题出版，要围绕国家有关重大战略，有针对性地策划出版一批解疑释惑、凝聚力量的优秀读物。《中央宣传部办公厅关于做好2024年主题出版工作的通知》指出：服务科技强国建设，推出一批弘扬科学精神和科学家精神的传记作品，一批反映科技发展进步、提高全民科学素质、厚植创新沃土的科普读物。科技类主题出版作为传播科技文化的重要途径，承担着重要责任。在科技强国建设战略的引领下，科技类主题出版迎来了新的发展机遇，同时也面临着更高的要求。出版社需要准确把握我国科技发展趋势以及战略意义，策划出版更多高质量科技类主题出版物，为我国科技强国建设提供支撑。

科技类主题出版是主题出版和科技出版碰撞融合的出版形态。主题出版最初被原国家新闻出版总署定义为围绕党和国家重点工作等开展的重大出版活动，如今其内涵日益丰富，选题范围从政治出版物向受读者欢迎、有经济效益的大众出版物拓展，承担着讲好中国故事等重要使命。科技出版是指以科学技术知识等为内容的出版活动，在推动科学技术的发展、普及科学知识等方面发挥着重要作用，通常被划分在专业出版领域，具有极强的科学性和学术性。

一、科技类主题出版与科技强国建设的内在逻辑

（一）科技类主题出版是科技强国建设的有机组成

出版物具有鲜明的教育属性，具有传播知识的作用。科技类主题出版物能够将复杂的科学知识以通俗易懂的方式呈现给读者，具有极强的科普教育功能。在科技类主题出版物中，"讲述科技给党和国家带来的重大变化的出版物"直观地展示了科技创新给个人、社会、国家带来的重大变革，真实展现科创的重要性；"关注中国科技行业和科技发展命运的出版物"将目前科技创新成果和科技发展水平呈现给读者，让没有专业背景的普通读者可以了解我国科技发展态势，掌握科研创新前沿消息。

科技类主题出版物能够激发青少年对科学的兴趣，培养他们的科学思维和创新能力，为科技强国建设人才队伍提供源源不断的后备力量。同时，科技类主题出版物通过普及相关科学知识，让科技成果可知、可感，能够营造更为浓厚的创新氛围，激发社会的创新热情，从而推动全社会共建科技强国。

（二）科技类主题出版是科技强国建设的精神动力

科技类主题出版物记录了我国在科技领域的重大成就，能够增强民族自豪感和自信心。此外，"弘扬科学家精神的出版物"和"红色文化和科技文化的结合作品"类的主题出版物，将我国科研人员的精神内核通过文字的方式传递出来。习近平总书记在全国科技大会上强调，要大力弘扬科学家精神，激励广大科研人员志存高远、爱国奉献、矢志创新。科学家精神是中国共产党人精神谱系的重要组成部分，是建设科技强国、实现中华民族伟大复兴的中国梦的强大力量源泉之一。科学家精神是国家科技软实力的重要体现，能够彰显一个国家的文化内涵和价值追求。科学类主题出版物不仅能激励科研人员投身科技创新，也培养了青少年勇于质疑、敢于创新的科学精神，更能够提升国家的科技形象和国际声誉，为实现高水平科技自立自强、建设世界科技强国奠定坚实的精神基础。

二、科技类主题出版发展现状分析

（一）重视策划，精品出版物、丛书数量增加

2015 年，《主题出版重点出版物选题》首次发布，至今已有十年。在 2015 年公布的 125 个主题出版重点出版物选题中，科技类主题出版不足 10 个。2024 年公布的 171 个重点选题中，科技类主题出版物选题将近有 25 个。科技类主题出版物的整体数量显著提升，精品主题出版物数量逐步增加。

2017 年主题出版重点出版物选题中首次出现了科技类主题出版丛书——河南文艺出版社策划的《中国创造故事》丛书，涵盖了载人航天深海探索、大飞机制造等七个题材，展现高科技领域优秀人物台前幕后的故事。2018 年，航空工业出版社策划的《国之大运》系列丛书、上海科学技术文献出版社策划的《中国高铁》丛书等三部丛书入选重点出版物选题。2019 年人民邮电出版社策划的《科技改变中国》丛书、2020 年中国编辑学会策划的《中国科技之路》、2022 年贵州科技出版社策划的《中国超级工程（第一辑）》、2023 年北京科学技术出版社策划的《远方的路·"一带一路"科学绘本（全 6 册）》、2024 年人民邮电出版社策划的《中国科技之魂》丛书和中国科学技术出版社策划的《中国科学家系列》丛书，均入选了当年的重点出版物选题。

（二）依托品牌，资源丰富

将出版社的科技资源转化为科普资源，是当下科技类主题出版的思路之一。许多科技出版社，在科技领域深耕多年，掌握丰厚的科技资源，与相关领域的科研团队建立了合作关系。例如上海交通大学出版社在 2023 年出版的《翱翔：中国大飞机在崛起》，就是依托上海交通大学出版社于 2009 年启动的"大飞机出版工程"。

科技类主题出版不再是科技出版社的专利。最近几年，越来越多的非科技出版社介入，结合自身特色进行选题策划。浙江文艺出版社 2024 年出版的《中国大港》，刻画了三代海港人物群像，是一部反映浙江推进世界一流强港建设、锻造国家硬核力量的文学表达。美术出版社、音乐出版社等也用自己的方式，通过视觉和听觉等表达方式，为建设科技强国注入源源不断的精神动力。

三、科技类主题出版策划路径——以《中国科技之路》丛书为例

《中国科技之路》丛书由中国编辑学会主持编写，科学出版社、人民邮电出版社等 15 家中央级科技类出版社共同打造，分总览卷、信息卷、中医药卷等共 15 卷书籍，是

我国出版界少有的跨行业、大规模的创新联合出版项目。

（一）选题策略

从选题方向与重点来看，《中国科技之路》丛书紧扣国家战略需求，紧紧围绕科技自立自强这一核心要义。中国编辑学会会长郝振省在发言中说道，科技编辑、科技出版从来没有像今天这样对科技强国战略负有使命和职责。中国编辑学会作为全国性的编辑组织，应该发挥好纽带和桥梁的作用，为促进先进文化的传播，生产更高质量的精神产品作出贡献。

为献礼建党百年，中国编辑学会在 2019 年召开了立项会，确定要以贯彻落实党和国家实施创新驱动发展战略、建设科技强国的重大决策为切入点，出版一套为国家战略所必需、为国民所期待的精品力作。在选题阶段，编辑团队展开了半年多的调研，深入各个领域，最终决定以我国科技事业壮丽辉煌的发展历程、主要成就、关键节点和历史意义为主题，选择与国计民生息息相关的方向，全面展示我国取得的重大科技成果，传递自主创新、自立自强的科学精神，为科技强国战略服务。

（二）资源调集

由中国编辑学会统一组织策划，调集资源，能够尽可能地做到举全国之力。15 家出版社都是中央级科技类出版社，都具有专项之长。15 卷丛书均由院士担任主编，由 15 家出版社的社长、总编辑和骨干编辑团队保驾护航。例如《总览卷·科技强国》由科学出版社出版，中国科学院学部科学普及与教育工作委员会主任杨玉良院士主编，概述不同时期典型科技事件等背后的故事；《航天卷·北斗导航》由国防工业出版社出版，北斗导航系统副总设计师杨元喜院士主编，展示北斗关键技术体制等重大科技应用成果，展现新时代北斗精神等。

科技强国建设战略视角下，我国科学技术领域内的各个专业都在为普及科技知识、展现国家先锋成果努力。《中国科技之路》丛书的编委会由中国科学院院长侯建国院士、中国编辑学会会长郝振省任主任。编委会经过多次会议，得出共识：要体现图书定位、把握文图比例、运用二维码技术、采取合适的结构层级、合理设计内容结构、重视讲述科技故事。每一条共识，都是科技类主题出版物应有的标准。

（三）推广策略

《中国科技之路》丛书编辑团队和作者团队都是业内顶级专家，丛书从立项开始就广受关注。新书发布会邀请中央电视台、《人民日报》等多家官方主流媒体进行宣传。

参与出版的各家出版单位、编辑和作者所属单位也通过自己的渠道进行宣传。

此外，由于丛书包含各专业权威内容，各领域的专业媒体也第一时间进行书籍推荐。如中国中医药出版社出版的《中医药卷·健康脊梁》，在丛书发布会后，在业内专业杂志《中国中医药报》等报刊上发表书评，推广图书；中国建筑工业出版社出版的《建筑卷·中国建造》在专业杂志《建筑》上发表书讯……向专业人士、专业学者、普通读者推广普及丛书，为科技强国建设营造了良好的社会氛围，让更多人关注到科技成果，激发了公众对科技的热爱和探索精神。

四、科技类主题出版未来路径探析

（一）紧跟国家战略

编辑策划团队要关注国家战略，把控科技类主题出版大方向。根据国内外科技创新重点，国家会对科技领域进行明确的重点布局。科技类主题出版要配合国家战略，为科研人员和读者提供优质科技故事，展现科技强国风采。

科技类主题出版也是主题出版，也要关注重要时间阶段。除了党和国家的重大时间节点的献礼书籍，科技类主题出版也要关注重大科技成果突破周年、国家重要科技计划实施阶段性节点等重要时间，策划相关内容，提升社会对科技领域的关注度。

此外，要增加国际交流，推动科技类主题出版"走出去"。在全球化的大趋势下，科技类主题出版"走出去"，不仅能够传播中国声音，提升我国国际竞争力，也能吸引国家目光关注我国科技发展，推动我国科技出版、科技成果"走出去"，促进国际科学交流和国家项目合作，带动我国科技走向世界舞台。

（二）探索"科学家＋出版人"模式

科技类主题出版是典型的主题出版物政治性、学术性和市场性相结合的出版形态。由于编辑和核心科技之间存在专业壁垒，故而探索"科学家＋出版人"模式具有重要意义。科技强国建设视角下，整个社会都应向建设科技强国的目标共同奋进，科学家和出版人必须共同合作，推动发展。科学家凭借其深厚的专业知识与前沿的科研视角，能够精准筛选出具有极高价值的科研成果，将最新的研究发现、关键技术突破等内容提供给出版环节。出版人可以发挥其在内容策划、编辑加工以及传播推广等方面的专长。与科学家紧密合作，梳理复杂的科研内容，使其以通俗易懂、生动有趣的形式呈现给大众。同时，出版人通过丰富的行业经验与广泛的传播渠道，将这些科技成果推向市场，实现知识的有效传播。

"科学家＋出版人"模式能够打破传统科研与出版之间的壁垒。科学家参与出版环节，保证了科技内容的准确性与专业性；出版人深度介入科研成果转化，提升了科技成果的传播效率与影响力。两者相互协作，能够共同打造出一批高质量、高影响力的科技类出版物，不仅助力科技知识的普及，也能进一步推动科技创新与社会发展。

（三）构建全媒体立体传播格局

科技强国建设视角下，业内专家的合作让科技类主题出版被更多读者看见，在当下，要想让科技类主题出版进一步增强社会科技创新氛围，需要构建全媒体立体传播格局。专业报刊能够让专业领域内的人士知晓书讯信息，科技类主题出版需要借助各家主流媒体账号和各社交平台，全方位宣传书籍信息，将新书、好书推广至全社会，激发公众阅读热情。出版机构可以和各类科技类主题活动合作，通过举办与书籍主题相关的科普讲座、科技展览等活动，吸引公众参与到科技创新之中，感受科技的魅力，增强全社会科技创新氛围，鼓励更多人投身于科技创新事业，为我国科技强国建设提供人才上和精神上的动力。

科技强国建设视角下，科技类主题出版迎来了新机遇，取得了新成就，能够反哺科技强国建设，推动我国科技事业发展。展望未来，科技类主题出版需持续紧跟国家战略，深化科技与出版融合发展，不断创新出版形式与内容，进一步提升我国国际形象和国际地位，为我国科技强国建设贡献磅礴力量。

参考文献

[1] 韩建民，等. 高度与温度主题出版研究导论 [M]. 北京：人民邮电出版社，2023.
[2] 黄先蓉，陈馨怡. 高质量发展背景下主题出版融合发展路径探究 [J]. 出版科学，2022，30（4）.
[3] 郝振省. 科技出版的精品化生产与国际化传播——以《中国科技之路》等丛书为例 [J]. 新阅读，2023（9）.
[4] 郝振省. 高共识理念，高标准编撰，高回报实现——从《中国科技之路》丛书看主题出版的三大趋势 [J]. 出版发行研究，2021（12）.
[5] 杨琳，李燕姿，袁天豫，等. 文化数字化背景下融合出版用户体验场景建设模式研究——以科学家主题出版资源为例 [J]. 出版发行研究，2024（3）.

出版
实务 >

大型古籍影印整理出版的价值与使命

上海古籍出版社　　盛　洁

摘　要

本文以《法国国家图书馆藏敦煌文献》为核心，阐述大型古籍影印整理出版的新探索。介绍法藏敦煌文献的来源与价值，梳理其早期介绍、编目及黑白影印的整理出版历程。说明新时代《敦煌文献全集》的启动，以及在此引领下该书的统筹规划与保障机制。分析该书在完整刊布图版、高清全彩影印等方面的成果与意义。指出该书为敦煌文献整理出版提供范例，推动敦煌学进入全彩影印和深入整理时代。

关键词

敦煌文献　大型影印　古籍整理

《法国国家图书馆藏敦煌文献》(全彩版)是国家"十四五"出版规划项目、2021—2035年国家古籍工作规划重点出版项目、国家古籍整理出版专项经费资助项目，为中宣部牵头实施的"敦煌文献系统性保护整理出版工程"的重要阶段性成果，列入国家古籍类重点出版丛书"敦煌文献全集"。

作为"敦煌文献全集"之首种，《法国国家图书馆藏敦煌文献》项目自2022年启动，经过三年多的努力，目前已出版1—110册。全书预计总册数160册，2025年底出齐。已出版的《法国国家图书馆藏敦煌文献》第一辑（1—20册），获2023年全国古籍出版社百佳图书一等奖图书。

《法国国家图书馆藏敦煌文献》高清全彩出版意义重大，作为第一种全彩高清出版回归的海外藏大宗敦煌文献，树立了敦煌文献出版的新标杆和新范式，不仅是对敦煌出版黑白版的升级迭代，更是建立了新的全彩影印文献出版的标准与规范，也为 21 世纪敦煌学研究开辟了全新的学术视野与方法路径。这一新成果，激发了学界对于敦煌文献的研究新思考，引发了社会各界对"敦煌文献全集"为代表的中华典籍整理的关注，彰显了敦煌学研究和敦煌出版在中华优秀文化传承和学术传播方面的重要作用和贡献。

本文梳理法藏敦煌文献来源以及整理与出版历程，探讨新时代全彩敦煌文献出版的新特色，总结该书编纂出版的已有经验和意义。

一、法藏敦煌文献的文献来源与价值

1900 年，敦煌莫高窟"藏经洞"被王道士发现。此后，当地官员、英国斯坦因、法国伯希和、日本大谷探险队、俄国奥登堡先后掠走大批文书、文物，劫余藏于京师图书馆。

伯希和于 1908 年 2 月到达莫高窟，他是继斯坦因到来的第二位外国探险家，更是一位专业的汉学家和东方学家。伯希和对千佛洞各窟进行了仔细的考察记录，并在藏经洞和其他洞窟取得了大量经卷。尽管在此八年前书卷已开始外流，伯希和所见到的"藏经洞"仍然令他震撼：三面墙上堆满了一人多高的书卷，每面墙都有两三层卷子。他在三周多时间内，在洞中翻检了约一万五至两万册全部藏卷，迅速辨认每个卷子的性质，并带走了其中大量精华。其选择主要有三个标准，即佛教大藏经未收的藏外佛典、带有纪年的写本、非汉语的文书，其中包括大量的非佛教的四部典籍、公私文书、景教和摩尼教文献、早期拓本和印本，以及各种质地的绘画品。

由于伯希和的精心挑选，在英、法、中、俄四家全世界敦煌收藏品最多的机构中，法国国家图书馆所藏敦煌文献数量最少，但综合学术价值占比却排名最高。不论是年份较早的佛经版本，还是大量藏外佛经、儒家经典《论语》《尚书》《尔雅》及韵书、道教文献《老子化胡经》等，都对于传世文献具有补充和重要校勘价值。《沙州都督府图经》等图经文献、寺庙账历、占卜文书、法律文书、纪年文书，反映了社会经济生活的面貌。大量非汉语的文书，语言种类非常丰富，包括粟特语、于阗语、藏文、回鹘文、梵文、吐火罗文等。唐太宗《温泉铭》、柳公权书《金刚经》拓本、欧阳询书法拓本、龙朔二年尉迟宝琳捐写经、草书佛经经疏等书法作品，白画、经变图卷、佛像、木牌画、绢本画等精美绘画，也体现了极高的艺术价值。

伯希和在敦煌获取的文物，连同其在中国其他地方收集品一起装箱带回法国，文献部分主要收藏于法国国家图书馆，所获幡画、织物、经帙等艺术品，则随其他文物藏于集美博物馆中。敦煌文献在入藏法国国家图书馆后，以"Pelliot"编号。其中又按照语言种类分为几个"文库"，包括伯希和藏文文库、伯希和汉文文库、伯希和粟特文文库、伯希和回鹘文文库、伯希和梵语文库、希伯来文一件。于阗文写本没有单独编号，而是按照其另一面所写的汉文或藏文而编入汉文或藏文文库。此外，还有伯希和从莫高窟北区所获回鹘文、西夏文、梵文等文献，编入各自语类中。

二、法藏敦煌文献的整理与出版历程

（一）早期介绍与择要刊布

早期法藏敦煌文献的介绍，见于 20 世纪 00 年代的考察报告和国人的择要选录。伯希和撰写了《甘肃发现的中世纪书库》一文，发表于 1908 年出版的《法国远东学院院刊》第 8 卷上。国内最早介绍伯希和收集品的文章，可追溯到罗振玉写成于 1909 年的《敦煌石室书目及发见之原始》，也是迄今所知中国第一篇有关敦煌藏经洞出土物的文章。伯希和在北京时，向一些熟悉的中国学者出借了其收集品，在 1909 年刊行的罗振玉编《敦煌石室遗书》和王仁俊《敦煌石室真迹录》等书中，辑录了部分法藏敦煌文献原卷录文。

（二）全面编目的整理出版

20 世纪 30 年代开始，法国国家图书馆馆方编目整理成果陆续出版。其中，藏文文献整理完成较早，最著名的是拉露编的三卷本《国家图书馆所藏敦煌藏文写本注记目录》，许多汉藏双语的写卷在这一阶段工作中归入了藏文文库中。在国内，1999 年王尧、陈践主编的《法藏敦煌藏文文献解题目录》，2021 年王启龙主编的八卷本《法国国家图书馆藏敦煌藏文文献目录解题全编》，前后对藏文目录加以全面整理，影响广泛。

汉文文献的编目整理，始于伯希和本人，他完成了 P.2001—3511 号的编目整理初稿，后由陆翔译为《巴黎图书馆敦煌写本目录》，于 1933—1934 年刊出在《国立北平图书馆馆刊》上。其后，日本学者那波利贞、中国学者王重民先后对汉文文库继续编目，王重民在回国后将其编目整理为《伯希和劫经录》，收录于 1962 年商务印书馆出版的《敦煌遗书总目索引》。后黄永武编《敦煌遗书最新目录》、施萍婷编《敦煌遗书总目索引新编》，均对王重民目录有所订补。此后，更详细、完备的整理工作开始启动：法图在 1970 年至 2001 年陆续出版了《国家图书馆所藏伯希和汉文文库：敦煌汉文写本目录》第一、三至六卷（第二卷未公开出版），收录除 P.2501—3000 号的 P.2001—6040 号全部汉文写本编号目录。

（三）黑白整体影印出版

随着敦煌文献的价值被世界广泛关注，简略的编目已经不能满足人们的研究需求，直观研读原卷内容成为学者们的热切愿望。1983 年饶宗颐主编《敦煌书法丛刊》，根据法国发行的 35 毫米黑白缩微胶卷收录了其中部分书法精品。1981 年起，黄永武主编、台北新文丰出版社出版了 140 册的《敦煌宝藏》，但图版模糊不清，早期尚可作目录使用，后期利用率不高。

1995 年至 2005 年，上海古籍出版社与法国国家图书馆合编出版《法藏敦煌西域文献》总 34 册，为八开本黑白影印，刊布法图所藏敦煌文献 P.2001 至 P.6038 号的图版，文献题名主要以《敦煌汉文写本目录》为依据，该书未定名者重新予以定名或拟名。这套书较高提升了图版精度和文字辨识度，在当时缩微胶卷获取不便的情况下，成为许多学者研究法藏敦煌文献的主要依凭。

法藏藏文文献第一次较大规模的影印出版，是埃·麦克唐纳和今枝由郎编《国家图书馆所藏藏文文书选刊》，刊布部分经典选卷。2014 年起，《法藏敦煌藏文文献勘录》各册在西藏人民出版社陆续出版，为藏文版的文献整理和录文。2004 年至 2020 年，上海古籍出版社、西北民族大学与法方合作编纂的《法国国家图书馆藏敦煌藏文文献》，总计 35 册，收录了 P.t.1—2224，P.t.3500—4450 的全部文献，定名以藏、汉文双语编写。

各类大型敦煌文献的编目和影印出版，基本完成了敦煌文献原材料的公布，结束了敦煌文献以往"藏于秘府"的状态，也在相当程度上打破了海外对于敦煌文献的垄断。在其推动下，敦煌学进入快速发展的阶段，各重要领域都推出了总结性或开创性的论著。经过几代敦煌学者的努力下，中国敦煌学在资料刊布、学术研究、学科建设、国际交流等方面都取得了突出的成绩，彻底改变了"敦煌在中国、敦煌学在国外"的局面。

三、新时代的敦煌出版——《敦煌文献全集》的启动与引领

科技的进步——从曾经的纸、印刷术的普及，到网络信息技术的发展，都对学术进程产生了巨大影响。随着彩色高清数码影像的普及发展，彩色影印在敦煌文献出版上的利用，成为时代的选择。以往法藏敦煌文献的影印主要为黑白图版，图版模糊，且缺少色彩信息，影响了录文的质量和研究论著的结论。2008 年开始，国际敦煌项目（IDP）及法国国家图书馆网站开始陆续公布彩色敦煌文献图版，通过互联网极大便利了人们的

阅读和研究。但网站中部分编号内容没有上载，许多编号没有汉语定名，有些图片也没有达到最为清晰的程度。

基于新时代的科技和出版理念的进步，也基于敦煌学多年的成果积累和转型期的呼声，敦煌文献系统性保护整理出版工程正式启动，正是对于新时代的引领和响应。这项重大文化工程由全国古籍整理出版规划领导小组主持，由学术界、文化界、出版界共同推进实施。先期开始的《敦煌文献全集》(以下简称《全集》)，作为工程中的重点项目，旨在以高清全彩方式高水平集成刊布、高质量系统整理散藏世界各地的敦煌文献。

《敦煌文献全集》作为一项长期而系统的重大出版项目，涉及海内外多个国家和地区的敦煌文献整理与出版，需要多家研究机构编纂、多家出版机构承担出版任务，体量巨大，内容复杂，丛书整体的统筹规划关涉全局，"提纲而众目张"，成为整理出版工作的关键。作为《全集》的首批出版项目，从《法国国家图书馆藏敦煌文献》与《中国国家图书馆藏敦煌遗书》《甘肃藏敦煌文献》出版的筹备策划阶段起，全国古籍整理出版规划领导小组即多次开展《敦煌文献全集》的出版研讨会，牵头组织敦煌学学者、古籍整理方向专家、首批项目的各家出版单位等共同参与，反复探讨并制订《全集》的编纂出版工程实施方案，从策划、编纂、出版各环节加以统筹，有步骤、有计划地系统推进敦煌文献的整理出版工作，保证了《全集》出版的方向和进展：

在整体实施方案中，组织研讨会，广泛听取各方意见，设立了统一的工作目标：整体布局，全面汇聚，实现高水平的继承刊布；深入研究，接续推进，实现高质量的系统整理；精编精审，精校精印，实现"高保真"的完整呈现。

在编纂出版要求中，根据不同的敦煌文献归藏地的文献种类、保存状况、研究状况的具体特点，集合了各出版物的方案亮点，按照"求大同，存小异"的原则，统筹规划，体例统一，存真求实，节俭高效，质量第一。对于书名、编号排序、图幅大小、定名标准、目录、叙录、索引等具体内容制订了具体的编纂标准，对于图片质量、文字、图例、部件、开本、版式设计、装帧形式，乃至用纸、印制等环节遵循统一的出版规范。

从出版机制保障上，各出版项目由中宣部出版局统筹指导，经出版局评审论证，给予专项经费支持，各出版单位建立工作组，健全制度保障。具体到《法国国家图书馆藏敦煌文献》，各级领导和专家对样稿给予了细致的审读，对前言、凡例、定名、版式等各方面都提出了具体的修改建议，有力完善了编纂和出版成果。

受惠于全国古籍整理出版规划领导小组的全面指导，《法国国家图书馆藏敦煌文献》等首批出版项目得到了全面而缜密地有序推进，为未来敦煌文献的全面整理与出版积累了大量经验，并提供了示范。

四、《法国国家图书馆藏敦煌文献》的出版内容与意义

上海古籍出版社所出版《法国国家图书馆藏敦煌文献》是《敦煌文献全集》的首种出版物，由荣新江教授主编，涉及文献4000余号，图版近40000幅，定名文献6000余种。全书图版为法国国家图书馆拍摄、提供的全彩高清图版，高度还原原卷面貌。文献题名在以往研究的基础上，本次全部重新研究定名。第一册前部有荣新江教授撰写的研究前言，介绍法藏敦煌文献的获取、收藏、研究和本次出版情况。各册发表全部文献图版及全新定名，前附最新定名目录。全书末册将说明定名依据，编撰《法国国家图书馆藏敦煌文献解题目录》，给出定名的文献和研究依据。

本次出版在充分吸收前人出版和研究成果的基础上，多有新的发明，在法藏敦煌文献的整理和刊布方面具有里程碑的意义。

一是完整刊布法藏敦煌文献图版。本书完整刊布了法藏编号P.2001至P.6040的全部文献。图版根据法国国家图书馆馆藏编号顺序编排，依次呈现外观、包首、正面、背面等。一个编号若存在多件纸本或附着各类残片等，则依次呈现每件纸本或残片的正面、背面。背面有文字、图像或其他要素的图版，亦予以收录。

二是高清全彩影印，高度还原文献面貌。本书图版采用"龙门架式"的强大拍摄设备，高清、四色全彩形式印制，尽可能地还原原卷尺寸和面貌。高清全彩图版极大地推动了敦煌文献研究：过去看不到的朱点、朱笔文字、朱印现在都可以见到；部分墨色黯淡的小字和押印、浮页、夹行贴纸等细节，均得以呈现；绘画敷彩、书写笔法纤毫毕现；纸张材质、染色和装裱形式，都得以理想展示。

三是汇集最新研究成果，对文献定名加以全新修订。借助彩色高清图版，本书对前人研究成果加以评判，对前人较少措意的写本进行新的探讨。在充分吸收前人研究成果的同时，利用古籍整理和出土文献整理的规范，对文献全部加以重新讨论，给予统一的定名。对于民族语言文献，也按照其本身的文本逻辑和汉文文献的定名规则，给予逻辑相同的更精确的定名。

四是设计多元、细节完备。在体例设计中，本书根据每一编号的文献情况，特别附加有总图、局部图、复原图等，同时刊布卷轴外观和装帧形态的图版。对重要长卷，跨页通版接排，突出了长卷的整体性。在图例中，为每一编号文献标注比例尺、色卡。在连续图版的上方还特别设置了三角标记符号，用以提示图版重复部分。

敦煌文献是值得深入挖掘和探索的学术宝藏。敦煌文献的整理出版，是一项持续了多年，并将延续下去的长期工作。《法国国家图书馆藏敦煌文献》的全面整理出版，是基于数十年敦煌文献出版的又一次集大成者。高精度、高水平彩色影印出版的方式，是敦煌国宝应有的"待遇"。全彩影印出版，将使学界能够最大限度地利用敦煌文献，不必为一二残卷而远渡重洋，加强敦煌学研究；将让我国也存有完整的高清图版，实现了海外敦煌文献的出版回归，俾便进一步的数字化、数据库工作。正如陈寅恪先生所说："一时代之学术，必有其新材料与新问题。取用此材料，以研求问题，则为此时代学术之新潮流。"一代有一代之学术，敦煌学从"经眼"时代，到编目时代，再到黑白影印时代，已走入了全彩影印和深入整理的时代。

从"吾国之伤心史"到"敦煌在中国，敦煌学也在中国"，敦煌学，俨然成为我国学术与文化发展的一个缩影。先贤们在困顿的环境中艰辛备尝，筚路蓝缕，在今天的时代，国家繁荣，"盛世修文"，我们更有责任和义务，趁此良机，不懈努力，推进敦煌文献的出版工作，担当起传承和发扬中华文明的使命。

参考文献

［1］荣新江. 海外敦煌吐鲁番文献知见录［M］. 南昌：江西人民出版社，1996.

［2］P. Pelliot. Une bibliothèque médiévale retrouvée au Kan-su［J］. Bulletin de l'École Française d'Extrême-Orient, 1908, VIII(3—4).

［3］罗振玉. 敦煌石室书目及发见之原始［J］. 东方杂志，1909，6（10）.

［4］Marcelle Lalou. Inventaire des manuscrits tibétains de Touen-houang: conservés à la Bibliothèque Nationale, Paris［M］. Paris: Bibliothèque nationale, 1939, 1950, 1961.

［5］J. Gernet, Wu Chiyu. Catalogue des manuscrits chinois de Touen-houang. Fonds Pelliot chinois de la Bibliothèque nationale, I［M］. Paris: Bibliothèque nationale, 1970.

［6］M. Soymié. Catalogue des manuscrits chinois de Touen-houang. Fonds Pelliot chinois de la Bibliothèque nationale, III, IV, V［M］. Paris: Fondation Singer-Polignac et École Française d'Extrême-Orient, 1983, 1991, 1995.

［7］F. Wang-Toutain. Catalogue des manuscrits chinois de Touen-houang, VI: Fragments chinois du Fonds Pelliot tibétain de la Bibliothèque nationale de France［M］. Paris: École Française d'Extrême-Orient, 2001.

在图书编写审校中提升编辑和作者配合度

上海教育出版社　　李　航

摘　要

在图书编写审校中，编辑和作者作为核心参与者，需要互相配合，形成合力，否则就极有可能发生各种问题，甚至出现花费了编辑和作者许多心力，最终却无法顺利出版的情况。本文以教学参考类图书为例，总结实际工作经验，首先分析此类图书在编写审校过程中的常见问题及原因，再从做好和作者的情绪沟通，提出具体全面的要求、及时清晰地反馈意见，引入高效便捷的"工具"等方面提出编辑和作者如何提高配合度的建议，以期对编辑和作者形成合力，共同推进优质图书出版的实践工作有所助益。

关键词

编写审校　编辑　作者　配合度　教学参考类图书

作为专业出版人员，编辑在出版各流程中发挥引导作用，是出版的重要方面和应有之义；作为图书产品的"第一责任者"，作者对图书质量起着举足轻重的作用。二者作为图书出版的核心参与者，配合得当、齐心协力，方能实现优质图书的出版。一般情况下，作者进行图书编写，产出图书的"初级产品"，而后编辑负责审稿编校，对"初级产品"进行"精加工"。但这并不意味着作者和编辑是"你方唱罢我登场"的关系，而应是"你中有我，我中有你"的状态。从大量工作经验来看，如果作者和编辑配合不当、各自为政，在图书的出版工作中就极有可能出现各种问题，甚至发生虽然花费了作者和编辑许多心力，最终却无法顺利出版的情况。因此，本文就如何提升作者和编辑在编写审校中的配合度提出一些粗浅的建议，供大家参考。

一、教学参考类图书的特点

笔者所在的编辑室以出版小学语文教学类期刊《小学语文教师》为工作主线，同时拓展延伸出版相关的教学参考类图书。通过实践总结，笔者发现教学参考类图书在出版时间、出版形式、体例格式、作者团队等方面都有着鲜明的特点。

在出版时间方面，此类图书常需要配合学期进度，如配套春季学期使用的一般需要在1月前完成出版，配套秋季学期使用的一般要在8月前完成出版。一旦错过出版时机，图书的出版就会失去意义，销量当然也是大打折扣，再加上教材经常进行修订等原因，图书编写出版受时间限制比较大。在出版形式方面，因为配套教材使用，此类图书多是套书的形式，如《小学语文名师文本教学解读及教学活动设计》共12本，《小练笔16讲》共12本，"小学语文学习任务群课例设计丛书"共6本。时间紧、任务重，编写审校的任务都很繁重。在体例格式方面，多以数篇体例格式统一的篇章来结构全书，如"教材解读＋教学设计""理论阐述＋实践案例"等，体例相对固定，格式清晰。在作者团队方面，为了提高编写效率和质量，常采用团队编写的形式，由名师（多为小学语文教学专家、特级教师等）领衔、把关，名师工作室团队中的一线教师进行具体编写。如某本图书配套教材分为八个单元，每个单元由一个名师工作室团队承担编写任务，整个图书编写团队可能会达几十人之多。

二、图书编写审校中的常见问题及原因

根据实践经验，笔者总结了教学参考类图书在编写审校过程中常见的五类问题，并分析了可能导致问题发生的原因。其中前四个问题主要发生在编写环节，最后一个问题涉及审校环节。

（一）常见问题

1. 结构问题

图书的结构一般是编辑在审稿时最先关注到的方面。结构问题一般就全书而言，包括内容主次不分、章节设置不当、全书文字量过多或过少等。如某本图书配套教材使用，计划按照八个单元设置，但作者认为某两个单元内容较为重要，编写的文字量明显多于其他单元，造成了图书结构的不平衡。

2. 文字表述问题

文字表述问题包括：生造新词、句式杂糅、表达前后不一、表意不清、上下文逻辑

不畅、论述与举例不匹配等。如某作者在撰写"教学目标"的时候，一会儿是从教师角度出发，"引导学生观察发现几个事例的叙述要有详有略"，一会儿是从学生角度出发，"能掌握通过事例体现人物特点的写作方法"，存在明显的表达前后不一的问题。

3. 图书规范性问题

图书的规范性问题是书稿中的"重灾区"，包括文字的规范性、体例和格式的规范性。文字的规范性问题涵盖很广，很多作者习惯性使用比较随意的表达，在文字表述上不够严谨，缺乏推敲。如"学生""孩子""儿童"混用（这些称呼虽然都可以使用，但应保持局部统一），"教师"和"老师"混用（"教师"是职业名；"老师"是称呼名，与"学生"相对），阿拉伯数字和汉字数字混用等。体例和格式方面的规范性问题主要表现在随意增添或删改篇章板块、篇目标题命名方式不统一、标题层级混乱、图注和表头等标注混乱、参考文献格式不规范等。

4. 引用文段和图片的问题

编辑在书稿中常会发现作者未经授权引用文段、图片，引用文段、图片不规范的情况。如某系列图书的作者在书稿中设计了"跟着课文学一学"的板块，其中引用了不少教材中的课文，但编辑在审稿时发现很多内容无法取得作者的授权，必须对这一板块进行大幅调整，不仅耗费了许多时间和精力，也影响了作者本来的编写思路。又如使用没有经过授权（包括肖像权）的图片，清晰度不够的图片，有明显错误的学生作业、作品图片等。

5. 作者修改时的问题

为了进一步把握稿件质量，通常会安排作者在一校样或二校样阶段通读稿件，提出修改意见。作者常出现的问题有以下几种：一是对编辑校对符号使用不规范，有时会影响编辑对作者修改意图的理解，但毕竟作者不是专业的编辑校对人员，如不影响理解则可不必深究。二是不按照编辑流程、要求进行修改，如在二校，甚至三校阶段，还要求对书稿进行较大篇幅的增删和调整，再如对稿件过于"精益求精"，频繁修改一些不是硬伤的问题。

（二）发生问题的原因

教学参考类图书在编写审校中之所以易出现以上问题，大致可以归因为以下几点：

1. 受编写条件的影响

一是此类图书多采取团队编写的形式，且作者团队常分散在多个地域，议事成本高，所以经常在微信群或 QQ 群中传达信息，在线上召开编委会、磨稿会等。编写要求在由主编到分册主编，再到具体编写人员层层下达的过程中，难免会因传达不清或理解不同而发生偏差。二是因编写时间紧张，成稿仓促，书稿中难免会存在各种问题。

2. 作者对图书出版流程、规范缺乏了解

一是不了解图书出版对语言表达的较高要求，如表达的严谨性、统一性等。二是对图书的编辑出版流程缺乏认识，如审稿和编校的不同，不同校次之间的差别等。三是缺乏应有的版权意识、文献意识。

3. 统稿工作不到位

统稿的工作多由主编或分册主编负责。一则主编本身事务繁多，在统稿上投入的时间精力有限，难免有疏忽和遗漏；二则主编毕竟不是专业出版人员，其关注点多在书稿的内容上，容易忽视对图书结构体例、出版规范等方面的审核。

4. 作者受自身写作水平的限制

教学参考类图书的作者多为教学研究者和一线教师，他们的教学实践经验丰富，但书面表达水平参差不齐，所以编写的书稿常会存在文字表述上的问题。

5. 编辑作用发挥不到位

作者负责图书编写，编辑负责编辑审校的惯性思维使得编辑在有些环节没能充分发挥引导作用，和作者的配合度低，由此导致了很多问题的出现。

三、提升编辑和作者的配合度

通过总结工作经验，笔者认为编辑如能在以下几方面做好工作，和作者在图书编写审校中的配合度将会得到很大程度的提升。

（一）做好和作者的情绪沟通

和作者做好情绪上的沟通是进行一切工作的前提。要让作者了解图书编辑出版流程，理解编辑的工作职责和要求，从而愿意较好地配合编辑工作，形成合力，共同为出版优质的图书而努力。比如一位作者在图书的"教学资源"板块中选取了多篇他人的文字内容作为教学拓展资源，但这些内容大部分无法取得版权，因此编辑提出要对此部分内容进行替换。作者一开始并不理解，认为这些内容是精心选择的，花了不少工夫搜集整理，替换掉太可惜。针对这一情况，编辑保持耐心与作者继续沟通，让其了解出版要求规范及《著作权法》的相关内容和规定，理解编辑是在为这本图书的顺利出版努力，同时也对作者付出的辛苦表示感谢和体谅，最终这位作者配合编辑替换了不符合出版要求的内容。

（二）要求提出具体全面，意见反馈及时清晰

1. 编写前期的要求清晰

作者的来稿质量是影响最终成书质量的重要因素。来稿质量与编写前期编辑和作者的沟通是否到位息息相关。编辑需要在作者开始撰稿之前，就以书面形式提出编写要求，从语言风格到全书结构，从格式体例到章节篇幅，将未来编写中可能出现的问题，甚至是会影响到能否出版的问题扼杀在摇篮里。如之前策划的一套图书，由于版式设计均衡美观的要求，每个单元要排八个页面，因此对单元中每个板块的容量有严格的限制。但因为编辑在编写前期没有和作者就此问题进行清楚说明和要求，导致作者提交的稿件存在较大偏差，有些单元排了十多页，有些单元还不满八页，后续调整又花费了许多精力。另外，编写要求应尽早提出，为作者编写留下足够的时间，切不可因为赶出版进度而压缩作者的时间。

2. 提高编写中后期的反馈质量

反馈既指编辑对作者的反馈，又指作者对编辑的反馈。到了编写中后期，稿件雏形初具，但肯定还有不少和目标要求存在偏差的地方，这时作者和编辑的配合显得尤为重要。对于编辑提出的要求和建议，作者常有不甚清楚或不甚理解的地方，编辑要耐心说明，清楚解释，切不可自认为简单就一语带过，让作者心存疑惑。对于作者提交的稿件或修改后的稿件，编辑要及时审阅，有问题明确指出，不能等到定稿了才反馈，这时作者修改起来有难度，内心也会比较抵触。在作者编写过程中，编辑要定期与之沟通交流，不要认为写稿就是作者的事，这样其实是给自己后期的审校工作增加了麻烦。还有一点就是主编对编写人员的反馈，看似和编辑没有关系，其实也需要编辑打好配合。如前所述，如果没有编辑的提醒和辅助，主编很可能会在统稿环节忽略一些重要问题。编辑可以加入主编和编写人员的编写群，以便及时回应编写中遇到的各种问题。

（三）引入高效便捷的"工具"

大部分作者都不是出版行业的人员，甚至很多是第一次接触图书出版，编辑想要通过一两次的讲解就让作者完全明白和理解编辑出版工作规范和流程是不太现实的，因此使用一些简单有效的"工具"来帮助作者是很有必要的。

1. 使用样章

这里所指的样章是编辑在图书撰写之前或早期，提供给作者的示范性篇章，帮助作

者明确图书体例、语言风格、格式要求、篇幅要求等，以便在后期的编写中不出现大的偏差。样章的作用在多人参与编写的系列图书中尤其重要，如前所述，因为编写人员众多且不在同一地域，组织线下会议不便，如果编写要求不以明确的书面样章形式固定下来，仅凭口头传达或在线上零散的文字传达，编写很有可能会出现偏差。编辑提供的样章要尽量详细，不能只有笼统的标题层级等，最好能就重点内容给出范例及编写要求。如对于"教学目标"的编写，在给出示例之后，再在括号中备注"需从学生能力掌握的角度来写"，以避免出现前后表达不一的情况。再如对于"教学资源"的编写，在提供示例后，也要着重说明"请不要使用未经授权的作品、直接在网络上下载的未经核实的内容等"。

2. 使用校对表

作者在进行校稿时，常因为不了解出版流程和规律，而出现不使用编辑发送的校样，而是直接在原稿上修改，擅自大段修改替换等情况，导致校次混乱、错改漏改、影响版面设计，不仅让编辑做了许多无用功，甚至可能对稿件质量造成影响。经过多次实践和调整，笔者发现采用校对表（见下表）的形式帮助作者进行稿件修改的工作可以大大提高修改质量和效率。校对表的形式清晰明了，让作者将页码、行数、原句、更正后的句子清晰地记录在表格中，自己和编辑都一目了然，也避免了作者不规范使用编校符号可能带来的误解和误改。当然编辑还要提前和作者进行说明，明确告知要以某次校样为基础进行修改；如果有涉及大篇幅的修改，会动到版面的，要先和编辑沟通。这样一来，作者修改稿件的工作便事半功倍了。

校对表样表

《小学语文名师文本教学解读及教学活动设计》（二年级上册）校对表					
第 单元第 课	第 页	上数（倒数）第 行	原句	更正	备注

3. 使用 AI 工具进行辅助

随着人工智能的快速发展，很多编辑也已经开始使用各种 AI 工具辅助自己的编辑工作，如关于内容风险审校、知识性差错审校、参考文献审校的 AI 工具都可以帮助编辑提高工作效率。编辑也可以将这些工具推荐给作者，辅助他们完成部分工作。如某本图书要进行大量跨学科学习任务的设计，作者作为语文教师，对涉及其他学科的知识把握不准，因此在编辑的指导下使用 AI 工具对书中的知识性内容进行检查，筛出了不少存在问题的地方，方便下一步进行有针对性的修改，这样也提醒了编辑在审稿中需要着重关注的地方。

在图书的编写审校过程中，编辑起到的引导作用非常重要，但如果没有作者的良好配合，很可能只是"剃头挑子一头热"，起不到应有的效果，只有想方设法提高和作者的配合度，二者配合得当、形成合力，方能实现优质图书的出版。

参考文献

［1］毛锐.聚焦来稿质量，打造高品质教辅图书［J］.编辑学刊，2023（4）.

［2］赵连光.图书编写中编辑引导作用的发挥——以幼教类图书为例［J］.编辑学刊，2024（6）.

［3］姜丹.试论编辑在出版业高质量发展中的作用［J］.传播与版权，2022（5）.

浅谈"素"在书籍设计中的运用和影响

上海古籍出版社　　黄　琛

摘　要

"素"的美学风格一直是艺术设计追求的一种重要审美方向，它传达了一种朴素、简约、自然的艺术设计理念。中国古籍文献里"见素抱朴""素以为绚"阐释了本质上朴素之美的深刻内蕴、丰富美感和艺术魅力。在当代中国书籍设计中，"素"之美的表现形式主要体现在黑白、淡雅、留白、质朴四个方面。将"素"的美学元素融入当代书籍设计中，对中国书籍美的表现力和中国文化的传承有着深远的影响。本文解析当代书籍设计中"素"的美学表现、运用技巧以及影响力。

关键词

素　美学风格　书籍设计　运用　影响

　　书籍设计是一门源远流长的古老艺术，更是一门充满创造性和挑战性的现代艺术。从刻写的龟夹兽骨到编缀的竹简木牍，从古韵悠长的卷轴蝴蝶装到精美绝伦的精平裸脊装，从钛白朱砂石青到椰白铁红柠绿，古老的青简、缥缃在历史长河的洗礼中逐渐演变成现代书籍，书籍承载着中国千年文化，是世人的精神所向。万物之始，大道至简，衍化至繁。在纷扰的大千世界，世间万物由简至繁到由繁至简，是一切的规律。以"素"为美是书籍设计者一直努力追求的较高审美艺术境界。

一、中国古籍文献中对"素"的美学内涵的解析

（一）"见素抱朴"

　　"见素抱朴"出自《道德经》第十九章："绝圣弃智，民利百倍；绝仁弃义，民复孝

慈；绝巧弃利，盗贼无有。此三者以为文，不足。故令有所属：见素抱朴，少私寡欲，绝学无忧。"

"见素"意为保持原有自然本色，不加以任何修饰；"抱朴"则是不追求奢华，坚守纯洁朴实的本性。老子是想告诉世人一种态度，在喧嚣纷扰的世界中，要返璞归真，追求朴素自然。这种理念恰好与美学中的"素"不谋而合。"素"初指白色而又细密、未曾染色的丝织品，后引申为所有白色事物，是那种不添加任何杂念的朴实本色的美。《庄子·外篇·天道》有言："静而圣，动而王，无为也而尊，朴素而天下莫能与之争美。"汉乐府《古诗十九首》中有诗云"娥娥红粉妆，纤纤出素手"。女子修长而白皙的纤纤玉手，会给人一种纯净无瑕、高洁脱俗的感觉。这些都意指经过过度包装的任何其他形式的美都是虚假的，素才是最自然淳朴的美。

（二）"素以为绚"

"素以为绚"源于《诗经》，《论语·八佾》中孔子和子夏对其有一番见解。"子夏问曰：'"巧笑倩兮，美目盼兮，素以为绚兮"。何谓也？'子曰：'绘事后素。'曰：'礼后乎？'子曰：'起予者商也！始可与言《诗》已矣。'"

"绚"是指绚丽多彩、丰富多样，"素"则是指淡雅的色彩，引申为朴素自然，没有过多的装饰和华丽。"素以为绚"是指在洁白的质地上画着美丽的图案或绚丽的颜色。子夏不解，孔子回以"绘事后素"，直义是绘上绚丽色彩或图案后再附着白色，这里孔子借"绘事"来说明"素"的重要性。"绚"漂亮美丽固然很重要，但是本质上的朴素之美才是更美的，更重要的。这个和美学上的以"素"为美的蕴意相得益彰。

"见素抱朴""素以为绚"是中国古籍文献里对"素"的审美解释里较有代表性的，深刻地影响着当代艺术的发展方向，也成为当代艺术设计家的一种重要审美追求。

二、当代中国书籍设计中对"素"美学风格的具体运用和体现

随着社会的发展，中西文化的交融，人们的思想越来越活跃，对美的追求和感悟也慢慢地发生了变化，传统的审美文化和现代新文化的碰撞，会产生一些新的审美导向，但中国传统文化中深入本质的美学精华更易渗透人们内心深处，陶冶性情，因而能源远流长。"素"是创造美的一种表现形式，自然的素朴之美是好的装饰，当代中国书籍设计师在以"素"为美的设计美学上一直备受影响，主要体现在对黑白、淡雅、留白、质朴四个方面的理解和运用上。

（一）黑白之美

黑与白是最简单、最原始的传统之色，是色彩的鼻祖。黑与白在色彩哲学中被喻为最具力量感的极简配色，黑色象征高贵与神秘，而白色则代表着简约与纯净，两者碰撞，会使人产生一种高级和谐感。在当今的设计世界里，不管是在服装设计、家具设计，还是在纯艺术创作中，特别是在书籍设计中，设计家们都挖掘到黑与白的极素之美，并把它广泛运用到自己的设计作品之中。

1. 黑与白的哲学释义

首先，黑与白在哲学上体现了阴阳二元的观念。黑色是阴，代表沉着、内敛、含蓄；白色是阳，代表纯洁、阳光、美好。其次，黑与白还蕴含了虚实相生、和谐相处的深意，黑即实，白即虚。黑之为有，白之为无。虚是因为实而存在，实是因为虚而显得很实，无中含有，有中含无。在千变万化的世界之中，万物处在同一个空间里，他们相互依赖，相互生存。

2. 黑白美学在书籍设计中的运用

黑白之美的书籍设计典范，这里不得不提由刘晓翔设计并荣获 2010 年"世界最美的书"的《诗经》一书，其整体设计就是以黑白外加棕为主色调。《诗经》的创作成型是在春秋战国时期，民众对国家文化传承的认知非常低，而真正统一思想是从秦始皇完成统一各国开始，那时的秦朝民众特别喜好黑色，在这样的历史文化背景之下，所以设计者首先在硬封上选择使用墨黑色的艺术纸作裱板；另外一点是源于《诗经》中也有大量关于白色装饰的描写，比如《出其东门》篇就道："出其东门，有女如云。虽则如云，匪我思存。缟衣綦巾，聊乐我员。出其闉阇，有女如荼。虽则如荼，匪我思且。缟衣茹蘆，聊可与娱。"这里的"缟"就是白色的意思，"缟衣"指白色的绢衣，所以设计者在裱好的黑色封壳上选以压烫亚光白色书名，通过这样一黑一白极简之色的运用，使观者自然而然在强烈的视觉反差之下，却没有一丝压迫之感，反倒是自然舒服，所以黑与白的运用到位使《诗经》一书的设计既拥有了历史文化的积淀，又凸显了大气、庄重素雅之美。

（二）淡雅之美

《礼记·郊特牲》有言："大圭不琢，美其质也。"中国古代哲人重本质轻浮华，玉器不雕琢方显质朴之美，恰是淡雅的体现。其精神之内涵传承至今。当代书籍设计师多用"古淡""疏淡""平淡"来表现自己的作品，其最终追求的都是以"素"为美的美学。

上海古籍出版社出版的《中国古代四大名剧》就把"淡"与"雅"表现到了极致。

整套书设计的色彩基调展现一种温文尔雅之感，里封采用的都是两种撞色拼接，如《桃花扇》的嫩粉配水蓝，《长生殿》的藤紫配甘橙，《牡丹亭》的簪绿配肉桂，《西厢记》的铁红配青灰，他们都虽为撞色，但是在整体色彩纯度上只有百分之五十，这样就大大降低其明艳度，使两色放在一起一点也没有炸裂感，反倒沁人心扉、温柔舒服，犹如芊芊女子温润细腻地在和你娓娓道来。这其实就是源于美学原理里的"淡雅"。

另外，这套书的外封使用的是机宣，设计者在上面只用了零星的戏剧唱词和团扇线描做点缀，通过宣纸的半透效果让硬封上的撞色绣像若隐若现，就像一位身着薄纱裙的女子正在低声吟唱，通过这样简单的元素和简单的色彩，一透一浅，一静一动，真正把"淡"和"雅"表现得淋漓尽致。

（三）留白之美

书籍设计既是一门独特的艺术，又是一门整体的艺术，需要在文字、图形、颜色、开本、封面、正文等各个环节都要做到恰到好处，是一个复杂且精细的创作过程。想要把这些多种元素和谐统一起来，"留白"在里边起到了至关重要的桥梁作用，适当的留白会使设计作品繁而不乱，让人有一种舒适自然的松弛感。

1. 艺术设计中"留白"的含义

"留白"是中国传统艺术创作中一种常用的、独特的表现手法。在不同的艺术设计领域中，"留白"的含义都是一样的，都是指在艺术设计创作中，特意留出空白的地方，不添加任何颜色和图形，以达到和谐统一、突出主体的效果。

"留白"中的白就是空、无的含义，这一定需要在其他元素的衬托下才能凸显出来，这和老子提出的"虚实相生"的哲学理念相吻合。老子认为，世界万物没有绝对的虚实，一切事物都存在虚实之间，相互依存，相互联系，相互影响。正是在繁杂绚丽的设计中保有一定的留白，才能提升设计作品的艺术魅力。

"留白"是中国美学中的简约之美的重要体现。简约就是去掉不必要的装饰，保留最简单的元素，使整体显得更整洁有序、自然和谐。简约是需要留白的，适当的留白能产生简约之美，它们相辅相成。《孝经·诸侯章》中道："在上不骄，高而不危；制节谨度，满而不溢。"中国美学理论里也强调"疏而不空，满而不溢"。一定的留白才能使设计作品整体和谐自然。

2. 书籍设计中"留白"的艺术魅力

"留白"的设计艺术不仅在哲学上还是美学上都具有一定的意义，合理的"留白"设计间接提升了书籍设计家的设计水平和审美品位，连接了与读者的情感交融，使书籍有了另一个存在的缘由。

如书籍设计家朱赢椿设计的《蚁呓》一书，没有过多的颜色和图案，不管是从封面设计还是内文设计上，都有大量的留白，封面除了有五只小蚂蚁其他都是白色的，内文除偶尔出现的小小蚂蚁和一些文字，其他也都是白色。设计家是想通过关注小小蚂蚁世界来引发大家对生活的思考，对自然的渴望。

（四）质朴之美

"质朴"的本意就是朴素、简单、自然、真实，他强调的是一种风格和气度，表现的是本质的内在之美。《道德经》里的"敦兮，其若朴"和"为天下谷，常德乃足，复归于朴"，就是在推崇这种不加任何修饰，回归自然本色的道理。当代中国书籍设计家特别乐意尽可能地运用最原始的、最自然的元素或材料等，来表现其具有浓厚的朴素精神。所以，返璞归真是一种精神，"质朴"是高级美的一种境界。书籍设计中对质朴之美的理解和追求主要通过以下形式来呈现。

1. 材料的朴素

书籍中最重要的材料就是纸张，纸张是现代书籍设计的最基本载体，不同材质赋予纸张不同的特性，表现出来的个性和感官就会有不同。纸张是以植物纤维为基本原料，将天然植物皮纤维、稻草、木材、草浆等一些原料进行后期加工，融合各种技术形成不同肌理和质感、厚度的纸张，它不同于金属、塑料、布料，它本身就有一种独特的自然简单、淳朴之美。

现代书籍设计师喜欢运用纸张及其他物质的最原始状态来表现书籍的简约美、简朴美，如宣纸、麻纸、纤维板、竹编、棉麻、皮革等。这种纸张及其他物质流露出来的朴素、天然气息，使观者立马对书产生了一种亲近感。所以，朴素的传统材料在书籍装帧设计中具有独特魅力与深厚文化底蕴的。

2016年荣获"世界最美的书"的《学而不厌》就是将传统材质的质朴和传统文化结合到极致的书籍。当我们触摸全书，第一感就是原始、粗糙。它的外封使用了毡毯纸包裹加细麻绳相扣；封面是宣纸不规则手工贴面，宛如稻草般，肌理感十足；书心的翻口面是打磨成原始毛边，参差不齐，回归到原始印刷状；书脊裸背穿线装订。一切无不都彰显出这本书返璞归真、自然朴素，在电子信息化充斥的时代，《学而不厌》一书让人顿感温暖。

2. 文字、图形的朴素

中国汉字是世界上古老并极具中国特色的古文字之一，也是中国文化历史发展的标志之一。中国汉字从远古时代刻在龟甲兽骨上的甲骨文，到铸刻在青铜器上的金文、秦朝统一全国后推行的官方字体篆书，再到后边的隶书、楷书、草书、行书。这种古老的中国原始文字是中国独特的一种艺术表现形式，他们的身上的一种"质朴"精神也是中国艺术的至高追求。象形文字、甲骨文字、各名家书法都是现代书籍设计家特别热衷用来提升自己设计作品文化韵味的一种介质，有时候甚至只取其一笔，这种古老的文字就能给观者带来与众不同的自然观感，这就是质朴的魅力呈现。

另外，中国林林总总的传统图形，他们形态不同，风格气韵也不同，如青铜器、瓦当画像砖、剪纸皮影、木版年画、篆刻印章、戏剧脸谱、娟绣丝织、绣像刻本等，都体现着中国传统艺术的独特时代和地域特色，还有太极八卦、仙鹤松柏、云纹水纹、亭台楼阁等，代表着吉祥如意或深刻哲学含义。这些古老生动的传统图形也是众多当代书籍设计师的宠儿们，不仅体现着中国质朴的气韵、神韵、意境，也使得书籍设计作品不显奢丽且更加精美绝伦，一种儒家文质彬彬的审美气韵就会跃然纸上。

清代著名书画家傅山就提出"宁拙毋巧，宁丑毋媚，宁支离毋轻滑，宁真率毋安排"，这是对质朴艺术追求的一种较高的赞美。以"质朴"为美，推崇一种真实自在的美，一直是当代书籍设计的至高追求。

3. 形式的朴素

经过五千年历史长河的洗礼，中国书籍的装帧形式随着生产工艺和所用材料的发展变化而不断地演变着。从最早的用麻绳串联起来甲骨和竹简，到帛书、石经、拓印卷轴，再到经折装、旋风装和蝴蝶装，线装、平装和精装，书籍的装帧形式在每个时代都与当时的历史文化息息相关，传递着人们对文化内蕴、对美学高度的一种向往。

现代书籍设计师常常是提取原始书籍形式中的一点再运用到现代书籍设计装帧形式上，如裸脊装、册页装、手工线装、异形书装，不管是从开本上模拟古代竹简开本大小，还是在装订上采用古老的麻线穿线法或手工缝制，都是一种古为今用、返璞归真、追求自然的审美意识在指引着。

总之，以"素"为美是现代书籍装帧设计的追求，它的古拙和质朴、典雅与纯美的美感，是现代人审美意识的升华，是精神的提升，是超越自我的一种表现。

三、"素"的美学风格对审美品格的影响和文化传承的意义

世界的发展，科技的进步，人们在拥有了一定的物质需求后，对精神方面的需求就会越来越大，书籍作为一种精神食粮，滋养着人们，影响着人们。

丰子恺曾说过："书的装帧，于读书心情大有关系。……善于装帧者，亦能将书的内容精神翻译为形状与色彩，使读者发生美感，而增加读者的兴味。"在书籍设计中，"素"的美学风格强调的是简约自然，摒弃复杂的装饰和色彩，通过追求朴素和谐的形式与感受，营造宁静和平的氛围，这种美学设计理念潜移默化地影响着人们的审美倾向和品格追求，在现代生活的快节奏中，人们更多地会去关注思想而非外在。回归本质，寻找内心平和，欣赏内在的"素"之美，是人们对生活品质的提高和精神追求的思考。

书籍装帧也是一门文化，它是将内容与文化连接起来的桥梁，以"素"为美的艺术设计理念加强了当代艺术与传统文化的融合，倡导大家追求简约自然的文化态度，在全球的背景下，成为凸显中国文化独特魅力的体现。

总而言之，完美地将"素"的美学运用到当代书籍设计中，将会使书籍呈现出较高的艺术魅力，对中国书籍美的表现和文化的传承有着深远的影响。

参考文献

[1]（魏）王弼.老子道德经[M].上海：上海书店，1986.

[2]（春秋）老子.道德经（全本全注全译）[M].上海：上海古籍出版社，2023.

[3]（清）郭庆藩.庄子集释[M].北京：中华书局，2012.

[4]曹旭.古诗十九首与乐府诗选评[M].上海：上海古籍出版社，2019.

[5]（春秋）孔子.论语[M].杨伯峻，杨逢彬，注译.长沙：岳麓书社，2000.

[6]王秀梅.诗经[M].北京：中华书局，2015.

[7]刘华年."素"与中国设计理念之发展[J].民族艺术，2014（1）.

[8]王宏.空白在书籍装帧设计中的魅力[J].科技资讯，2021（18）.

[9]祝静思.纸质书籍设计中纸张美感的作用分析[J].造纸信息，2021（1）.

中小学教材稿件加工过程中的图片处理

上海科学技术出版社　　葛碧临

摘　要

本文探讨中小学教材稿件加工过程中对图片的处理。以沪科版初中物理教材为例，分析教材图片编辑加工的重要性及注意事项。教材图片不仅是知识传递的重要手段，更是落实立德树人根本任务、弘扬主流价值的关键载体。文章从图片的视觉呈现、图片形式的全书统一处理、图片内容的个性化处理以及图文协同与图中文字的处理等四个方面，提出了具体的编辑加工要点，包括主体突出、风格统一、科学性准确、文化导向性明确等。通过案例分析，强调了图片编辑加工在提升教材质量、增强文化自信和科学性方面的重要作用，旨在为教材编写和修订提供参考，推动教材建设高质量发展。

关键词

教材编辑　图片处理　初中物理

教材是立德树人、传承文化的重要工具，其质量直接影响教学效果和人才培养的质量。在中小学教材中，图片是一种重要的教学资源。对于初中物理教材而言，图片能够直观地展示物理现象、实验过程和原理，帮助学生建立科学观念。本文以沪科版初中物理教材为例，探讨中小学教材稿件加工过程中对图片的处理，分析教材图片编辑加工的重要性及注意事项，以期为教材编写和修订提供参考。

一、教材图片编辑加工的重要性

教材作为教育的重要载体，肩负着立德树人、传承文化、培养人才的重要使命。习近平总书记多次强调教材建设的重要性，教材是国家事权，必须体现国家意志，弘扬主流价值。在中小学教材中，图片不仅能够增强教材的趣味性和可读性，还能帮助学生更好地理解和掌握知识。因此，教材图片的编辑加工具有极其重要的意义。

一是提升教材科学性和权威性的关键环节。打造"培根铸魂、启智增慧"的精品教材，核心是教材的科学性和权威性。教材图片的编辑加工必须严格遵循科学性和准确性原则，确保图片与教材内容高度一致。图片的编辑加工还应注重细节处理，避免出现与科学事实相悖的错误。

二是落实立德树人根本任务的重要抓手。教材图片作为教材内容的重要组成部分，必须在编辑加工过程中注重价值导向，确保图片内容符合社会主义核心价值观，弘扬中华优秀传统文化、革命文化和社会主义先进文化，帮助青少年从小打好中国底色、植入红色基因。

三是增强教材文化自信的重要载体。教材建设要融入中华优秀传统文化，增强学生的文化认同感。教材图片在编辑加工中融入文化元素，可以通过图片展示中国的历史、文化和科技成就，增强学生的民族自豪感和文化自信。

综上所述，教材图片的编辑加工不仅是提升教材科学性和权威性的关键环节，更是落实立德树人根本任务、增强文化自信的重要举措。编辑应以高度的责任感和使命感，精心打磨教材图片，为培育全面发展的社会主义建设者和接班人提供高质量的教材。

二、图片编辑加工的要点

对教材图片的加工，需要编辑有合格的审美、丰富的知识面和警惕的意识，从不同维度严谨、细致地查证、修正和调整，使图片既能呈现很好的视觉效果，又能协调呼应，还能具有深刻的内涵和教育意义。

（一）重视图片的选取

一是关联内容。教材图片不仅要与教材内容紧密相关，还要精准反映知识点，尤其是章首图和节首图的选取。章首图需概括章节核心内容，提供宏观视角；节首图则应聚焦具体知识点，引导学生进入学习情境。

二是突出主体。图片主体不仅要在画面中占据尽可能大的比例，还要清晰、突出，避免背景或次要元素干扰视觉焦点。如风力发电的插图，沪科版物理初中教材编写组原稿（以下简称原稿）选用的配图是山上的风车，背景比较花哨。近处风车虽然占据了主要画幅，但颜色与远处的背景差异不明显。编辑加工时改为平地上的风车，背景是干净的蓝色天空，读者的目光能第一时间聚焦到风车上。

三是兼顾整体。全书图片整体布局要协调、美观，色彩明亮且与页面整体风格一致，避免过于刺眼或混乱的颜色组合。

（二）对图片统一处理

首先，同类型图片风格全书统一。统一的图片风格能够使教材在视觉上更加美观和协调，提升教材的整体吸引力，有助于学生更高效地获取和理解知识，提升学习效率。统一的图片风格还能体现教材编辑的专业性和严谨性，说明教材内容经过精心设计和审核，从而增强学生对教材的信任感。如教材中介绍古代科学家时会配上人物画像，为画像加上统一的边框装饰可以方便使用教材的学生一眼识别出图片中的人物身份。

其次，组图内画风统一。同一组图中小图的画风不一致会显得杂乱，造成视觉上的割裂感，从而影响学生对知识点的连贯理解和记忆。应有所取舍，统一画风。如人、一些动物和交通工具的功率对比表，表格内6幅配图在原稿中有4幅是插画，而火车和轮船是实物照片，加工过程中选择将火车和轮船改成与另外四幅风格一致的插画。

最后，照片与插画的合理搭配。实物照片与插画的数量比例均衡。实物照片可以提供逼真的视觉效果，使学生能够直观地看到实际物体和现象，增强真实感和可信度；而插画则可以通过艺术化的处理，突出重点、简化复杂内容，使知识点更加清晰易懂。过多的实物照片可能会使页面显得过于拥挤和杂乱，而过多的插画则可能会使页面显得过于单调和缺乏真实感。通过合理控制两者的比例，避免单一形式的过度使用，让教材在视觉上更加平衡，提升阅读体验。

实验室器材等专业内容优先使用照片。实物照片的直观性有助于学生更好地理解实验器材的结构和功能。严格按照实物规范和实际情况绘制插图。这有助于增强教材的科学性和准确性，也有助于提高教学效率。

关注插画的细节处理，确保线条流畅、色彩协调。如小制作橡皮筋吉他的示意图，原稿中绕过木条的橡皮筋画到木条即止，看起来像整圈的皮筋在木条处突然断了，加工过程中对此处进行美化处理改为圆角，就能更具立体感和真实感。

（三）对图片内容的个性化处理

第一，对图片的美化处理不能违背事实规律。图片内容需符合生活常识，不可因版面调整随意做镜像和旋转等处理，避免对学生产生误导。如自行车的脚撑通常只安装在车左侧，若根据排版需要不顾非对称部件简单改变车头朝向，可能会造出一个现实并不存在的"镜像车"。又如飞机起降时除机头朝向上下不同外，襟翼等开合角度也不同，不能简单旋转机身方向就将一个状态的图片用于描述另一种状态。

第二，注意物体大小比例与位置关系的严谨性。如人眼看见的是鱼的虚像原理光路图，由两条光线反向延长线交点定位的水中的鱼的虚像是子午像，应比物近、小，不能依照书中文字"鱼的位置在像的下方"简单画成与鱼等大且在鱼的正上方，还要在图中体现出文字表述省略的大小与位置关系。

第三，插画场景符合实际。插画绘制时要以实物为准，避免主观臆断。如某习题配图中隧道口的路牌上写着"隧道全长 4.1 km"，单位为千米。现实中路牌的单位为米，故编辑加工时改为"隧道全长 4100 m"。插画中还应避免出现与现实矛盾的"穿帮"场景。如"跳板的弹力将运动员弹起"一图，原稿中跳板与飞鸟一同出现，杂糅了室外高台跳水的跳台。现实中跳板跳水高度低于跳台跳水，故常能与水面同框；且通常在室内进行，不会出现飞鸟。此时的"画面好看"就需要让位于现实性。

第四，人物服装符合身份。串联教材的学生人物身着的服装应符合读者年龄段的学生身份，其他人物的着装也应符合各自的行业特点。如搬运大型材料的工人，在原稿中工人戴普通蓝布军帽，编辑加工时改为安全帽，且工人所戴安全帽的颜色与工人的身份不矛盾。又如正在拉弓的射箭运动员在原稿中身着短袖短裤，改为长袖长裤戴渔夫帽，更适合射箭运动。

教材中人物精神面貌应积极向上。如赛龙舟所配图，原稿中虽是一船奋力争先的青年，但放大后能看出右领桨手皮肤上有文身，最后一排划手染发，对初中生的影响不好，只能另换他图。同时，慎用具体人物照片。如运动员类图片，露脸时尽量采用插画形式。如冰壶运动所配图片经过裁切只保留冰壶、冰面与运动员的手，不出现运动员的面部；跳板跳水、拉弓绘制插画而不用真人照片。去除人物属性而只保留功能属性，可以避免后续教材使用过程中运动员个人出现负面舆论对学生读者产生不好的影响。

（四）图文协同与图中文字处理

一是图片名称简洁明了。准确反映图片内容的图片名称能够提升教材可读性，帮助学生迅速获取关键信息，从而更高效地将图片与相关知识点联系起来。

二是图文内容高度一致。应确保图片信息与文字描述匹配。如某栏目主题为在干旱地区取水，原稿中插画虽表现了取水过程，所绘的场景却是绿色草地，无法体现土地干旱，故编辑加工时改为黄色沙地，与文字信息相呼应。

　　三是图文信息互不矛盾。应对照文字信息分析图片信息，判断两者是否冲突。如原稿某习题题干中子弹的速度大小为 900 m/s，配图描绘了子弹穿过番茄的场景，与番茄相比，子弹体型较小，应为手枪子弹，达不到步枪子弹 900 m/s 的速度，故编辑加工时修改习题题干中子弹的速度大小为 400 m/s。

　　四是图片纯净性。应避免使用带有广告牌、商标的照片。如某章的章首图是洪崖洞夜景，编辑加工时对所有能看清文字的广告牌进行了模糊处理。又如将贴着商标的柚子照片更换为不贴商标的柚子照片。再如巨轮远航的照片，在原稿中能看到轮船的徽标，更换照片时就着意选取看不见船身徽标的拍摄视角。

三、结语

　　教材图片的编辑加工不仅是简单的技术问题。编辑人员应以高度的责任感和使命感，精心打磨教材图片，确保每一幅图片都能发挥其应有的教育功能。未来，教材编写和修订应进一步加强对图片编辑加工的重视，提升编辑人员的专业素养，推动教材建设高质量发展。本文的研究为教材图片编辑加工提供了有益的参考，希望能够助力教材编写和修订，进一步提升教材的教育效果。

参考文献

　［1］习近平.论教育［M］.北京：中央文献出版社，2024.
　［2］靳晓燕.建设中国特色高质量教材体系［N］.光明日报，2024-3-26.
　［3］韩震.全面加强中小学教材插图审核把关［N］.光明日报，2022-8-23.
　［4］胡知凡.教材插图需要不断探索和研究［N］.中国教育报，2022-8-24.

浅论新时代教材编辑的职业素养

上海教育出版社　　李千里

摘　要

本文以教材编辑实践为基础，从政治导向与社会责任感的提升、编辑理论与学科专业素养的提升、运用新技术与跨学科知识能力的提升、体育教材编辑创新思维与风险意识的提升等方面，探讨如何逐步提升新时代教材编辑的综合素养，成长为"一专多能"的复合型人才，助力教材出版高质量发展，推动教材建设目标的实现。

关键词

新时代　党的二十大　教材编辑　业务素养

一、教材和教材编辑工作

教材与教材编辑工作在教育体系中具有基础性和战略性地位，是社会发展、文化传承的重要组成部分。党的二十大报告指出，培养什么人、怎样培养人、为谁培养人是教育的根本问题。在新时代实施科教兴国战略、强化现代化建设人才支撑的全局谋划中，教材建设与发展至关重要。教材是课程标准的具体化，所涉门类广泛，九年义务制教育除了语文、数学、英语、历史、物理、化学等课程外，还有音乐、美术、体育等科目。因此，教材出版有别于其他图书的编辑出版，它需要符合教学要求且准确规范的内容，还需要有契合时代审美的形式。这也对教材编辑提出了高要求。

在编辑岗位中，教材编辑有其特殊性，它以教育为核心，围绕教学目标，服务于广大师生。不同的教材有不同的专业属性和编纂特点，要求编辑不仅要有严谨缜密的职业态度，更要充分了解教学纲要、教学门类、教学对象，以及呈现方式。笔者从事体育教材编辑工作已有多年，深感教材编辑工作对教材出版的重要性，认为作为一名教材编辑应该具备以下一些特点。

敏锐的政治意识。在对教材内容的编辑过程中要严格把握出版导向，以出版高质量教材为目标，对文字和图片进行审核，避免出现差错，造成不良的负面影响。

专业的知识体系。教材编辑的工作重点在于编写符合教学需求的教材，确保内容的科学性和实用性。以体育教材而言，内容多与体育教学、运动技能、健康教育等有关，强调实践性和身体运动性。体育教材中会包含大量的动作示范、训练方法和健康指导等。这要求编辑不仅要熟悉相关学科的知识体系，还要了解教学的实际需求，能够将理论与实践相结合，为学生提供实用、有效的学习材料。

一定的专业技能。以体育教材编辑而言，需要具备体育相关专业背景，懂得基本的体育运动技能和理论，如运动训练、运动科学等。

强烈的责任心和使命感。教材是为教育服务的，直接关系到国家的科教兴国战略的实施。教材编辑的责任意识与教材出版的每一个环节休戚相关，以教材出版的特殊性而言，必须按质按量按时地完成教材出版。

二、新时代对教材编辑的要求

新时代教材编辑肩负着为党育人、为国育才的重要使命，必须以更高的标准要求自己，努力提升自身素养，为教育强国建设贡献力量。以体育教材为例，随着新时代传播技术的发展，体育教材的内容呈现方式发生了深刻变革。

（一）体育教材动态化与直观性增强

传统体育教材主要依赖文字和静态图像来传递信息，对于一些复杂的技术动作（如跨栏、投掷等），学生往往难以准确理解和掌握动作细节。而新媒体技术的出现，如视频、动画、虚拟现实等，为体育教材的内容呈现带来了革命性的变化。这些技术能够将复杂的动作分解为慢动作或定格画面，以动态的形式展现给学生，帮助他们更直观地理解动作的每一个环节，从而强化动作记忆。

上海教育出版社为推进教材生态圈的数字化转型与融媒体出版，增设了数字出版（网络）部，通过"专事专干"的方式，有效提升了教材和教育图书出版的效率与质量。

这不仅要求编辑掌握传统编辑技能，还需要他们具备新媒体技术的应用能力，能够熟练运用视频、动画等技术手段，提升教材的动态化和直观性。编辑需要不断提升自身的技术素养，以更好地适应教材内容呈现方式的变革。

（二）多感官融合教学

借助多媒体教材，学生可以通过视觉、听觉等多种感官同时获取信息。这种多感官融合的教学方式能够有效提升学生的学习效率和兴趣。以体育保健知识教学为例，传统的文字描述往往难以让学生深刻理解运动损伤的严重性和预防措施。而通过视频展示真实的运动损伤案例，结合专家的讲解和文字说明，学生能够更加直观地感受到运动损伤的危害，从而增强自我保护意识。这种多感官融合的教学模式不仅丰富了教材的内容呈现形式，还提高了学生的学习积极性和主动性。例如，《跟着冠军学乒乓》《跟着冠军学游泳》等拓展教材，通过植入视频二维码或增强现实（AR）新技术为读者提供增值服务。这要求教材编辑不仅要具备扎实的体育学科知识，还需要掌握多媒体制作和互动设计的技能，以增强教材的吸引力和实用性。

教材内容呈现方式变革，对体育教材编辑提出了更高要求。

一是，体育教材涵盖了众多运动项目，涉及的知识领域极为广泛，需要教材编辑的知识储备与时俱进。例如，上海市义务教育体育教材就涵盖了十几个不同的运动项目，编辑要努力做到对每个项目的细节都有所了解，这样才能不至于因自己的知识面不足而影响到教材编辑工作质量的提升。

二是，体育教材编辑的沟通能力需要进一步提升。如在图片处理与内容修改方面，与主编、作者进行协调时，要避免无效或效率低下的沟通。改进沟通方法，提高工作效率，是教材编辑需要突破的瓶颈。

三是，体育教材编辑的创新融合素养有待加强。在教材编写过程中，编辑要有足够的能力参与到与作者的深度对话中，并且能够提出有建设性的意见。

四是，教材编辑要全面和深入的了解数字媒体技术、网络出版发行、新型出版业态以及版权相关知识，以免出现因版权沟通不畅而搁置优质教材的情况，影响了教材的出版进度和质量等情况的发生。

三、新形势下体育教材编辑自我素养的提升

面对国家在教育领域的战略部署，面对日新月异的新技术在出版方面的应用，教材

编辑要顺应时代的要求，从责任意识和业务能力等方面更加精进。以体育教材编辑为例，应从以下几个方面着手，努力实现自我提升。

（一）政治导向与社会责任感的提升

融媒体时代，教材的传播速度更快、范围更广，因此教材内容必须符合社会主义核心价值观，体现正确的政治方向和价值导向。教材编辑需要具备高度的政治敏锐性和文化传承意识，避免"舶来文化"对本土教育的不良冲击。在体育教材中，编辑可以通过融入爱国主义教育案例、民族传统体育文化等内容，强化学生的文化自信和民族自豪感，培养学生的社会责任感和爱国情怀。

（二）编辑理论与学科专业素养的提升

为了更好地适应教育出版行业的发展需求，编辑需要在编辑理论和学科专业知识方面不断提升自我，成长为"一专多能"的复合型编辑人才。

1. 夯实编辑理论素养

教材编辑需不断提升自身各方面能力，对继续教育学习进行合理规划，确保学习切实有效。平时应注重培养学习能力，强化对各类知识的学习，积极拓宽视野、增长见识。多向优秀编辑以及其他学科的编辑学习，组建综合学科的编辑审稿团队，成员间经常交流，取长补短。在新时代，编辑不仅要有一专多通的专业素养，还需具备一专多能的出版素养。同时，教材编辑要透彻理解课程标准的内容。例如，对照《普通高中体育与健康课程标准（2017 年版）》，编辑团队推翻了民族与民间传统体育章节的内容，进行了大幅度修改，使其更加完善。正是编辑这种严谨的工作作风、高尚的使命情怀与精益求精的工匠精神，使得教材多年来始终保持零差错。

2. 深化学科专业知识素养

体育教材编辑需对体育学科的基本原理、基本方法，以及体育生理学知识、相关体育术语等了如指掌，同时要了解学科的前沿知识和最新成果。例如，对于田径类运动中投掷动作的图片，编辑需要具备体育学科的专业知识，才能判断绘制的动作图片是否正确。随着时代发展和科学进步，编辑要与时俱进地更新相关体育学科知识，以便在审稿时能够迅速、准确地判断书稿中的差错，确保教材内容的科学性和正确性。同时，教材编辑不仅要熟悉国家的教育方针、政策，还需熟悉体育学科课程标准，了解教材在知识、能力、情感与价值观等方面所要达成的目标，并与编写者进行充分沟通，理解教材的编写思路。只有这样，在审稿时才能准确把握教材的结构框架、内容的深度与广度、理论与实践的结合程度等。编辑还要做好编写者之间的协调和沟通工作，并在审稿时妥善处理相关问题。

（三）运用新技术与跨学科知识能力的提升

1. 提高运用新技术的能力

融媒体教材的出现打破了传统教材固定的模式，使其能够通过在线平台实现内容的动态更新。例如，当体育赛事规则发生变化或出现新的优秀赛事案例时，教材内容可以及时更新，以确保教材的时效性和实用性。同时，融媒体教材还支持学生在线提问和教师即时答疑，形成了一个良好的教学互动闭环。这种动态更新和实时反馈机制不仅提高了教材的适应性和互动性，还增强了学生的学习体验和学习效果。因此，在新媒体与新技术的出版环境下，体育教材编辑既要了解体育前沿知识，还要提升基本技术素养，以更好地适应新时代体育教育的需求。体育教材编辑需要具备多媒体制作、数据分析、动画设计等技术能力，以便更好地将新技术融入教材内容中，提高教材的质量和吸引力。比如，通过多媒体技术，编辑可以将复杂的体育动作分解为慢动作或定格画面，以动态形式展示给学生，帮助他们更直观地理解动作细节，从而强化动作记忆。

近年来，人工智能（AI）技术在教育领域的应用逐渐增多，像韩国已经尝试利用AI编写数字教科书，通过数据分析为学生提供定制化的内容。在体育教材方面，AI可以根据学生的体能水平、学习进度和兴趣爱好等，为其推荐个性化的训练计划和学习内容。例如，对于体能较差的学生，AI可以为其制订循序渐进的体能训练计划；对于对某一运动项目特别感兴趣的学生，AI可以提供更深入的专项训练内容。然而，需要注意的是，尽管AI技术在个性化学习方面具有很大的优势，但在情感互动和人文关怀方面仍存在一定的局限性，需要教师的辅助和引导。体育教材编辑要与时俱进，提升AI技术在教育出版方面的素养，更好地利用这一技术为学生提供个性化学习体验。

2. 加强跨学科知识储备

编辑还需要掌握运动科学、心理学、教育学等跨学科知识，以便能够从多学科的角度设计符合学生认知特点和学习需求的教材。目前，体育跨学科学习已被纳入义务教育课标，要求跨学科学习的课时量占总课时量的10%。这相应地要求体育教材编辑不断拓展知识面，具备一定的跨学科知识，以便能够策划、编辑和服务好新兴学科、交叉学科的教材内容。

（四）体育教材编辑创新思维与风险意识的提升

1. 不断开拓创新思维

新时代的教材编辑应以积极的心态面对数字化、智能化带来的新挑战，调整工作思路和方式方法。秉持开放包容、互学互鉴的理念，运用创新思维去策划和挖掘更多思想创新、知识创新、理论创新的选题，培养国际化视野，参与国际文化交流活动，学习并了解世界上先进的出版理念、成功的出版案例，以及各国的风俗礼仪、阅读习惯等。在交流中积累经验、增长才干，培养创新思维和创新意识，持续提升创新能力。当教材编辑具备竞争意识和国际化视野时，策划的产品才可能成为具有创新意义的优秀作品。

2. 自觉加强风险意识

随着新媒体与新技术在体育教材中的广泛应用，部分教师和学生可能会过度依赖这些技术手段，从而导致传统运动技能的弱化。此外，数字教材中的大量数据存储和传输也带来了数据安全风险。一旦数据泄露，可能会对学生的学习信息和隐私造成严重威胁。因此，教材编辑需要在教材设计中合理平衡技术应用与传统教学方法的关系，同时加强数据安全防护措施，通过技术加密和权限管理等方式，确保数据的安全性和保密性。同时，融媒体教材的开发需要多学科团队的协作，这就要求教材编辑具备较强的沟通能力和项目管理能力，能够有效地协调团队成员之间的关系，确保教材开发工作的顺利进行，为教材的高质量出版提供保障。教材编辑需要不断提升自身的风险意识，以更好地应对新媒体与新技术带来的挑战，确保教材的安全性和实用性。

新时代下，新媒体新技术推动体育教材从静态文本向动态、交互、智能化方向转型，对编辑的综合素养提出更高要求。教材编辑需在技术创新与教育本质之间寻求平衡，既要利用技术提升教学效率，也要避免过度依赖工具而忽视人文关怀。教材编辑不仅要夯实专业基础，积极学习新技术、新技能，还要顺应时代潮流，拥抱新技术，拓展知识边界，成长为"一专多能"的复合型人才，秉持初心，树立精品意识，确保教材质量与价值成为价值出版的守望者和跨界融合的开拓者。

参考文献

［1］石伟丽.融媒体时代教材编辑应具备的基本素养［J］.编辑学刊，2021（6）.
［2］邓捷.教材编辑的转型发展初探［J］.新闻文化建设，2020（13）.
［3］徐玥.融媒体对中小学教材编辑素养的新要求［J］.传播力研究，2019（36）.
［4］熊捷.主题出版人才培养与队伍建设重在"复合"与"创新"∥上海市出版协会，上海市编辑学会.守正创新　奋辑者先——2021上海出版青年编辑论文集［M］.上海：学林出版社，2021.
［5］余向丽.浅谈新时代编辑的坚守之道与创新路径［J］.编辑学刊，2022（3）.

浅谈教材编辑的素养及培养机制的优化

上海教育出版社　　姚玉莹

摘　要

教材是课程育人的重要载体，事关国家人才培养和意识形态安全，历来备受党和国家的重视，因此教材编辑的工作十分重要，培养更多优秀的教材编辑对我国教育事业的发展具有重要意义。本文通过梳理教材编辑在教材编制过程中的工作内容来探讨教材编辑需要具备的职业素养，并尝试提出优化教材编辑培养的建议，旨在促进和优化教材编辑培养机制，从而推动我国教材编制和教育事业的发展。

关键词

教材编辑　职业素养　教材出版

出版家陈昕说过："出版是人类最神圣、最美好的职业，它是人类冲出黑暗和蒙昧的'火把'。出版人就是一批高擎着火把的人，他们引领着社会精神生活的走向和品质，直接参与了社会精神生活的建构。"当初笔者怀着这种信念，带着满腔热血进入教育出版行业，开始了教材编辑生涯。时光荏苒，一晃已经十几年过去了。如今，沉淀下来的是对教材编辑这一职业更加理性的认识和思考。本文拟从教材编辑的工作内容切入，探讨教材编辑所需要的职业素养，并浅析教材编辑的培养机制，促进教材编辑的培养，推动高质量教材出版工作。

一、教材编辑是怎样的一份工作？

在《天才编辑：麦克斯·珀金斯与一个文学时代》一书中，道布尔戴出版社总编辑麦考米克说:"编辑的工作,并不像过去那样主要局限在检查拼写和标点符号,确切地说,得知道要出版什么,怎样获得书稿,怎样才能促进它最大程度地吸引读者。"这段话道出了编辑工作的实质,不过却是就图书编辑而言的。与畅销书或者各类常规读物不同,教材是国家课程或地方课程的重要组成部分,教材编辑的职责是依据国家课程标准或地方课程要求编辑出版优质教材,实现课程育人的目标。

二、教材编辑的主要工作内容

明确教材编辑的工作内容对于理解教材编辑需要具备的职业素养十分有必要。教材编制是一项浩大的系统工程。一套教材从开始编制到出版使用,一般来说至少需要2—3年的时间,大的套系可能需要3—5年,甚至更久。教材编辑是教材编制过程中不可缺少的核心力量。教材编辑通常以团队为单位,与主编带领的编写团队共同完成一套教材的编制工作。在教材编制的全流程中,编辑团队通常承担以下工作。

(一)组建编写团队

一套教材通常由主编带领的编写团队来编写。教材主编通常由在该学科教学领域有一定威望或影响力的学者、教授或一线教研人员担任,教材编者通常包括该学科的专家,一般是大学教授、一线教师等。教材编制的第一步就是组建一个有力的编写团队。

(二)开展教材编辑工作

教材编辑工作是教材编制出版工作中的核心部分。这项工作包括与编写组一起制订教材编写方案,搭建整套教材编写框架,制订样章,寻找合适的设计师和插画师,制订教材设计方案,规划教材编制时间表,有序推进教材编写、编辑、排版、设计等工作。在此过程中,教材编辑一方面承担着内容方面的工作,一方面承担着管理的工作,需要"两手抓,两手都要硬"。

由于编写组通常由大学教授、一线教研员或教师等组成,他们通常能够较好地把握学科和教学方面的内容,但作为正式出版物的教材,还需要有相对统一的体例,保证全套教材在难度上循序渐进,内容符合课标要求,意识形态正确等,这些工作通常都是由教材编辑来进行一定的规划和统筹。教材编辑通常还要承担很多项目管理的工作,如时间和流程把控,沟通编写进度和各项要求等。

（三）进行教材送审

目前我们国家实行教材审查制度，教材只有通过国家或地方教育部门的审查，才能作为国家或地方课程教材来使用。教材送审工作需要准备相应的送审材料，包括各类文字材料，如编写/修订说明、教材使用情况报告、教材试教试用报告等，这些材料大多也需要由编辑来完成。

（四）组织教材培训

新教材开始使用前，通常需要组织一系列的教材培训，来帮助教师理解新课标和新教材，从而更好地开展教学实施。教材编辑需要协助培训部门安排培训活动，包括沟通培训需求，策划培训方案，寻找合适的培训专家，准备相关培训材料，如培训手册、培训课件等，并前往教材使用地开展现场培训活动。

（五）开发教材配套资源

广义的教材不仅包括课本，还包括所有用于课程教学的材料，如教师用书、练习册、电子书、音视频、各类辅助教学资源等。教材编辑需要深入了解一线教学，紧跟教研动态，以更好地策划和开发各类助学助教资源，提升教学成效。

三、教材编辑需要具备的职业素养

素养指的是沉淀在人身上的对人的发展、生活、学习有价值、有意义的东西。本文用素养而不是能力或技能，是因为素养具有综合性、包容性和广泛性。素养包含知识和能力，以及知识和能力之外的广泛内容。教材编辑的职业素养就是指编辑在从事教材编制全流程过程中所体现出的知识、能力、行为和修养等的总和。

（一）扎实的学科专业功底和教育常识

教材有学科性，体现某一学科的教学内容和方法等，因此教材编辑应在某一学科方面学有专长，深谙本门学科的专业知识体系，不能是"门外汉"。同时，教材编辑必须懂教育和教学。这里的教育既包括"大教育"，如教育心理、教育哲学、教育实践，以及有关课程（Curriculum）和教学（Instruction）等方面的内容，也包括"小教育"，即某一学科方面的教育学内容。例如，作为英语学科教材编辑，需要了解有关二语习得和外语教学方面的理论与实践。人类教育发展至今，已经形成了一套成熟的制度和相应理论，所有以教育为职的人都必须去学习、理解和掌握，否则将难以胜任这一职业。在组建编写团队、进行教材蓝图规划以及在教材编辑加工过程中，扎实的学科专业功底和教育常识都是进入教材编制这一话语体系的"敲门砖"。

此外，教材编辑还需要具备出版行业编辑的基本功。包括过硬的案头功夫。编辑在加工书稿时应字斟句酌，推敲到家。教材编辑更是如此。教材通过语言、插图等来呈现学习内容，常有固定的体例、版面安排，教材的语言要准确、凝练和优美，因此，教材编辑必须具备良好的语言文字功底。

（二）丰富的跨学科知识体系和持续学习的能力

教材不但具有学科性，还具有跨学科性。数学教材可能涉及建筑、地理等学科内容，语文教材可能涉及历史、科学等学科内容。教材编辑需要不断积累，广泛阅读，拓宽视野，不断丰富自己的知识体系。21 世纪资讯空前发达，新技术发展日新月异，教材编辑需要具备持续学习的能力，要保持终身学习的状态，能够通过恰当的学习方法来迅速熟悉或掌握自己不曾接触过的内容。同时，现代信息技术和人工智能的发展使教材的外延不断扩大，各类辅助学习平台等数字产品不断涌现。只有与时俱进，才能跟上时代的步伐，做好教材编辑工作。

（三）较强的组织管理能力和沟通能力

如前文所述，教材编辑工作除了教材内容方面的工作，还有相当一部分工作内容是组织和管理工作，教材编辑是教材的"产品经理"。要保证教材的品质和编制出版工作按时完成，需要教材编辑具备较强的组织管理能力以及沟通能力。普通图书通常是三审三校，而教材的校次要多上一倍不止，过程中要经过多轮的内容审读和调整，以及排版、设计、插图绘制等工作，需要编辑和编写团队、排版人员、设计师、插画师等沟通和协调各项工作的进展。在后期的教材送审及教材培训中，教材编辑还需要和教育管理部门进行沟通和协调。因此，组织管理能力和沟通能力对教材编辑来说十分重要。这些能力可以通过不断积累经验来形成，也可以通过向出版前辈学习来获得。

（四）对教育出版事业的情怀和热爱

要成为一名优秀的编辑和出版人，首先需要的是情怀。情怀是含有某种特殊感情的心境，情怀是一种发自内心的执着追求。情怀既是职业成功的追求，也是一种乐在其中的精神向往。对教育出版事业的情怀和热爱是成为一名优秀教材编辑的前提。有了对教育出版工作的情怀和热爱，才会对教材编辑工作投入大量精力，不辞日常工作的琐碎和辛劳；才会在教材编辑过程中有智慧和灵感的闪现，不断创新；才会孜孜不倦地学习和提升自己，成为更优秀的教材编辑；才会在面对诸多挑战与困难时不气馁，不懈怠，并且宠辱不惊，乐在其中。

其次，教材编辑还需要细心。教材牵涉的知识范畴和领域比较庞杂，无论哪门学科教材，其内容除了本学科外，都会包含大量的其他学科内容。在编辑这些内容时，编辑需要特别细心，小到一个数字、一幅插图中的细节，都要认真查找权威资料来核实。尤其是在牵涉到编辑本身不熟悉的领域时，需要编辑有强烈的质疑精神，不放过任何一个细节。可以说，作为一名教材编辑，怎样细心都不为过。

四、教材编辑的培养机制

根据教育部教材局 2020 年公布的数据，我国目前在用的全国各级学历教育教材已近 19 万种，其中基础教育类教材近 1 万种，职业教育与继续教育类教材近 8 万种，高等教育类教材近 10 万种。如此庞大的教材体系需要大量的专业教材编辑。近年来，随着我国经济和社会的高速发展，对高品质人才的需求不断加快，相应地，课程体系建设以及课程标准和教材修订步伐加快，这对教材编辑提出更高的要求。

培养一名出色的教材编辑并不容易，既需要编辑本身就有较好的基础素养，还需要一定时间的历练和经验的积累。就笔者了解，出版社重视教材编辑的培养工作，并形成了一定的培养机制，如老带新、人才梯队建设、各类在岗继续教育的机会等。但不容否认的一个事实是，教材编辑的持续性流失情况也存在。导致教材编辑流失的原因是多方面的，如工作压力、薪资期待、编辑个人原因等。无论如何，出版管理者，特别是教材编辑的管理者，需要意识到教材编辑的培养不是一朝一夕之事，需要有长期规划和培养意识。笔者认为在教材编辑培养中还有许多改进空间，需要管理者思考。

（一）优化管理模式

目前很多出版社实行的以经济或审稿字数等为主的绩效考核模式，对于教材编辑来说可能并不十分完善。一套教材从策划阶段到经历数次送审，再到正式出版和投入使用，教材编辑投入的时间、精力以及付出的努力是巨大的。对于教材编辑的考核应该更加多元和科学，以形成激励作用。

（二）优化和完善教材内容审读流程与维度

"教材无小事"。教材的编校质量十分重要，一个疏忽可能就会引起舆情。在教材"零差错"的要求下，教材编辑，特别是责任编辑，承担着巨大的心理压力。管理者需要为教材编辑提供支持，通过建立合理、多维度的教材审读流程来避免差错，有效分担责任编辑心理压力，从而减少因为心理压力过大而导致的人才流失。

（三）为教材编辑提供成长空间

教材编辑的成长不是一蹴而就的，需要一个过程。管理者一方面要为编辑成长提供机会，如参加教材培训，深入一线听课、调研，向名师和专家学习的机会等，帮助编辑在专业能力方面深入发展。同时，也要帮助教材编辑做好职业发展路径的规划，让教材编辑看到职业发展前景是留住人才的最好办法。

五、结语

综上所述，一名合格的教材编辑需要具备扎实的学科专业功底和教育常识，有丰富的其他知识体系和持续学习的能力，较强的组织管理能力和沟通能力，多任务执行能力，以及最重要的，对教育出版事业的情怀和热爱。教材编辑既是一名寻常意义上的图书编辑，也是一名专业的教材出版编辑，需要有过硬的行业基本功。只有孜孜以求，教材编辑才能不断成长。

从出版管理的角度，出版社要有对教材编辑的培养意识。教材编辑的成长之路是漫长的，需要优化管理和考核模式，从心理和制度支持以及职业发展方面关注教材编辑的成长。

"昌明教育，开启民智"是出版界的元老张元济的出版情怀，让我们以此共勉，做好教材编辑工作，编制出版优质教材，为我国的教育事业发展贡献力量。

参考文献

[1] 陈昕.理想在潮头：给青年编辑［M］.上海：上海人民出版社，2021.
[2] ［美］伯格.天才的编辑：麦克斯·珀金斯与一个文学时代［M］.彭伦，译.桂林：广西师范大学出版社，2015.
[3] 教育部.义务教育课程总方案（2022年版）［S］.北京：北京师范大学出版社，2022.
[4] 余文森.核心素养导向的课堂教学［M］.上海：上海教育出版社，2017.

打造符合书法学专业需求的古文字工具书

上海书画出版社　　李柯霖

摘　要

本文以《古文字源流讲疏》的编纂与出版过程为例，探讨符合书法学专业需求的古文字工具书的构建策略。文章从选题的缘起、产品精准定位、编辑加工过程及宣传营销策略四个方面展开剖析，同时探讨"冷门绝学"如何借助现代出版与传播方式，逐步走向大众，实现更加广泛的传承和发展。

关键词

古文字学　书法学　工具书　学术出版

古文字学作为汉字发展与演变研究的重要学科，与书法篆刻专业密切相关。然而，当前市场上的古文字工具书大多侧重于学术研究层面，缺乏针对书法创作实践的专门指导。因此，如何打造一部既遵循学术研究规范，又能满足书法专业教学与创作需求的古文字工具书，为该领域的重点、难点。《古文字源流讲疏》正是在这一背景下应运而生。该书由上海书画出版社 2024 年 12 月出版刊行，2025 年春节期间通过官方微信公众号及视频号展开首发宣传，引起高等院校书法篆刻专业师生的广泛关注。截至 2025 年 3 月，已实现一个月内 3 次印刷，累计总印数达到 6800 册，实现社会效益与经济效益双丰收。

作为《古文字源流讲疏》责任编辑，笔者从选题缘起、产品精准定位、编辑加工以及宣传营销等四个维度，探讨如何在一部工具书中实现学术性、实用性与推广传播策略的平衡，并就如何使"冷门绝学"更广泛地走向公众进行分析。

一、缘起：沙孟海先生的一句嘱托

1985 年 9 月，浙江美术学院（现中国美术学院）在全国率先创办了首个书法专业，时任西泠印社社长、浙江美术学院教授的沙孟海强调，书法专业学生必须扎实掌握文字学基础。沙孟海委托时任浙江省博物馆馆员、吉林大学历史考古专业的曹锦炎代为开设古文字课程。曹锦炎教授师承著名古文字学家于省吾，长期致力于文物考古、古文字研究及教学工作。《古文字源流讲疏》便是其 40 载一线教学成果的总结，他根据书法专业的特色，以古文字构形为基础，通过展示 2 万余个甲骨文、金文、盟书、刻石、古玺、陶文、楚简、秦简、汉简字形材料，详细揭示由商代甲骨文到两周金文、战国文字到秦汉文字的构形原理，清晰梳理出字形的演变与发展脉络。经过修订完善、增补新材料，将学术性与实用性完美融合，精准契合了书法专业需求。

二、产品定位与编辑加工：唯一性、学术性、实用性

2018 年，曹锦炎加入中国美术学院汉字文化研究所。近年来，中国美术学院汉字文化研究所与上海书画出版社携手合作，以新出土材料为依托，推出了一系列融合考古与艺术的专业学术图书，如《流眄洛川：洛阳曹魏大墓出土石楬》《乌程汉简》《浙江省博物馆藏甲骨》《魏武遗篇：曹操高陵遗址博物馆藏石刻文字》等。这些图书在内容加工与市场营销方面进行了创新尝试，赢得业界良好口碑，也收获了市场的高度认可。

当下，高等院校书法篆刻专业蓬勃发展，社会上书法篆刻爱好者大量涌现，如何写对文字、写好文字，理解文字，是亟须解决的问题。为了在书法篆刻实践中少走弯路，出版《古文字源流讲疏》一直是曹锦炎教授的心愿。基于前期良好的信任与合作，几年前，笔者向曹锦炎教授表达了出版该书的意向，希望将专业的学术内容，通过工具书的形式传播给大众，做到真正的普及。经过曹锦炎教授两年多的补充修订，书稿终于交付于手中的那一刻，责任感与激动之情叠加，一切才刚刚开始。

（一）独家性学术成果呈现

虽然此前对书稿的情况有所了解，也曾看到过讲义原稿，但当完整通读书稿后，笔者对其内容与价值的理解也更加深入。

从事古文字研究与古文字书法实践，学习者需要掌握经典理论著作与综合性字典。高明的《中国古文字学通论》、裘锡圭的《古文字学概要》，均是具有深刻见解的开创性

学术佳作。而许慎的《说文解字》、于省吾的《甲骨文字诂林》、高明的《古文字类编》、容庚的《金文编》等字典，更是不可或缺的重要工具书。对于书法艺术实践者而言，透彻理解汉字的演变历程、掌握字形的正确使用至关重要。但在实际情况中，许多创作者常为字形选择问题而感到困扰。上述提及的字典虽能针对特定字体提供字形参考，但也存在不少误释之处。同时，大量古文字理论与工具书陆续出版且良莠不齐，就要求读者具备独立判断的能力，才能在使用过程中去伪存真。

面对存在的诸多问题，曹锦炎教授将许慎《说文解字》归纳的汉字 540 个部首，精炼为 108 个古文字部首，并对比《说文解字》对字形进行分析，再于每个部首下罗列出若干个归入本部的字例。书中的 730 个核心字例，通过严谨而又生动的叙述方式，将复杂的古文字概念变得易于理解，既纠正前人之误，也阐明字形源流演变，还提供更多的示例。《古文字源流讲疏》从根本上解决了书法篆刻实践中遇到的诸多问题，是目前市场上唯一一本专注于创作实践的古文字工具书。

（二）梳理书稿特性，打造学术亮点

在对书稿的内容与价值评估后，编辑工作正式启动。首先，经补充完善后的书稿字数逾 30 万，总图幅数量达 2 万余张。书中这些图幅均为字例，来源广泛，涵盖各类古文字文献资料，其学术性与工具性突显。因此，引核文献出处的工作量巨大，但也是保障图书学术严谨性的重要环节。一方面，笔者与同事分工协作，找到引用的各类文献资料的纸质图书及电子版进行查核，确保来源有据，另一方面，将模糊的字例图像挑选出来，与曹锦炎教授沟通进行修图或更换其他字例。

其次，考虑到古文字内容的特殊性，以及大量古文字是字库无法获取的字形，最终采用繁体横排的形式。繁体字、异体字、规范字是古籍图书整理出版中最常见的问题，该书稿更不例外。如何界定合理性是需要与作者沟通的工作之一，曹锦炎教授希望尽可能保留异体字，在与我社有多次古籍整理出版经验的审读老师沟通后，可视情况处理异体字与规范字，最大限度地做到规范与严谨。

此外，作为学术类型的专业工具书，读者的阅读体验与查阅效率至关重要，尤其书稿中大量的字例，在排版设计方面需要精心设计。其一，16 开是学术书与工具书常用的开本，裘锡圭的《文字学概要》、复旦大学出土文献与古文字研究中心出版的《出土文献与古文字教程》皆采用此开本，在对比同类图书后一致决定也采用此开本大小。其二，鉴于古文字字形的繁简不同，字号宜大不宜小，但是过大的字号势必造成版面过于疏朗，反而影响阅读感，考虑整体效果并参照同类图书字号对比，最终选用 11 磅字号。

其三，如何使 2 万余个字例编排和谐、合理、规范，是编辑过程中最重要的环节。经过不断实验调整并打印试样，最终决定采用内文全部下对齐的排列方式，并在统一行间距的基础上统一字例图片高度，原本杂乱无章的版面逐渐协调有序，阅读时节奏分明，全书总页码控制在 750 页之内，以美观实用的上、下册形式呈现。

为了确保学术质量，不留任何遗憾，即便在交稿后，曹锦炎教授依然对书稿进行调整、补充，将不合适的字例予以更正、替换，力求所选字例在字形构造和艺术风格上皆具代表性，从而提升书法篆刻实践者使用该书的便捷性与实用性。从美观角度，我们也对所有的字例图像进行修整，使清晰度得到保障。

（三）符合工具书的图书定价，收藏与实用兼备

除图书内容的独家性、学术性外，定价的合理与否对图书的销售同样重要。作为专业类工具书，让读者买得起、用得起，更好地服务于大众是选题策划之初的心愿。因此，从内容与成本出发，我们希望将《古文字源流讲疏》的定价控制在 200 元左右，以长销书方式进行销售。而对于收藏爱好者来说，适量的特别版既满足读者需求，又不失为一种营销策略。为此，根据读者需求之差异，推出定价 368 元限量布面精装版（包含作者签名、带函套）与定价 228 元平装版两种版本，兼顾学术收藏与日常教学需求。两个版本在新书销售期间均呈现了良好的态势。

三、宣传营销：发行前置、动静结合

春节期间推出新书的策略，尽管初看似乎不合常理，实则取得了意料之外的显著成效。作为面向大众的专业图书，我们采取了"发行前置、动静结合"的营销策略。由于多种不可预测的因素，付印样交付印刷厂已是 12 月底，印刷完成时已临近春节。若要赶在春节档期实现首发，面临的时间窗口极为有限，能否抓住最后的机会尚属未知。面对这一棘手的局面，我们与发行和营销团队同事反复沟通、协调，实时汇报工作进度，力求在春节前将有限数量的图书配送至各大电商平台，确保首发时能够实现全网销售。

与此同时，营销资料的筹备工作也在紧锣密鼓、有条不紊地进行。以视频号为核心的动态营销别具匠心。我们特别邀请了中国文联副主席、西泠印社副社长兼秘书长陈振濂教授，中国美术学院副院长沈浩教授，以及本书作者曹锦炎教授参与视频拍摄。新书首发当日，视频号的观看量、转发量和点赞收藏数迅速飙升。截至 3 月 4 日，累计观看量达到 5.5 万人次，带动销售量达到 700 套，为广大读者奉上了一份新春贺礼。

以官方微信推送为主的平面营销虽是常规操作，但与传统且简单的图书简介、目录、作者介绍等营销方式不同，我们紧扣工具书的特性，针对书法创作中常见问题进行总结，深入浅出地解答了读者的疑惑，让消费者真正体验到该书的实用性和独特性。小红书、视频号达人的推荐与带货成为春节假期后的主要营销方向，我们积极拓展渠道，增加曝光率，发掘潜在用户，扩大影响力。展望未来，我们将把营销重点放在设有书法篆刻专业的高等院校，致力于使该书成为影响学术界的重磅教科书。

四、余论："冷门绝学"同样可以"出圈"

甲骨学、简牍学、敦煌学、古文字学等"冷门绝学"曾因关注度低、出成果难、研究群体小等因素不受重视，如今在国家的支持下，越来越多的人参与其中，忍受"板凳要坐十年冷"的痛苦与寂寞。李学勤、裘锡圭、曹锦炎等老一辈专家学者也正是靠着执着的毅力与精神，将"冷门绝学"一代代传承下来，使它们逐渐走进日常、走向大众。

2024年初，由复旦大学出土文献与古文字研究中心编著的《出土文献与古文字教程》由中西书局出版，成为出土文献与古文字研究领域第一部研究生综合教材，填补长期以来该学科教学缺少具有科学性、系统性教材的空白。作为教材，它可以帮助学生初步掌握从甲骨文到秦汉文字全时段的古文字，成为领域内的预备人才；作为专业书籍，它面向对古文字已有初步了解并有学习意愿的读者，助其一窥古文字研究之堂奥。而《古文字源流讲疏》作为适用于书法篆刻专业的古文字教材，不仅是"冷门绝学"又一学术成果的重要体现，更是对古文字研究成果再利用的典型案例。目前取得的阶段性成功使我们坚定了做好专业类选题引领大众的决心，让"冷门绝学"不再"冷"，"冷门绝学"同样可以"出圈"，这是一个好的开端。

参考文献

[1]（唐）张彦远.法书要录校理［M］.刘石，校理.北京：中华书局，2021.
[2]（宋）朱长文.墨池编［M］.杭州：浙江人民美术出版社，2012.
[3]（明）何震.续学古编//韩天衡.历代印学论文选［M］.杭州：西泠印社出版社，1999.
[4]曹锦炎.古文字源流讲疏［M］.上海：上海书画出版社，2024.

小众题材艺术史类图书的破圈探索

上海书画出版社　　王聪荟

摘　要

艺术史类图书在传统出版方式下，始终存在着因内容专业性较强、出版成本高、读者受众范围相对狭窄等引发的诸多问题。近年来，以摩点为代表的众筹出版平台为此困境提供了破局机会。本文以《中国风：13世纪—19世纪中国对欧洲艺术的影响》的摩点众筹为案例，探讨小众题材艺术史类图书的破圈策略。通过对个案中的选题策划、众筹方式、营销策略等的分析，从选题、内容、营销等角度，探讨编辑该如何通过创新方式扩大艺术史类图书的影响力和受众群体，实现文化价值与市场效益的共赢，为艺术史类图书出版开拓可操作性的创新发展之路。

关键词

艺术史类图书　摩点网　出版众筹　营销策略

艺术史类图书在传统的出版发行模式下，因其内容专业性较强、读者受众范围相对狭窄，面临了诸多现实挑战：其一，艺术史类图书内容阅读门槛较高、专业性强，其内容往往很难触及普通大众，突破固有读者圈层；其二，高昂的出版成本及相对有限的市场需求使出版面临较大的经济风险。近年来，随着出版行业不断发展，新的出版模式不断涌现，其中以摩点为代表的众筹平台兴起，为此困境提供了破局机会。众筹平台通过预售模式，可以有效降低出版风险，实现内容与目标读者的直接对接，增加图书的社交属性，为艺术史等小众题材图书的出版提供了新的思路和途径。

本文以上海书画出版社（以下简称"书画社"）出版的《中国风：13世纪—19世纪

中国对欧洲艺术的影响》（以下简称"《中国风》"）摩点众筹项目为例，剖析小众题材艺术史类图书如何通过众筹这一新兴出版方式突破既定读者群的束缚。通过对个案中的选题策划、众筹方式、营销策略等的分析，从选题、内容、营销等角度，探讨编辑该如何通过创新方式扩大艺术史类图书的影响力和受众群体，实现文化价值与市场效益的共赢，为艺术史类图书出版开拓可操作性的创新发展之路。

一、小众题材艺术史类图书面临的困境与挑战

在当今艺术图书市场中，艺术史类图书面临着与其他艺术类图书相似的问题，甚至有一些不良状况在艺术史类图书领域表现得尤为显著："市场不规范，产品同质化、重复性现象突出，整体规范与结构失衡，恶性竞争大，这些造成了艺术类图书市场的混乱现状与出版资源的浪费；其次，艺术类书籍的评价标准体系缺失，缺乏具有较强艺术学识与鉴赏力的专业作者队伍与专业编辑，专业品质、独创性与含金量有待提高，而且，在新媒体时代，应该更注重创新能力、新技术、新知识、新工艺等的运用表现，注重结合新的载体来搭载不同的内容，以进一步拓展艺术图书市场的发展空间……"

在这样的环境下，许多艺术史类图书虽内容优质，但未能够得到良好的市场反馈。简单归纳其原因，首先是选题过于单一小众。例如聚焦冷门艺术流派、特定时期的艺术史研究等，即使具有高度的专业性和深度，但因无法与大众的阅读兴趣和需求产生直接联系，即不能触及读者的"痛点"，找不到营销着力点，进而形不成较大的宣传规模。其次，艺术史类图书无论在编辑、校对、排版、印刷等环节的成本均远高于普通图书。再者，小众题材艺术史类图书推广渠道有限、营销方式陈旧，传统宣传方式难以精准触达目标受众，效率极为低下。鉴于以上种种困境，书画社近些年积极探索新型出版模式和营销策略，并以《中国风》为试点和开端，开启图书众筹的新模式。

二、《中国风》摩点众筹的破圈实践

（一）众筹概况

《中国风》摩点众筹项目是书画社编辑团队独立策划、实施的第一个众筹项目，在2022年2月14日至3月14日的30天众筹期内成功吸引了789位读者的参与和支持，项目在开放1分钟内就达成众筹目标20000元，最终筹集资金142189.86元。项目上线

后迅速获得广大读者的关注与支持，不仅提前完成了既定的众筹目标，还超出了预期的筹款金额。众筹结束后，在摩点商城持续销售，共完成了1500册的特装本销售。

《中国风》是一部研究被西方称为"中国风"（Chinoiserie）的欧洲艺术风格，进而深入探讨中国对欧洲艺术影响的艺术史专著。作者佛朗切斯科·莫瑞纳系统梳理了13世纪至19世纪，中国文化如何通过"中国风"影响了欧洲的绘画、雕塑、建筑、装饰艺术等领域，进而改变欧洲文化的进程。书中丰富的历史文献和大量的艺术作品实例，诠释了中国对欧洲艺术发展的重要影响，填补了近现代中国在西方艺术史领域研究的空白。对于广大普通读者而言，回望"中国风"这几百年前的全球化现象，可以更好地了解我们过去优秀的传统文化，增强文化认同感。

倘若《中国风》以传统出版发行方式面世，虽然也能凭借其优质的内容和图书品质得到专业读者的青睐，但如果想要在短时间实现几千册的销售并短期内重版，几乎难以实现。《中国风》采用众筹模式，为艺术史类图书的出版与营销开辟新径，是一次极具价值的创新实践。

（二）众筹实践过程

1. 前期策划：精准定位

在项目开启之前，团队成员花费了大量时间进行深入的市场调研，基于摩点平台的用户行为特征，对本书的潜在受众进行了系统性分析。数据显示，摩点平台核心用户群体集中于25—45岁的高学历人群，一线城市的用户占主流，其文化消费注重内容的学术深度与产品的收藏属性。基于此，《中国风》主打"学术普及"与"艺术收藏"：一方面强调该著作在跨文化艺术史研究领域的填补性价值，突出作者的学术权威性；另一方面通过特装书工艺（书口烫金、定制扉页）、限量编号及衍生品（签名卡、定制杯垫、定制票据夹）的设计，强化产品的收藏属性和仪式感。

在借鉴摩点平台成功项目经验、研究平台公开的规则说明、深入了解摩点平台的运作机制与收费方式后，项目团队对回报体系进行精心设计，采用"纯书档""标准档""早鸟档"等差异化定价策略，满足不同用户的差异化需求。众筹文案和视觉设计是项目吸引读者用户的第一道门槛，若文案缺乏吸引力或视觉设计不够抓人眼球，将直接影响项目的实施效果。为将《中国风》以一种更为贴近生活的形式传递给用户，文案围绕西方的"中国热"，打造相关话题。在视觉设计上，兼顾易读和美观，同时加入符合摩点用户所偏爱的刷边等复杂工艺，并设计多款既美观又实用的文创产品，激发读者用户的购买意愿。

2. 执行阶段：流程监控

从实践来看，出版进度的公开可以称得上是摩点众筹项目推进的关键。项目组定期更新文案（平均每周两篇）汇报出版进度，并根据读者用户的意见对文案及视觉设计进行多次修正，不断提升项目的关注度和读者参与度，设计多种形式的图书附加产品。

对于项目执行者来说，在线实时关注后台数据（筹集金额、用户参与的动态、潜在的增加点等），是项目顺利推进的关键。一旦发现进度放慢，就需要及时查找原因并调整策略。例如当发现因宣传手段单一使项目进度减缓时，需开拓新的宣传手段，同时利用多种社交媒体手段（公众号、微博等）或是和 KOL（关键意见领袖）合作；当因读者用户对本书不熟悉致使项目进度减缓时，团队需要改进众筹文案，更新产品进程汇报或及时回应用户提问。除此之外，降低解锁金额，发布解锁项征询投票等均可进一步提升用户的参与感、归属感和对项目的信心。在此次项目全过程中，团队成员在后台积极回应用户提问和留言（回复率 99%），在与用户建立起极高的黏度和信任感中使项目稳步前行直至成功。

3. 传播矩阵：跨平台联动

在当今信息传播渠道日益多样化的条件下，实现传播矩阵的整合、多平台联动及推广，已成为众筹项目拓展影响力、吸引受众参与的重要手段和途径。在摩点 App 平台，项目团队通过争取"编辑推荐""24 小时热度榜"等核心板块地露出，提升项目曝光度；通过设置"早鸟档"、增设"解锁福利"等营销机制，激发用户参与热情，刺激用户转化，为项目引流、吸粉、积攒人气；在平台发起抽奖、投票等活动，提高用户参与感。至于跨平台媒体传播，在微博联合 KOL 发布图书众筹信息及直达链接，发起"转发送书"活动，激发用户参与热情，扩大项目曝光度；在书画社微信公众号发布新书推文，以内容吸引用户关注，实现精准流量导入；在豆瓣上增设新书条目信息，鼓励用户标记"想读"，进一步拓展影响力；此外，通过微信群、朋友圈转发众筹小程序，借助社交网络实现口碑裂变。

（三）众筹成果与持续影响

通过上述种种实践，《中国风》众筹项目在 30 天内实现 1993 人看好、789 人支持，完成度达 710.95%，支持者中 90% 以上为首次接触书画社图书的新读者，不仅为书画社后续的《阿富汗》《上海天文馆》等众筹项目树立了标杆和实操经验，验证了小众题材艺术史类图书通过新型营销实现破圈的可能性。同时，摩点平台的广泛宣传极大地促进了后续其他平台和渠道的销售，持续收获图书市场的正向反馈，几个月内实现重版加印。

此外，该书不仅在图书内容质量和图书装帧设计层面获得了行业认可，赢得了业界的广泛关注和好评，分别获得"第二届华东地区优秀美术图书奖金奖""第三十一届金牛杯优秀美术图书奖铜奖""2023 年上海书籍设计艺术展封面设计二等奖"等；同时还入选 2022 年"央视读书精选""世纪好书年榜""年度搜狐文化人气好书"，其影响力一直延续至今。

三、小众题材艺术史类图书的破圈启示

小众题材艺术史类图书与大众读物截然不同。它没有广泛的读者基础，主要针对既定圈层的读者群体。这些读者更加注重内容的独特性及专业性，并且具有较高的黏性。针对自身特点，小众题材艺术史类图书首先在选题策划方面注重创新性与独特性，挖掘自身文化深度和学术价值，提供高质量、有深度的学术内容。同时，为了实现读者群体从"学者、爱好者圈"向"泛文化群体圈"破圈，需对选题进行反复打磨，确定大众的兴趣点及需求，考虑如何将内容与大众生活产生紧密连接。再者，可按需定制限量特装版图书，开发文化衍生品，甚至打造文化 IP，提升图书的收藏价值。这些不仅能够提升图书附加值和市场竞争力，也可以满足读者的收藏需求，增强读者对图书的认同和喜爱。例如《中国风》通过特装书工艺、限量编号及衍生品的设计，强化图书的收藏属性和仪式感。

营销方面，必须破除传统，跳出藩篱，创新思路，开拓渠道。当下，众筹不失为一种新的出版和营销方式。众筹可提前筹集出版资金，为出版社解决了出版风险问题，同时还增强了读者的代入感、归属感。读者不再只是阅读者，读者成为图书"共同创作者"与"推广人"。出版社可以利用新兴社交媒体及线上渠道等，实现多渠道联动推广，发布信息，吸引用户，做到精准流量导入。线下通过读书会、签售会等方式加强与读者的互动合作模式，也可以与博物馆、图书馆等文化机构合作推广，给小众题材艺术史类图书提供更为广阔的展示空间。

四、结语

本文以《中国风》摩点众筹项目为案例，探讨小众题材艺术史类图书的破圈策略。研究发现，通过选题创新、众筹模式等方面进行的一系列创新实践，可以有效地让小

众题材艺术史类图书在图书市场中产生了很好的传播效果和经济效应。《中国风》摩点众筹的成功不仅为该类图书出版提供了坚实的资金保障，聚拢了一定的读者资源，为后续市场营销推广打下了坚实的基础，也验证了众筹模式在"小众"书籍走进"大众"市场即所谓"破圈"的有效性。但根据研究者基于持续观察摩点平台的动态发现，图书众筹的热度正在逐渐消退，众筹金额总体下降的同时，众筹发起者汇集于几个头部出版品牌。摩点流量红利退去后，是否有其他替代方案？在特装书市场饱和、大众审美变化的同时，特装书的热潮还会持续多久？这些问题仍需持续观察。

参考文献

［1］陈欢.超越传统阅读：众筹图书模式中审美价值与阅读价值的融合与超越［J］.出版经营，2024，S（1）.

［2］李兆隆，刘蔺，刘国强.众筹出版成功率影响因素分析——以摩点网为例［J］.出版科学，2024，32（1）.

［3］焦晓岚，韦雅元.我国艺术类图书出版现状与发展建议［J］.长江大学学报（社会科学版），2013，36（6）.

［4］韦书华，黄恋乔.艺术类小众图书的出版破圈——以《泥金手抄本的历史》众筹为例［J］.出版广角，2024，S（1）.

［5］王育霖.艺术类图书出版中的问题与对策［J］.出版科学，2019，27（1）.

经典品牌读物范式转型的探索与实践

少年儿童出版社　　　孙浩伟

摘　要

四十多年前，少年儿童出版社推出林汉达版《上下五千年》，开创"以故事讲历史"的先河。2023 年，少年儿童出版社继承经典，锐意创新，推出《上下五千年》(新时代版)，在近三年的探索与实践中，成功完成经典品牌读物的转型，以全新的内容和形式塑造了少儿历史通俗读物的新范式。

关键词

经典品牌　理念更新　内容重塑　形式创新

一、少儿历史通俗读物范式的开创

四十多年前，少年儿童出版社推出了林汉达版《上下五千年》。林汉达曾任教育部副部长，是著名的教育家、语言学家、历史学家。为了普及社会教育、传承中华文化，林汉达用通俗故事的形式编写了大量历史读物，其中最广为人知的就是《上下五千年》。他拟定了整体写作提纲，撰写了部分篇目，并确定了"上下五千年"的书名，但未及完成这一宏伟的写作计划就与世长辞。后来，少年儿童出版社的编辑抢救残稿，请人续写，使《上下五千年》成功出版，累计销量突破 1000 万套，陪伴几代读者成长。

林汉达开创的"以故事讲历史"的形式，是这一经典品牌图书成功的秘诀，也成为数十年来少儿历史通俗读物的常见范式，主要有以下两个特点。

（一）浓烈的艺术感染力

林汉达撰写故事时，大多取材《史记》等正史。《史记》中很多经典篇章，将故事情节写得跌宕起伏，场面富于戏剧性，具有浓烈的艺术感染力。林汉达吸收了《史记》这种故事性鲜明、艺术感染力浓烈等特点，运用大量的人物对白、神态、心理等细节描写，使得读者仿佛身临其境，能够真切地看到秦始皇的威仪，感受到岳飞的忠勇，听到古战场上的金戈铁马声，从而更容易激发读者内心深处的共鸣。

（二）口语化的表达

文言文史料有一定的阅读门槛，虽然古代话本、小说以及其他通俗文学作品大多采用白话文，但那时的白话文与现代汉语相差甚远。而林汉达创作的历史故事，以典范的现代白话文著作为语法规范，对史书里的记载进行再创作，将故事讲得更加通俗易懂、妙趣横生，大大降低了阅读历史故事的门槛，有利于历史教育的普及。

林汉达在历史故事写作中采用的口语化风格，是他作品的一大特色：用词方面，尽量避免使用生僻字词或专业术语，选用日常词汇来描述历史事件和人物；多使用简洁明快的句子结构，避免长篇大论可能引起的阅读疲劳；适时融入一些幽默诙谐的元素，缓解因历史题材本身可能带来的沉重感。

二、经典品牌读物范式转型的要义

（一）理念更新：以新时代的史学观念为指引

党的十八大以来，中国特色社会主义进入新时代。学习和掌握上下五千年的中华历史，重构对中华文明的尊重与思考，发扬中华优秀传统文化的特质，建立更深沉、更持久的文化自信，成为新时代国家文化战略的重要组成部分。《上下五千年》作为四十余年长盛不衰的经典品牌读物，在这样一种宏大的社会背景中，亟待更新。

在继承林汉达开创的"以故事讲历史"范式的基础上，少年儿童出版社对《上下五千年》的转型创新进行了积极的探索与实践，首先提出了要以新时代的史学观念为指引，并将新推出的版本定名为"新时代版"。

1. 对中华五千年文明持有敬重的态度

习近平总书记曾指出："要注重塑造我国的国家形象，重点展示中国历史底蕴深厚、各民族多元一体、文化多样和谐的文明大国形象""对中国人民和中华民族的优秀文和光荣历史，要加大正面宣传力度，……引导我国人民树立和坚持正确的历史观、民族观、国家观、文化观，增强做中国人的骨气和底气"。

《上下五千年》（新时代版）突破了以揭露批判为主线的史学思维和叙事立场，突破了传统历史读物注重叙述王朝兴衰的框架，在故事中更多地表现五千年来中华民族对生活的热爱、对自由和尊严的追求、不同民族的和平共处、科技文化的璀璨辉煌等，以一个个生动的小故事，着力彰显中华文明的"五个突出特性"：连续性、创新性、统一性、包容性、和平性。

2. 关注史学界研究的重大课题

四十多年以来，史学界在理论与学科建设、文献整理与出土资料、文化史与社会史研究、断代史与专题史研究等多方面都取得了显著成果。《上下五千年》作为经典的历史通俗读物，在品牌范式转型的过程中，理应对这些史学界研究的重大课题给予足够关注。

《上下五千年》（新时代版）编写时，大量汲取了最新的相关研究成果，将其融入故事之中，借小故事展现大意义。以远古至西周这段历史为例，不仅选目数量相较老版本增加了两倍，而且在讲述故事时大量介绍了"中华文明探源工程"中的新成果，搭配大量的文物照片，更加清晰地展现出我国史前社会的具体面貌，实证了我国原始社会的发展进程。对于史学界研究的重大课题的关注，对于最新研究成果的内容增补，让《上下五千年》（新时代版）的读者可以更清楚地了解中华文明是从哪里来的，深化他们对于中华文明的认识和认同。

3. 增加对少数民族历史的关注

中华民族是一个由多民族组成的大家庭，每个民族都在历史长河中留下了自己独特的印记。出于尊重历史事实、体现多元一体的考虑，《上下五千年》（新时代版）增加了大量的民族史内容。

辽、西夏、金、元这些少数民族政权的历史，不再是散见于宋史其间，而是单列成册，展开讲述他们牧马耕田、促进各民族深度融合的故事；魏晋南北朝分册中介绍了各少数民族建立的政权，认为五胡十六国时期是民族融合、百川归海的重要时期；清代分册编选了土尔扈特东归、金瓶掣签、左宗棠收复新疆等民族史故事，多角度呈现出清代是中国作为多民族国家最终版图确定的时期。

（二）内容重塑：以历史学家的专业视角为基石

中国历史源远流长，有着"百万年的人类史、一万年的文化史、五千多年的文明史"。在浩如烟海的历史故事中，如何选择合适的内容讲述给读者，成为《上下五千年》（新时代版）编写时面临的巨大挑战。20 余位来自全国各大高校、研究院的历史学家组成编委会，以世界眼光、一流专家学者的史识来探寻中国历史的发展脉络与规律，对于内容进行严格把关、审慎考据，在故事选目、历史叙事等方面进行了重塑。

1. 故事选目的全面更新

在新时代史学观念的指引下，《上下五千年》（新时代版）不仅增加了民族史相关内容，还大量增加了科技史、港澳台史等相关内容。

古代正史中关于科技的记载比较少，但是站在新时代的史学立场，科技的重要性不言而喻。《上下五千年》（新时代版）编选了很多新的科技史篇目，比如，《甘石星经》介绍了先秦时代的天文学成就，《马王堆汉墓与最早的地形图》让读者得以窥见汉代地理测量与制图的精湛技术，《人痘接种术的发明与推广》则介绍了古代中医在预防疾病方面的杰出贡献……这些篇目展示了中国古代科技在世界上的影响力和地位，是中华文明创新性的生动呈现。

港澳台历史也有显著增加。比如，澳门史在《上下五千年》（新时代版）中列了 6 篇，讲述的内容在以往的教科书和一般的历史通俗读物中，鲜少看到。中国第一次与西方海上殖民者的大海战——屯门海战如何取胜，明朝当初为什么允许葡萄牙人移居澳门半岛，圣保禄教堂为什么叫"三巴"……大大扩展了读者对明清史的认知范围。

通过这些全面更新的故事，《上下五千年》（新时代版）内容的广度和深度都得到了极大的拓展，更加完整地呈现出中华文明一路走来的艰辛历程和辉煌创造。

2. 注重历史叙事的实证性

为了保证内容的专业性、权威性，《上下五千年》（新时代版）更加注重历史叙事的实证性，审慎选择有历史证据支撑的故事。这些历史证据一方面来自史籍、史料等书面记载，一方面则来自近代以来的考古学成果。如三国分册中讲述赤壁之战，主要史料来源于正史《三国志》。很多历史通俗读物受《三国演义》影响，将诸葛亮作为赤壁之战的首功之臣，渲染其神机妙算，将周瑜塑造成嫉贤妒能的小人。《上下五千年》（新时代版）中，周瑜才是赤壁之战的指挥官，尽量还原了这场大战的史实。

近代以来考古学取得了丰硕成果，《上下五千年》（新时代版）广泛吸纳这些成果，有的融入故事，有的作为小贴士或配图，补充史书记载的不足。如史籍没有任何关于商代妇好的记载，而《上下五千年》（新时代版）中吸纳 1976 年殷墟妇好墓的发掘成果，介绍了墓中出土的大量甲骨卜辞以及随葬文物，勾勒这位传奇女性的一生；震惊天下的三星堆遗址中，没有发现任何文字，但出土文物实证了当年古蜀文明的辉煌，书中编选大量三星堆文物图片，以及考古学家的分析论证，激发读者继续探究的好奇心。

讲究实证，并不意味着完全排斥神话、传说、小说，因为这些内容也承载着一部分历史信息，能反映某些历史事实。比如，盘古开天地、女娲造人，实际上是从历史学、人类学角度讲述中华先民的起源；神农尝百草，讲的是中医药学和农业的起源；仓颉造字，讲的是汉字的起源……这些故事也都被收入书中，引领读者更深入地认识历史研究的方法，提升思辨能力。

（三）形式创新：以提升读者阅读体验为宗旨

随着时代的发展，读者的阅读习惯和审美需求都在不断变化。传统的纯文字叙述方式，虽然能够清晰地传达历史事件的脉络和细节，但对于许多读者来说，可能会显得有些单调和枯燥。为了提升读者阅读体验，将历史上的事、人、物更加直观地展现出来，《上下五千年》（新时代版）在形式上进行了大胆的尝试与创新。

1. 海量图片还原历史现场

"历史中的'插图'（图像史料）更主要的还是为了加深读者对历史中某一方面的印象，增强读者对历史的理解，或者复原历史，因为它们本身就是历史的一部分。"《上下五千年》（新时代版）选用了约 3000 幅精美图片，包括遗址、文物、插画、图表、思维导图等各种类型。其中最突出的就是古代各种精美的文物，从玉器到青铜器，从陶瓷到金银器，各种材质、各种造型、各种用途，几乎囊括了目前全国各地博物馆展出的最具代表性的文物，让整套书看起来像一座精致的"掌上博物馆"。

书中给重要的历史图片都搭配了相关解说，让读者既能增长见识，还能加深对故事内容的理解。比如，在讲韩赵魏三家分晋的故事时，搭配了晋侯鸟尊的照片，这是山西博物院的镇馆之宝；在讲"诗仙"李白的故事时，搭配了李白手书真迹《上阳台帖》的图片，这是国家一级文物中的"国宝"，被称为"一级甲"，也是北京故宫博物院的镇院之宝。即便是主要起装饰作用的手绘插图，也是参考大量史料严谨描绘，还邀请了服饰史专家进行审阅，尽量还原史实。

2. 板块化设计拓宽知识边界

《上下五千年》（新时代版）采用国际流行的板块化设计，正文之外增加大量的辅文内容，比如小贴士、名言等，囊括文化典故、百科知识、诗词名句……总数超过 1000 条，穿插在正文故事中，进行板块化排列，不仅极大地丰富了版面内容，也拓宽了知识边界。比如，讲秦始皇统一六国的故事时，以名言形式穿插了唐代诗人李白的诗句："秦王扫六合，虎视何雄哉。挥剑决浮云，诸侯尽西来。"讲楚汉战争的故事时，以小贴士形式介绍了相关成语、典故：一饭千金、十面埋伏、明修栈道、暗度陈仓……这些丰富的文化常识，许多都与语文、历史科目的考点密切相关，它们还是中华优秀传统文化的重要载体，可以让读者在阅读过程中潜移默化地受其熏陶。

《上下五千年》（新时代版）以图文并茂、丰富多彩的呈现形式，全面展现了中华文明的多元一体、深厚积淀、辉煌创造，为小读者展开了一幅宏阔壮丽的历史画卷。在欣赏这幅画卷的过程中，不仅可以拓宽自己的审美视野，增进对艺术的理解和欣赏，还可以感受到中国人对自己文化传统的深切认同，进而从中汲取智慧精华，赋能美好未来。它以全新的内容和形式塑造了少儿历史通俗读物的新范式，值得很好总结。

三、经典品牌读物范式转型的意义与价值

《上下五千年》（新时代版）是对四十多年经典品牌读物内容与形式的全面革新，更是对当下历史普及教育的一次重要纠偏与价值重构。

在信息爆炸的时代，网络媒体中充斥着对历史的碎片化解读、戏说甚至歪曲，部分内容为博取流量而刻意夸大或虚构历史事件，导致历史真相被遮蔽。短视频和快餐式阅读的大行其道，也让传统文字读物对年轻读者的吸引力式微。《上下五千年》（新时代版）以历史学家的专业视角为基石，严格遵循史学研究的实证性原则，有力抵制了历史虚无主义对青少年认知的侵蚀。书中大量图片让历史场景直观可感，板块化设计将文化常识融入叙事，不仅激发了青少年对历史的兴趣，还能在潜移默化中培养他们对复杂信息的梳理能力、判断能力。

《上下五千年》（新时代版）坚持专业守正与大胆创新相结合，成功完成了经典品牌读物的转型，塑造了少儿历史通俗读物的新范式。它以权威内容捍卫历史的严肃性，以鲜活形式唤醒青少年对中华文明的探索热情，为当下的历史普及教育树立了标杆。

参考文献

［1］茅坤.茅鹿门先生文集［M］.浙江：浙江古籍出版社，2012.
［2］习近平：建设社会主义文化强国　着力提高国家文化软实力［EB/OL］. http://politics. people. com. cn/n/2014/0101/c1001-23994334. html. 2014-1-1.
［3］习近平.把中国文明历史研究引向深入　增强历史自觉坚定文化自信［J］.求是，2022（14）.
［4］葛剑雄.历史学是什么［M］.北京：北京大学出版社，2007.

浅谈中国传统建筑专题图书的编辑出版

上海古籍出版社　　缪　丹

摘　要

以中国传统建筑为主题的图书，如今仍延续 20 世纪 30 年代以来营造学社所分文献（侧重于对古代建筑相关历史文献、典籍的系统搜集、整理和研究）、法式（侧重于中国传统建筑个案调查、测绘）两大种，但与时俱进，或吸纳更多调查（发掘）实例，内容更为系统、深入，或在测绘之外，引入三维扫描、摄影建模、树种识别技术等科技手段，同时给予了区域社会、区域环境更多关注。在当下之出版技术条件下，除了关于建筑物的摄影照片和手绘图外，甚至引入了三维扫描切片、摄影建模正射影像等图像资料，展现了一般图书所不具备的艺术表现力。本文选取上海古籍出版社新近出版的中国传统建筑专题图书，适当参考其他出版社有代表性的同类图书，梳理此类图书的出版定位、框架结构、编排思路、印制方案，进而为类似的选题策划和编辑工作提供些许参考。

关键词

中国传统建筑　专题图书　营造学社　与时俱进　文脉传承

中国传统建筑作为中华民族的伟大创造，以"衣食住行"中"住"之属性，与古人生活紧密联结，进而影响到一社会、一时代的精神文化和社会审美。其中，因材料易得、建造高效以及精妙的榫卯构造细节，木结构建筑成为中国传统建筑的主体，在隋唐宋时期达到顶峰，简单的用材、简洁的构造、精致的空间结构，内含深奥的法式设计理念，为匠人们代代相传。在元明清时期，随着区域环境、社会之变化，砖、石材质也被用于传统建筑的营造中。

中国传统建筑专题图书是对传统建筑的真实记录，也是对建筑文化的直观表达。目前来看，中国传统建筑专题图书仍延续了 20 世纪 30 年代以来营造学社所分文献、法式两大种：前者侧重于对古代建筑相关的历史文献、典籍的系统搜集、整理和研究，以文字说明为主，辅以大量绘画图像，相比 20 世纪的同类书，在历史文献、典籍之外，吸纳了更多调查（发掘）实例，内容更为系统、深入；后者侧重于中国传统建筑个案调查、测绘，对建筑结构和工艺展开研究，除测绘外，三维扫描、摄影建模、树种识别技术等科技手段也被引入调查、测绘中。同样，相比 20 世纪的同类书，在建筑本体研究之外，对于区域社会、区域环境给予了更多关注。在今日之出版技术条件下，两者都附有诸多建筑物的摄影照片和手绘平面、立面、剖面图和细节展示图，甚至引入了三维扫描切片、摄影建模正射影像等图像资料，展现了一般图书所不具备的艺术表现力，读者能够更加直观地欣赏中国传统建筑之美。

本文选取上海古籍出版社新近出版的中国传统建筑专题图书，适当参考其他出版社有代表性的同类图书，梳理此类图书的框架结构、编排思路，进而为类似选题的策划和编辑提供些许参考。

一、新近出版的中国传统建筑专题图书

上海古籍出版社新近出版的中国传统建筑专题图书约有十余种，依主要内容、框架结构、编排思路，大致可分三类。

其一，以对历史文献、典籍的系统搜集、整理和研究为主，辅以传统绘画图像、地图资料、新近调查实例和近年考古发掘资料，系统梳理、深入研究一时代、一社会的建筑活动、实物遗存。如《南宋建筑史》，实际上延续了 20 世纪 40 年代梁思成先生的《中国建筑史》奠定的著述范式，所见资料更多，内容更为细化，为读者呈现了一时代之建筑活动、实物遗存全貌。而《南宋临安城复原研究》，则深受徐苹芳先生《明清北京城》的著述范式影响，运用古今重叠型城市考古方法，考古、文献、地图材料并重，从考古学角度探讨了南宋临安城的形制与布局。

其二，侧重于对中国传统建筑个案调查、测绘。如《山西高平府底玉皇庙建筑考古研究》《山西高平古寨花石柱庙建筑考古研究》《山西长子成汤庙》的出版，基于编者团队对具体建筑（如府底玉皇庙、古寨花石柱庙）的实地考察和测绘，获得的第一手资料；实际上也延续了 20 世纪 30 年代以梁思成、刘敦桢为核心的营造学社的古建调查、

测绘传统，但今日之技术条件远超 20 世纪 30 年代，故编者团队引入了三维扫描、无人机航测、摄影建模、碳十四测年、树种显微检测等技术，运用了探地雷达、试掘探沟等考古发掘方法；此外，在建筑本体调查测绘之外，编者团队还注意到了与该建筑（或建筑群）相关的区域社会、自然环境、居住人群等历史信息的采集。《何谓良材：山西南部早期建筑大木作选材与加工》则基于山西南部多个传统建筑（包括上述府底玉皇庙、古寨花石柱庙）个案调查、测绘的第一手材料，更细致观察了木构建筑中的柱、额、枋、斗栱、梁、檩、椽等部位的木材，在宋金元时期的不同抉择（松木逐渐为杨、榆、槐木等替代），以及与区域森林资源变化的相关性；虽同样基于古建调查、测绘材料，但从技术史、材料学入手，在《中国建筑史》研究范式之外开辟了一条新的研究路径，这是新时代新技术赋予的创新。

其三，侧重于对图像资料的复制与留存，为读者提供直观的视觉材料。如《中国建筑》《中国的建筑、家具、服饰、机械和器皿之设计》是对收藏于徐家汇藏书楼珍稀文献的复刻；《中国古代建筑纹样：〈营造法式〉彩画复原图典》是对《营造法式》装饰彩画纹样的四色复原；《大宋楼台——图说宋人建筑》观察了传统绘画中的宋代建筑；《高昌遗珍：古代丝绸之路上的木构建筑寻踪》以高清彩色摄影图片，展示了一批有着传奇经历的珍贵建筑文物，无论是文物本身还是影像资料均具有唯一性；《明清以来蔚县庄堡寺庙调查与研究》刊布了 3 位编者过去十多年对河北蔚县区域内堡寨、寺庙（戏楼）、民居建筑的调查资料，在经济大潮下，部分建筑今已湮灭，书中的影像资料是证明它们曾存在的视觉材料。借助图书出版，将图像化一为多，实现"再生"，为后人留下了珍贵的视觉资料。

二、优质中国传统建筑专题图书的出版

前文提及的中国传统建筑专题图书，内容侧重不同，框架结构有别，编排思路大相径庭，换言之，每种图书别有洞天。梳理过后，另有一番感悟：打造一部高质量的中国传统建筑专题图书，准确的出版定位、与主体内容适配的编排体例、合适的印制方案，缺一不可。

（一）借助专业团队的学术性眼光，找准出版定位

就具体的中国传统建筑专题图书而言，是依循《中国建筑史》《明清北京城》的著述范式，是具体建筑调查、测绘资料的刊布，还是图像资料的复刻，定位不同，出版方

案截然不同。要找准出版定位，离不开专业团队的学术性眼光。《南宋建筑史》，贺业矩撰写的"南宋临安"、周维权的"园林建筑"、刘托的"市井建筑"，助力郭黛姮，完成了对南宋建筑的全景式复原；《南宋临安城复原研究》选题立意，由宿白、徐苹芳共同商定；《山西高平府底玉皇庙建筑考古研究》《山西高平古寨花石柱庙建筑考古研究》的背后，是北大建筑考古研究团队在晋东南地区二十余年的持续研究，且在具体工作中与时俱进，引入了三维扫描、摄影建模等最新的科技手段；《高昌遗珍：古代丝绸之路上的木构建筑寻踪》将珍稀木构建筑构件文物介绍给国人，与编者团队的国际视野和携手合作，译者团队的精准翻译、校对，密不可分。在编著者交出版社定稿后，编辑当从编校角度提出整体框架结构、具体行文细节的编校意见，在一次次沟通中，对书稿进行细致入微地打磨。一部高学术质量、高编校质量的图书作品的背后，有一整个专业又用心的团队。

（二）选择与主体内容适配的编排体例

形式当服务于主体内容，针对具体的中国传统建筑专题图书的特质和出版定位，选择与之适配的编排体例。《南宋建筑史》从城市、宫殿、皇陵、具体建筑门类（宗教建筑、园林建筑、教育建筑、居住与市井建筑以及桥梁）一一展开叙述，脉络分明，其间选取有代表性的建筑案例具体阐述，或辅以具体建筑的平面、立面、剖面复原想象图，或吸纳了现存宋代建筑的调查实测图。《大宋楼台——图说宋人建筑》虽以绘画材料为主，以文字说明为辅，但编排体例参照了《南宋建筑史》，按城垣、宫苑、具体建筑门类（市肆、城乡住宅、园林建筑、寺观、桥）展开；为便于读者理解，还在开篇按《营造法式》所记顺序，对常用宋代建筑术语作了介绍。南宋临安城是中国古代城市建设的典范，《南宋临安城复原研究》主体内容围绕复原论证展开，在对外城、皇城、街巷、水系、桥梁、厢界、建制逐一复原论证的基础上，对街巷系统、建制分布、市场等城市规划体系作了较多的复原工作。而"授人以鱼，不如授人以渔"，该书的一大亮点是"复原方法""复原说明"两部分内容的阐释，具有都城复原研究的方法论意义。复原资料表和史料编年移入附录，则使整部图书编排主从清晰。《山西高平府底玉皇庙建筑考古研究》《山西高平古寨花石柱庙建筑考古研究》《山西长子成汤庙》围绕具体建筑（群）的调查、测绘展开，先是对建筑（群）现状及历史沿革的调查，再是对单体建筑及其年代的研究，进而尝试对建筑本体和建筑格局的复原，整个图书编排循序渐进；在具体建筑之外，研究团队还在建筑所在村落及周边村落展开了古建筑和社会史调查；调查、研究资料，包括建筑图版、测绘图、研究复原图、三维扫描切片、摄影建模正射影像、树种鉴定结果、文献史料汇编、访谈实录等资料，以附录的形式呈现，给后续调查、测绘提供一个参照样本。

（三）根据书稿特质，制订相应的印制方案

中国传统建筑法式严谨、风格独特，其建筑设计、结构、装饰常常具有高度艺术价值，因而中国传统建筑专题图书常附有诸多图像内容，尤其是上述第三类图书更以图像的复制为主。在明确出版定位，择定编排体例后，下一步是根据书稿特质，结合读者需求，制订合理的印制方案。

首先是确认图像的处理方式。上述第三类图书以图像的复制为主，其中《高昌遗珍：古代丝绸之路上的木构建筑寻踪》《中国古代建筑纹样：〈营造法式〉彩画复原图典》选用四色印刷，来呈现高品质图像；而《中国建筑》《中国的建筑、家具、服饰、机械和器皿之设计》采用灰度影印，可以完整地呈现徐家汇藏书楼珍稀文献的面貌，修旧如旧。上述第一、第二类图书中附有大量建筑手工测绘图，多处理为位图，白底黑线，干净利落、简洁大方；但《何谓良材：山西南部早期建筑大木作选材与加工》一书中所介绍的木材肌理，以及同一建筑不同部位木材的选材差异，须用四色印刷来细致展现。具体图像，具体对待，不一刀切。

其次是选择合适的开本版式。众所周知，32开图书小巧，8开图书阔大，16开图书适中。《中国建筑》《中国的建筑、家具、服饰、机械和器皿之设计》采用了8开原大灰度仿真印刷，是对珍稀文献的"保护性"影印；《南宋临安城复原研究》选择大16开位图印刷，可以充分展示《京城图》《皇城图》《浙江图》《西湖图》《府治图》校正成果；《南宋建筑史》选择用16开位图印刷，定价合适，阅读舒适。不同的书稿特质，不同的开本选择。

三、结语

中国传统建筑是中华文脉的物质载体，在五千年历史长河中形成了独特的文化脉络，承载了中华民族的智慧、情感和价值取向。在《南宋建筑史》《南宋临安城复原研究》《山西高平府底玉皇庙建筑考古研究》《中国建筑》等高质量图书的背后，一群专业学术团队持续关注着中国传统建筑，这些高质量图书的出版，是他们对中国传统建筑的保护与传承，对中华文脉的保护与传承。

借助专业团队的学术性眼光，找准出版定位，根据图书特质选择与主体内容适配的编排体例，制订合理的印制方案，可将中国传统建筑化一为多，实现"再生"。习近平总书记指出，"让收藏在博物馆里的文物、陈列在广阔大地上的遗产、书写在古籍里的文字都活起来"，打造高质量中国传统建筑专题图书，从出版角度深入挖掘中国传统建筑的内在价值，让更多读者感受中国传统建筑之美。

参考文献

[1] 彭明浩. 何谓良材：山西南部早期建筑大木作选材与加工 [M]. 上海：上海古籍出版社，2023.

[2] [英] 保罗·达克. 中国建筑 // 徐锦华. 徐家汇藏书楼珍稀文献选刊 [M]. 上海：上海古籍出版社，2023.

[3] [英] 威廉·钱伯斯. 中国的建筑、家具、服饰、机械和器皿之设计 // 徐锦华. 徐家汇藏书楼珍稀文献选刊 [M]. 上海：上海古籍出版社，2023.

[4] 陈彤. 中国古代建筑纹样：《营造法式》彩画复原图典 [M]. 上海：上海古籍出版社，2023.

[5] 傅伯星. 大宋楼台——图说宋人建筑 [M]. 上海：上海古籍出版社，2020.

[6] [匈] 毕丽兰. 高昌遗珍：古代丝绸之路上的木构建筑寻踪 [M]. [德] 孔扎克-纳格，主编. 刘韬，译. 方笑天，王倩，审校. 上海：上海古籍出版社，2021 年.

[7] 尚珩，程长进，关琪. 明清以来蔚县庄堡寺庙调查与研究 [M]. 上海：上海古籍出版社，2023.

出版机构阅读推广的品牌塑造与实践探索

上海科学技术出版社　　朱旖旎

摘　要

多元合作视角下出版融合是一种必然趋势，为出版机构的阅读推广活动带来极大的动力和活力。不拘泥，不设限，鼓励各种形式上的融合及多元化合作。立足出版机构特色优势，创新活动形式，借助多媒体手段，及时复盘各种推广活动因素，塑造有特点的阅读品牌，通过迭代升级，做好图书产品和知识服务极大融合，加大私域流量服务，从图书产品走向更多知识服务型课程，在产品品牌矩阵下，集中助力图书品牌 IP 的营销力度和作者 IP 的文化类活动服务，共同推进有一定识别度和影响力的知识服务品牌塑造，共同推进阅读推广。

关键词

阅读推广　多元合作　品牌塑造　探索实践

党的二十大以来，全民阅读工作不断持续深入推进，书香社会建设进展明显。根据第三届全民阅读大会已发布的《第二十一次全国国民阅读调查》显示，2023 年全国阅读指数为 70.76 点，较 2022 年提高了 0.12 点。其中成年国民图书阅读率为 59.8%，与 2022 年持平；数字化阅读方式接触率为 80.3%，较 2022 年增长了 0.2 个百分点；2023 年我国成年国民人均纸质图书阅读量为 4.75 本，略低于 2022 年的 4.78 本；人均电子书阅读量为 3.40 本，高于 2022 年的 3.33 本。

成年人阅读方面，人均纸质图书和电子书阅读量合计为 8.15 本，高于 2022 年的 8.11 本。调查还显示，听书和视频讲书受到越来越多成年国民喜爱：2023 年有 36.3% 的成年国民通过听书的方式进行阅读，有 4.4% 的成年国民通过视频讲书的方式进行阅读。未成年人阅读方面，2023 年我国 0 至 17 周岁未成年人图书阅读率为 86.2%，较 2022 年提高了 2.0 个百分点。2023 年，这一群体的人均图书阅读量为 11.39 本，较 2022 年的 11.14 本增加了 0.25 本，每天阅读纸质图书 35.69 分钟。阅读场所选择多元化，公共图书馆、书店、社区阅览室文化站满足了不同人群的多样需求；有声阅读、视频读书蔚然成风。全民阅读已经作为一项国家战略受到高度重视，逐年加深全民阅读推广工作的广度和深度。如何整合各类优质文化内容，多元化进行各方社会资源合作，达到融合、共赢已作为出版机构阅读推广实践探索的重点思考方向，为出版机构开展全民阅读推广工作提供新思路，出版机构开展阅读推广活动责无旁贷。

一、多元合作开展阅读推广活动的必要性

多元合作是指多种不同的阅读主题内容在不同的社会场域中以不同的形式出现，在多种渠道中有机融合，用求同存异，包容合作的态度去开展阅读推广活动。

（一）进行多元合作是适应多样化消费者阅读需求

随着科技信息的发展，社会生活的各方面都有了相互的融合渗透，人们的文化需求也愈加提高，阅读不仅成为一种生活方式，也成为改变生活，提升自己的方法。面对不断变化的社会生活，阅读内容也随之多元化。不同阅读主题的链接，不同阅读题材的出现，不同阅读载体的呈现，不同阅读渠道的传播，成为现代社会阅读多元化的条件。面对多元化社会，技术的不断进步，消费者需求发生变化，出版机构需要以更新颖丰富的形式来开展阅读推广活动，讲座、沙龙已经满足不了日益升级的文化需求，人们往往需要在一场活动中，既能获取一定的有效信息，也能有所动手体验。活动如能提升读者的参与感，能充分调动读者的各类感官，活动才会变得有意思，读书与阅读活动亦能相得益彰。

（二）推进多元合作是适应产业转型发展的需要

全民阅读推广活动为弘扬社会主义核心价值观，弘扬中华优秀传统文化，提供强大的文化支撑。出版机构应积极参与全民阅读活动，意识到自身的社会责任，客观挖掘自身优势和特色资源来开展全民阅读推广活动，以适应产业转型发展的需要。

二、多元合作视角下阅读推广的构建

出版机构在多元合作视角下需要挖掘自身的特色和专长，将阅读内容做深做透，结合创新的活动形式和渠道，借助多样的宣传手段，及时复盘推广经验，提升阅读推广的影响力。

（一）立足内容特色，开发多元化品牌项目

出版机构应立足自身特色，将优质内容在合适的渠道中推广给目标读者。上海科学技术出版社（以下简称"上海科技社"）以其专业出版为高地，拥有一大批专业学术水平较高的专家学者，其中不少专家拥有丰富的科普经验，上海科技社2018年成立的全民阅读推广品牌"汇科普·读书会"正是在这样的人才高地、专业高地基础上建立起来的，图书作者作为阅读推广人走进公共场馆，走进社区，走进校园，为读者带去听得明白、用得明白的科普内容，践行"让科普走进公众，让公众爱上科学"。根据理工农医等重点出版门类，"汇科普·读书会"品牌下根据出版社的特色，通过策划形成的主品牌为主，多元子品牌为辅的阅读推广内容矩阵，将合适的活动带进有需求的渠道中。

（二）创新活动形式，营造多样化阅读场景

随着读者习惯发生变化，获取信息的渠道愈加多样化，除了书店、图书销售综合性平台外，社群等一些新媒体平台也成了主要销售渠道。阅读推广活动可以根据内容的适配性，使用渠道读者标签，选择合适的推广渠道，有效开展主题讲座、沙龙、微课程、云课堂等读书活动，营造出多样化阅读场景。阅读推广活动让读者阅读体验更鲜活，比如在舰船上体验大国重器的力量，以行走课堂走进舰船，了解各种硬核知识，听大咖们讲讲科学家们逐梦的故事。通过阅读＋出版模式，使阅读形式变得更灵活。

（三）借助多媒体手段，多种渠道提升活动影响

出版单位在推广阅读活动时，应寻求更多的合作资源，实现合作平台矩阵。与公共图书馆、学校、社区、企业形成合作，提升阅读推广的效率和效果，进一步扩大阅读推广的覆盖面。与新媒体渠道的合作，可以借用其各自平台优势与流量助力推广。大数据、元宇宙、区块链等新名词纷纷涌现，利用公众号、小红书、抖音等新媒体载体宣传推广，文字、图片、视频相结合呈现在新媒体平台上，使阅读变得很多样，与推广人、

作者等个人自媒体平台共同形成宣传推广矩阵。

（四）及时复盘总结，多维度评估活动效益

作为阅读推广活动，不能仅仅只考虑活动的经济效益，要了解读者的阅读习惯和需求，及时根据活动的现场情况、相关数据，评估活动的效果，复盘及调整需要注意的问题，有效提升阅读推广活动效果，多维度评估活动效益。

三、"汇科普·读书会"阅读推广多元化探索实践及品牌塑造

上海科技社的"汇科普·读书会"汇聚了一大批专家学者作为阅读活动推广人。用足量的大咖，足够的知识，讲群众听得明白，用得明白的科普内容，以书为载体，活动来赋能，让科普变得有趣，真正惠及群众的日常生活，自成立读书会成立组织各类线上线下活动300余场，覆盖读者万余人。

（一）孵化子品牌，搭建阅读推广内容多元化

根据上海科技社图书产品线的特色，健康科普、科技创新，青少年科普活动等都成了"汇科普·读书会"的子品牌活动内容，如"大咖医道聊""大国重器""科创同心圆""MINI科学训练营"等。

读书会在多年的运作中，一方面，根据上海科技社重点产品线，从众多的优势选题中，逐渐梳理出相对应的活动品牌线，既有利于重点图书的推广，也有利于读书会活动的持续开展。将优质的活动品牌进一步凸显，形成了读书会的子品牌。另一方面，从读者定位上寻找符合其需求的品牌活动，子品牌的出现，让读书会的内容变得更丰富、多元，增大后续推广的覆盖面，有利于提升出版单位的阅读推广品牌影响力。

（二）建立合作圈，推进阅读推广资源多元化

从阅读推广人、活动渠道、宣传方式等多维度推进阅读推广，人＋渠道＋宣传手段相互结合，推进推广资源多元化。

1. 建立阅读推广人队伍，打造多角度开展阅读推广

读书会有一支成熟的推广人队伍，由专业学者、媒体从业人员、出版社编辑共同组成，共创优质的服务内容，以书为载体，活动赋能，合力将阅读推广内容送向终端读者。利用共同推广的资源优势，借助各自的影响力号召力，品牌与品牌间的各种合作，

共同进行阅读推广活动，助力服务作者及阅读推广人 IP，提高他们的业界影响力，互相补充，相互提升。

2. 构建通畅渠道，推行推广渠道多元化

读书会活动多年深耕于社区、企业、学校及社会公共图书馆丰富了阅读推广渠道，从横向上拓宽了读书会活动的触达面，形成了与纵向不同活动子品牌间，不同主题内容的交叉，更能找到结合点。多元化的渠道，丰富的内容，使得读书会活动能有效地找到活动适合的受众群体，满足多元化需求，有效提高了推广活动的有效性。

3. 实现多种传播形式，丰富传播方式多元化

近年随着出版业态的变化，线下活动与线上直播相结合，扩大了传播范围，小红书、公众号、B 站、社群等新媒体渠道都成了阅读推广的新传播形式，扩大了受众范围，阶梯式地提高了受众人数，尤其借助推广人的个人流量账号，与官方账号相互关联，形成良性的传播矩阵。

（三）谋划阅读推广产品线，塑造阅读推广品牌特色

"汇科普·读书会"阅读推广活动中根据总体品牌发展规划，不断升级创新，从 1.0 时期围绕社区线下开展各类科普活动，到 2.0 时期根据出版社特色开展社里主要产品线，形成各子品牌活动矩阵。"读书会"走进社区、图书馆、学校、企业等公共场馆和相关单位，组织讲座、沙龙和各种实践类活动，并结合上海科技社的书刊进行各种推广活动。特色逐渐显现，每条子品牌线的受众也更突出，线上线下相结合，新媒体渠道共同使用，做好精准服务，让更多听得懂、用得了的科学知识传播给公众，从而使他们树立起科学的生活方式和生活态度。在科普的好时代我们收获了优秀的读者和作者，让阅读推广活动成为桥梁把他们两者连接起来，关系更紧密，更直接。读书会也获得了多项荣誉，先后荣获上海振兴中华读书活动优秀示范项目、上海市民读书节"十佳"读书会称号，荣获上海市文创基金资助。3.0 时期做好需要图书产品和知识服务极大融合，加大私域流量服务，从图书产品走向更多知识服务型课程，在产品矩阵下，集中助力图书品牌 IP 的营销力度和作者 IP 的文化类活动服务，共同推进有一定识别度和影响力的知识服务品牌塑造。

"汇科普·读书会"在多年的阅读推广努力探索实践中，逐渐走出了一条有自己特色的科普之路，不同的子品牌不仅有自己含金量的内容，还能适配出有需求的推广渠道，真正找到合适的读者。

多元合作视角下出版融合是一种必然趋势，与作者、阅读推广人、推广渠道、机

构、呈现形式不同程度的融合，都会为出版机构的阅读推广活动带来极大的动力和活力。不拘泥，不设限，鼓励各种形式上的融合及多元化合作，根据出版机构的自身特色及优势，发挥所长，结合各类合作方的特色，以用户思维，用户需求为基础导向，以出版高品质内容为重要目标，有效且持续发展阅读推广实践探索。

参考文献

［1］聂震宁.新时代：阅读与出版共生发展［J］.编辑之友，2020（4）.

［2］姜进.多元视角下公共图书馆儿童阅读推广服务链构建研究［J］.图书馆学，2017（3）.

［3］张蓉.出版社精准助推全民阅读的路线图探析——以人民邮电出版社为例［J］.新闻研究导刊，2022（2）.

试论编辑在教材编写出版中的角色和作用

上海科学技术出版社　　李林高

摘　要

教材是教育工作的重要载体，是实现国家课程目标，为国家和社会育人的重要工具。教材的编写、出版，尤其是中小学教材的编写、出版工作的重要性不言而喻。党的十八大以来，国家成立专门的机构，持续强化教材管理，落实教材编写出版责任，出版单位从以前的教材出版单位变为教材编写、出版的主导者，开始承担相关教材编写、出版的主体责任。本文结合我社中小学教材编辑出版工作的经验，探讨新时代背景下编辑在教材编写、出版工作中的角色和作用。

关键词

教材　教材编写出版　教材编辑

党的十八大以后，以习近平同志为核心的党中央对于教材建设高度重视，成立国家教材委员会，教育部也相应成立专门指导管理教材建设的教材局，把落实立德树人根本任务，培养担当民族复兴大任的时代新人，作为新时代教材建设的目标。国家已明确：中小学教材中道德与法治、语文、历史学科三科教材，由教育部统一组织编写，人民教育出版社出版；其他学科教材，"一纲多本"，由原来的出版单位主持相关学科编写、出版工作。

长期以来，人民教育出版社、北京师范大学出版社等教材出版强社都高度重视教材编辑的作用，将编辑放在教材编写、出版的主体位置，使编辑工作贯穿于教材"研究、编写、出版、发行、培训"全环节。20 世纪 80 年代，上海科学技术出版社利用科技专业出版优势，开始步入中小学教材出版领域，经过几十年的努力，先后出版了小学科学，初中数学，初中、高中物理、化学、生命科学等多个学科教材。本文结合上海科学技术出版社教材编辑出版工作的经验，探讨新时代背景下编辑在教材编写出版中的角色和作用。

一、教材编辑要承担起育人价值的重要引导、把关者职责

党的十八大后，新一轮课改提出"学生核心素养体系"概念，将社会主义核心价值观、中华优秀传统文化、学生发展的必备品格和关键能力融入学科学生核心素养体系。聚焦学科核心素养、彰显学科育人价值是教材编写的重要目标和要求，也是编辑在教材编写出版工作承担的重要职责。

（一）教材编辑要具备强烈的责任意识

教材的社会责任大，承担着为国家和社会育人的职责，有着鲜明的政治属性，即必须要坚持党的教育方针，坚持正确的政治导向。教材关系到国家的未来，发挥着"培根铸魂、启智增慧"的作用，是国家意志的体现。教材的社会影响大，是学校教师和学生共同使用的教科书，它的发行量往往要远高于一般图书，因而，教材的社会关注度高，教材出版、推广使用、教材质量等教材建设工作的任何一个问题都可能引起一个社会事件或网络舆情。教材编辑，要充分认识教材和教材编写出版工作的重要性，理解和认同教材对党和国家、社会的价值，意识到自身作为教材编辑承担的责任和使命，在教材编写、出版工作中自觉做到始终保持对教材出版事业敬畏之心，勇敢面对压力，并将其转化为投入教材工作的动力。

（二）教材编辑要善于引导团队提升对育人价值的认识

国家在新一轮教材编写出版中强调，教材要进一步强化教材的育人价值，增强教材育人价值的系统性、适宜性。而主要由学科专家、教学专家组成的教材编写团队对教材的理解认识存在的一个普遍问题，就是偏重学科知识，对教材的育人价值认识不够深入；有不少作者对如何将育人价值落实具体教材内容的编写中，与学科教材内容有机结合还是比较困惑。编辑要推动教材编写组认真研读课程方案、学科课程标准以及相关标准解读，进行专题交流研讨，加深对教材政治属性、育人价值的理解，进而形成共识；要研究已经出版的本学科其他版本教材育人价值目标落实的现状，提供编写组参考；要

和教材编写组一道围绕学科知识、学科方法、能力培养和学科育人价值的培养，讨论确定教材主体框架、设计制订相关目标主题；在审核讨论书稿时，要注意核对相关育人目标在教材中的具体落实情况，检查正文、栏目、习题等各个方面的相关育人元素的是否适宜，确保教材育人价值的凸显。

（三）教材编辑要长于判断、提升教材的育人价值

在审读讨论教材内容时，编辑要注重审核教材选材的适宜性，注意材料的时效性和时代性。编辑要注意考证教材的每一个选材，要重视材料的多渠道查核，哪怕是很小的问题，也不能放过。只有这样，才能杜绝隐患，把握好选材的适宜性、时效性和时代性，确保教材的育人价值导向。编辑还要善于对内容材料进行提炼升华，提升教材内容的育人价值。教材不是内容材料的汇编整理，不能只重视内容材料的逻辑性，还要注重对内容材料思想、价值的彰显。如在呈现科学发现时，不能仅仅介绍科学发现的结果过程；在展现科学家和科学成就时，也不能仅仅是简单的生平和事迹简介，要注意结合社会时代背景、突出材料的重点、注重引发学生的共情，要做到帮助学生通过科学发现、科学家事迹和科学成就的学习，能够体会、感受到在当时历史条件下，科学发现、科学家探索的艰辛以及取得成就的意义。

二、教材编辑要成为教材科学性的关键把关者

教材内容的科学性、思想性、教育性是教材育人价值的重要保障。作为教材编辑要做好编写组重要帮手，尽可能消除科学隐患，确保教材的科学性，提升教材育人价值。

（一）教材编辑要重视教材内容的科学正确性

教材编辑一定要严把内容的科学正确性关口。在审读教材时，教材编辑的头脑要始终保持兴奋点，反复研读书稿，不仅仅要重视语言文字的打磨，还要注意学科科学性的推敲，如经常忽视科学定义的描述差错，概念规律推导中的逻辑疏漏等。要重视图、表的审读，如正文和图表中内容是否一致、插图中人物、标志形象是否恰当、科学，物体尺度的比例、坐标中的图线描点、实验仪器的画法、实验装置的连接方法、图中文字是否正确等。编辑要敢于质疑，随着科学发展沿着不同方向分化，即使是专家也不可能对本学科所有领域熟悉，对于学科前沿或者跨学科的内容，哪怕是专家审读过的，编辑也要加强审核，这部分内容也往往最能发现问题；要对把握不准的数据材料、概念，要勤

于利用权威工具书、教材和文献材料等进行科学性考证，对于任何一个小小的问题，小小的错误，都不能放过，尽可能地消除内容的科学性隐患。

（二）教材编辑要注重教材内容的科学规范性

教材内容的科学规范性是国家对教材出版的一个重要要求。目前，在实际课堂教学，甚至考试评价中一些不规范的量与单位、名词术语等仍然在使用。因此，教材编辑除了注意教材的语言文字规范、避免语言文字差错外，还要注意严格按照国家标准规范，使用量与单位、名词术语等。教材是学生学习的示范，被赋予对学生科学规范、科学思维能力培养的功能。教材内容呈现应该逻辑思路清晰，叙述完备，条理分明；能帮助学生学会如何解决问题的思维方法，使其养成严谨、规范的学习态度。有些作者深受习惯课堂教学模式的影响，编写教材时不注意学科概念规律的形成、科学探究的过程规范，内容呈现随意，科学完备性不足，经不起推敲，疏漏多；教材的示例，缺乏应该呈现的科学解决问题过程，直接套用概念规律，甚至解答中的符号与题目中描述的量也不对应等。编辑要重视这类内容的审读，查找疏漏，着力提升教材学科知识规范性、学科教学规范性。

（三）教材编辑要重视内容科学教育性

教材既是教师教学的范本，也是学生自主学习的依据。教材必须符合学生的年龄特点、心理特点和认知发展规律，要有利于学生激发兴趣、建构知识、培养思维、提高能力，养成态度和责任，要便于老师教和学生学。教材编辑在审稿时，要关注教材内容的结构是否体现课程标准的理念、内容的选择是否符合学生的前期已有经验、内容的难度是否超出课程标准要求、内容的广度是否关注全体学生的学习需求、内容栏目的设置是否有利于学生核心素养的养成、内容的呈现形式是否有利于教学活动的开展，内容描述是否通俗易通，教材的版面设计、插图制作、图片选择，是否与内容相匹配，版面字体、字号和颜色是否符合学生的心理特点和阅读习惯、是否有助于学生学习认知。

三、教材编辑要做好编写出版工作的组织协调者

教材编写、出版工作的顺利完成，涉及出版社、教育部门、编写组、排版印刷发行、教材使用实验区各方。出版社是教材编写出版的主体，教材编辑要起主导作用，必须具有良好的组织协调能力，协调各方，形成合力，才能做好教材出版工作。

（一）教材编辑要善于组织协调好编写组的工作

教材编写组主要由大学教授、教研员、一线教师组成。编写组专家人员多，想法也多。如何使编写组成员达成共识、编写工作高质量完成送审通过、教材顺利推广使用，有赖于团队的齐心合力。从组建编写团队，商定编写工作的内容、机制、落实直至教材使用推广，编辑要做大量的组织协调工作。如在教材组内部进行合理分工，在内部建立编写的编、审、改、定流程；结合以前教材编写送审经验和教材编写要求对编写组成员进行培训；严格编写工作的计划性的完成，统筹安排编写工作每个时间节点，做好工作完成的提醒督促；定期不定期组织问题研讨，查缺补漏；营造相互信任、和谐共进团队氛围；以编写组为主体建立教材专家培训队伍，提前制订教材培训预案等。

（二）教材编辑要协调好出版社内部的关系

教材编写出版从立项到正式出版使用时间跨度短，计划性要求严，立项通过后，要严格按照时间节点送审、复审、复核；审查通过后，要保证课前到书，教材使用推广等，要求单位配套的资源多，所需的支持力度大，除了教材编辑的全身心投入，还需要相关部门人员的大力支持。如教材以及立项送审、培训推广等材料的排版设计需要美术编辑的配合，教材编写、出版、培训、使用等各项业务活动的组织需要财务的配合，教材送审、出版的三审三校工作也需要审读、校对的配合，送审项目材料、教材的印刷装订，需要印制的配合……编辑处在教材编写、出版工作的中心，要在日常工作中和单位同事建立良好的人际关系，才能够得到出版社相关部门和同事的大力支持，协调做好出版社内部在编写、送审、出版、培训、使用流程各个相关环节的工作，最大限度地提高教材的质量，确保教材编写出版工作的顺利完成。

（三）教材编辑要做好教材推广服务的组织协调工作

编辑不仅要对教材的内容质量、编校质量负责，还要对教材的印制质量负责；不仅要负责教材的编写出版，还要关注教材的培训使用以及信息反馈等教材推广服务工作。在教材下厂印刷后，编辑要协调出版科去印刷厂检查印制质量、督促印制进度，确保教材的印刷质量和课前到书任务的完成；教材使用前，要主动与教育行政、教研部门联系，要组织安排会务、联系专家，及时开展教材培训；教材使用后，要及时与教材使用实验区学校联系，组织师生进行教材使用情况调研，收集教材使用意见，为教材修订完善做准备；在教材使用过程中，要定期不定期协同相关方面组织教材、教学研讨会，提高教材的教师用和学生学的效果；日常还要会同相关部门处理关于教材的信访等。

新时代教材编写出版工作的规范化、严格化，对教材编辑提出了越来越高的要求。教材编辑已经从传统的作者、读者之间桥梁的角色，自觉不自觉地走到了教材编写出版工作的中心。出版社要进一步重视对教材编辑的培养使用，充分发挥他们的积极性、主动性和在教材编写出版工作的重要作用，为落实立德树人根本任务，实现教育强国战略目标作出出版人应有的贡献。

参考文献

［1］中华人民共和国教育部.高中课程方案（2017年版2020年修订）［M］.北京：人民教育出版社，2020.
［2］中华人民共和国教育部.义务教育课程方案（2022年版）［M］.北京：北京师范大学出版社，2022.
［3］顾明远.揭开新时代教材改革的新篇章［EB/OL］.http://www.moe.gov.cn/jyb_xwfb/moe_2082/zl_2020n/2020_zl02/202001/t20200108_414671.html.2020-1-8.
［4］韩振.教材编写的意识形态维度［J］.课程·教材·教法，2019（7）.
［5］李志伟.全媒体时代下教材编辑在教材出版中的角色定位研究［J］.编辑出版，2018（12）.

人工智能大模型校对应用的展望

上海科学技术出版社　　朱　虹

摘　要

随着人工智能的到来，出版领域正面临着前所未有的挑战和机遇。本文旨在探讨当前出版领域中人工校对所面临的困境、人工智能大模型与校对应用相结合的机遇。从培养人工校对员的难点、传统电脑校对软件的不足，到人工智能大模型在书刊校对工作中的潜在颠覆性应用，深入剖析这些问题，并提出解决方案和前景展望。

关键词

人工校对　电脑校对软件　人工智能大模型　出版领域

近年来，以 ChatGPT、DeepSeek 为代表的人工智能大模型取得了显著的突破，在出版领域也有着独特的潜在作用和颠覆性影响。

一、人工智能大模型的现状

人工智能大模型在技术上已取得了显著进展。大模型指具有极大规模、高度复杂结构和强大计算能力的人工智能模型，通常用于处理大规模、高维度的数据，并能够实现复杂的智能任务，如自然语言处理、图像识别、推荐系统等领域。

（一）人工智能大模型的能力

人工智能大模型展现了强大的泛化能力、深层次学习与上下文理解能力、知识整合与推理能力、多模态处理能力以及高效的数据处理能力。这些能力使得大模型在多个领域中展现出巨大的潜力和应用价值。

1. 大语言模型

大语言模型的特点是规模庞大，包含数十亿以上的参数。经过海量数据的训练后，出现了上下文学习的能力，能够遵循指令，进行循序渐进的推理。

2. 生成式人工智能

生成式人工智能是一种利用人工智能技术自动生成文章、音频、视频等多媒体内容的方法。

3. 多模态人工智能

普通出版物仍以文字和图像为主，属于单模态和双模态，特别适合大语言模型将效率发挥到最大化。当然，随着技术的进步，多模态人工智能大模型也可以同时理解和生成包括文本、图像、音频等多种类型的数据，适合用来处理多媒体和电子出版物。

（二）人工智能大模型在出版中的应用尝试

人工智能大模型的应用领域广泛且多样，涵盖了教育、医疗、工业、审计、软件工程等多个行业，并且正在逐步替代或配合人类进行一系列复杂工作。这表明人工智能技术不仅在理论上取得了突破，而且在实际应用中也展现出了巨大的潜力和价值。

人工智能大模型在出版领域也有着独特的潜在作用和颠覆性影响，不仅仅局限于生成内容，还可以在校对方面发挥重要作用。

从生成内容到校对辅助。以集成 ChatGPT 的微软新版 Bing 为例，人工智能大模型具有"校是非"的潜能。

金山办公 AI。自收购黑马校对之后，2023 年 4 月，金山办公推出了 WPS AI，这是国内协同办公赛道首个大模型应用。接下去，如果金山办公进一步整合产品线，具有人工智能大模型的金山黑马校对新版本将指日可待。

百度智能云千帆大模型平台。一站式企业级大模型平台，提供了先进的生成式人工智能生产及应用全流程开发工具链。出版社可以借助千帆大模型平台，训练和使用自己专用的人工智能大模型，完成从选题规划、内容编辑直至排版校对的整个出版流程。

蜜度校对通。利用人工智能大模型的能力，可以开发出像蜜度校对通这样的校对辅助工具，不仅能够快速检测语法和拼写错误，还可以对文章进行润色。

二、校对工作目前存在的问题

随着电脑和网络的发展，作者来稿开始以电子文档居多；而且除了纸质出版物外，电子出版物的比例也在逐年提高。为了适应这种行业变化的趋势，部分出版社在保留传统人工校对的基础上，引进电脑校对软件辅助；一些出版社甚至取消了校对部门，由编辑"校是非"（即人工通读）取代了传统的"校异同"。

（一）人工校对的生存困境

人工校对在出版流程中扮演着不可或缺的角色，然而，其所面临的困境也不容忽视。不少出版社已经没有传统"校异同"的校对员，改为人工通读了。此外，培养人工通读校对员是一项具有挑战性的任务；与此同时，工作量大和容易出错也是人工校对的常见问题。

1. "校异同"还是"校是非"

传统的人工校对都是以"校异同"为主，即将纸质校样与纸质原稿核对，在校样中标出与原稿不一致的排版差错。虽然遇到原稿中有不符合出版标准的问题时，校对员也会用铅笔标注疑问来让编辑解疑（"校是非"）。

"校异同"为主。因为当前出书量大、出书时间紧，校对员一般无暇以"校是非"为主；加上笔者所在的上海科学技术社编辑还是习惯在纸上加工后发稿，也是"校异同"占了上风的重要原因。

"校是非"有欠缺。人工通读对校对员的要求很高，不但需要更高的语言功力和专业知识，而且要有敏锐地捕捉差错的本领。由于校对员的知识层次参差不齐、专业背景限制，加上体力和脑力的不同，造成人工通读的质量很不稳定。此外，人工通读的速度比不上传统的折校（即"校异同"），如果校对员人数不足，遇到急件书稿多时，人工通读就难以满足图书出版进度的要求。

2. 培养人工校对员的困难性

培养优秀的人工校对员需要耗费大量时间和精力。这些校对员需要具备深厚的语言知识、专业的校对技能以及严谨的态度。然而，随着出版领域的不断扩展，以及人力成本的日益提高，寻找合适的人才变得愈发困难。

校对员的培养成本高。培养一名可以担任终校和责校的合格校对员至少需要3年，而培养一名可以担任某个专业领域通读的合格校对员估计至少需要5年。校对科人数规模在逐渐缩小。在职校对员人数规模日益缩小，而校对工作量却逐步增长，校对周期也不断缩短。虽然可以通过排版厂代初校，以及请社外有经验的退休校对员参与外校，但还是会对图书校对质量产生不利的影响。

3. 人工通读的工作量大和差错率高

无论是"校异同"还是"校是非"，传统校对速度无法与电脑校对软件相比，尤以人工通读速度之慢为甚。人工校对不仅受工作时间限制，还受到体力和脑力的影响。

（二）电脑校对软件的能力不足

以金山黑马校对、方正智能审校系统为代表的传统电脑校对软件，一般采用依靠人工智能技术建立语言模型来正向查错，辅以大量收集多种常见错误库来反向查错。虽然能查出大量的错误，但需要人工判别才能确认错误，并且会漏报语料库外的错误。

1. 效率低下

主要是误报率高、查错率低、人工智能水平低下，还有一些难以查错的地方。以黑马校对 V21.0 为例。

误报率高。中文、英文拆分词错误常见，即使是快速校对模式，也会有一大堆的红色确认错误，经常数千个乃至数万个；人工判断后，一般书稿误报率都在 70% 以上，英文书稿的误报率甚至高达 99.9% 以上，极大地干扰了人工判断的过程。

查错率低。各种意想不到的差错或很常见的差错经常无法检出；同一段落内的多处相同差错只报一处差错的情况已成常态。

人工智能的含量不足。只能查出已知错误库内的差错，不能检出未知的差错；反之，不在正确库内的或不认识的单词、地名、人名，基本上要报错；已经加入了用户词库和用户错误库的常见问题，一般不起作用，每次依旧报错或查不出；而一旦加入了敏感词库后，与敏感词类似的词也都会报错，误报到应接不暇。

不能查错的范围广。不能校对语法、逻辑和知识性错误；不能校对中医中的古汉语；不能校对英语语法；不能校对插图中的文字、公式（大小写、正斜体、上下标）等；不能校对拉丁文（比如学名）等外语。

2. 需要人工干预

这种"人工＋电脑"的校对模式始终离不开人工的操作，尤其是需要对电脑的报错进行人工判断。由于存在相当高的误报率，造成电脑校对的速度快、时间短，但人工判别的速度慢、时间长；不同电脑校对员解读的校对结果也不尽相同，且新手与有经验的专职校对员的校对质量大相径庭。

三、人工智能背景下对校对工作的思考

以大模型为代表的人工智能将重塑各个行业，包括出版业，其中也涉及校对工作。

（一）校对工作职责的重新定义

随着数字化转型，"校异同"必将逐渐消亡，并走向"校是非"。将来不仅各个印前环节没有了纸质原稿和纸质校样，而且电子出版物是无纸化了。到那时，传统的"校异同"模式真正失去了意义，"校是非"才是校对员的唯一选择。

1. 校对员的职责是"校是非"

"校异同"的工作改由编辑负责后，校对员的职责是"校是非"，就是负责稿件语言、文字的正确性和内容、形式的合规性。

2. 设置专职校对员

目前是否设置专职校对员因人因地而异。小规模的出版社需要部分编辑"兼职"进行校对。因为人手有限，小型出版社往往由几位编辑交叉担任校对工作。百人以上规模的出版社需要专职校对员。相对于传统"校异同"的校对员，"校是非"的校对员需要具备更多的专业知识和编辑功底，尤其是要具备熟练运用线上和线下知识工具的能力，才能胜任这项专职工作。

（二）校对工作流程的重构

电脑安装了诸如蜜度校对通之类的人工智能大模型校对辅助系统，并与编校一体化软件系统实现对接。

编校一体化软件系统负责打通"编印发"等多环节的流程，还将把编辑发稿的内容自动排版为电子校样，以及把校对批注后的电子校样返还给责任编辑。

1. 人工智能大模型校对工具

具备多模态人工智能大模型的校对辅助系统在接收到进入校对流程的书刊电子校样后，可以处理多种问题（下面都以蜜度校对通为例）。

文字差错。包括文字和插图中的错别字、多字、漏字、错简、错繁、互倒、异体字和旧字形等，外文字母使用错误和汉语拼音错误（如图1）。

意识形态差错。人工智能大模型将重点检查政治、宗教等错误（如图2）。

知识差错。人工智能大模型会自动检查过时的专业名词术语、机构名称、地名、领导人职务等，也可以按需要查询并核对引用的标准、法律、法规文件等。

逻辑性、语法性错误。人工智能大模型可识别常见的句式杂糅和句子不通、标点符号使用不当等差错。

参考文献自动更正。当人工智能大模型检测到参考文献时，会自动调用该文献的原

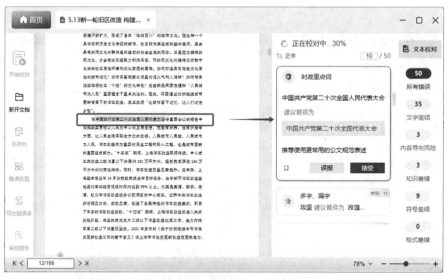

图 1　文字差错选项

图 2　意识形态差错实例

始出处数据，对其内容和格式进行替换更新，确保其正确性。

公式、习题的核对。人工智能大模型可以对常见的公式进行正确性核对，对简单的习题推导出答案。

2. 校对工作软硬件升级

校对员将使用两台竖屏电脑显示器，并配备手写笔。竖屏显示器可以在对合页面显示和左右两个不同的页面之间自由切换，以便前后文的对照和查阅。手写笔可以方便地手写输入文字、公式和校对符号，电脑会自动识别笔迹并转换为校对专用注释标记。经过模拟测试，可满足传统"校异同"的纸质校对向"校是非"的人机结合校对过渡的需求。

3. 校对工作流程优化

由于未来人工智能大模型可以胜任排版工作，编辑加工发稿后通过"三审"，经由编校一体化软件系统自动排版，便进入校对流程。

一校和二校由两位校对员先后交叉完成。三校由责任校对负责，对经由责任编辑审阅确认修改后的二校内容进行校对和整理。如果付型后改动较大，则增加一个校次，继续进行对红。

经过模拟测试，新的流程可以大大节约人力物力，缩短校对周期，提高校对通读的质量。

（三）人工智能工具的局限性

在人工智能校对领域，大模型尚处于起步阶段，也有一些痛点和弱点。人工智能只是一种工具，我们不能盲目偏信其输出的结果。即使在不远的将来，人工智能校对工具也还不能脱离人工而独立行事，它只是编校的合理补充。

1. 垂直模型的适用性限制

人工智能校对工具本质上是一种微调的垂直类大模型，在事先设定的领域中适应性较强，但在其他领域的表现可能不尽如人意。比如科技类图书校对软件是强化了相关专业的表现，但遇到人文类图书或古籍类图书时，其中的微调就需要进一步平衡处理了。

2. 知识库的更新

大模型的训练是一个高成本的投入，不可能随时重新训练，因此其中的某些信息会迅速过时。而大模型本身又不能输出知识库外的最新知识，所以如何使大模型持续学习和整合新知识，并且要避免灾难性遗忘，是个巨大的挑战。

3. 数据偏见和误导性信息

虽然有人工对齐的过程，但大模型仍会输出具有政治、宗教、文化等方面偏见或误导性的内容。尤其是要注意那些采用国外大模型的方案，由于意识形态不同，会造成认知和决策的偏差，以及社会价值观的混乱。对此要高度重视，切实把握好政治导向。

4. 过度校验

大模型在校对过程中可能会出现过度校验的问题，即自说自话地在原来准确的内容上添加很多新东西，导致人工智能校对的效率和质量显著下降。

5. 涉密和隐私

如何杜绝各个环节中的信息涉密和隐私泄露，是大模型规范有序的课题。

在未来，人工智能势必会在出版领域发挥越来越重要的作用，但在一段时间内还无法完全取代人工的价值。出版从业人员应该积极拥抱人工智能这一高效工具，与时俱进，不断调整工作流程，并使用最新的硬件和软件产品。出版领域的发展正处于一个充满变革和机遇的阶段，只有充分利用人工智能和人工的协同优势，才能够推动这个行业走向更加美好的未来。

参考文献

［1］杨尔弘，胡韧奋.大语言模型与语言研究的双向赋能与融合发展［J］.语言战略研究，2024（5）.
［2］晓雪，管若潼.文修智能校对 2.0 领跑 ChatGPT［N］.中国出版传媒商报，2024-6-7.
［3］张宁，西蒙·马奥尼.大语言模型赋能数字出版的机遇与挑战［J］.编辑之友，2023（11）.
［4］陈璐.网络时代数字技术在编辑工作中的应用［J］.湖南工业大学学报（社会科学版），2023，28（5）.
［5］徐敬宏，张如坤.ChatGPT 在编辑出版行业的应用：机遇、挑战与对策［J］.中国编辑，2023（5）.

生物多样性图书地理问题"避坑"策略初探

上海科学技术出版社　　唐继荣

摘　要

生物多样性图书是当前科技出版中的重要板块，但因动植物分布涉及大量自然和政区地理，地理问题往往是此类图书的"硬伤"之一，而 AI 大模型在当前尚不能解决所有问题。本文以近年来笔者相关编辑经验，并结合部分其他出版社同类书中总体情况，介绍相关地理问题的类型和常见差错，以期为同行编辑提供地理"避坑"建议，也可供涉及较多地名的博物及其他图书编辑借鉴。

关键词

生物多样性图书　博物图书　地理问题　地名错误　地理避坑

生物多样性图书是我国当前科技出版领域的重要板块。随着我国进入新时代，生态文明建设不断向高水平推进，全社会对生物多样性调查研究、现状了解与资源保护有更多更高的要求，需要相关图书来进行系统总结、成果展示、科学普及和自然教育，同时促进生产应用，并满足广大人民群众对生态旅游、自然观察、家庭种养等方面的需求。因此，生物多样性领域出书品种数持续攀升，有助于出版社获得较好的经济效益和社会效益。由于野生动植物都有其分布区、原产地（或引种地、入侵地），因而生物多样性图书的一大特点，就是包含了大量地理信息：可从偏远小山村的沟渠（如重要物种具有历史意义的定名模式标本采集地），到多国交界区域，再到南北半球的大洲（如全球环境变化下的动物迁徙路径）。一种篇幅约 50 万字的生物多样性图书中，可能地名有成百上千个，重复出现上万次。因为作者和编辑难以完全掌握相关地理知识，特别是从境外（包括我国港澳台地区）引进的图书，可能原书中的政区地理及其名称表述，与我国相关规定有差别，所以此类图书在地理信息上很容易潜藏风险。

自 2022 年底以来，ChatGPT 等 AI 大模型虽然逐步嵌入书稿写作和编辑出版领域，但并非万能。地理信息是非常复杂的知识体系，特别是国际形势变化和地方政区调整所涉及的微妙社会关系和管理规定，有时还具有高度的政治敏锐性和意识形态风险，AI 未必能准确把握。即便今后一些书稿在撰写过程中会采用人工智能生成内容，但其真实性难以保障，甚至会存在虚假信息，从而混淆事实真相。因此，生物多样性相关书稿中的地理信息方面仍需人工进行质量把控。笔者在梳理、分析部分同类书地理问题（并不限于严格意义上的"编校差错"）基础上，结合自身经验，初步总结了一些地理问题"避坑"建议，希望能为同行编辑提供参考。

一、地理问题资料来源

（一）笔者加工并出版的书稿

笔者自 2011 年从事科技出版编辑工作以来，由于专业背景为生态学与保护生物学，一直参与生物多样性图书的策划和加工，迄今已出版 26 种相关图书（含 4 种古生物学类图书）。由于这些书稿中均有不少地理名称，为了达到出版标准，笔者在加工和读校过程中用大量时间和精力查证，并理顺部分不算明显错误但难以理解的地理呈现方式。这些图书出版后，部分品种先后获得中国出版政府奖图书奖、国家林业与草原局优秀林草科普作品、中国科学院优秀科普图书、上海图书奖、上海市优秀科普图书、上海市科普作家协会优秀科普图书等荣誉。这在总体上表明，这些图书在地理方面处理较好。

（二）部分其他出版社同类书

笔者在加工书稿时，经常需参考或借鉴其他出版社的同类书，在此过程中发现存在许多相似的地理问题。笔者选择近年来具一定代表性的同类书进行地理问题分布采集（同一书号下 2 册视为 1 种），均含较多地理名称；其中部分图书是相关领域的权威文献，也是笔者的重要工具书。所选图书及其版次中，最早一种是 2011 年 10 月出的第二版（笔者采用的是 2014 年 10 月第三次印刷版本，也是其中唯一的重印图书），最晚一种的出版时间为 2023 年 6 月。需说明的是，本文并非以图书质检为目的，只是查找、分析生物多样性图书中地理问题的共性，某些问题并非严格意义上的"编校差错"。

二、地理问题类型与案例

基于过去 26 种相关图书加工经验和同类书情况，依据中国地图出版社 2022 年的《中国地图集（第三版）》《世界地图集（第三版）》，以及上海辞书出版社的《辞海（第七版）》等权威工具书，笔者大致将相关地理问题分为五种类型：地名错误、邻接地理关系错配、隔离地理位置错配、地理范围不匹配、地名呈现方式不佳。为表述简便，文中所涉民族自治州和民族自治县的州（县）名中均将具体民族和"自治"省略，如云南省丽江市所辖玉龙纳西族自治县简称"玉龙县"；"县级市"简称"市"。

（一）地名错误

地名错误有三种表现形式：地名本身错误、一地多名、地名类型错误。

1. 地名本身错误

地名本身错误通常又分两种具体情况：地名错字和新旧地名错用。

地名错字出现较多，但每种错误相对频次不高。对国内地名，这种错误有云南"普耳"（应为"普洱"），广西"榆林"（广西只有玉林，而榆林在陕西）、"瑶山"（应为"大瑶山"）、"防城市"（应为"防城港市"），新疆"阿勒泰山"（阿尔泰山与阿勒泰地区阿勒泰市混淆）、"哈拉斯湖"（应为"哈纳斯湖"），青海"布格达板峰"（应为"布咯达板峰格"），四川市级行政区名称中错误的"峨眉"与正确的"峨眉山"交替出现，海南"昌江坝王岭"（应为"霸王岭"）。对国外地名，这种错误有日本"小笠原群岛"（应为"小笠原诸岛"），南亚"巴基斯塔"（应为"巴基斯坦"）、"安达曼斯群岛"（应为"安达曼群岛"）、"尼科群岛"（应为"尼科巴群岛"），将东南亚国家中的当前国名"马来西亚"错写为"马来亚"（后者只是马来西亚西部地区，即"西马"）、"加曼丹岛"（应为"加里曼丹岛"），非洲"马达加斯"和"马来加斯加"（都应为"马达加斯加"），以及"前苏联"。

新旧地名错用往往源于作者资料未因应我国行政区划调整，而有的地名具有时代特征，如"南坪……武都等县"（四川南坪县在 1998 年就改为九寨沟县，甘肃武都县已于 2004 年改为陇南市武都区），"丽江等县"（原丽江县于 2002 年被分为丽江市的古城区和玉龙县），"贵定、都匀、麻江三县"（都匀在 1983 年撤县并市）、"广西（……贺县）"（贺县已于 2002 年改为贺州市八步区）。与此相反，有些书在提及历史上的地名时错用现名，如"1867 年，四川省雅安市宝兴县"，而"宝兴县"到 1930 年才被采用。

2. 一地多名

一地多名是某个地点的名称在同种图书中发生的多个或前后不一的现象。虽然这些地名单用时都不算错误，但相互关系在书中缺乏说明，造成多个地点的错觉。常见的案例是，某种动物分布区包括"加里曼丹岛"和"婆罗洲"，而这两个地名其实是同一地点；其他有"亚欧大陆"与"欧亚大陆"，"中南半岛"与"印度支那半岛"。有时"北美"与"北美洲"在同一段（句）中同存，即便不算错误，也不妥当。

3. 地名类型错误

书稿或图书中这种问题很常见，往往用一个地名类型套用所有其他类型。

对国内，这种错误最常见的是省级行政区类型［省、自治区（简称区）、直辖市（简称市）和特别行政区（简称特区）］。一是不分析具体地名，把多种省级行政区类型统称为"省""省区""省市"，如"南方各省""国内除台湾外，见于各省"（其他情形则不含西藏或新疆）。二是"画蛇添足"，在无相应省级行政区类型时强加"区／市"，如称"重庆、湖北、湖南、贵州及四川"为"5个省区（市）"。最极端的情形是，有的图书几乎集齐"各省""省区""省市"和"省份""等地"等用法（后两种才适用于该书）。地市级和县级行政区的这种错误也较多。此外，部分图书对我国东部、中部和西部的界定和范围较随意，经常自相矛盾。

（二）邻接地理关系错配

这是指某些图书将本来是包含关系的地名变为并列关系，或将本来是并列关系的地名变为包含关系。

1. 国内邻接地理关系错配

国内邻接地理关系错配最多的是几大地区与其所含省份的关系。通常情况下（或约定俗成），全国34个省份在政区上分为七大地区，分别为东北、华北（在自然地理上，内蒙古东部位于东北，西端位于西北，但在政区上整体属华北）、华东（含台湾）、华中、华南（含海南、香港和澳门）、西北、西南（含西藏）；在某些情况下并进行说明后，可将华东（除山东外）与华南合并为东南地区，将华中与华南合并为中南地区，或将香港和澳门特别行政区、台湾地区组成独立于上述七大地区的"港澳台地区"。然而，一些图书在这方面表述混乱，经常出现大地区与省份错配或大地区与区内省份并列，如"北方大部分地区，包括台湾""华北地区的……河南，华南的江西""西北地区的山西""东南地区（云南）""华东、华南、东南""华南、广西、海南岛""西南和华南，包括海南岛和台湾岛""西南的四川、甘肃"，以及华北与山西（或西北与新疆、华东与台湾、南方与海南、西南与西藏）并列。此外，也有图书将省份（或市、乡）与其下级地名错配，如"四川（城口）"（城口属重庆市），以及台湾地区与澎湖列岛（或兰屿和火烧屿）并列（与这几个岛屿并列的应为"台湾岛"）。

2. 国际和国外邻接地理关系错配

国际和国外的这种错配比国内更频繁和常见，主要有如下两个方面。

一方面，许多书将地理的包含关系错配为并列关系。一是国家或地区与其局部并列，如印度分别与锡金、安达曼群岛并列，印度尼西亚分别与苏门答腊、苏拉威西、爪哇并列，日本与琉球群岛并列，土耳其与小亚细亚并列，以及"西伯利亚东部、俄罗斯远东"。二是大区与区内国家（或国内区域）并列。首先，东南亚地区的错配最常见，如高频次的东南亚分别与区内的中南半岛、菲律宾群岛、加里曼丹岛、大巽他群岛、努沙登加拉群岛（小巽他群岛）、印度尼西亚、马来西亚并列，中南半岛经常与半岛内的缅甸、泰国、马来半岛并列，马来群岛与群岛内的印度尼西亚、菲律宾并列。其次，亚洲东北部、中部和南部较多这种错配，如东北亚与区内俄罗斯（特指其亚洲部分，即西伯利亚）并列，东亚与区内的中国、蒙古、朝鲜半岛、日本并列，中亚与哈萨克斯坦等5国并列，南亚与印度并列，以及混合错误"尼泊尔、俄罗斯、日本、乌兹别克斯坦等南亚和西北亚地区"。三是某些国家（或大区）与所属大洲（甚至半球）并列，如日本分别与亚洲和动物地理的古北界并列，加拿大或中美洲分别与北美洲并列，马达加斯加与非洲并列，以及俄罗斯与欧洲并列（俄罗斯虽然大部分领土在亚洲，即占整个北亚的西伯利亚地区，但在国际政治上属欧洲）。

另一方面，有的书将地理的并列关系错配为包含关系。这种情形虽然频次相对不高，但也不罕见。

（三）隔离地理位置错配

这种类型的地理问题是将不相邻的无关地点"硬凑"在一起。例如，"亚洲北部和中部（……印度……巴基斯坦）"，"菲律宾、波利尼西亚等亚洲……""马来半岛、新几内亚岛等亚洲东部"（波利尼西亚和新几内亚岛都属大洋洲），以及"南美洲巴拿马"（巴拿马共和国虽然在巴拿马运河南部也有部分领土，但在国际政治上是中美洲国家，在自然地理上属于北美洲；当只涉及其运河以南领土时，需根据语境特别指明）。

（四）地理范围不匹配

这是在描述某些生物分布时，某类群总体分布范围不同于其下具体种类分布，或某个物种的分布区小于其亚种的分布区之和（属于逻辑错误）。例如，对某些在国内分布仅 1 种的科，该科与该种的分布描述明显不同；对某科生物在我国总体介绍为"见于华南和西南地区"，而科下具体 2 种的分布却远达华东（江西和福建）。虽然对生物多样性分布的描述通常相对粗糙，但上述不匹配显然不是严谨、科学的表达。

（五）地名呈现方式不佳

这是对某些分布非常广泛的生物，有些书在部分位置详列所有分布区，导致出现一长串难以准确记全的地名。例如，某种生物在国内分布的省份为：

黑龙江、吉林、辽宁、北京、天津、河北、山东、河南、陕西、内蒙古、新疆、西藏、青海、云南、四川、重庆、贵州、湖北、湖南、安徽、江西、江苏、上海、浙江、福建、广东、香港、澳门、广西、海南、台湾。

虽然这样的表述并不算错，但已有图书的地名因呈现次序缺乏规律，出现某个地名被重复列出、相近地名被替代的错误案例。其实，这种情形可用更简明、便于记忆的方式呈现，如"除山西、宁夏和甘肃外，见于全国各地"。

三、地理问题"避坑"策略

（一）逐步积累相关地理知识

积累地理知识是生物多样性图书编辑的基础素养。这是一个长期的过程，并需经历大量训练。虽然编辑不可能熟记目前国内 333 个地级区划和 2844 个县级区划的名称，而且区划还有可能调整、更名，乡村级别的地名和外国地名更是浩如烟海，但见得越多，就越容易发现稿中的问题。

（二）给作者"打预防针"

如果涉及地名较多，编辑在选题策划阶段就对作者进行三个方面的提醒，将会在加工时节约大量时间与精力，成书质量也会更高。一是地名的准确性与一致性。若是地名来自很久以前生物标本采集（或观察）记录，特别是对根据偏远山区少数民族的发音记录的小地名（这在我国 20 世纪中期大规模生物资源普查时较多），要注意其沿革和时效性。二是不同地点的关系正确。三是地名排序的条理性、科学性、简洁性和友好性相统一。地名尽量按某种相对固定的规则罗列，避免无序、重复或疏漏。编辑还可建议作者做如下"减法"：根据需要描述地理的范围，避免不必要的地理区域扩大；涉及国内省级行政区时，尽量用"等省份""等地"处理，甚至隐去行政区划类型。

（三）加工时的问题"避坑"技巧

首先，始终牢记上述几个容易出问题的区域（我国几大地区划分、东北亚、东南亚等）具体范围，在加工中予以重视。其次，敢于质疑。不要怕麻烦，对不熟悉的地名，尽量利用权威地理工具书和国家地名官方平台查证。当地方政府（或机构）官网上的地名不一致时，一般以审核相对严谨的"历史沿革"为准，或查其他权威地名管理机构公布的正式名称。依据2024年5月1日起施行的民政部《地名管理条例实施办法》，国家对国内外地名有更严格的规范，建议优先使用民政部区划地名司依法主办的"中国·国家地名信息库"平台（https://dmfw.mca）。再次，对于引进书中或其他语言翻译过来的地名保持警觉。图书应严格遵守《地名管理条例实施办法》第十三条规定，"不得直接引用或者擅自转译可能损害我国领土主张和主权权益的外国语地名"，避免出现"新疆、青藏高原至中国中西部"等不当表述。

参考文献

［1］黄先蓉，罗玥莹.数智赋能下的出版业新变革［J］.出版广角，2025（1）.
［2］国家统计局.查数［DB/OL］.https://data.stats.gov.cn/easyquery.htm?cn=C01&zb=A0M01&sj=2024.2025-03-31.
［3］单远举.编辑加工中的统一误区及规避策略［J］.出版广角，2024（19）.
［4］中国地图出版社.中国地图集（第三版）［M］.北京：中国地图出版社，2022.
［5］中国地图出版社.世界地图集（第三版）［M］.北京：中国地图出版社，2022.

浅议技术编辑在中小学教材出版中的作用

上海科技教育出版社　　丁国朝

摘　要

中小学教材是关系和影响国家发展、民族进步、社会和谐的重要载体。技术编辑是教材开发、生产、发行过程中的直接或间接参与者。无论是对教材编写、出版相关政策的解读和落实，还是将教材从朴素原稿制作加工成精美成品的整个生产流程，以及保障教材保质保量按时进课堂并做好售后服务，都离不开技术编辑的辛勤劳动。技术编辑要与时俱进，发挥专业特长和工匠精神，为教材出版贡献力量。

关键词

技术编辑　中小学教材　岗位价值

中小学教材是依据国家课程方案编制、系统反映学科内容的教学用书，不仅是教师教学的指南，还是学生获得系统知识的重要资源和工具，教材的质量对于教育的质量和效果具有重要影响。教材建设是国家事权，体现国家意志，是事关未来的战略工程、铸魂育人的基础工程，《中小学教材管理办法》明确规定我国实行中小学教材审定制度，以课程标准大纲为依据精心编写，其内容经过专家和教育部门反复审核和纠正，以确保教学内容的准确性和科学性，使得学生学习到正确的知识。

方寸教材，国之大者。出版单位重视教材出版，牢牢树立教材工作首先是政治工作、抓教材就是抓民族未来的思想意识，在人力、财力等资源给予足够倾斜。各环节人员各司其职，文字编辑把关内容，美术编辑把关审美，审校人员把关编校差错，而同样作为出版流程中的一员，技术编辑的作用也很重要。

一、解读并落实政策法规

国家陆续推出很多专属性文件法规和国家标准来指导教材建设。《中小学教材管理办法》对教材的编写修订、审核、出版发行、选用使用、激励保障、检查监督等各个环节都作出规定，GB/T 18359—2009《中小学教科书用纸、印制质量要求和检验方法》规定了中小学教科书用纸、制版、印刷、装订等质量要求和检验方法，GB 40070—2021《儿童青少年学习用品近视防控卫生要求》规定了与近视防控相关的教科书、教辅材料等儿童青少年学习用品的卫生要求，中小学教材要求全面实施绿色印刷……技术编辑需要将诸多法规制度落实到教材出版制作的各环节中。

（一）重视教材中的字体版权问题

《著作权法》第25条对教材排版制作中需要使用特殊商用字体没有给出免责条款，出版社必须取得版权公司的使用授权，技术编辑需要熟悉本社已经取得授权的字体清单，在把关版式设计时全面排查字体使用情况，对于没有得到授权的字体提醒美术编辑立即更换。

（二）重视教材中的版面版式问题

国家标准委员会2021年颁布《儿童青少年学习用品近视防控卫生要求》，在GB/T 18358—2009《中小学教科书幅面尺寸及版面通用要求》基础上对于教材中的字号和行距做出更严格的规定，新国标细化到不同年级学段教材需要使用不同字体字号行距的要求。技术编辑对于增量新教材要严格按照新的标准执行，使用中的存量教材也需要及时重排纠正。

中小学教材近视防控的版式要求（正文）

年　级	版式要求		
	字　体	字　号	行　距
小学一二年级	楷体为主	不小于16P（3号）	不小于5毫米
小学三四年级	楷体和宋体为主，由楷体逐步过渡到宋体	不小于14P（4号）	不小于4毫米
五年级以上	宋体为主	不小于12P（小4号）	不小于3毫米

（三）重视教材绿色印刷全流程环节以及用纸、印制质量要求

2012 年，原新闻出版总署、教育部、原环境保护部联合发布关于全国中小学教科书实施绿色印刷的通知，明确要求中小学教材必须符合绿色印刷标准，并且在封底加注中国环境标志。基于此，技术编辑执行中要在《中小学教科书用纸、印制质量要求和检验方法》基础上承担起更多的责任。

一是，技术编辑需要严格审核承印教材印刷企业的资质，常规的营业执照、印刷经营许可证等以外，还需要审核中国环境标志产品认证证书以及有效期限。

二是，技术编辑需要把关教材用纸的克重和白度，严格执行各省市物价局批复的纸张克重规格，督促造纸企业和印刷企业执行相关标准。

三是，技术编辑需要监督印刷企业严格把关教材印制各环节中使用的原辅材料的重金属等化学指标，以免危害学生健康，对于教材入库前需要提供检测报告的，提醒印刷企业及时送检。

四是，技术编辑需要严格把关国标要求的各项教材物理指标，包括套印、墨色、胶水张力、装订尺寸以及各项误差率标准，不定期现场抽查，从源头及时发现问题，避免将问题教材流入课堂。

（四）做好春秋两季教材各省市价格申报

教材在不同省份使用，技术编辑需要根据当地的定价体系执行严格教材定价申报，价格申报工作要在春秋两季教材正式印刷前，根据开本、色数、印张以及纸张克重等实际情况确定教材价格，并且在教材版权位置清晰标注价格、批复文件号、价格举报电话，接受社会公众监督。有的省份提供纸质材料时还需要网络申报，有的省份需要教材价格网上公示，有的省份只需申报新品种……技术编辑需要非常熟悉每个省份详细的申报要求，时刻关注价格申报进度。

二、为教材出版提供专业意见

技术编辑区别于文字编辑、美术编辑、审读校对，将书稿物化成型的过程就是技术编辑最主要的工作内容。教材是一种特殊的物化品种，因其特殊的发行范围、对象、功能，技术编辑在处理好常规的工作内容外，还需要从时效、精确、服务等方面全身心投入和挖掘自己的岗位价值，在教材出版的各阶段提供专业意见。

（一）制作过程

教材从朴素的原稿到美观的版面，不仅有规范性的要求，还有方便学生阅读的需求，技术编辑承载着文字编辑和美术编辑的中介及实现。

软件选择：使用合适的排版制作软件能让教材版面更加出彩。目前几款主流的排版软件，如方正书版、方正飞翔、InDesign 等，技术编辑要在熟悉教材类型的基础上，根据软件特点针对性地推荐选择最佳软件方案，如低年级带拼音的或者高年级数理化公式的教材，建议选择软件自身可提供相应插件服务功能的软件进行排版。此外，熟悉 Photoshop、Illustrator 等应用场景优劣属性，选择合适的制图软件，对于提高教材图片精度，尤其图片文字清晰程度有极大帮助。

版式复核：教材开发往往不是单本的，成套的教材需要兼顾整套版式统一性问题，使用的字体字号、颜色、行距等的一致性，图片、表格、公式等一致性，单册的前后部分以及册与册之间也要保持风格一致。此外，还要检查规避小字四色叠加容易造成印刷套印不准的情形、该出血的图片和底色需确保做足尺寸、保持跨页图文的阅读视觉完整等。

核算印张：印张是书籍最基本的计量单位，教材的印张决定教材的定价，也是封面书脊厚度的计算依据。技术编辑要掌握核算印张技巧，根据每册教材实际，通过调整次序和白面，尽可能凑足相对整数的印张，不仅可以降低生产成本，还能提高印刷装订效率，对于生产和送书周期也有保障。同时兼顾教育部对教材辅文面数控制的要求等。

（二）送审过程

教材进入学校前，不仅要经过主编、出版社、专家等各方人士无数次的打磨，还会有教育部和各省主管教材的部门组织的多轮专家审查。送审过程中，技术编辑不仅需要全面做好制作协调，保障生产进度周期，还需要根据不同送审要求，做好包括整理送审电子文件、制作不同形态的送审样本等。有的样本要求是正式出版物形态，有的不能出现出版单位和编写人员等信息，技术编辑需要在规定时间内，按要求完成规定样本生产，避免因材料不符合丢失了教材入选使用的机会。

（三）妥善准备印制文件

交付给印刷企业的教材文件，必须是符合印刷要求的。首先确保文件是最新最终的版本；其次检查文件的尺寸是否符合要求，包括文件发排时已留足 3 毫米裁切尺寸，文件的精度是否满足高品质印刷要求，封面、内文、插页等印刷要素是否齐全，电子文件与提供给印刷企业的付印样稿是否一致，封底及版权页是否已经核对定价、条形码以及批准文号……经过反复确认后的文件，才能发送印刷企业。除此之外，重视教材印制文件数据安全与版权保护，积极应对文件盗版、篡改或非法分发，加强版权管理和权限控制。

（四）确保"课前到书，人手一册"

教材因其特殊属性和生产周期，技术编辑把"课前到书，人手一册"视为政治任务。教材上机生产，需要同时具备以下要素：内容到位，印数到位，定价批文到位，有时还涉及书号到位。教材的印数由新华书店汇总提供，新华书店的印数来自辖区各所学校的征订，一般每年6、7、8月为秋季教材征订生产的高峰，11、12月以及次年1月则是春季教材高峰。对内，技术编辑与责任编辑、发行人员密切沟通发稿进度，做好发印和后续加印工作；对外，跟进核价进程，同时与印刷企业沟通纸张等原材料准备情况，实时掌握生产进度，根据各省市新华书店教材入库时间要求协调督促生产。

（五）加强过程质量监控

技术编辑要强调在生产过程中把控教材质量，思想上坚定精品意识、责任意识、风险意识，并将其传导到印刷生产的每道环节，有条件的应当做好现场检查监督。注重成品样书检查抽查工作，奖优罚劣，表扬质量优异的企业，警告质量不过关的企业，上报主管领导适时做出业务流向调整。同时，根据各省市质检部门的检查抽查机制积极做出回应配合。

（六）做好售后服务保障

技术编辑要做好来自学生、家长和老师关于教材使用的来电接待，尊重读者的同时，维护好出版社公众形象。把反映教材内容问题的及时反馈给责任编辑答疑解惑，反映印制质量问题的无条件做好退换书工作。重视每一个来电，积极响应，妥善处置舆情于萌芽阶段，防止事态升级。实际工作中，教材遗失急需补买的来电很多，技术编辑要及时帮助读者解决实际困难。

（七）注重生产流程合规性

《图书、期刊印刷委托书》是印刷企业能否开机生产的背书，技术编辑在教材付印的同时开具印刷委托书，在当地出版局盖章备案后转交给印刷企业，印刷企业也需在当地出版局盖章备案，才被认定为合法合规生产。目前委托书备案工作的无纸化全国印刷委托书备案系统将于 2025 年 6 月正式开通，技术编辑需及时做好数据上传和源头申报。

技术编辑还需及时与印刷企业签订印制合同，合同中约定好甲乙双方的权利和义务，包括教材品种、品质要求、结账周期等，其中合同条款中约定的生产周期及处罚措施，对确保教材完成"课前到书"的任务也提供了法律上的保障。

（八）强化生产成本意识

教材生产的降本增效也是技术编辑的岗位目标之一。用业务经验和专业判断，选择最合适的供应商（包括排版公司、纸张销售、印刷企业等）；多角度思考并通过横向比较选择最佳印制方案，包括以印量多少决定是选择轮转印刷、平版印刷还是 POD 印刷；实时关注和分析市场，预测纸张价格走势，提出择机采购的合理化建议；根据积累的工作经验，考虑印数与成本的反向关系，预判生产时机；采取区域生产调度的方式降低生产成本和周期……降本增效的意识不仅是技术编辑的一项基本职业素养，也是实践之路上熟能生巧的必然结果。

三、结语

技术编辑要与时俱进，发挥专业特长和工匠精神，为教材工作及高质量发展把好技术关。如今信息技术高速发展，AI 等各类技术推陈出新，传统教材出版思维已经受到极大挑战，教材若不以纸质为媒介，那未来多媒体与交互式教材是否会成为主流？技术编辑将面对数字格式与多终端适配，多媒体与交互内容开发，以及数据加密技术、合规数据管理等各类技术问题，将是对传统教材出版的颠覆。数字时代的技术编辑需兼具"教育内容专家"与"技术架构师"双重角色，核心能力是构建可持续的数字学习体验。面对真正数字时代，作为技术编辑，在思想和行动上，我们需要做足准备。

参考文献

［1］国家市场监督管理总局，国家标准化管理委员会．儿童青少年学习用品近视防控卫生要求：GB 40070—2021［S］．北京：中国标准出版社，2021．

［2］中华人民共和国教育部．教育部关于印发《中小学教材管理办法》《职业院校教材管理办法》和《普通高等学校教材管理办法》的通知［EB/OL］．https://www.gov.cn/zhengce/zhengceku/2020-01/07/content_5467235.htm.2019-12-16．

［3］中华人民共和国著作权法［M］．北京：法律出版社，2020．

现实题材网络文学实体出版的现状研究

上海文艺出版社　　冯　凌

摘　要

本文研究现实题材网络文学实体出版的现状与编辑实务问题。随着现实题材网络文学从边缘走向主流，其创作呈现出多元化、类型化、精品化的发展趋势：题材涵盖乡村振兴、科技前沿等社会热点，通过"现实 +"模式实现类型创新，并依托专业作家与行业从业者共建的创作生态提升内容深度。研究发现，实体出版面临三大核心矛盾：网络口语化表达（如"yyds"）与出版规范汉语的冲突、百万字篇幅的压缩难题、"黄金三章"快节奏与现实主义深描的叙事张力。本文提出，成功的出版转型需通过编辑创新实现：包括"再创作"式内容改编、精准的年轻读者定位，以及融合网络元素与传统审美的装帧设计。现实题材网络文学的实体出版是媒介融合时代的文化再生产过程，其发展对构建新型出版生态具有重要意义。

关键词

网络文学　实体出版　现实题材　编辑实务

　　近年来现实题材创作已成为网络文学创作的主流态势，现实题材网络文学的勃兴为网络文学的发展开辟出一个新风口，甚至有学者已经做出"网络文学的现实题材转向"这一论断。随着网络文学现实题材创作从自发走向自觉，现实题材网络小说涌现出大批佳作，如《大江东去》《欢乐颂》《凡人传》《明月度关山》《大国重工》《写给鼹鼠先生的情书》等，其在审美价值与阐释价值方面也为当代网络文学发展提供了现实书写方面的有益补充。

现实题材网络文学的创作延伸到实体出版也是一种必然趋势，如何看待现实题材网络文学的现状，如何应对现实题材网络文学在实体出版中出现的编辑实务问题，是本文所要研究的重要课题。本文通过对现实题材网络文学的概述和现状分析，结合现实题材网络文学实体出版过程中碰到的具体实务问题进行分析、探讨，如现实题材网络文学实体出版过程中存在内容筛选与改编、读者定位与市场分析、装帧设计与品牌塑造等。旨在为现实题材网络文学实体出版提供一些借鉴。

一、现实题材网络文学的定义和特点

（一）现实题材网络文学的定义

网络文学是指借助互联网平台创作、发表和传播的文学作品。现实题材网络文学，顾名思义，是以现实生活为创作源泉，通过虚构或写实的手法，反映社会现象、探讨人生哲理、揭示人性善恶等问题的网络文学作品。这类作品通常具有较强的社会性和现实性，能够引起读者的共鸣。

（二）现实题材网络文学的特点

现实题材网络文学通常具有以下几个显著特点：

一是，更贴近现实生活。网络文学降低了创作发表门槛，让专业作家和业余爱好者都能发布作品。对于身边熟悉的人或事，业务爱好者往往能够敏锐地捕捉到，通过具体的人物和事件，展现社会的真实面貌。

二是，对社会热点问题的反应速度更快。现实题材网络文学依托的是网络平台，实现作品的即时全球传播，突破传统出版的时间和空间限制，因此，在反映现实社会热点和难点问题时，往往速度更快。

三是，题材更为广泛。网络作家来自各行各业关注的视角和创作的题材也更多元、专业、立体。第六届现实题材网络文学征文大赛特等奖获奖作品《破浪时代》和第八届现实题材网络文学征文大赛特等奖获奖作品《一路奔北》的作者"人间需要情绪稳定"是上市公司高管，第八届现实题材网络文学征文大赛一等奖获奖作品《剖天》的作者"泥盆纪的鱼"是大气科学专业在读博士……他们结合自身知识体系与职业经历，跨界融合兼职创作，使专业化的行业背景小说风靡网络。

二、现实题材网络文学的现状

自 20 世纪 90 年代末以来，随着互联网技术的普及，网络文学在中国迅速发展。从最初的论坛、博客，到后来的专业网络文学网站和移动阅读 App，网络文学的传播渠道日益丰富，读者群体也日益庞大。截至 2023 年底，中国网络文学用户规模已达 5.37 亿人，同比增长 9%，显示出网络文学的强劲生命力。

2009 年，以阿耐的《大江东去》获精神文明建设"五个一工程"奖为代表，现实题材网络文学开始了由支流向主流迈进的征程。2024 年，现实题材网络文学持续蓬勃发展，在保持现实关怀内核的同时，不断突破创作边界，形成了多元化、类型化、精品化的发展格局。

（一）多元化

现实题材网络文学的多元化，是指其在主题内容、表现形式、叙事手法和价值维度等方面呈现出的多样化发展态势。这种多元化主要体现在以下几个层面。

题材内容的立体拓展。从传统的职场、家庭等单一场景，延伸至乡村振兴（《山海情》）、科技前沿（《一路奔北》）、非遗传承（《锦绣》）等新兴领域，形成城乡交织、古今对话的题材矩阵。作品既关注外卖骑手等新兴职业群体，也挖掘文物修复师等传统技艺传承者，构建起全景式的时代叙事谱系。

表现形式的跨界融合。突破纯文字叙事局限，发展出"数据可视化文学"（如嵌入统计图表的《PM2.5 恋人》）、"交互式现实小说"（如可选剧情走向的《十字路口》）等新形态。部分作品尝试与 AR/VR（增强现实 / 虚拟现实）技术结合，如《数字敦煌》通过虚拟现实再现文物保护现场。

创作主体的生态多样性。形成专业作家（如齐橙的工业题材）、行业从业者（医生创作的《白色城堡》）、Z 世代"素人作家"并存的创作格局。各地作协推出的"在地写作计划"更催生出具有浓郁地域特色的现实题材作品。

这种多元化发展实质上是网络文学对现实生活的全息映射，通过多声道叙事、多媒介呈现、多主体共创的方式，构建起具有网络时代特色的现实主义表达体系。在算法推荐和圈层传播的双重作用下，现实题材网络文学正逐渐形成分众化、精准化的内容供给生态，满足不同读者群体的精神需求。值得注意的是，这种多元化并非无序扩张，而是始终围绕"现实关怀"这一核心维度展开的创新探索。

（二）类型化

现实题材网络文学的类型化，指的是在保持现实主义内核的基础上，借鉴类型文学的创作规律和叙事模式，将现实题材内容进行专业化、标准化和模块化重构的创作现象。这一过程呈现出三个典型特征。

首先，是题材的垂直细分。创作者不再满足于泛化的现实描写，而是深入专业领域，形成具有行业特性的子类型。如医疗文中精确还原手术流程，刑侦文引入真实法医知识体系，使作品兼具文学性和专业参考价值。《手术直播间》（真熊初墨）、《法医秦明》（秦明）、《侯大利刑侦笔记》（小桥老树）等作品均属此类。

其次，是叙事模式的创新融合。通过"现实＋"的创作路径，将职场、乡村等现实题材与悬疑、科幻等类型元素有机结合。2021年骁骑校的《长乐里：盛世如我愿》以一场跨越时空的"盛世实验"，打破了现实题材网络文学的传统边界。小说将上海弄堂的市井烟火与时空折叠糅合，让历史记忆在虚拟推演中重构——这种"现实＋"模式，既保留了现实主义的厚重感，又借助类型元素激活了叙事潜能，成功破解了现实题材"严肃有余，吸引力不足"的困局，也开启现实题材网络文学的创作"现实＋"趋势，即把取材现实与其他内容如科幻、玄幻、穿越、历史等元素融合起来，以类型融合形成破圈式艺术创新，大大拓展了现实题材的艺术表现空间，也在一定程度上改变了现实题材网络小说叫好不叫座的"落地尴尬"现象。

最后，是创作方式的工业化转型。建立行业术语库、开发类型模板、组建专业顾问团队等方式，使现实题材创作呈现出标准化生产特征。这种类型化提升了作品的专业质感，拓展了现实主义的表达维度，推动网络文学实现从娱乐消费到知识服务的价值升级。

（三）精品化

现实题材网络文学的精品化，是指作品在保持网络文学传播特性和大众阅读趣味的基础上，通过思想深度、艺术水准和制作规格的全面提升，实现从"流量导向"到"质量优先"的创作转型。第八届现实题材网络文学征文大赛特等奖获奖作品《一路奔北》是一部讲述中国科技最新发展、弘扬中国科学家精诚团结努力拼搏时代精神的作品。2024年3月，《一路奔北》在《中国作家》连载，这是现实题材网络文学首次进入主流文学期刊视野，实现授权合作。作品在文字间展现出对于现实生活的观察和展现，能够起到很好地展现时代、歌颂时代精神的作用，是网络文学精品化的重要发展方向。

三、现实题材网络文学实体出版的价值

（一）政策与市场的双重驱动

近年来，国家政策对现实题材创作的扶持力度显著增强。国家广电总局"十四五"规划明确提出"加强现实题材网络文学创作引导"，中国作协"优秀现实题材网络文学出版工程"累计评选出《长乐里：盛世如我愿》《上海凡人传》等47部作品（截至2023年数据）。第十七届精神文明建设"五个一工程"奖首次将网络文艺作为独立项目纳入评选，彰显了新时代网络文艺的价值和意义。而从市场层面看，现实题材网络文学实体书销量年均增长率达37%（截至2024年开卷数据），《大江大河》《法医秦明》《侯大利刑侦笔记》《欢乐颂》等作品通过实体出版进一步扩大受众覆盖面。网络文学现实题材的创作也是网络文学发展的自觉选择。

（二）文本特质的出版适配性

现实题材网络文学以社会议题的深度挖掘见长，其内容兼具文学性与大众性。例如，《长乐里：盛世如我愿》在描述当代上海的部分中，借助男主人公赵殿元这个反向"穿越者"的视角，描述出普通人的衣食住行、家长里短，点外卖、坐网约车、乘高铁等"接地气"的情节，更易被传统出版市场接受。

四、现实题材网络文学实体出版中的痛点

（一）内容转化困境

语言风格冲突。现实题材网络文学的语言偏口语化、碎片化，有的还会出现大量的对白，甚至有"yyds""绝绝子"等网络用语表述，这与出版要求的规范汉语形成对抗。

篇幅冲突。现实题材网络文学的篇幅往往都非常长，《破浪时代》字数超80万，《生活挺甜》字数近70万，《上海凡人传》出版字数更是在100万左右。此类长篇作品在实体出版时，就会面临压缩作品时内容完整性与成本控制的平衡，同时，也会拉长出版周期。数据显示，专业编辑日均处理字数约1.2万，百万字作品缩编周期长达3个月，人力成本占比超总成本的40%。

叙事节奏的矛盾。现实题材网络文学最先在网站上连载，网络连载要求的"黄金三章"快节奏与现实题材必须的社会背景深描形成对抗，往往一部分作品会陷入"开局炸裂，后续乏力"的叙述困境，这与实体出版物作品要求的结构完整和严谨构成矛盾。

（二）作品融合出版困境

现实题材网络文学的创作者大部分是网站签约作家，其作品的权利全部归于网站，因此实体出版的主导权往往在网站，而网站授予出版社的往往仅限于纸质出版，这会对作品整体的融合出版产生受限，不利于实体出版物的印数决策和整体营销策略。

五、现实题材网络文学实体出版的编辑环节

（一）现实题材网络文学实体出版的首要编辑环节是内容筛选与改编

在选定作品后，编辑需与作者密切合作，对作品进行必要的改编和润色。这种改编可能包括结构调整、情节优化、语言规范等多个方面，目的是在保持网络文学原有特色和魅力的同时，提升作品的文学品质和阅读体验。

《一路奔北》是一部描述一批青年科学家研究北斗三号中部分组件的故事，作者在撰写一些细节时，为了保密隐去了真实信息，其中就有关于运载卫星的火箭名称，但是作者不了解火箭名称的命名规律，因此虚拟的名称就容易降低本书的可信程度，发现这一情况后，笔者与作者进行了充分的沟通，最后在本书专业内容顾问的帮助下，确定了最终定名。

（二）读者定位与市场分析是现实题材网络文学实体出版的另一个环节

现实题材网络文学实体出版需要深入研究目标读者群体的阅读习惯、审美趣味和消费心理，以此为基础制订相应的出版策略。与传统文学作品相比，网络文学的读者群体通常更为年轻化，对流行文化元素更为敏感。因此，编辑在进行市场定位时，需要充分考虑这一特点，在内容选择、装帧设计、营销方式等方面做出相应调整。同时，编辑还需关注市场趋势和竞争对手的动态，确保出版作品能够在激烈的市场竞争中脱颖而出。

（三）装帧设计与品牌塑造是现实题材网络文学实体出版不可或缺的环节

优秀的装帧设计不仅能够提升图书的视觉吸引力，还能强化作品的主题和风格，增强读者的购买欲望。对于网络文学纸质版而言，装帧设计往往需要在传统图书设计规范与网络文化元素之间找到平衡点。此外，编辑还需重视品牌塑造，通过系列化出版、作者形象打造等方式，建立持久的品牌影响力。一个成功的网络文学出版品牌不仅能够提升单本图书的市场表现，还能为后续作品的出版奠定良好基础。

六、编辑在现实题材网络文学实体出版中的角色定位

在现实题材网络文学实体出版过程中，编辑扮演着多重角色，既是内容质量的把关者，又是艺术与市场的平衡者，同时还是作者与读者之间的桥梁。作为内容把关者，编辑需要对网络文学作品进行专业评估和精心打磨，确保最终出版的图书既保持网络文学的独特魅力，又符合传统出版的质量标准。这一过程要求编辑具备敏锐的文学判断力和扎实的文字功底，能够发现作品中的闪光点并帮助其更好地呈现。

在艺术与市场之间寻找平衡是编辑的另一重要职责。网络文学通常具有较强的娱乐性和商业性，而传统出版则更注重作品的文学价值和社会意义。编辑需要在两者之间进行巧妙平衡，既不能为了商业利益而完全放弃艺术追求，也不能因过度强调文学性而忽视市场需求。这种平衡艺术要求编辑既了解文学创作规律，又熟悉出版市场运作，能够根据具体作品的特点制订合适的出版策略。

此外，编辑还承担着沟通作者与读者的桥梁作用。一方面，编辑需要向作者传达出版规范和市场预期，帮助其更好地适应纸质出版的要求；另一方面，编辑又需要代表读者向作者反馈阅读体验和改进建议。这种双向沟通对于提升作品质量和市场接受度至关重要。优秀的编辑能够在这种沟通中既尊重作者的创作自由，又充分考虑读者的阅读需求，最终促成作品的优化和完善。

参考文献

［1］常保青，陈海燕.虚构题材网络文学"现实转向"的实现路径［J］.合肥师范学院学报，2023，41（1）.
［2］刘蓓蓓.网络文学向精品化迈进［N］.中国新闻出版广电报，2025-1-20.
［3］2024网络文学：类型创新多样　新兴题材频出［N］.光明日报，2025-1-18.

浅析大型营销学术活动中编辑的多维角色

上海三联书店　　李　英

摘　要

本文探讨编辑在学术传播与市场价值融合进程中的多维角色定位。一方面，剖析编辑从传统的内容策划逐步向资源整合等多领域拓展的功能转型路径，揭示其在不同环节所发挥的独特作用；另一方面，提出编辑须兼具扎实的学术功底与敏锐的市场研判能力，在确保内容专业性的同时精准把握市场需求，以此制订切实可行的实践策略。

关键词

编辑角色　营销学术活动　多维构建　实践路径

2025 年 3 月，上海三联书店联合北京大学国家发展研究院、上海交通大学中国发展研究院、中金研究院等机构，先后举办"中德经济学研究与经济模式比较"论坛（北京）及学术座谈会（上海）。活动涵盖《经济学的未来》新书发布、主题演讲、闭门研讨会等，通过中德学术资源的深度整合，探讨经济学前沿议题。虽然系列学术和营销活动的成效还需时间检验，但实际运作中积累的经验，已经为笔者探索编辑角色的创新方向提供了切实可行的实践依据。作为《经济学的未来》一书的责任编辑和活动的深度参与者，笔者深切感受到编辑在复杂学术营销生态中的核心作用——从策划、资源整合到跨主体协调，编辑既是学术价值的守护者，也是市场需求的转译者。本文基于这一实践，试图系统性探讨编辑角色的定位与转型路径。

一、编辑角色转型的时代动因

数字化浪潮带来了信息传播的高效性与便捷性，学术资源的获取不再局限于传统的纸质媒介，海量的电子文献、在线数据库使得信息的流通速度呈几何级增长。这使得编辑不再是学术信息的唯一筛选者和传播者，传统的内容筛选与传播职能被极大地削弱。同时，市场化的学术环境要求学术成果不仅要具备学术价值，更要具有市场竞争力。学术图书、学术活动等都面临着市场的考验，需要吸引更多的读者、赞助商和参与者，这对编辑的市场运营能力提出了新的要求。

营销学术活动作为学术与市场结合的典型代表，具有独有的特征。它既需要保证学术的严谨性和专业性，又要考虑市场的需求和商业价值。活动的策划、组织和推广都需要综合考虑学术资源的整合、赞助商的需求以及参与者的体验。这就要求编辑不仅要具备扎实的学术素养，能够准确把握学术前沿和热点，还要有敏锐的市场洞察力和出色的沟通协调能力，能够在学术与市场之间找到平衡点。

复合型编辑成为营销学术活动的迫切需求。他们需要在传统的文字编辑、内容审核等基础上，掌握项目管理、品牌营销等多方面的技能。只有这样，才能在数字化与市场化学术生态中，为营销学术活动提供全方位的支持。

二、大型营销学术活动中编辑多维角色的探讨

（一）角色理论在编辑学研究中的适用性

角色理论为编辑学研究提供了独特视角。在编辑职能的历史进程里，早期编辑主要负责文字校对、内容编排等基础工作，角色较为单一。随着学术环境的发展，编辑角色逐渐分化，衍生出学术筛选、市场推广等不同职能。然而，这种分化也带来了角色冲突，例如学术严谨性与市场需求之间的矛盾。编辑在筛选高质量学术内容时，可能会因过于注重学术性而忽视市场吸引力；反之，过度迎合市场又可能降低学术水准。为化解这些冲突，编辑需要进行角色整合，将不同职能有机结合，以适应大型营销学术活动的多元需求。通过角色理论的分析，能更清晰地理解编辑角色在不同阶段的演变和面临的挑战，为编辑在大型营销学术活动中的角色定位提供理论支撑。

（二）编辑多维角色的定位和执行

营销学术活动具有鲜明的协同创新特征，其核心在于学术性与商业性的融合。这种融合既带来了机遇，也面临着诸多边界与挑战。学术性要求活动保证研究的深度、严谨性和前沿性，为学术交流提供高质量的平台；商业性则强调活动的市场价值，吸引赞助商、扩大影响力。然而，两者的融合并非易事，需要在保证学术质量的前提下，巧妙地

平衡各方利益。编辑在大型营销学术活动中扮演着至关重要的角色，其角色定位和执行直接影响活动的成效。

1. 角色定位

一是策划者。图书编辑作为学术营销活动的策划者，需从学术图书核心价值出发，精准定位受众需求与传播痛点。基于知识传播理论，策划者需设计符合学科特性的活动，如学术论坛、新书发布会、座谈会等。策划过程需统筹学术与市场资源。执行阶段构建标准化操作流程，管理时间节点，进行质量管控，并注重风险防控。

二是资源整合者。图书编辑在大型学术营销活动中扮演着资源整合者的关键角色，其核心任务是系统性聚合学术资源，构建协同传播网络。出版资源整合则涉及跨部门协作，编辑需统筹设计、印制、营销、发行等环节，做好流程管理实现资源可适时调度。编辑的专业判断和资源调度能力对学术营销活动的深度与广度至关重要。

三是协调者。在大型学术营销活动中，图书编辑扮演着至关重要的协调角色，贯穿全流程管理。面对多元主体间的复杂网络，编辑需凭借专业沟通与资源调配能力，弥合各方诉求差异。

2. 角色执行

第一，策略制订。在大型学术营销活动中，图书编辑需结合学术传播规律与市场需求，构建多维度执行框架。策略制订应以提升特定领域传播率、扩大学者影响力或增强出版社品牌认知为目标。活动形式需平衡学术性与创新性，如策划专题学术论坛，邀请权威学者研讨，通过闭门座谈会等形式建立学术共同体。图书编辑还需构建风险预案，确保营销活动专业合规。

第二，资源整合。资源整合是图书编辑在大型学术营销活动中提升效能的关键。编辑需围绕活动目标，构建多维度资源网络，对内梳理作者、内容及传播渠道资源，对外联动学术机构、媒体及技术供应商，形成跨领域协同。对人力、资金、技术等要素进行标签化分类与优先级排序，确保资源精准投放。资源整合需注重匹配度，如利用作者影响力、出版社品牌及新媒体矩阵，形成立体化传播链。

第三，行动规划。为确保大型学术营销活动的顺利进行，需以系统性思维构建行动框架。以时间规划为核心，细化活动筹备、执行与收尾的关键节点。资源调配方面，整合作者资源、合作方、赞助商等，通过项目式管理促进跨部门协同。人员分工基于岗位职责，成立活动专项会务组，明确会务组成员的分工，通过分解执行、及时复盘提升团队应急能力。

第四，协调沟通。在大型学术营销活动的执行中，协调沟通是确保活动顺畅推进的关键。编辑需构建全面的沟通网络，通过实时信息同步和资源调配，解决跨部门合作中的信息不对称问题。活动筹备阶段，编辑需与市场营销团队深度对接目标读者画像和推广渠道，结合学术著作特性调整传播策略，并与设计部门合作优化视觉方案，平衡学术严谨性与媒介吸引力。这要求编辑具备专业判断力和项目管理能力，通过标准化流程和定期会议实现工作流程的无缝对接。与外部合作伙伴沟通时，编辑需成为学术话语的转换者，精准提炼著作的学术价值，转化为可操作的营销主题。例如策划学术论坛时，需协调作者、会议执行方及媒体资源，构建完整的传播链条。

三、编辑多维角色构建的实践路径

（一）能力重构：从专业型到复合型

在大型营销学术活动中，编辑从专业型向复合型人才的转变迫在眉睫，这要求编辑掌握数据分析、项目管理等新增技能。数据分析能力能帮助编辑精准把握市场动态和用户需求。通过对学术数据、市场数据的分析，编辑可以了解学术热点、受众偏好，为内容策划和活动推广提供有力支持。项目管理能力则确保编辑能够高效组织和协调活动的各个环节。从活动策划、资源整合到执行监督，编辑需要合理安排时间、分配资源，确保活动按计划顺利进行。

为培养编辑的这些新增技能，出版社或主管部门培训体系的设计应遵循实用性、系统性和前瞻性原则。实用性原则要求培训内容紧密结合实际工作需求，使编辑能够将所学知识直接应用到工作中。系统性原则强调培训内容的全面性和逻辑性，涵盖数据分析、项目管理等多个方面，并形成完整的知识体系。前瞻性原则则要求培训体系关注行业发展趋势和新技术应用，使编辑能够掌握最新的知识和技能，适应变化的市场环境。

（二）机制创新：协同工作流程

在组织架构调整策略上，应打破传统的部门壁垒，建立跨部门的协同工作机制。编辑部门、印制部门、营销部门、发行部门等应加强沟通与协作，形成一个有机的整体。例如，在活动策划阶段，编辑与市场人员共同参与选题讨论，结合市场需求和学术价值确定活动方向；在活动执行过程中，各部门密切配合，确保活动的顺利进行。同时，建立灵活的项目团队，根据活动的具体需求，动态调配人员，提高工作效率和响应速度。此外，还应建立有效的沟通机制，定期召开跨部门会议，及时解决工作中出现的问题，促进信息的流通和共享。通过这些组织架构调整策略，能够更好地适应编辑多维角色的需求，提高大型营销学术活动的整体运营水平。

四、结语

编辑在大型营销学术活动中的多维角色模型，对学术出版生态具有深远的革新意义。传统的编辑角色主要聚焦于文字校对和内容筛选，而多维角色模型则将编辑的职能拓展到学术传播、资源整合等多个领域。这一转变打破了学术与市场之间的壁垒，使学术出版不再局限于单纯的知识传播，而是更加注重学术成果的市场价值和社会影响力。通过整合学术资源、策划具有市场吸引力的活动内容，编辑能够促进学术成果的有效转化和应用，推动学术研究与市场需求的紧密结合，从而为学术出版生态注入新的活力。

多维角色模型还提升了编辑在学术出版产业链中的地位和作用。编辑不再是被动的内容处理者，而是主动的策划者和推动者。他们能够根据市场需求和学术趋势，制订个性化的出版策略，引导学术研究的方向，提高学术出版的质量和效率。同时，编辑在品牌传播和用户价值转化方面的作用，也有助于提升学术出版物的知名度和美誉度，增强出版社的市场竞争力。

展望未来，智能化技术将对编辑角色迭代产生重要影响。人工智能、大数据等技术的应用，将为编辑提供更加精准的数据分析和决策支持，帮助编辑更好地把握市场动态和用户需求。编辑需要不断学习和掌握新的技术和技能，以适应智能化时代的发展需求，实现角色的进一步迭代和升级。

参考文献

［1］隋珂珂. 全媒体时期专业图书编辑核心能力发展探析［J］. 传媒论坛，2021（4）.

［2］张焱乔. 编辑出版转型发展路径探索［J］. 中国报业，2023（20）.

［3］赵磊磊. 项目管理在图书出版中的应用实践研究［J］. 新闻研究导刊，2024（24）.

［4］郭锐. 融媒体时代传统图书出版选题策划及营销思路研究［J］. 传播与版权，2020（08）.

［5］杨家健. 出版社文字编辑职业现状及发展路径探索［J］. 新闻研究导刊，2020（11）.

［6］高冬梅. 创新驱动下图书编辑专业化发展研究［J］. 科技资讯，2022（5）.

借助童诗绘本助力儿童阅读教育

上海教育出版社　　李　莉

摘　要

本文以教育部《3—6岁儿童学习与发展指南》为理论支点，结合神经美学与认知科学，揭示童诗绘本的双重教育机制。提出"四维认知模型"（隐喻、具身、生态、荒诞），为解决教育中"诗意流失"问题提供理论框架。在实践层面，沉浸式绘本剧场将儿童阅读教育从静态阅读拓展为动态体验，显著提高儿童阅读能力。童诗绘本不仅是语言启蒙工具，更是守护童年诗性、培育完整人格的文化实践，为工具理性主导的教育生态注入人文关怀，契合《3—6岁儿童学习与发展指南》所倡导的"尊重儿童个体差异"与"游戏化学习"核心理念。

关键词

童诗绘本　语言教育　诗意教育　教学策略

教育部《3—6岁儿童学习与发展指南》（以下简称《指南》）明确提出语言与阅读是儿童早期发展的核心领域，强调需通过"丰富的语言环境"和"多样化的阅读材料"促进儿童的倾听、表达、阅读与书写准备能力。在工具理性主导的教育现实中，童诗绘本以其"诗性语言"与"视觉艺术"的双重特质，成为落实《指南》教育理念的理想载体。研究表明，接触童诗绘本的儿童在语言表达流畅性、隐喻理解力及阅读兴趣等维度上，较对照组提升显著。本文将以《指南》为理论支点，从童诗绘本的语言教育价值、诗意教育价值、教学实施策略等路径，探讨童诗绘本的教育价值。

当前学前及小学低学段教育中存在"诗意流失"的现象，可供儿童阅读的具有诗性特质的文本占比不足；标准化测试体系下，儿童比喻使用频率较十年前有所下降。在这种背景下，童诗绘本以其"图文并茂"的独特艺术形态，成为重构儿童诗意教育的重要载体。上海教育出版社出版的《给童年读首诗——中国原创童诗 55 首》中众多一流儿童文学诗人的创作实践表明，童诗绘本能够激活儿童与生俱来的诗性智慧，在语言习得与精神成长等方面间架设审美桥梁。

一、童诗绘本的语言教育价值

（一）韵律与节奏：语言感知的启蒙

闻一多在《诗的格律》中提出新格律诗的理论主张，核心讲的就是诗的"三美"，具体包括音乐美、绘画美和建筑美。音乐美强调节奏韵律，声韵和谐，语音语调要有变化，并且要有内在旋律。

1. 语音层的音乐性编码

以《欢迎小雨点》为例，每行 0.78 个韵脚的高密度押韵，通过声韵游戏增强儿童的语音记忆，刺激布洛卡区（Broca's area）活跃度提升。布洛卡区是大脑的一个重要区域，位于大脑左半球额叶下回后部。它主要负责语言的表达功能，包括言语的产生、语言表达的流畅性和语法结构的组织等。当布洛卡区受损时，患者通常能理解语言，但在表达自己想法和意图时会出现困难，表现为说话不流畅、费力，语法结构混乱等问题，这种语言障碍被称为布洛卡失语症。

2. 语法层的创造性突破

以《村小：生字课》为例，通过反复的句式（"蛋　蛋　鸡蛋的蛋　调皮蛋的蛋　乖蛋蛋的蛋　红脸蛋蛋的蛋……"）构建循环语言结构，童诗特有的句式结构为儿童提供语言模型。其反复出现的"××蛋"的句式，通过句法重复强化儿童语法结构的认知，打破线性思维定式，使儿童创造性思维得到提升。

（二）意象与隐喻：语言思维的拓展

《指南》强调需"结合情境使用丰富的语言"，帮助儿童理解因果、假设等复杂关系。童诗绘本通过意象系统实现这一目标。

1. 自然意象的启蒙价值

自然意象的系统化运用不仅具有艺术表达功能，更在儿童认知图式的建构过程中发挥着关键作用。

《给童年读首诗》的 55 首童诗出现了大约 37 种自然意象，使儿童通过花朵、露珠、蒲公英、小雨点、蝴蝶等具象符号建立与自然的诗意联结。这种"以小见大"的认知方式，契合皮亚杰提出的"前运算阶段"象征思维特征。童诗绘本中的自然意象系统恰好契合这一认知特征：花朵、露珠、蒲公英等意象通过拟人化修辞（如"一朵花认出了我"）形成动态认知图式，促使儿童将抽象概念（如时间、生长）具象化为可感知的心理意象。认知诗学研究表明，这种跨媒介符号转换能激活儿童大脑的双编码系统，在语言中枢与视觉皮层间建立神经联结，有效提升概念理解与记忆保持率。

　　2. 超现实意象的思维突破

童诗绘本中的超现实意象作为一种突破常规认知的文学表达，通过荒诞性与诗性逻辑的结合，为儿童语言思维发展提供了独特的创新路径。

《去非洲画斑马》中，地理空间（非洲）与行为（画斑马）的荒诞组合，通过诗性逻辑（语音押韵、视觉类比）构建新的意义网络，促使儿童接纳多元审美标准。

《月亮掉进水里》将天体物化为可触碰的实体，通过"月亮／水"的非常规组合，解构了传统符号系统，促使儿童以身体经验（如玩水）重构天体认知图式。这种解构行为激活了右脑的意象思维，形成认知冲突与再平衡的动态过程。

当儿童遭遇"月亮掉进水里"的意象时，现实经验（月亮在天上）与文本描述产生冲突。通过插画中涟漪与月影的视觉暗示，儿童逐渐理解"倒影"概念，完成从"错误表征"到"科学解释"的认知跃迁。

《客客气气的蚂蚁》中"蚂蚁排队鞠躬，邀请露珠喝茶"，拟人化策略将微小生物提升至社交主体地位，消解人类中心主义视角。儿童通过角色代入（如"蚂蚁公民"），习得共情能力与社会规则的双重认知。

《把春天带回家》中"我要去唤醒小草／飞进花丛／听听花开的声音"，通过季节形态（花开）与生命物质（小草）的转化，创造时空压缩的奇迹叙事。这种"瞬间永恒"的体验契合儿童"魔法思维"特征，激发对物质守恒定律的早期感知。

《会散步的鞋》将鞋子拟作独立生命体，其"散步"行为暗含"自主选择"的哲学命题。儿童在反复诵读中自发形成"物体—主体"的隐喻映射，为后期理解寓言与象征文本奠定思维基础。

二、童诗绘本的诗意教育价值

诗意教育强调在教育过程中营造富有诗意的氛围，以灵动、美好的方式传递知识，激发儿童的情感体验、想象力和创造力，让教育不再是刻板、枯燥的知识灌输，而是如诗般优美、润泽心灵，注重儿童精神世界的滋养和全面发展，引导儿童感受学习和成长的美好，培养他们积极向上的人生态度和审美情趣。

（一）诗意教育的隐喻系统构建

童诗绘本通过情感隐喻搭建起儿童的情感认知框架，这是通向诗意教育的一扇大门，在儿童心智中搭建起连接现实与想象、个体与世界的桥梁。其价值不仅在于语言与审美的启蒙，更在于为儿童提供了一种以诗意逻辑理解复杂世界的认知范式。

如《四季风》将季节更替表现为"春姑娘的柳枝""秋爷爷的高粱"，这种隐喻体系将情感体验物化为自然现象，帮助儿童建立情感范畴的具象参照系。神经美学研究证实，当儿童接触这类意象时，杏仁核与前额叶皮层的协同活动增强，表明自然意象能有效促进情感识别与调控能力的发展。

（二）诗意教育的实践路径

1. 多模态输入与语言创造力激发

《给童年读首诗》为每一首诗歌录制了音频，通过音频朗读与视觉插画的结合，为儿童提供了立体的学习体验。儿童伴随诗歌朗诵的音频，感受文字与语言的联动，从而深化对诗歌节奏和意象的理解。

《洁白的云》中，金波的诗歌通过"洁白的云"与"一直在飘"的联动，引导儿童在朗读与观察中探索洁白的云的移动，进一步激发了儿童的语言创造力。

2. 跨学科整合与生态意识培育

《给童年读首诗》通过自然意象构建了儿童与自然的诗意联结。在《欢迎小雨点》中，圣野通过"来一点 / 不要太多 / 来一点 / 不要太少"的描写，将自然现象转化为儿童可感知的情感体验。插画中小雨点与小菌、荷叶、小水塘、小野菊的互动，进一步强化了儿童对生态系统的认知。通过生命共同体的构建，传递非人类中心主义价值观。在《收获》中，鱼小弟、鱼妈妈、鱼爸爸被隐喻为"自然的信使"，插画中人与鱼的互动，潜移默化培养儿童对生态链的认知与敬畏。

三、童诗绘本的教学实施策略

《给童年读首诗》通过 55 首原创诗歌，构建了独特的"可触摸诗意空间"。在某幼儿园开展的为期 12 周的教学实验中，该书成为实施阅读教育的核心载体，其教学策略呈现三个创新维度。

（一）多维意象解码：从平面阅读到立体建构

《萤火虫也是花朵》一诗写道："萤火虫也是花朵 / 只不过开在晚上"，配合实体萤火虫和充满静谧色彩的插画，形成"文字—图像—触觉"三重意象系统。教师设计了三阶解码活动：

意象解剖：发放瓶装萤火虫，让儿童复现诗中"只有晶亮的萤火虫 / 能开出一朵热的花"的过程，78% 的儿童提到"热的花"。

通感转化：引导为诗句匹配声音 / 气味，如将"四季的风"配上口琴声（选用率62%），与柳枝、荷花、高粱配对（选用率 43%）

意象数据库：在阅读中建立"诗意元件库"，收集儿童创作的 167 个新意象，如"会跳舞的橡皮屑""蜗牛壳里的彩虹"等。

（二）韵律游戏化重构：打破诗歌阅读畏难心理

针对传统诗歌的韵律恐惧症，教师基于《给童年读首诗》，开发了以下阅读理解方法：

拆解重组：将诗句"种子要泥土抱抱 / 被泥土抱过的种子 / 长出了庄稼"拆分为名词卡（种子、泥土、庄稼）、动词卡（抱抱、长出）。

韵律骰子：六面标注押韵要求，儿童投掷后组合词语卡片。

跨界演绎：用肢体节奏表现诗句韵律，如以拥抱模拟"抱"的动作强度，全身紧缩，随后不断伸展模仿长出庄稼。

这种游戏化教学使 92% 的儿童创作出合格诗作，其中最长的连锁诗《长风筝的树》由 7 名儿童接力完成，包含 14 个押韵组合。

（三）生命对话场域：绘本剧场的沉浸式体验

《给童年读首诗》创作理念与沉浸式绘本剧场的教育实践形成了深刻的呼应。童诗的文学性与沉浸式剧场的多感官体验结合，不仅拓展了儿童对诗歌的感知维度，更在互动中实现了"诗意教育"的深层目标。

沉浸式绘本剧场的核心在于打破传统单向传播模式，通过角色扮演、场景互动、多感官刺激等方式，让儿童从"旁观者"转变为"参与者"。这一过程与《给童年读首诗》

的编辑理念高度契合——"将分辨能力交还孩子"，主张通过诗歌的意象与韵律激发儿童的自主审美与想象。

教师将《不学写字有坏处》改编为绘本剧。儿童通过角色扮演，交替扮演蚂蚁与小虫，体验视角转换；通过论坛剧场，集体创作蚂蚁与小虫的故事新结局；通过身体语言，表现蚂蚁与小虫的想法。儿童在剧场中体验角色情感变化，同时结合配音演员姚培华的原声旁白，实现声音与表演的协同叙事，强化情感共鸣。

四、结语

童诗绘本作为儿童阅读教育的载体，其价值不仅在于语言启蒙与审美培养，更在于为儿童构建了一个完整的诗性认知生态系统。通过《给童年读首诗》等优质绘本的阅读实践，得以验证：童诗绘本能够有效激活儿童的诗意感知力。

在认知维度上，童诗绘本通过意象系统地精心编织，帮助儿童建立起独特的诗性思维模式。实验数据显示，持续接触优质童诗绘本的儿童，其隐喻理解能力，意象创造力均能得以提升。

在情感维度上，童诗绘本构建了一个安全的情感表达空间。通过韵律游戏、戏剧表演等互动形式，儿童得以将内心情感转化为诗性表达，其情绪识别准确率和情感表达能力都能得到提升。

在生命教育维度上，童诗绘本为儿童提供了理解生命、思考存在的诗意路径。通过《给童年读首诗》的阅读推广实践，儿童不仅学会了用诗意的眼光看待生命历程，更能建立起积极的生命价值观。

童诗绘本不仅是儿童文学的一种形式，更是守护童年诗性的重要力量。在工具理性日益盛行的今天，我们更需要通过童诗绘本这样的艺术载体，为儿童保留一片诗意的精神家园，让每个孩子都能在诗意的滋养中，成长为完整的人。这不仅是教育的使命，更是文明传承的应有之义。

参考文献

［1］林欣.出版社如何在细分出版领域寻求突破——以福建少年儿童出版社童诗特色出版为例［J］.出版人，2024（12）.
［2］刘江伟.孩子需要什么样的诗教［J］.云南教育，2021（1—2）.
［3］李曼.依托儿童诗，培养学生审美能力［J］.小学语文教学，2024（1）.

文书类简牍整理出版工作浅析

中西书局　田　颖

摘　要

本文以长沙五一广场东汉简牍整理报告的编辑出版工作为例，介绍汉代文书类简牍整理出版的主要工作流程。作为目前出土数量最大的东汉文书类简牍，五一广场东汉简牍内容丰富，形制多样，再现了东汉社会生活的不同侧面。文章介绍了五一广场东汉简牍的基本情况、项目实施的进程与特色，既而论述了编辑过程中的重点与难点问题并探讨了高质量整理出版的工作方向。

关键词

五一广场东汉简牍　古籍出版　出土文献整理出版

简牍作为我国魏晋以前最主要的文字载体，承载着丰富的历史信息。依其本身的性质，简牍可以划分为典籍简和文书简两大类。文书类简牍，涵盖了行政、经济、军事、司法、文化教育以及私人生活等多个领域。它们不仅记录了古代政府的行政管理、经济活动、司法实践等，还反映了个人生活与社会交往的具体情况。相较于典籍简，文书类简牍绝大多数未见于传世记载，是研究当时各项制度、社会生活等不可替代的第一手资料，可以大量丰富历史的细节。典籍简和文书简在整理研究的方法途径上存在差异，在编辑出版过程中也有不同。下文就以汉代文书类简牍中的长沙五一广场出土东汉简牍（以下简称"五一简"）为例，介绍相关情况。

一、"五一简"的基本情况

（一）出土经过

学界常以"地不爱宝"来形容我国 20 世纪 90 年代以后的简牍出土状况。这一点在长沙市中心的"五一广场"尤为突出。1996 年，在五一广场南侧的平和堂大厦建设工地上发现近 10 万枚简牍，因临近走马楼巷，遂命名为"走马楼三国吴简"；1998 年，在五一广场西北侧的科文大厦建设工地上，发现 200 余枚东汉中期简牍；2002 年，在五一广场东南侧的湖南供销大厦建设工地上，发现 2100 余枚西汉简牍；2004 年，在五一广场南侧的湘浙汇大厦建设工地上，发现 420 余枚简牍，因南侧临近东牌楼街，命名为"东牌楼东汉晚期简牍"。

2010 年 6 月 22 日凌晨 4 时许，在长沙地铁 2 号线五一广场站东南侧距地表 6 米深的地下隧道工程中，施工人员于红色生土层中作业时遇到一处灰黑色堆积，并有数十枚竹木片散落。经清洗后，发现竹木片上写有文字。凌晨 5 时许，市文物局和市文物考古研究所的专业人员相继赶到现场，经勘察确认，这是一处汉代井窖所在，其中有大量竹木简牍。8 月 26 日，历时两个多月，考古发掘工作顺利结束。2016 年，长沙市文物考古研究所完成了五一广场简牍的全部揭剥、清洗工作，出土简牍共计 6862 枚。

"五一广场"周边集中出土多批简牍，与长沙城的中心区域在很长一段时间都在五一广场一带有直接关系。在"五一简"之后，该区域又出土了"朝阳巷秦汉简牍"和"坡子街秦代简牍"。

（二）主要内容和价值

"五一简"绝大多数为临湘县的往来官府文书，主要是下行文及上行文，亦见少量平行文及用于封缄文书的封检及函封、标识文书内容的签牌等，也有部分名籍及私人信函。公文涉及的地域广泛，从中可了解当时的行政区划及管理体系。文书的责任人或撰写者多为各级官吏，简文所见职官名目繁多，是研究东汉官僚体系的第一手资料。从具体简文中可探知各机构的事务内容及官员的职权范围。简牍中有大量与司法相关的内容，涉及刑事、民事、诉讼等。从司法类简牍的行文中亦可看出当时诉讼程序及各级机构的职责，这对研究东汉法制史具有重大价值。简牍中还屡见物品乃至土地交易的记载，涉及具体数量和价格等，对研究当时的经济和物价水平亦有重要参考价值。就简文书体而言，"五一简"大多为官文书正本，故书体相对端正。就字体而言，隶书居多，呈现出波磔不明显而趋于楷化的写法。草书见于名籍及批示文字。尚有少量习字简，字体为隶书的草率写法。

以往全国各地出土东汉早中期简牍较少，且传世史料对该时期的记载较为缺乏，"五一简"作为官府档案文书，出土纪年明确、保存较好、形制规整、字迹清楚、数量众多，对于相关研究具有极其重要的意义。自《长沙五一广场东汉简牍选释》（以下简称《选释》）和系列整理报告出版以来，围绕着"五一简"展开的研究层出不穷，历史学、法律史、文书学等方面的学者利用新出土材料，将相关研究向更加纵深的方向发展。

二、《五一简》的项目进程与协同整理

（一）项目进程

2011年5月24日，长沙市文物考古研究所与清华大学出土文献研究与保护中心、中国文化遗产研究院、湖南大学岳麓书院联合成立整理小组，启动了"五一简"整理保护工作，李学勤担任整理小组组长。

《选释》于2015年12月出版，系从首批清理的近3000枚简牍中选出了较具代表性的176枚予以整理注释并附相关研究文章。自2018年10月起，《长沙五一广场东汉简牍》（以下简称《五一简》）系列整理报告由中西书局陆续出版，其中，2018年10月出版了《长沙五一广场东汉简牍（壹、贰）》，收录了首批整理的800枚简牍；2019年12月出版了《长沙五一广场东汉简牍（叁、肆）》，收录了第二批整理的900枚简牍；2020年12月出版了《长沙五一广场东汉简牍（伍、陆）》，收录了后续整理的900枚简牍；2023年6月出版了《长沙五一广场东汉简牍（柒、捌）》，收录了后续整理的1100枚简牍；2024年12月出版了《长沙五一广场东汉简牍（玖、拾）》，收录了近期整理的1100枚简牍。全部十四卷整理报告计划于2026年出齐。每辑整理报告均收录有简牍彩色原大照片及红外线扫描的原大图片，整理序号、出土编号、释文及按语、未见字迹简牍序号表、简牍编号及尺寸对照表以及异体字表。

在整理和出版的过程中，该项目先后入选国家社会科学基金重大项目、"十三五"国家重点图书出版规划项目、2021—2035年国家古籍工作规划重点出版项目。截至目前，第壹至拾辑均获得国家古籍整理出版专项经费资助，第壹、贰、柒、捌四辑获得上海市促进文化创意产业发展专项资金支持，第柒至拾辑列为全国古籍整理出版规划领导小组"简牍高质量整理出版工程"项目成果。

（二）协同整理

"五一简"整理团队的合作初始以"出土文献与中国古代文明研究协同创新中心"为平台，后又获得"古文字与中华文明传承发展工程"的支持，采取分散与集中相结合、发挥各自优势的方式进行。合作单位中，长沙市文物考古研究所具有丰富的考古工

作经验，"五一简"即为该所发掘，手段科学，层位明确，简牍的前期清理、日常维护和后期保护、存藏均由该所负责，同时该所也参与了简牍的释读整理工作。因为有发掘存藏单位的参与，在校稿统稿过程中，由图像、释文确定可缀合的简牍均可再以实物复核，简牍形制问题也可以及时核查，保证了缀合的科学性和简牍信息的准确性、完整性。清华大学出土文献研究与保护中心发挥了强大的科研优势，依托丰富的出土文献整理经验，多次牵头组织四家单位共同校读简文，在文字释读方面投入了大量精力。在图版校色方面，艺术出身的研究者也发挥优势，参与了简牍信息的提取和图版的调色工作，保证了图版颜色在真实和清晰之间的平衡。中国文化遗产研究院有一部分是由 20世纪 70 年代的简牍帛书整理小组发展而来，在简帛整理方面有传统优势。湖南大学岳麓书院的相关研究者，在"五一简"之外，也长期参与马王堆帛书、岳麓书院藏秦简、走马楼西汉简等简牍的整理，经验丰富。为保证质量，整理小组还延请相关领域的专家学者共同参与校稿工作。考古发掘单位和高校、科研院所的联合，大大缩短了简牍材料从出土到整理刊布的周期，学界得以迅速获睹最新材料，这是新时期简牍整理的一大进步。

三、《五一简》编辑工作的重点与难点

《选释》的出版是"五一简"整理团队和出版机构合作的首项成果。在此之前，中西书局已出版了 5 辑《清华大学藏战国竹简》和 3 辑《肩水金关汉简》，在出土文献整理报告的出版方面积累了一定的经验和口碑，这为《长沙五一广场东汉简牍》系列整理报告的出版打下了良好的基础。在实际的编辑出版中，出版社也因事制宜地处理了相关环节的工作。

（一）编辑工作的重点

1. 体例的设计

《长沙五一广场东汉简牍》（以下简称《五一简》）的主要体例是在《选释》编撰阶段确定的。《选释》全书包括了"前言""凡例""简牍图版""释文""索引"及相关研究文章。"前言"介绍出土经过、简牍情况及整理保护等，"凡例"部分说明了图书的结构编排、字形处理及符号使用等，图版部分包括原大的彩色照片和红外线图片，旁附不加标点的释文，释文注释部分包含简牍说明，加注标点的释文以及注释。附录部分收录了"简牍编号及尺寸对照表"以及人名、地名及纪年三个索引。根据前期整理的情况，《选

释》还收录了五篇研究文章，介绍"五一简"的文字、书体、形制等内容。《五一简》在《选释》的基础上略有调整：释文部分省略了标点、注释，代以"按语"，附录部分增加了"未见字迹简牍序号表"和"异体字表"，省略了索引。同时不再收录研究文章。

《五一简》的体例设计贴合了汉代文书简的特点和"五一简"整理研究的实际情况。图版部分之所以收录彩色和红外的原大图片，一是因为简牍实物的主体尺寸在 25 厘米以内，适配一般整理报告采用的正八开的版心尺寸；二是由于简牍存在不同程度的损害，如变形、糟朽、残缺、变色等，需要辅以红外照片；三是简牍上的文字大小适宜，基本不需要再作放大处理。图版部分配以不加标点的释文，便于对照阅读。释文之所以省略了标点、注释，一方面是因为相关的材料尚在研究中，诸多问题未有定论，加以标点注释反倒可能给研究者带来困扰；另一方面，也可以加快材料刊布的速度，让最新的"一手材料"早日出现在读者面前。"索引"改为在全部材料刊出后编制。"五一简"所处的时代，汉字异体增多，《五一简》就在附录部分增设了《异体字表》，便于研究者集中考察字形。

2. 图版的制作

整理报告图版的制作基于简牍的图像信息采集，根据整理者处理原始材料的情况，编辑阶段图版的制作可能涉及裁切、编号、去底、图图对应、图文对应、初始调色、印前校色等工作，环环相扣，同时要与释文的编辑和排版做好统筹。比如，简牍的去底，要求保留完整的简牍信息，同时去除杂质和背景，编辑要设定严格的工作标准，准确传达给技术人员并核定去底图片。"五一简"出土于井窖，是湿简，彩色照片的拍摄方式和红外线图片的扫描方式不同，同一枚简的彩色照片和红外线图片也可能存在细微的差别。每辑整理报告收录四五百枚简牍，涉及的图片千余张，编辑要在图文合一之前逐一检查，保证"图图对应"。用合适的图片处理软件，通过迅速"扫一遍"图片，可以尽快地发现图片的差异，在预审环节解决掉一部分的图版问题，避免排版环节的"返工"。图文对应的工作则可以安排在释文审读的不同阶段，根据释文质量和整理团队的工作节奏进行动态调整。再如，"五一简"中既有木质简又有竹质简，不同材质的简在调色、校色的环节也要保留差异。

3. 释文的校核

释文校核环节，应重点关注"隶定"和"异体"。对于古文字的隶定，即用楷书考校写定古文字，学界标准尚未统一。编辑应尽可能掌握古文字形体演变的专业知识，关注隶定的科学性，并按"凡例"规定的标准统一全书。与"隶定"相关但内涵更丰富的是广义的"异体字"，即彼此音义相同、用法部分相同而外形不同的字，如侁/侯、四/

三、迹 / 跡等，情况复杂，涉及隶定标准、时代属性、规范统一等不同层面的问题，须注意分类处理。"五一简"中草书颇多，隶草阶段的草书自由度较大，异体甚多，编辑也要统一好相关的字形。技术层面，可以设计专门的表格记录字形的取舍。

（二）编辑工作的难点

1. 流程的管理

简牍类整理报告的编辑出版流程之所以要特殊设计，是因为出土文献的整理属于"高精尖"的工作，整理者对材料越熟悉，越能对文字进行精当的释读，对残简进行准确的编联、缀合，所以到校稿甚至定稿阶段再出"新见"的情况也不少见。尤其是简牍的缀合，牵一发而动全身，一处缀合可能涉及多处调整。考虑到《五一简》的体例特点及整理团队的工作流程，自"第叁、肆辑"始，出版社在预审工作结束后即开始进行图版和释文的排版工作，即"图文合一"；为节省排版时间、减少返工，标准字库外的隶定字暂不造字。图文合一后，书稿交由整理团队作精校细校。之后，出版社再根据整理团队的校改意见开始三审三校流程。这样的流程调整既能保证整理团队尽可能地准确释读、缀合残简，又可将新增的修改给排版工作带来的影响降到最低。

此外，出土文献类图书在审稿过程中，涉及很多字形和图版问题，比如隶定字形就涉及不少集外字，在讨论隶定时也涉及构字部件。分散在京沪湘等地的"五一简"整理者和责任编辑仅靠文字交流，很难保证沟通的质量。因整理团队成员在工作中均秉持了"实事求是""平等交流""不放过一处疑问"的工作原则，责任编辑创建了统稿的微信群，把整理团队负责全书统稿、文字统稿、图版统稿和形制统稿的作者组织在一起，利用现代化的交流手段"云办公"，大大节约了沟通的时间，提高了统稿的工作效率。

2. 内容的对应统一

大宗资料的编辑出版，涉及卷数多，如分辑出版，时间跨度也较大。内容的统一就涉及跨辑的统一和辑内的统一两方面。如《五一简》辑内的对应统一就涉及图图一致（彩图、红外）、图文一致（整理序号、出土编号、释文及图版）、图表一致（图版、形制表）、文表一致（释文、异体字表）、字形一致、符号一致（包括简面符号和编辑符号两方面）、格式一致，等等。三审三校过程中的修改较多，特别涉及缀合调整等，内容的对应统一可配合一些技术手段来完成。

3. 印刷的把控

简牍整理报告在印刷阶段，须处理好印前校色、跟机校色及纸张选用等问题。

印刷品的色彩管理专业性较强，作为责任编辑，在印前校色环节可重点注意以下几方面。一是图版在不同显示器、同一显示器的不同软件上显示的颜色存在差异，图版的校色应在特定的条件下进行，如专业的显示器，合适的光源、环境色等。二是要提前告知调色员印刷所用的纸张，不同的纸张有不同的校色标准。三是注意前端校色和后端输出的参数匹配。

简牍整理报告收录大量图版，根据材料的特点，应选取合适的印刷用纸。《五一简》综合考虑了彩色原大图版的文字清晰度、色彩还原度、使用耐久度、阅读舒适度等因素，选用了157克的哑粉纸用于印刷。

四、高质量整理出版的工作方向

2023年，全国古籍办启动实施"简牍高质量整理出版工程"，组织制定《简牍高质量整理出版工程实施方案》（以下简称《方案》），明确了强化有效利用、提高成果质量、推进融合发展的工作目标。对照《方案》要求，结合"五一简"的情况和目前各方面的需求，后续的整理出版工作可作以下展望。

（一）推动系统整理出版

《五一简》十四辑整理报告将于2026年出齐。自《选释》出版以来，学术界在释文校正、文书复原与残简缀合，书体研究，字词、名物考释，文书制度，基层司法运作，县级职官与行政运作，社会经济，简牍信息提取与保护等诸多方面展开了讨论，提高了对"五一简"的整体认识，推进了相关研究。在"十五五"阶段，围绕"五一简"还可作系统整理的规划，策划推出专书的语词汇释、不同主题内容的分类汇编、适合更多学科的简文校释、面向更广大读者的学术普及读物等类型的产品，精准匹配细分市场，深化知识应用场景，扩大"五一简"的影响。

（二）推动交叉研究背景下的再整理

简牍所属的出土文献研究天然地具有交叉学科属性，在研究过程中，自然地与历史学、考古学、语言学、古文献学等多学科密切相关。尽管在交叉融合的过程中，还面临一些有待解决的问题，比如出土文献研究本身还处于高速发展的过程中，基础研究还有待精细深入，基础理论研究有待加强，比如跨学科研究的学科思维和术语表达存在差异，需要相互适应，等等，但仅就"五一简"来看，历史学方面对职官制度、行政运作、名物的研究，法制史方面对具体案例、司法流程与法律用语的研究等，都是未来重点关注的方向。

（三）探索数智化发展

大数据时代，人工智能、深度学习等在人文社科领域的应用层出不穷。仅在简牍文献领域，学术机构、出版单位等已建在建的数字平台就有多个，比如安阳师范学院的"'殷契文渊'甲骨文数据平台"，西北师范大学联合中西书局、甘肃文化出版社共建的"简牍学术资源数据共享平台"，清华大学与中西书局共建的"楚文字综合整理平台"，武汉大学的"中国简帛文献综合数字平台"，等等。如何利用现有的技术推动出土文献从整理到研究，从储存到传播，从整合到利用等各个方面的突破，如何创新思维实现从数字化到数据化再到数智化的发展，是需要迫切思考的问题，同时也是需要多专业、多机构协同突破的课题。

参考文献

［1］长沙市文物考古研究所，等.长沙市五一广场东汉简牍（壹—拾）［M］.上海：中西书局，2018—2024.
［2］李均明，等.当代中国简帛学研究（修订本1949—2019）［M］.北京：中国社会科学出版社，2020.
［3］赵桂芳，贾连翔.简牍图像信息采集过程中的保护及要求［J］.出土文献，2023（1）.
［4］赵平安.谈谈简帛整理过程中的"依样隶定"//中国文化遗产研究院.出土文献研究（第19辑）［M］.上海：中西书局，2020.
［5］穆健.广告公司的秘密——平面设计师就业宝典［M］.北京：清华大学出版社，2007.
［6］中西书局.中国语言文字学的发展［M］.上海：中西书局，2024.
［7］黄德宽.新时代古文字学学科建构［J］.历史研究，2024（12）.
［8］吴方浪.长沙五一广场出土东汉简牍研究综述//简帛研究　二〇二一（秋冬卷）［M］.桂林：广西师范大学出版社，2022.
［9］刘石.以数字人文驱动古籍整理研究的创造性转化和创新性发展［N］.经济日报，2023-9-5.

中学教材编辑的产品经理思维

中华地图学社　　吴可嘉

摘　要

当前，出版业正经历着前所未有的变革，教育市场竞争激烈，促使出版社的中学教材编辑继承并突破传统教材生产模式。编辑应借鉴产品经理思维，从用户出发，精准定位用户需求，跟踪需求变化；明确教材产品定位，系统规划内容架构，整合多方优质资源进行全流程把控；做好质量把控，进行多维度质量评估与反馈；制订整合宣传策略，打造品牌形象，不断优化产品；与时俱进，持续学习，迭代知识与技能。由此，实现中学教材生产过程的理念升级，提升中学教材的教育价值与核心竞争力。

关键词

教材编辑　产品经理　用户　产品

　　出版行业正经历着前所未有的变革，传统的出版模式正受到挑战，同时又孕育着无限的发展机遇，众多出版社在转型浪潮中积极探索新型生产模式。从市场调研、选题策划到产品营销、用户运营，全产业链的各环节均在突破传统的出版模式。其中，中学教材出版由于兼具国家意志与价值引领的双重属性，既是一些出版社的核心业务板块，也是构建教育体系的重要载体，其重要性不言而喻，故其生产方式亟须从内容生产到服务模式多方面进行系统性创新。

　　教育市场竞争激烈，出版社教材编辑面临着前所未有的挑战与机遇，单一的传统编辑思维逐渐难以满足大众对优质教材的期待。此时，借鉴产品经理思维成为教材编辑工作创新与突破的关键能力。产品经理思维的核心就是用户和迭代，它强调以用户为中心，从市场调研、产品定位、功能设计、质量把控到宣传推广及售后反馈等全流程精细化管理与价值挖掘，这与中学教材编辑打造贴合教学实际、受师生青睐且具竞争力教材的理念不谋而合。本文探讨出版社的中学教材编辑如何运用产品经理思维，实现教材生产过程的理念升级，提升教材的教育价值与核心竞争力。

一、从师生出发洞察用户需求

（一）精准定位用户群体

用户是一切产品的源头。教材编辑要从宏观层面去观察用户群体，找出他们的共同特征。一种或一系列教材的用户群体即使用该教材的学生群体及其对应的教师群体。相比于学生群体，教师群体的数量显然更少，然而在教材使用的过程中，教师的"教"往往更占主导地位，学生的"学"与教师的"教"，二者依赖教材这个实物载体，在课堂这个媒介中互相融合。中学教材的用户群体相对来说是固定的，更多属于一种"被动定位"。但即便如此，教材编辑对该教材将要覆盖地区的教师群体和学生群体的基本情况，如知识基础、学习能力、教学场景与需求偏好等也应有清晰的认知。

作为出版物的一种，中学教材区别于其他出版物的一点是在其选题申报、立项环节，编辑并不一定能发挥自身的主动性，这些环节的推进方式和影响因素与一般出版物也有较大差异，但这并不意味着编辑不需要去观察、定位并筛选目标用户群体。教材编辑可通过日常的深入学校、课堂调研，与师生交流，分析过往教材使用反馈，精准勾勒目标用户画像，为后续教材定制化开发奠定基础。

（二）用心给用户画像

在设计产品的时候有许多判断需要经过用户检验，用户画像是第一关。用户画像的种种特征和描述，延伸出来的是用户生活工作的环境、认知能力等。挖掘教材的目标用户画像，最重要的是挖掘其显性及隐性需求。

除了显而易见的知识传授需求，如涵盖课程标准规定知识点，编辑更要挖掘师生隐性需求。以新版初中地理教材为例，在学生层面，他们可能期望教材每个章节有趣味性的导入式问题或导入式活动帮助他们联系生活实际、激发课堂学习动力，有精美清晰的景观图片来表达地理现象或原理。在教师层面，他们可能期望教材配备丰富且便捷的教学工具（如地图素材、实验指导等），便于备课授课，同时希望教材能适配多样化教学方法（如小组讨论、项目式学习等），在课堂上更自如地调动学生的学习积极性。这些需求与新课程标准的核心素养导向、育人价值理念等是不谋而合的。编辑通过各种调研手段，全面捕捉需求信号，将其转化为教材特色功能与设计细节。

（三）紧随政策脚步，跟踪需求变化

教育领域的政策、导向在持续深化，教材需求也随之演变。党和国家历来高度重视教材建设，新时代以来，教材建设发生了格局性变化，取得了历史性成就。中学新课程标准出台、教学改革推进、新兴学科兴起等，对教材建设高质量、内涵化发展提出了更高要求。教材编辑不能有一劳永逸的思想，而是需建立长期需求跟踪机制，关注教育政策、学科前沿动态，定期回访教师及学生群体，也要关注舆论动态，及时捕捉需求变化，适时启动教材修订或新产品研发，确保教材始终契合教育发展潮流与用户实时需求。

二、系统规划产品，整合优质资源

（一）明确产品定位，关注产品价值

在产品立项之后，产品设计便贯穿始终，是整个项目开展的核心环节。产品设计在项目初期决定了产品的定位，在项目实施的中后期，也可基于实施过程中的一些问题，有针对性地调整产品设计。

基于用户需求洞察，编辑应协助编写团队，为本教材精准定位，确定编写原则和编写思路。在此过程中，编辑需要研究同学科教材的优势和劣势，通过对比分析（如知识点编排、栏目设置等）明确自身产品的差异化竞争力与产品价值。

产品价值就是从企业视角关注的用户价值，核心的用户价值通常也就是我们要实现的产品价值。中学教材主要需要实现的是社会价值，具体来说即育人价值。有了清晰的产品定位，后续编制教材过程中才能有的放矢、遵循产品定位，以达成产品价值为目标来进行统筹规划和项目实施。

（二）系统规划内容架构

内容策划是教材核心，编制之初，编辑应协助编写团队围绕产品定位构建科学、完整的内容体系。将教材视为一种"教育产品"，关注其易用性和交互性。首先，应依据课程标准，合理安排章节顺序，确保知识逻辑连贯且衔接紧密。其次，应打破传统的以描述性文字为主的知识表达形式，融合多种形式内容模块，如小组讨论、案例分析、专

题探究、社会考察、跨学科主题学习、实践活动指导等，丰富学习体验。如在新版初中地理教材编制伊始，确立了构建不同尺度与层级的学法指导系统，强化活动栏目设计，让学生进行自主学习、探究学习，引导学生在问题中主动学习地理知识，提升学生自主学习、善于探究、独立思考的能力，培育国际视野和家国情怀。经过系统规划的内容架构对于教材编制过程起着重要的导向性作用。

（三）整合优质资源

为保障教材内容的权威性与丰富性，编辑要整合各方优质资源。一方面，应利用好教材的编写团队，专业的中学教材编写团队宜涵盖一线的中学优秀教师（他们了解教学实际情况，教学经验丰富）与高校相关学科领域的教授（他们能掌握学术前沿，视角更高），有时也包括相关领域学者或退休人员。编辑应在教材编制过程中与编写团队充分沟通、协调，确保内容品质与进度。另一方面，编辑应广泛收集相关素材，包括重要文件、官方数据资料、权威著作、适配的插图等，以帮助编写团队更顺畅有效地共同推进编制工作。这些都需要编辑具有类似于产品经理的较强的统筹协调多方人力及物力，即资源协调、资源整合的能力。

三、质量把控与优化

（一）在编辑工作的各个环节把控质量红线

质量是出版物的生命线，更是中学教材的生命线。不同于传统出版物，中学教材编制时间较长，从立项到正式出版可能历时数年，其间一名编辑需要多轮、多次对初稿进行审查，对同一种产品的多个版本校样进行校对，这就对编辑的业务素养和能力提出了更高要求。除了自身的审校环节以外，编辑还应妥善保存教材出版全流程中各审次、各人员的审查意见和批样稿，将重要修改进行记录，每处修改无论大小都应留有痕迹。

除了内容和编校质量，编辑还应主动把控中学教材的装帧设计质量、印刷装订质量等。一套涵盖选题策划、资料收集、初稿撰写、内部审核、专家审定、排版校对、印刷装订等全流程的质量标准体系对于中学教材出版有着至关重要的作用。

（二）进行多维度质量评估与反馈

除内部质量把控，引入外部质量评估对于产品的质量也至关重要。中学教材编制过程中，需要借助外部力量和资源以完善教材的品质及实用性、适切性。例如，在教材完整的过程稿完成后，出版社可制作一些样书，组织试点学校试用教材，在此过程中，编辑收集师生在试教试用过程中的反馈意见，从侧面观察教学效果，如教师使用的便利性，学生知识掌握程度，活动开展的效果等。编辑要特别重视这些反馈，针对反馈问题，应迅速积极地响应，协同编写团队与社内的生产团队，精准优化教材内容、形式或配套资源，持续提升教材质量。

四、整合宣传与用户反馈，让好教材被看见、被认可

（一）制订整合宣传策略，打造品牌形象

尽管中学教材的用户群体相对固定，但这并不意味着不需要进行传统出版物的营销推广活动。一套新教材在正式出版发行后，其亮点、优势需要经过大范围的宣传才能为广大师生所熟知。

编辑可结合线上线下多渠道参与制订整合宣传策略。线上，可利用社交媒体平台如微信公众号发布教材亮点介绍、编辑推介视频等，也可在在线教育平台发布宣传材料，精准触达目标师生群体及家长。线下，可参加学科学术年会，举办教材培训会等，面向广大教师展示教材特色优势，这些都是走出本地，向全国展示并宣传教材的契机。出版社也可借此打造自身品牌的知名度与曝光度。此外，可以优质产品与配套服务为基础，鼓励用户自愿分享使用心得，借助口碑传播提升品牌形象。

（二）高效处理用户反馈，不断优化产品

用户体验是个特别常见的词，不管是职业的产品经理，还是其他行业从业者在工作中都很重视用户体验，作为编辑也不例外。

在宣传推广过程中，以及后续正式投入使用之后，编辑要持续收集用户反馈，包括教学难点的疑问、教学资源的需求、教材内容的困惑等。编辑可协助营销团队，分类梳理反馈信息，并迅速与编写团队沟通，共同确定对用户反馈的回复，协商优化方案（教材的修订方案）等。

在教材修订前，可以通过线上表单收集所有客户群体，如中学教师在运用本教材过程中所遇到的教学痛点，运用数据分析工具识别高频需求，作为优化修订的决策依据。

五、与时俱进，持续学习与创新

（一）关注行业趋势，更新知识技能

教育领域瞬息万变，新技术（如人工智能辅助内容创作、数字化学习资源开发）、新政策（如双减政策下教材难度适配调整）、新教育理念不断涌现。中学教材编辑应养成持续学习习惯，如采用订阅行业权威期刊、参加专业培训研讨会、在线上社群进行交流等方式，及时更新知识体系，掌握数字化工具应用技能，提升自身专业素养与创新思维能力，以此不断反哺推动教材产品的升级，提升教材产品附加值。

（二）探索融合出版

面对数字化浪潮，教材编辑应积极探索融合出版。出版社内部，编辑应打破部门壁垒，与发行、数字资源开发等部门紧密协作，尝试将纸质教材与音频讲解、视频课程、在线测试、智能辅导系统等数字化产品深度融合。此外，也可拓展出版边界，涉足教育服务领域，如基于教材内容开展线上线下培训课程、研学活动策划等，延伸教材价值链，开辟新的业务增长点，适应出版多元化发展新常态。

出版社中学教材编辑引入产品经理思维，是从用户需求深度洞察，到产品全流程精细化生产，再到整合宣传与持续优化迭代的全方位变革。这一思维转变促使教材编辑突破传统案头编辑的角色，以教育服务提供者、知识产品创新者的角色，整合多方资源，打造出符合时代发展、令师生喜爱且具市场竞争力的优质教材。当前，出版行业竞争加剧、教育变革加速，在这样的大背景下，教材编辑更需要引领教材产品不断进化升级，为出版行业与教育事业的高质量发展注入源源不断的动力，助力莘莘学子在知识海洋中扬帆远航，成就教师教学育人、学生成长成才的美好愿景。

参考文献

［1］傅伟中.从图书编辑到产品经理——从畅销书看融合发展背景下编辑思维的转换［J］.中国编辑，2017（9）.
［2］倪敏.媒体融合发展背景下传统图书编辑思维的转换——从图书编辑到产品经理［J］.中国传媒科技，2018（9）.
［3］刘飞.产品思维：从新手到资深产品人［M］.北京：中信出版集团，2019.

开设特色栏目拓展少儿期刊阅读新场景

中国中福会出版社 于 晨

摘 要

本文以《儿童时代》"少年中国说"栏目为案例，思考在融媒体时代背景下，经典少儿期刊如何挖掘品牌内涵，有效延伸阅读服务，探索出版高质量发展的转型实践。以经典阅读打造内容核心竞争力，以数字技术赋能跨界联动，拓宽期刊出版边界，构建馆校社阅读共同体，推动书香校园和儿童友好城市建设，服务儿童成长体系，实现从优质内容载体到出版服务平台的战略转型。

关键词

少儿期刊 特色栏目 经典阅读 转型发展

上海是中国现代少儿报刊出版的发祥地，拥有《小朋友》《儿童时代》《少年文艺》等一批历史悠久的知名少儿期刊，在培养儿童阅读习惯、进行文学启蒙、塑造文化价值等方面发挥了巨大作用，引领了几代读者的精神成长。

近年来，少儿期刊发展面临着前所未有的挑战，一方面，国内两百余种少儿期刊竞争日趋激烈，整体同质化倾向明显。另一方面，在融媒介数字化阅读的冲击下，少儿阅读呈多元化趋势，传统纸媒单一的传播模式已难以满足新时代少儿的阅读需求，期刊影响力呈下降态势，亟须突破传统出版思维定式，探索高质量发展的编辑实践新路径。

《儿童时代》由宋庆龄于1950年4月创办，是新中国第一本少儿期刊，浓缩了新中国儿童文学的大发展，陪伴了三亿读者的心灵成长。面对出版新业态的变化，《儿童时代》传承优秀，不断创新，较早试水了"跃然纸上"的AR（增强现实）复合出版，创建迭代全媒体数据库，并积极探索区块链、数字藏品等元宇宙数字融合出版。在与时俱进的持续探索中，《儿童时代》始终以品牌为核心，以栏目为支点，以数字技术赋能，实现日常阅读的场景化渗透，构建儿童成长知识服务体系。

本文试以《儿童时代》特色栏目"少年中国说"为例，解析新时代少儿期刊如何突破传统栏目边界，传承经典，立足当下，开拓未来，重塑少儿期刊的生态位竞争优势，从平面出版媒体向立体服务平台转变，建立开放创新的儿童成长生态体系，提供少儿期刊转型创新的微观案例。

一、原创特色栏目，打造内容核心竞争力

（一）坚守品牌价值，策划原创选题

《儿童时代》从创刊之初就与时代同频共振，是传播社会主旋律、弘扬家国情怀的小喇叭，七十余年来打造原创儿童文学高地，引领少儿阅读实践，陆续开设"文学街157号""阅读地图""古文笔记本"等专栏，坚持精品原创策略，培养纯正阅读口味，讲好当代中国故事。

近年来，为响应国家全民阅读号召，承担促进少儿经典阅读的使命，彰显宋庆龄"把最宝贵的东西给予儿童"的思想，《儿童时代》2024—2025年开设"少年中国说"特色栏目，组织发动长三角地区二十余所学校数万学生，以中华优秀传统文化经典为桥梁，邀请学者导读、名师点评，组成公益指导团队，展现新时代校园的学生经典读写成果，鼓励基于经典阅读的多样性表达，影响触达全国数十万少儿读者，具有良好示范效应。

（二）凝聚专家团队，领航经典阅读

《儿童时代》秉持为小朋友做大学问的宗旨，邀请专家学者坐镇"少年中国说"栏目，基于"言文合一"的原则，遵循儿童认知发展理论，对文学经典进行当代文本诠释，帮助孩子们理解原著文本的重点和难点。陈引驰、张锦江、陈明洁、周兴陆、刘强等名家大咖精心撰写导读文章，选择符合当下儿童心理的切入点，进行分龄化设计，精选、精编适合小学生的《经典读写指导手册》作为前置分级读本，与孩子们共读《诗经》《楚辞》《论语》《庄子》《世说新语》《资治通鉴》等经典选段，指导他们联系自身生命体验，以任务驱动的方式实现从泛读到精读的飞跃。

在专栏作者领航之下，经典阅读不再简单满足于教辅式的浅阅读，而是将文学符号与儿童的生活体验和审美经验进行连接。比如精读《山海经》之后，学生们创作演出舞

台剧、为《将进酒》编曲并唱出盛唐气象。将具身认知理论应用于儿童阅读教学实践，"核心指导思想是将阅读内容落实于感知觉经验，帮助模拟的实现，从而引导儿童更好地理解文本内容"。

期刊专栏的连续性特点，有助于构建文学史视野的立体阅读体系，小读者能够循序渐进地领会中华优秀传统文化的精髓，并与周围生活产生链接。比如模仿大儒朱熹的著作，让孩子们为自己的家庭立家训，为学校的教室、寝室、实验室立室训，为图书馆立馆训，真正认同文化身份，实现文明基因的当代传承。

（三）遵循儿童中心，创新阅读体验

与以往期刊经典阅读栏目普遍采用的以文本阐释为主的单向知识传授模式不同，《儿童时代》"少年中国说"栏目遵循儿童中心主义，主体内容是少儿基于经典阅读进行的多样性文学再创作，体现了蓬勃的想象力和创造力。这种创新实践使儿童从被动的接受者转变为文化再生产的主体，通过文学创作与书画艺术的互文性呈现，构建复合型素养培育场域。

一方面，转换叙事视角，从成人训诫到儿童主体，让孩子们意识到古文不过是特定时代的日常表达，为经典祛魅，切入时代语境。比如新编《论语》故事，在情感上、心灵上亲近作为万世师表的圣人孔子，在穿越时空的对话场景里可以感受到鲜活的文脉传承；为"常胜辩手"孟子撰写颁奖辞，换一种角度领略孟子的浩然之气，从而更好地体会辩论的方法并内化成长。

另一方面，构建文学图谱，通过选篇建立起历代经典之间的关联阅读网络，指导文言文与白话文的互文性写作，并尝试跨文体的文学创作。比如演绎李白、杜甫、苏东坡诗篇中的名场面，沉浸式体验文学作品中的情与景；为《史记》中的人物撰写对联，短短数十字，既考察了对历史人物性格、事迹的概括描述，也活学活用了传统对联的基本格式技巧。

二、多元融合传播，构建跨界阅读共同体

（一）技术赋能，融合数字出版

近年来，《儿童时代》不断迭代期刊数据库，探索数字资产和实体期刊的有机关联。"少年中国说"在栏目内页印刷二维码，扫码可跳转链接至图文、题库、课程等丰富内容，将传统纸质期刊升级为可交互的复合出版物，通过"AI能替代李白吗""苏东坡的

开心不开心全都写在朋友圈里了"等时代话题，实现文本的时空穿越式解读，提升儿童阅读经典的兴趣。同时有效整合微信公众号、视频号等自媒体传播途径，提供延伸互动服务，对期刊内容进行再开发。

通过举行"经典阅读马拉松"共读活动，提供公益服务，以社群运营、直播答疑、线上打卡等方式，强化输入、转化、输出的循环机制，将马拉松运动的毅力训练机制迁移至阅读领域，与经典文本的深度品读相结合，借助社交功能激发集体效能感，让经典阅读成为日常习惯，在时间与空间的双重维度持续积累，见证少儿阅读能力的进阶成长。

（二）教育联动，建设书香校园

《儿童时代》长期保持与学校教育的联动，凭借丰富鲜活的内容、多元互动的拓展，有效激发学生的阅读兴趣与自主学习能力，搭建师生对话平台，促进课内外知识融会贯通，探索项目式学习、主题探究活动等协同育人机制。

为深挖"少年中国说"专栏资源，辐射更多语文教师，完善课程化、项目化、校本化的进阶路径，实现经典文本的教育学转译，持续促进书香校园的经典阅读建设，《儿童时代》特别邀请沪上语文名师及中小学语文教研组长参与少儿经典阅读研讨交流会，跨界价值共创。小学语文名师丁慈矿十分认同阅读任务所暗含的内化思考，建议用朗读、听记、抄写等多模态具身认知实践方式，将经典文学的能量传递给少儿，有效提升学生对文本的内化度。上海市特级教师乐燎原则从"文本互证"的角度，强调建立经典文本阅读矩阵，在真实阅读中培养真实能力，在生命最初就读出自我的生命体验，增强批判思维水平，真正提升学生的核心素养。

在栏目编辑实践中以学校为主体，一校一方案，已深入上海莘松中学教育集团、建青实验学校、七宝明强小学、安生学校（南京、合肥）、中天实验学校（常州）等长三角数十所学校。一方面聚焦师生共同成长，帮助形成校本化经典阅读手册，邀请专家学者进校园举办讲座、开设课程，比如在莘松中学开设"中华小学士"学年社团课，在学生中开展创造性阅读，同时为教师提供相应培训及评价量表。另一方面注重形成阅读成果，从经典解读、文本创作、口头表达等多方面给予学生专业指导和点评，比如在建青实验学校专场讲解柳宗元作品"似淡实美"的独特审美风格，并链接拓展资料库，帮助少儿真正成为中华经典的理解者、创造者、传播者。

（三）价值共创，助力成长生态

《儿童时代》秉持开放共生的思路，以期刊栏目为抓手，馆校社合力，资源整合，价值共创，促进家庭教育，补益学校教育，融入社会教育，推动构建"少年中国说"经典阅读共同体。

与学校协同研发经典阅读解决方案，培养学生从文本中提取信息、批判思考与实践应用的综合素养，将新课标要求转化为可量化的成长参数，实现从标准化教育到个性化学习的范式转换，解决少年儿童为什么学经典、学什么经典、怎么学经典的问题，为"双减"背景下的教育评价改革提供实践样本。

组建家校社多元融合的线上线下社群，开发阅读马拉松、社区公益讲堂、场馆人文研学等长效活动，创新经典阅读场景，触达更广阔的读者市场。2024 年世界读书日，《儿童时代》在黄浦区图书馆挂牌了"少年中国说"经典读写公益讲堂，现场展示了莘松中学、比乐中学等学校的活动成果，在跨学科的探索之中，有效实现情境迁移，将阅读场景嵌入生活经验和社会实践，转化为连接知识、生活与未来的桥梁，构建开放、动态、可持续的成长生态系统。

三、结语

宋庆龄曾说："永远为处在儿童时代的小读者服务是《儿童时代》的光荣而幸福的任务。"无论时代如何变化，《儿童时代》始终紧贴儿童的阅读需求，在守正中突破求变，在创新中培根铸魂。"少年中国说"栏目的创新实践，仅仅是《儿童时代》转型发展之路上的初步探索。未来《儿童时代》将继续擦亮品牌，以内容为核心竞争力，以用户需求为导向，精准定位不同年龄段读者，持续打造品牌栏目；以技术赋能多元传播，发展"期刊+"模式，跨界联动整合，资源价值共创，突破栏目出版边界，创新多维阅读场景，触达并服务更广大的读者市场；深化行业转型，推动从出版平台服务到少儿生态赋能的战略升级，丰富宋庆龄儿童文化品牌内涵，致力于缔造未来的事业。

参考文献

［1］教育部等八部门关于印发《全国青少年学生读书行动实施方案》的通知［Z］. http://www. moe. gov. cn/srcsite/A06/s7053/202303/t20230328_1053070. html. 2023-03-27.

［2］金克木. 书读完了［M］. 上海：上海文艺出版社. 2018.

［3］刘洋. 具身认知视角下的儿童阅读研究［J］. 第二语言学习研究，2020（11）.

［4］儿童时代. "少年中国说"专栏，把"大学问"教给小朋友［N］. https://mp. weixin. qq. com/s/DxxfQs9bMBHTXyZK34krSA. 2024-10-29.

AIGC 赋能科技出版：机遇、挑战与转型之路

华东理工大学出版社　　韩　婷

摘　要

AIGC 技术高效、精准、个性化，丰富了出版内容，加速了流程，提升了质量，在选题策划到营销推广各环节均提供支持。但也带来学术诚信、版权归属及编辑角色转型等方面的挑战。本文通过分析 AIGC 应用案例，探讨了其带来的机遇，如加速出版、模式创新、服务升级、促进学术交流与国际市场拓展等，同时也指出了存在的问题，提出科技出版行业应积极探索应对策略，加强法规建设，提升编辑技能与知识储备，确保 AIGC 技术健康应用。

关键词

人工智能生成内容　AIGC　科技出版　编辑转型

近年来，人工智能生成内容（AIGC）技术快速发展。AIGC 技术起源于 20 世纪 50 年代，经互联网、数据与算力提升推动，在 21 世纪 10 年代中期后实现飞跃发展。其凭借生成对抗网络（GANs）、Transformer 及 GPT 系列模型，尤其是 ChatGPT 的问世，展现了在自然语言处理上的强大能力。同时，DeepSeek 等信息检索技术的兴起进一步增强了 AIGC 处理复杂数据和信息筛选的能力，使得 AIGC 在理解和生成内容方面更加高效和精准。

在出版领域，AIGC 技术以其高效、精准、个性化的内容生成能力，为科技出版带来了显著的机遇。AIGC 技术能够丰富出版内容，加速出版流程，并提升内容质量，其被广泛应用于科技出版的选题策划、内容创作、编辑加工、排版设计及营销推广等各个环节，为出版流程的优化与创新提供了新路径。然而，机遇与挑战并存，AIGC 技术的应用也引发了一系列问题，如可能导致版权纠纷和学术不端行为的增加，对出版从业人

员的技能和素质提出了更高要求等。因此，深入研究 AIGC 在科技出版中的应用，全面分析其带来的机遇与挑战，并积极探索编辑专业技能与能力的转型路径，对于推动科技出版行业的健康发展具有重要意义。

一、AIGC 在科技学术出版中的应用

（一）内容创作辅助

一是选题策划。科技著作服务于科技领域，具备知识性、科学性和专业性，对推动科技发展、推广先进技术、培养科技人才具有重要作用。科技著作高度专业的内容、规范的语言、小众的读者及重大使命，要求编辑具备较高学术素养、精湛编校技能、优秀质量意识、精准营销能力及创新精神。

在科技出版领域，选题策划是核心竞争力的关键所在。AIGC 技术正为这一过程带来深刻变革。凭借强大的数据分析能力，AIGC 能够高效挖掘学术前沿热点，为编辑筛选出具有前瞻性和创新性的选题提供有力支撑。同时，AIGC 深入分析市场需求，结合用户偏好预测潜在需求，助力编辑策划出符合市场需求的图书。此外，AIGC 通过智能算法模拟学科交叉融合，打破传统选题思路，拓展编辑的选题视野，满足跨学科研究与学习的需求，推动出版创新。

二是初稿生成及稿件翻译。在科技学术图书创作过程中，AIGC 技术助力作者快速生成初稿，提升效率。2019 年，施普林格·自然集团出版首本机器学习生成的化学书籍《锂离子电池：机器生成的当前研究摘要》，概述了该领域最新研究。2023 年，该集团授权作者使用 GPT 模型，快速推出了德文图书《GPT 在财务、合规和审计中的应用》，从启动至出版不足五个月，远快于常规周期。虽然 AIGC 生成的初稿在专业性和深度上可能无法完全满足学术要求，但可为学者提供一个初步的框架和思路，学者可以在此基础上进行修改、完善和补充，大大节省了时间和精力。

AIGC 技术还能增强文本可读性，启发内容逻辑，助力文献综述撰写。它能根据数据类型和图表目的推荐合适的统计图表，直观呈现数据结论。此外，AIGC 在快速翻译稿件方面展现潜力，大语言模型能进行多语种语法检查和润色，生成高质量多语种书籍内容，优于传统翻译工具。

（二）编辑校对环节

在科技图书编辑校对流程中，传统上，编辑校对主要依赖人工审查，但受限于人的

精力和判断力，难免会有疏漏。AIGC 技术凭借深度学习算法，能够在极短时间内自动识别并纠正文本中的语法、拼写、标点以及专业术语使用不当等问题，显著提高校对的精确度和整体效率。此外，AIGC 还能分析书稿逻辑性，评估框架结构清晰度、论证充分性及段落过渡自然性，提供改进建议，使内容更严谨可靠。处理大规模数据、图表和公式时，AIGC 能快速检查确保准确无误，避免人工遗漏错误。同时，AIGC 通过对比研究成果，可以评估书稿创新程度和价值。在格式检查方面，AIGC 可以根据预设模板自动调整文档格式，确保一致性和规范性，还能处理多语言语法检查和特殊排版需求。

然而，AIGC 虽能力强大，但不能完全替代编辑专业判断。编辑在使用 AIGC 技术时仍需保持谨慎，对生成的内容进行人工审核和校验，以确保出版物的质量和合法性，并充分考虑学术道德和知识产权等问题。因此，在科技出版领域，AIGC 技术虽为编辑工作带来了诸多便利，但编辑的专业角色依然不可或缺。

（三）排版设计与数字出版

一是智能排版。在科技出版中，AIGC 技术提供了智能化的排版解决方案。它能自动识别文本结构、语义及元素，如标题、段落、图表和公式，并依据预设规则自动进行排版，从而显著提高排版效率和美观度，特别是能快速且准确地处理复杂的数学公式和化学方程式。

二是数字内容生成与转换。AIGC 技术在数字内容生成与转换方面发挥着重要作用。它能够将学术内容高效转化为电子书、有声读物等多种数字形式，并优化内容，如添加目录链接、设置自适应字体等，以提升阅读体验。利用语音合成技术，AIGC 还能将学术文本转换为自然流畅的语音，合理调整语速、语调，使其更易于理解。此外，AIGC 还能将学术内容转换为 HTML5、XML 等格式，拓宽传播渠道，满足不同读者的阅读需求，推动科技学术知识的广泛传播。

（四）营销推广与读者服务

一是精准营销推荐。AIGC 技术为图书营销带来革新。它能快速产出高质量的推荐语、营销文案及内容摘要，精准抓住目标受众兴趣，大幅提升图书的吸引力与市场竞争力。在科技图书领域，其知识蒸馏能力可把学术著作的核心内容提炼成知识图谱，让深奥学术内容能更直观、高效地传递给读者。结合个性化匹配系统，AIGC 能依据用户行为和偏好分析，为学术图书定制专属推广方案，精准定位潜在读者，提高点击率与转化率。AIGC 催生新传播形式，如 3D 动画模拟等，丰富学术成果传播方式，推动学术知识走向大众。

二是智能客服与互动交流。在科技出版中，AIGC 智能客服借助自然语言处理和机器学习技术，可为读者提供高效服务。出版社可在微信或官网搭建智能客服系统解答作者、读者常见问题。智能客服还能收集读者反馈，助力出版机构优化服务与内容。而且，它能为初学者规划个性化阅读路线，从基础到前沿逐步推荐读物，构建知识体系，通过自然语言生成技术给出个性化阅读建议和知识总结，提升阅读体验与学习效果。

二、AIGC 给科技出版带来的机遇

一是加速出版进程，提升品质。AIGC 技术在科技出版的全链条中展现出强大的催化作用。它显著缩短出版周期，提升效率与质量。在选题策划阶段，AIGC 精准捕捉学术前沿与市场需求，助力创新选题；组稿及初稿阶段，AIGC 增强文本可读性，快速生成初稿、文献综述与图表，实现多语种翻译；编辑校对阶段，AIGC 自动识别并纠正错误，确保内容逻辑严谨；营销阶段，AIGC 助力精准营销，创造新传播形式，优化内容，增强阅读体验。

二是推动出版模式创新和服务升级。AIGC 技术的兴起加速了传统出版与数字技术的深度融合，它可以实现创作、编辑、审核的数字化与智能化，缩短创作周期，激发创作灵感。内容呈现上，AIGC 支持电子书、有声读物等多元形式，丰富阅读体验。同时，AIGC 促进出版流程数字化管理，使出版社能够实时洞察市场需求，优化出版策略。AIGC 技术的应用还催生了一系列新型出版产品与服务形态，如交互式学术作品、智能学术知识库，其能深化读者参与，提供一站式知识服务，为科技出版注入新活力。

三是促进学术交流、拓展国际市场。在全球化背景下，AIGC 打破了学术交流的语言与地域壁垒。通过机器翻译，AIGC 可以实现多语言快速准确翻译，促进学术成果跨国界传播。AIGC 不仅提升科研人员筛选与阅读文献效率，促进跨学科交流，还加速学术知识传播与创新，通过社交媒体等渠道扩大影响力，激发创新活力。为科研人员搭建便捷交流平台，共同推动学术创新发展，拓展科技学术出版的国际市场，提升国际影响力。

三、AIGC 给科技出版带来的挑战

一是学术诚信与伦理风险。AIGC 技术在科技出版中的应用带来了诸多挑战，尤其

是学术诚信与伦理问题。它催生了新形式的学术不端行为，例如通过 AIGC 工具改写他人论文以绕过抄袭检测系统，为编辑识别抄袭行为带来了极大的困难，同时也破坏了学术研究的公平性和原创性。此外，少数科研人员过度依赖 AIGC 生成无实质贡献论文，降低了科技图书的质量和价值。更严重者，利用 AIGC 伪造实验数据，编造不存在的研究成果。

二是版权归属与法律困境。在科技出版中，署名和引用规范是保障学术诚信和知识产权的重要环节。AIGC 生成内容的版权归属问题在法律上颇具争议。根据《中华人民共和国著作权法》，作品需具备独创性和人类智力成果两个要素。AIGC 生成的内容在独创性方面存在模糊地带，看似新颖独特，但缺乏人类的主观创造性思维。同时，AIGC 生成内容是否属于人类智力成果也存在争议，因为其生成过程基于数据和算法的机械运算，不具备人类的意识和创造力。国际上，不同国家和地区对 AIGC 生成内容的版权认定存在差异，美国相对开放，欧盟更为谨慎，这种差异给全球科技出版带来版权认定难题。

三是引用规范难题。在 AIGC 环境下，引用规范也面临挑战。AIGC 生成的内容往往基于大量训练数据，这些数据可能来自不同文献和来源，导致科研人员在使用 AIGC 生成的内容时难以准确追溯原始出处，从而引发引用不准确或不完整的问题。此外，AIGC 还可能导致虚假引用的出现，这不仅损害了学术诚信，也给审稿工作带来了挑战。

四、面向 AIGC，编辑角色与能力转型挑战

一是传统编辑角色的转变。AIGC 的快速发展正在深刻重塑科技图书编辑的角色，推动其从传统的内容加工者向技术驱动的知识服务者转型。传统编辑曾是内容的直接处理者，现在则更侧重于内容整合与质量把控。AIGC 技术能生成文献综述、大纲等，使编辑转变为内容整合者，但需严格把控生成内容的质量。同时，编辑还需引导和监督 AIGC 的使用，确保学术诚信。这些转变要求编辑不断提升技能和知识储备，以适应新的出版业态。

二是编辑所需新技能与知识要求。在 AIGC 时代，科技图书编辑需掌握新技能以适应角色转变。首先，需具备提出高质量问题与需求的能力，这是实现人机协同创新的关键。其次，掌握问题指令（Prompt）设计与应用能力，通过精准的问题指令引导 AI 模型生成符合需求的内容。同时，数据分析能力也不可或缺。此外，还要了解不同 AIGC

工具的功能、特点和使用方法，能够熟练运用 AIGC 工具辅助编辑工作，如语法检查、智能排版和内容生成等，以提高工作效率和质量。

在伦理法律方面，编辑需具备敏锐的伦理意识和判断能力，确保出版活动合法合规，避免学术不端和侵权纠纷。最后，跨学科知识和创新思维能力同样重要，编辑需理解处理不同学科内容，提供全面深入服务，并积极探索 AIGC 技术在出版领域的新应用新模式，推动行业创新发展。

随着 AIGC 技术的快速发展，科技出版正迎来前所未有的变革。AIGC 技术以其高效、精准、个性化的内容生成能力，为科技出版的选题策划、内容创作、编辑加工、排版设计及营销推广等各个环节注入了新活力，加速了出版进程，提升了出版物品质，并推动了出版模式的创新和服务升级。然而，AIGC 技术的应用也带来了学术诚信与伦理问题、版权归属争议以及编辑角色与能力转型等挑战。面对这些挑战，需积极探索应对策略，加强法规建设，提升编辑技能与知识储备，以确保 AIGC 技术的健康应用。未来，科技出版将迎来更加广阔的发展前景，为科技知识的传播与创新贡献更大力量。

参考文献

［1］樊丹丹. ChatGPT 的"破圈"之旅：AIGC 在科技出版领域的机遇、挑战与对策［J］. 现代企业文化，2023（25）.

［2］周文婷，刘莹. 科技赋能出版新业态：生成式出版的内涵特征、实践进路与发展反思［J］. 出版广角，2024（3）.

［3］祁永红. 人工智能时代科技学术图书出版的应对策略［J］. 中国传媒科技，2024（10）.

［4］谭春林，王建平. AIGC 在学术研究和出版中的使用边界、透明度与伦理［J］. 编辑学报，2024，36（6）.

［5］史惠斌，郭泽德. 迈向智能：AIGC 内容生成模式引发的出版变革［J］. 数字出版研究，2023，2（2）.

［6］李雅筝，刘洪权. AIGC 技术赋能高校编辑出版人才培养：转型机遇、能力重构与实践策略［J］. 科技与出版，2024（2）.

从乐谱到算法：AI 如何推动音乐出版智能化

上海音乐学院出版社　　田依妲子

摘　要

本文探讨人工智能技术对音乐出版领域的深度重构。第一部分揭示乐谱数字化从图像扫描到语义解析的质变，通过深度学习实现音乐符号的结构化转型，为智能化应用奠定数据基础。第二部分剖析AI 消解创作与分析的固有边界，算法不仅模拟人类作曲思维，更通过数据关联构建新型研究范式，形成"创作即分析"的双向赋能机制。第三部分阐释音乐出版生态从单向传播向智能交互的演进，智能推荐、实时协作与沉浸体验技术重塑创作者、演奏者与受众的交互网络，推动出版载体向开放生态系统转型。

关键词

人工智能　音乐出版　数字化革命　智能交互

当数字时代的浪潮席卷全球，一场静默的革命正在重塑音乐的学术生态——人工智能（AI）技术正逐步渗透音乐分析、作曲教学、文献整理等领域，甚至重新定义了音乐出版的范式。本文将探讨 AI 如何从乐谱这一传统出发点，逐步推动音乐出版的智能化进程。

传统音乐出版长期受限于纸质媒介的物理属性与人工处理的低效性。一部乐谱的数字化往往需要耗费数月时间进行人工转录，音乐理论的跨文本关联分析依赖于学者的个人经验，而大型音乐数据库的检索效率则困囿于关键词匹配的机械逻辑。这些痛点催生了音乐学术界对新技术的渴求：能否让机器读懂乐谱？能否用算法解构旋律背后的文化密码？答案正在以超乎想象的速度变为现实。随着计算机技术的兴起，乐谱的数字化成了可能，但这仅仅是智能化的前奏。真正的变革，始于 AI 技术的深入应用。

一、乐谱的数字化革命：从图像到语义的跃迁

AI 在音乐出版中的首要贡献，便是对乐谱的智能化处理。传统的乐谱识别技术，虽然能够将纸质乐谱转化为数字格式，但往往存在识别错误和格式混乱的问题。而 AI 技术，特别是深度学习算法的应用，使得乐谱识别的准确率和效率得到了显著提升。现在，AI 可以准确地识别复杂的乐谱符号、动态标记和演奏技巧，甚至能够自动校正识别错误，生成整洁、规范的数字乐谱。这不仅极大地减轻了乐谱编辑的工作量，也为音乐学者提供了更加便捷、准确的乐谱资源。

（一）光学音乐识别（OMR）的技术迭代

光学音乐识别（OMR）技术经历了从拓扑特征匹配到深度学习的范式转移。早期 OMR 系统基于模板匹配技术，对印刷体乐谱识别率可达 92%，但对巴洛克时期手写谱的识别率不足 60%。深度学习算法的引入，实现对手写乐谱中连音线、装饰音等复杂符号的精准识别，错误率降至 8.3%。技术迭代带来的理论突破正在重塑音乐学研究范式。符号级别的精确识别为音乐文化遗产的数字化保存提供了技术保障，语义层面的深度解析则支持自动化音乐分析、智能化作曲辅助等创新应用。

（二）语义理解的突破：从符号解码到文化阐释

传统 OMR 技术仅实现符号层转换，而 AI 正在赋予乐谱"可解释性"。柏林洪堡大学团队训练 Transformer 模型识别《平均律钢琴曲集》中的调性游移现象，算法成功捕捉到巴赫对利底亚调式的创新运用。索尼计算机科学实验室（CSL）研究所通过对比不同地域民歌数据集，自动标注陕北信天游与苏格兰民谣在音阶结构上的同源性。

OMR 的技术迭代与语义理解的突破，本质上是将音乐从"视觉复现"推向"文化计算"的进程。当机器不仅能识别音符，还能解析贝多芬手稿中的愤怒涂改、追踪爵士乐即兴演奏的文化杂交，甚至重构失传的古乐演奏实践时，技术已不再是工具，而成为重新发现音乐本质的新视角。这场革命的核心启示在于：数字化不是音乐的终结，而是其永恒生命在赛博空间的延续——通过算法与数据的棱镜，人类得以以前所未有的精度和广度，凝视自身音乐文明的全息图景。

二、创作与分析的边界消融：AI 重构音乐研究方法论

（一）AI 作曲的学术价值重估

AIVA、Magenta 等生成式 AI 的涌现，迫使学界重新定义"原创性"。匈牙利算法团队训练 LSTM 网络模仿勋伯格十二音体系，生成的作品被纳入布达佩斯音乐学院现代音乐分析教材。加州大学尔湾分校利用生成式对抗（GAN）网络生成"假如贝多芬失聪后"的虚拟乐谱，研究者通过对比分析发现，算法生成的慢板乐章意外契合贝多芬晚期音乐风格特征。但是国际音乐著作权联盟（MCPS）指出，AI 生成作品是否属于"合理使用"存在法律灰色地带，这直接影响音乐学术出版的版权规范。

（二）数据驱动的理论创新

传统音乐理论依赖个案研究，AI 则能揭示宏观规律。剑桥大学团队对 18000 首流行歌曲进行主题建模，发现"卡农进行"在副歌段落的频率分布呈现幂律特征。东京大学利用降维（t-SNE）技术，将全球 312 种民间音乐映射到三维特征空间，证实中国戏曲润腔与阿拉伯马卡姆存在潜在同源结构。传统音乐分析的"内省式演绎"正转向"外延式归纳"，《音乐理论分析杂志》已设立"计算音乐学"专栏，收录基于机器学习的实证研究论文。

音乐研究已步入"后人类中心主义"时代。创作与分析的边界消融不是学科的消亡，而是方法论的重生。在算法与数据的催化下，音乐学正从"解释艺术的科学"蜕变为"通过艺术理解智能本质"的先锋学科。这场变革的终极价值或许在于：通过构建人机共生的音乐认知体系，我们终将理解，创造性本身才是宇宙最深邃的算法。

三、音乐出版生态的重构：从单向传播到智能交互

数字技术的迭代正在颠覆传统音乐出版行业的运行逻辑。在流媒体平台主导的 Web2.0 时代，音乐出版已突破物理介质的限制，实现了传播渠道的数字化革新。随着区块链、人工智能、扩展现实等技术的深度融合，音乐出版生态正在经历从内容生产、确权机制到传播形态的系统性重构。这种重构不仅改变着音乐作品的呈现方式，更在重塑创作者、传播者与受众之间的权力关系，推动音乐出版从单向传播向智能交互的范式跃迁。

（一）动态出版物：音乐载体的革命性进化

传统音乐出版物受限于物理介质特性，其内容形态具有固定性、封闭性与单向性。黑胶唱片、CD 等载体将音乐作品固化为不可更改的"完成时态"，听众只能被动接受既定版本。这种线性传播模式在数字时代遭遇根本性挑战：2023 年声田（Spotify）的"动态专辑"功能允许艺术家持续更新已发布作品，听众可实时追踪创作进程；Tidal 推出的"交互式母带"技术使听众能自主调节混音参数，创造出个性化听觉体验。

动态出版物的核心特征在于其内容形态的持续演化能力。基于云计算和分布式存储技术，音乐作品不再是静态文件，而是由代码、算法和用户行为共同塑造的动态实体。网易云音乐的"AI 编曲助手"已实现创作者与人工智能的协同创作，系统根据用户反馈实时优化编曲方案。这种"活体出版物"模式打破了传统出版的时空限制，使音乐创作从封闭工作室走向开放协作网络。动态化进程正在重构音乐价值链条。传统出版模式下，60% 以上的版税收入集中在发行后三个月，而动态出版物通过持续的内容迭代延长了作品生命周期。Billboard 数据显示，采用动态更新策略的专辑，其流媒体播放量衰减周期延长了 3—8 倍。这种转变要求建立新的价值评估体系，传统的销量、播放量指标已难以全面反映动态出版物的多维价值。

（二）区块链确权：重构音乐出版信任机制

音乐出版领域长期存在确权不清、分配不公的痛点。国际唱片业协会（IFPI）报告显示，全球每年因版权纠纷导致的收入损失超过 25 亿美元。区块链技术通过构建去中心化的确权体系，正在改变这种困境。Audius 等去中心化音乐平台采用非同质化代币（NFT）进行版权登记，将创作者信息、权利条款写入智能合约，实现版税的自动化分配。这种技术架构使确权效率提升 90% 以上，维权成本降低 75%。

智能合约在音乐出版中的应用呈现多元化趋势。2023 年推出的"分层 NFT"技术允许将音乐版权拆分为母带权、表演权、改编权等不同层级进行交易。华纳音乐与 Polygon 合作开发的版权管理平台，实现了版税分配的分钟级结算。这种技术突破不仅提高了交易效率，更重要的是建立了透明的价值分配机制，使独立音乐人能直接获得 85% 以上的流媒体收入，较传统模式提升 40 个百分点。

学术确权体系的构建面临现实挑战。法律学者指出，区块链存证的法律效力仍存在地域性差异，全球 80% 的司法管辖区尚未建立配套认定机制。技术层面，跨链互操作性不足导致 30% 的版权信息难以实现全域同步。这些问题的解决需要技术创新与制度变革的协同推进，欧盟正在制定的《音乐区块链治理框架》为此提供了重要参考。

（三）开放科学：音乐出版的协同创新实践

开放获取运动正在重塑音乐学术出版格局。传统学术期刊的付费墙模式导致 60% 以上的音乐研究成果难以触达创作者群体。PLOS Music 等开放获取平台的兴起，使学术论文的开放获取率从 2018 年的 32% 提升至 2023 年的 58%。这种知识共享机制加速了学术成果向创作实践的转化，斯坦福大学的研究显示，开放获取论文被音乐人引用的频率是付费论文的 3.2 倍。

开源协作模式催生出新的创作范式。MuseNet 开放数据集汇集了百万级音乐样本，配合 TensorFlow 等开源工具，使独立音乐人也能进行 AI 辅助创作。Linux 基金会支持的开放音乐协作协议（AMCP）项目，已吸引 2300 多名开发者参与构建开源音乐工具链。这种协作生态打破了传统出版的技术垄断，使音乐创作门槛降低 70% 以上。

开放科学的实践面临数据伦理挑战。音乐生成 AI 训练需要大量版权作品数据，但现有法律框架下 87% 的训练数据存在版权瑕疵。剑桥大学的研究团队提出的"数据信托"模式，通过区块链技术实现数据使用的全程溯源与利益分配，为破解这一困局提供了新思路。该模式已在欧洲成功调解了 41 起数据版权纠纷。

音乐出版生态的重构本质上是数字文明时代创造性劳动价值实现方式的革新。动态出版物重新定义了音乐的存在形态，区块链构建了价值交换的信任基石，开放科学孕育着协同创新的可能。这种变革不仅关乎技术应用，更是对音乐创作本体论的重新思考：当作品成为持续演化的生命体，当创作转化为群体智慧的结晶，音乐出版正在升维为连接人类情感与机器智能的交互界面。未来音乐出版的终极形态，或许将彻底消解创作者与受众的界限，在虚实交融的数字生态中，每个参与者都既是出版者也是鉴赏者，共同谱写智能时代的音乐史诗。

四、结语：智能时代的音乐出版范式转型

音乐作为人类最古老的艺术形式之一，正经历着由人工智能技术引发的根本性变革。本文以"乐谱数字化—创作分析智能化—出版生态重构"为逻辑主线，探讨 AI 技术对音乐出版领域的多维重塑。在技术革命与人文价值的交织中，音乐出版的形态、方法与价值体系正在发生从工具革新到范式转型的深刻变迁。

首先，乐谱数字化革命突破了物理载体的限制，实现了音乐符号从视觉图像到结构

化数据的质变。通过深度学习与语义解析技术的结合，音乐信息得以转化为可计算、可编辑的数字对象，这为后续智能化应用奠定了数据基础。其次，AI技术消解了创作与分析的固有边界，算法不仅能模拟人类作曲家的思维模式，更通过海量音乐数据的关联分析，构建起超越传统经验的研究框架。这种双向赋能机制催生出"创作即分析、分析即创作"的新范式。最后，音乐出版生态从单向传播转向动态交互，智能推荐、实时协作与沉浸体验等技术重构了创作者、演奏者与受众的关系网络，使音乐出版从静态内容载体进化为开放的艺术生态系统。

面向未来，AI技术驱动下的音乐出版将呈现三大演进趋势。技术层面，多模态融合将成为核心发展方向。音乐数据的解析将突破单一听觉维度，与视觉、触觉甚至情感数据进行跨模态关联，形成更具包容性的音乐表达体系。算法模型的可解释性与创造性之间的平衡，将成为技术迭代的关键挑战。伦理层面，智能时代的音乐版权体系需在创作主体性与技术工具性之间建立新秩序。AI生成内容的著作权归属、算法推荐对审美多样性的影响、文化遗产数字化中的伦理边界等问题，亟待建立全球共识框架。产业层面，音乐出版的价值链将向服务化与生态化转型。基于用户行为数据的个性化内容生产、去中心化的创作协作网络、虚实融合的音乐体验场景，将重新定义音乐出版的经济模式与文化功能。在这场变革中，人类需警惕技术理性对艺术本质的异化。AI技术固然能够优化音乐生产的效率，但艺术价值的核心仍在于人类独特的情感体验与文化记忆。未来的音乐出版不应是算法对传统的取代，而应是人机协同的共生进化——技术作为延伸人类创造力的工具，助力音乐艺术突破物理局限，在数字文明中焕发新的生命力。当五线谱上的音符与代码世界的算法共振时，我们迎来的不仅是音乐出版形式的革新，更是人类艺术表达维度的历史性拓展。

参考文献

［1］蔡岳均.音乐人工智能的技术趋向与应用前景［J］.音乐生活，2025（2）.

［2］郑智武.论人工智能生成音乐独创性构成［J］.南京艺术学院学报（音乐与表演版），2025（1）.

［3］蹇雪.大数据时代人工智能生成音乐的版权保护策略研究［J］.文学艺术周刊，2024（20）.

［4］隋明照.人工智能与音乐版权保护如何和鸣共生［N］.中国新闻出版广电报，2024-9-26.

［5］何雨梦，何平.音乐人工智能探索——从作曲到演奏［M］.北京：九州出版社，2025.

从开卷数据看成人科普图书的出版

上海科学技术出版社　　包惠芳

摘　要

本文基于北京开卷信息技术有限公司 2022—2024 年三年成人科普图书销售排行前 100 名榜单进行四个方面的分析，从中得以一窥当前成人科普图书零售市场的现状，并在此基础上预测其未来发展趋势，以期为成人科普图书出版提供参考。

关键词

成人科普图书　原创科普　出版社　发展趋势

　　近年来，为提升全民科学素养，科普工作被提升到国家战略高度。2016 年 5 月国务院印发《国家创新驱动发展战略纲要》，把科学普及作为创新驱动发展战略的保障之一。习近平总书记强调："科技创新、科学普及是实现创新发展的两翼，要把科学普及放在与科技创新同等重要的位置。没有全民科学素质普遍提高，就难以建立起宏大的高素质创新大军，难以实现科技成果快速转化。"科普图书作为普及科学知识、倡导科学方法、传播科学思想、弘扬科学精神的重要载体，在提高公众的科学素养方面，发挥着不可或缺的作用。科普图书有广义与狭义之分，狭义的科普图书是指关于自然科学知识方面的通俗读物，如天文、地理、物理、化学之类；广义的科普图书，还包括各种实用技术类图书，以及涉及人们日常生活的各类知识性图书。按受众年龄，科普图书可分为成人科普图书和少儿科普图书。由于近些年少儿图书板块的强势崛起，有关少儿科普图书方面的研究文章较多，相对而言，成人科普图书关注度较少。本文聚焦狭义的成人科普，基于北京开卷信息技术有限公司（以下简称"开卷"）2022—2024 年三年成人科普图书销售排行榜数据进行分析，并探讨未来发展趋势。

一、销售榜单分析

开卷自 1998 年创建"全国图书零售市场观测系统"，至 2022 年数据采样已基本覆盖全国图书零售渠道，包括京东、天猫、当当、抖音等渠道，数据可靠性高。基于 2022—2024 年开卷成人科普图书销售排行前 100 名榜单，做以下四方面的分析，可从一个侧面反映当前成人科普零售市场的现状。

（一）引进与原创比较

长期以来，引进类科普图书在我国成人科普图书市场占据主导地位。经过多年培育，近年来我国原创成人科普图书在数量和质量上均有了较大提升。从表 1 可见，2022—2024 年，原创图书品种数量已与引进图书基本持平，且单品种销量高于引进图书，表明引进版曾经在成人科普图书市场一统天下的局面已经被打破。

表 1　2022—2024 年开卷成人科普榜单前 100 原创与引进类比较

年份	原　　创			引　　进		
	品种（种）	销量（万册）	单品种销量（万册）	品种（种）	销量（万册）	单品种销量（万册）
2022	44	188	4.3	56	220	3.9
2023	44	151	3.4	56	179	3.2
2024	48	141	2.9	52	148	2.8

（二）3 年连续上榜品种销售排名前 20 种分析

对 2022—2024 年连续上榜的品种 3 年销量总量进行统计，排名前 20 的品种有以下几个特点。一是经典科普图书依旧占据重要份额。居于榜首的《时间简史（插图本）》自 2001 年上市以来，一直高居畅销榜榜首，创造了科普图书畅销奇迹，至 2024 年底，开卷监控销量高达 225.5 万册，以至于《图说时间简史》搭上便车也成为榜单的常客。《昆虫记》《从一到无穷大》作为公版经典科普作品，译本众多，2022—2024 年销量前 100 榜单中，前者有 6 个版本、后者有 5 个版本。这些经典科普已经深入人心，有稳定的读者群，不过经典译本更易脱颖而出。二是网红作者加创新内容表达方式，倍受读者青睐。表 2 中"知识网红"陈磊创作的《半小时漫画》系列占据 3 席，该系列将枯燥的文本以漫画形式解读，时不时融入现实生活中流行的"梗"，这种看着不累、读来有味的科普图书，因契合了新媒体时代下人们逐渐形成的碎片化、轻松的阅读方式，一经推出就狂扫各大榜单。三是"头部效应"明显。中信出版集团凭借其强大的品牌影响力和市场运作能力，榜单中占 7 席，占比 35%，遥遥领先。此外民营出版公司凭借其敏锐的市场嗅觉和创新运作模式，取得不俗的成绩，占比近一半，其中读客文化占 3 席。

表 2　2022—2024 年连续上榜销量排名前 20

书　名	定价	出版机构（民营书商）	作　者	3 年监控销量
时间简史（插图本）	45	湖南科学技术出版社	［英］史蒂芬·霍金	311082
贪婪的多巴胺	59	中信出版集团	［美］丹尼尔·利伯曼，［美］迈克尔·E.朗	255052
这里是中国	168	中信出版集团	星球研究所，中国青藏高原研究会	242884
那些古怪又让人忧心的问题	68	天津科学技术出版社（联合天际（北京）文化传媒）	［美］兰道尔·门罗	238067
"天际线"丛书.云彩收集者手册	45	译林出版社	［英］加文·普雷特—平尼	230057
半小时漫画宇宙大爆炸	49	浙江科学技术出版社（读客文化）	陈磊·半小时漫画团队	203634
见识丛书.自私的基因（40 周年增订版）	68	中信出版集团	［英］理查德·道金斯	195657
这里是中国（2）	198	中信出版集团	星球研究所	190265
洛伦茨科普经典系列.所罗门王的指环	35	中信出版集团	［奥］康德拉·洛伦茨	161812
果麦经典.从一到无穷大	58	天津人民出版社（果麦文化）	［美］乔治·伽莫夫	156304
上帝掷骰子吗?:量子物理史话（升级版）	59.8	北京联合出版有限责任公司（北京磨铁文化）	曹天元	154228
经典译林.昆虫记	39	译林出版社	［法］让-亨利·法布尔	145858
生命密码:你的第一本基因科普书	68	中信出版集团	尹烨	143143
宇宙	78	上海科学技术文献出版社（果麦文化）	［美］卡尔·萨根	140851
半小时漫画科学史	42	文汇出版社（读客文化）	陈磊·半小时漫画团队	136263
图说天下.国家地理系列.地球 100 神秘地带	19.9	北京联合出版公司（北京日知图书公司）	《图说天下·国家地理系列》编委会	133558
半小时漫画科学史（3）	45	文汇出版社（读客文化）	陈磊·半小时漫画团队	128427

续表

书　名	定价	出版机构（民营书商）	作　者	3 年监控销量
人类是怎么霸气上天的：吾皇巴扎黑航天科学史	59.8	湖南文艺出版社（中南博集天卷文化）	白茶	125123
这里是中国（礼盒）（套装共 2 册）	388	中信出版集团	星球研究所	124386
数学之美（第 3 版）	69	人民邮电出版社	吴军	123211

（三）出版单位分析

2022—2024 年，共有 49 家出版社进入成人科普图书销售排行榜前 100 名。其中单次、2 次、3 次上榜分别有 11、12、8 家，上榜频次 4 次及以上的有 18 家，排名前 10 的出版单位如表 3 所示，频次相同时为并列名次，按出版单位全称拼音升序排列，后续名次相应跳空排列，以客观反映出版单位的真实位次。中信出版集团进入科普板块时间并不长，却能以 49 频次高居榜首。成人科普传统专业强社湖南科技社稳居榜单第 3，人民邮电社位居第 6。近年来上升较快的是江苏凤凰科技社和天津科技社。天津科技社科普板块的快速上升与民营公司联合天际（北京）文化传媒（"未读"是其核心品牌）合作有关，表 3 中也有其他几家存在同样现象，如文汇出版社、浙江科技社与读客文化合作，上海科技文献社与果麦文化合作等。49 家出版单位中科技类出版社有 13 家，与 10 年前专业社普遍缺位，只有湖南科技社、人民邮电社两家专业出版社上榜相比，科技类专业社在成人科普图书市场的表现有了较大提升。与此同时，近年来，一些以社科人文为专业特色的出版社、民营出版公司也进军成年科普市场并有较好表现，如译林出版社近年创建了科普图书品牌"天际线"，2018 年 3 月上市的《云彩收集者手册》一炮打响，年销排名第 5（见表 2）；民营公司如中南博集天卷文化"花小烙漫画科普系列"、果麦文化"果麦经典系列"等，均有不俗的市场表现。这表明成人科普图书市场竞争日益激烈，同时也促进了市场整体品质的提升，有利于成人科普市场的良性发展。

（四）学科及主题分析

2022—2024 年开卷销售前 100 名榜单中，从学科分布来看，生命科学相关的最多，占比 32.7%，其次是物理（包括天文学和宇宙学）占比 18.7%，综合科普第三，占比 17%，接着是数学，占比 10.7%，地球（地理、海洋）占比 10%，化学占比 3.7%，科学

表3 2022—2024年上榜频次排名前10出版社

排 名	出版社	上榜频次
1	中信出版集团	49
2	北京联合出版有限责任公司	28
3	湖南科学技术出版社	26
4	天津科学技术出版社	22
5	江苏凤凰科学技术出版社	15
6	人民邮电出版社	12
6	文汇出版社	12
6	浙江科学技术出版社	12
9	中国华侨出版社	10
10	上海科学技术文献出版社	8
10	译林出版社	8
10	河北美术出版社	8

史占3%，其他如航天、医学等占比4.3%。

从内容主题来看，那些曾一度占据成人科普榜单半壁江山的"未解之谜、超自然现象、奇闻逸事或外星人与UFO"等之类为满足读者猎奇心理的图书已难觅踪影，取而代之的是一些主题内涵丰富、制作精良的作品，如《这里是中国》系列、《生命密码》系列、《海错图笔记》系列等，可以说，经过多年发展和培育，成人科普图书良币驱逐劣币，整体品质有了较大改观，已进入良性发展轨道。

二、成人科普图书发展趋势

虽然2022—2024年成人科普图书零售市场排名前100名榜单的数据，不能代表市场的全貌，不过，正所谓窥一斑而知全豹，透过这个真实市场的侧面，可以看出成人科普市场的现状，并在此基础上对其发展趋势进行预测，以期更好开展相关工作。

（一）市场总体有较好的成长性

相较于少儿科普，成人科普图书市场还没有得到充分发展。据统计，成人科普图书市场份额占比约1%，与青少年一样，成年人同样有对世界充满好奇与探索的欲望，特别是科技迅猛发展的时代，成人科普图书市场有较大的发展空间。这几年不断有出版单位进入正是看中了它的成长性。

（二）对图书品质和市场营销要求更高

一方面，随着公众受教育程度的提高，科学素养的提升，公众的阅读品味、鉴书能力也在不断提高。另一方面，公众获取科普知识越来越便捷、多样，加之习惯于碎片化、娱乐化阅读，在茫茫书海中，一本书要让读者看见并愿意花钱购买，无论是内容创作、呈现方式还是信息触达都要从用户思维出发，让科普图书有料、有趣、有颜值，并能方便触达目标读者，尽可能多给读者花钱购买的理由，只有这样才能在激烈的市场中脱颖而出。

（三）经典科普魅力不减

2022—2024年开卷成人科普图书零售市场排名前100名榜单中，出版时间在10年及以上的占比10%，可见这些经过时间检验的常销作品的魅力。在这个不断变化的时代，热点话题层出不穷，赶上并抓住了风口能成就一段时间内的畅销、网红，是故销售榜单上常有"你方唱罢我登场"的热闹，但要想在榜单上做个"不倒翁"，绝非易事。考量的因素众多，其中科普主题的生命力、作者的影响力都是极其重要的因素，比如霍金的《时间简史》《果壳中的宇宙》《大设计》自面世以来，就成了榜单中的常客。

（四）原创科普持续向好

一方面，经过多年培育，原创科普图书在数量和质量上都有了较大提升。另一方面，从国家到地方，从政策制定到奖项设计，都在创造有利于原创科普发展的氛围，越来越多的科研从业者也愿意加入科普创作队伍。两相结合，将进一步推动原创科普的发展，原创科普未来可期。

（五）"头部效应"将日益突出

随着越来越多出版社涉足成人科普图书市场，竞争将进一步加剧。在激烈的市场中，不论是内容开发还是图书营销，从用户思维出发，对变化了的读者阅读口味、销售市场等能及时做出反应的，才能胜出。而那些即便曾经有过优势的传统出版单位，如果因循守旧，没有与时俱进，想在市场中占得一席之地，难度不小。"二八"定律将更明显，拥有强大品牌影响力和市场运作能力的头部出版社将占据更大市场份额，中信出版集团在成人科普市场上的表现就是最好的说明。中信出版集团是国内出版界市场化运作最为鲜明和成功的出版单位，2017 年成立科普工作室，2018 年创建"鹦鹉螺""漫游者"等科普出版品牌，短短几年时间便在成人科普市场上独领风骚。

三、结语

近些年，科技强国战略的提出，国家对科普的重视度日益提高，带动整个科普图书板块的发展，成人科普图书迎来了快速发展。本文基于 2022—2024 年开卷数据，分析现状，并在此基础上预测发展趋势。结论是唯有以用户为中心，对变化了的市场快速做出反应的出版单位，才能在成人科普图书这个还处在成长期的市场中占有席位。

参考文献

［1］中国科普研究所.中国科普报告［M］.北京：科学普及出版社，2002.

［2］包惠芳.从零售市场销售排行榜看科普图书的出版［J］.出版广角，2015（9）.

［3］杨伟.政策驱动下的繁荣与发展：科普图书零售市场报告［J］.出版参考，2024（12）.

博物馆图录的营销策略初探

上海书画出版社　　吕　尘

摘　要

本文以《金字塔之巅：古埃及文明》为案例，剖析博物馆展览类图录的营销模式。借势营销通过巧妙借助社会热点事件或博物馆展览的热度，将图录与之关联，提升关注度。新媒体内容营销注重挖掘图录的文化价值，通过与自媒体博主合作，以短视频、图文等形式，实现优质内容传播与营销的有机融合，同时利用图录中的高质量图片吸引受众。文创产品不仅能增加图录的曝光度，还可通过与图录的联动销售，如推出优惠套餐、附赠创意文创产品，带动图录的销量。

关键词

博物馆图录　营销策略　借势营销　新媒体内容营销　文创产品

博物馆图录作为博物馆创作的出版物，是文物、艺术品等展品的记录，它将展品的外观，包括形状、颜色、质地等诸多细节以图片形式保存下来，相当于为文物、艺术品建立了一个直观的档案。研究人员可以通过图录在无法看到展品原件的情况下，得以观察研究展品细节等诸多信息，并且，方便跨时间、地域的研究对比。此外，图录能够让无法到达博物馆参观的观众也能了解展览的珍藏，从而传播文化和知识，丰富审美体验、提升审美认知，激发大众对历史、艺术等方面的兴趣，在承担博物馆的公众教育功能中起到了积极作用。

然而，博物馆图录的发行与营销面临艰巨挑战，具体表现在：与大众畅销书相比，博物馆图录的受众范围有限，较为集中在学者和文博、艺术爱好者中，市场规模相对较小；印制成本较高，博物馆图录在图书规格上大多为特八开、八开、大八开甚至更大尺寸，并且大多为四色印刷（专色，黑白单色），内文用纸多使用哑粉纸、铜版纸或艺术纸，装帧形式上也多采用精装形式，以凸显其收藏性，所以在制作成本上要远远高于一般图书，从而导致其定价较高，使得价格敏感型消费者望而却步；营销渠道单一，主要依赖博物馆内的商店、官方网站进行销售，很少在主流电商平台或其他热门销售渠道进行推广，导致销售渠道较窄，曝光度有限。针对以上问题，笔者尝试探索一些行之有效的营销策略，求教于同行。

一、我国博物馆图录的出版现状及特点

（一）出版数量呈上升趋势

随着博物馆事业的发展，以及近年公众对文博、艺术领域关注度的不断提高，博物馆图录的出版数量正在逐年增加。根据国家出版发行信息公共服务平台的数据显示，2019—2023 年，我国博物馆机构共出版图书 989 种，其中图录类图书共计 446 种，平均每年有近百种图录出版。

（二）图录类型多样性

博物馆图录可以大致分为三类。

特展类图录：特展是在特定时间内举办的特别展览。展品来源更广泛，可能是借展、新发现的文物或特定主题相关的集中展示，展览时间通常较短，主题鲜明。例如上海博物馆编《金字塔之巅：古埃及文明》《古波斯的荣耀：伊朗文物精华》等特展类图录，即分别对应上海博物馆的不同特展。由于特展类图录大多与特展同步或在展期内推出，出版数量有限，因此在出版与发行方面具有很强的时效性与稀缺性。

常设展图录：常设展是博物馆、美术馆等文化机构长期固定展示的展览。其展品一般是该机构的核心收藏，能够最大展现该馆的性质、定位与收藏重点，多以文物品类划分，例如上海博物馆编《上海博物馆：中国古代青铜馆》《上海博物馆：中国古代雕塑馆》等常设展图录，即分别对应上海博物馆的不同常设展。常设展图录通常会长期出版发行。对于学术研究来说，常设展图录则是重要的参考资料，它会按照一定的逻辑顺序，如历史时期、艺术流派等来编排展品介绍，研究人员可以通过图录对博物馆的固定馆藏进行持续研究，为文化传承等诸多研究工作提供便利。

综合类图录：综合了多个展览或多个藏品系列的内容，对博物馆的整体收藏和展览

进行综合呈现，具有展品类型多样、涉及领域多元、兼顾专业与非专业人士等特点，例如中共湖州市南浔区委宣传部、湖州市南浔区融媒体中心策划，精选上海博物馆馆藏与南浔相关藏品的《上博"浔"宝录》。

（三）出版主体多元化

大型知名博物馆占据主导。如故宫博物院、中国国家博物馆、上海博物馆等大型知名博物馆机构，拥有丰富的馆藏资源和强大的学术研究能力，在图录出版方面具有明显的优势。它们出版的图录数量较多，质量也较高，在市场上具有较高的影响力。例如近年上海博物馆出版的图录涵盖了"从波提切利到梵高：英国国家美术馆珍藏展""金字塔之巅：古埃及文明大展""满庭芳菲：卡地亚的艺术魔力"等众多重要展览。

地方博物馆积极参与。地方博物馆也越来越重视图录出版工作，通过出版图录来展示本地的历史文化和特色馆藏。地方博物馆的图录出版有助于推动地方文化的传承和发展，也为公众了解地方文化提供了重要的窗口。

（四）图录品质不断提升

内容质量方面，图录的内容更加丰富和深入，不仅有文物的图片和基本信息，还会包括文物的研究成果、历史背景、文化内涵等方面的解读，具有较高的学术价值。例如上海博物馆编《金字塔之巅：古埃及文明》图录，收录来自埃及国家博物馆、卢克索博物馆、苏伊士博物馆等七家埃及重点博物馆，以及一批萨卡拉地区的最新考古出土文物，是萨卡拉考古新发现全球范围内的首次系统出版展示。

图片质量方面，随着超高清相机设备的使用，以及多张照片合成、全景深、全实点成像技术的运用，如今图录的图片质量实现质的飞跃，例如杭州市临平博物馆"不器：金文名品与徐天进书作特展"的配套图录《不器：金文名品》，其中由宝鸡周原博物院提供的图像资料甚至达到了百倍放大级别，使图录具有较高的艺术价值和收藏价值。

二、借势营销在博物馆图录营销中的应用

借势营销是一种营销传播方式。它是指企业或品牌及时抓住广受关注的社会热点、新闻事件、节日氛围等时机，将自己的产品、服务或品牌与之关联起来，寻找出营销话题或支点。借势营销的特点表现为：时效性强，借势营销非常注重时机，要紧跟热点事件发生的时间；相关性强，所借之势与自身品牌、产品要有紧密联系，切忌硬蹭话题以

及与负面话题产生关联；低成本高回报，借助已经有高关注度的事件或话题，可以节省大量的宣传成本；传播范围广，借助热点事件的广泛关注，营销信息很容易在短时间内得到大规模传播。

借势营销必须与事件发生强关联性。拥有丰富文物内容、历史背景、艺术价值、文化内涵的博物馆图录则在借势营销上拥有先天优势。2023年7月，电影《封神第一部：朝歌风云》上映，总观影人次高达6067.9万，票房成绩在国内暑期档一众电影中表现突出，尤其是影片中精美的服装道具以及华丽的场景搭建等，引起了大众的热烈讨论。恰巧，杭州市临平博物馆编《不器：金文名品》中收录了商周时期的青铜器以及器物上的金文，在该书营销阶段，恰好借助电影热度吸引了读者关注。

事件营销也是借势营销的一种重要方式。事件营销主要是通过策划、组织和利用具有新闻价值、社会影响以及名人效应的人物或事件，吸引消费者的兴趣与关注。而博物馆图录往往依托于博物馆展览，恰好最适合运用事件营销的策略，比如出版社可以借助博物馆的展览进行持续的事件营销。2024年，上海博物馆举办"金字塔之巅：古埃及文明大展"，在开幕前该展览就因为"搬空埃及博物馆""全球最大规模、亚洲最高等级的古埃及文物出境展""早鸟票提前开放预约且迅速售罄"等话题、事件获得空前流量，引发了观众的期待。开展首月（2024年7月19日—8月18日）接待观众总数就高达31.7万人次，其中上海地区以外观众占比69.7%。展览开展初期的火热人气、一票难求也迅速让该展在互联网上稳坐"十大热搜展览"榜首，相关话题全网传播量突破12亿，这为该展图录《金字塔之巅：古埃及文明》营造了绝好的事件营销支点。出版社在展览开幕阶段迅速发布了《全球只此一站！有史以来最大规模、亚洲最高等级埃及文物出境大展隆重开幕，配套图录重磅上市》《上海博物馆大展无暇预约，同步图录先睹为快：世界十大考古新发现"萨卡拉的秘密"，全球首度系统性展示，只此一站！配套图录火热发售中》等数篇推文，承接住了上海博物馆"金字塔之巅：古埃及文明大展"的第一波流量，并轻松制造了"展览预约不上，图录先睹为快"的话题，极大帮助了图录的营销，开展不到一周图录便断货重印。为了不浪费这波热点的所有势能，出版社对流量进行了持续运营，具体内容笔者将于下一章节展开，截至2024年12月31日，《金字塔之巅：古埃及文明》净发货数量过万册，码洋超过200万元。

三、新媒体内容营销在博物馆图录营销中的应用

新媒体内容营销，是指在新媒体营销上更注重内容的创作。图书作为知识与内容的

载体，无疑是最适用于内容营销的产品。而相较于一般的图书，博物馆图录的文化属性与背后博物馆丰厚的文化资源紧密相连，因此，在内容营销上更具权威性和吸引力，其具体特点表现在以下两方面。

（一）优质内容传播与营销的融合

博物馆图录承载着丰富的历史文化知识，内容营销可以通过挖掘其中的文化价值来推动图录传播度，以此达到文化传播助力营销的效果。例如在上海博物馆举办"金字塔之巅：古埃及文明大展"中，有大量自媒体博主对其进行了推荐和宣传。如在小红书平台上，有许多博主分享了看展攻略、展品介绍、观展体验等内容，相关话题的热度很高。在微博、抖音、视频号等平台上，也有不少博主发布了与展览相关的视频、图文等，引发广泛的关注和讨论，大大增加了图录在新媒体平台上的曝光量。借助于博物馆这样的权威机构平台，出版社可以寻找诸如展览的策展人，博物馆的公共教育部门，艺术、文化、知识领域的知名关键意见领袖（KOL）合作，以短视频、图文等形式产出优质的内容，并进行深度的内容营销。由于高质量的内容营销，并且与图录内容的深度结合，不容易让大众产生为了营销而营销的生搬硬套之感，同时营销的内容也可以帮助出版社精确筛选出博物馆图录的目标用户或潜在用户，也不易让受众对图录的广告产生反感。

（二）高质量的视觉内容

在新媒体内容的传播中，往往需要通过高质量的视觉呈现来吸引受众。与一般图书可能更侧重于文字内容的营销不同，博物馆图录中有大量高质量、极具审美价值的文物、艺术品等图片，这为短视频、图文在新媒体上的传播提供了大量的高质量素材。而视觉吸引力往往也直接影响到销售的结果，一个精美的图录内页展示往往就能吸引大量用户的注意力，从而激发用户的购买欲望。

四、文创产品在博物馆图录营销中的应用

在博物馆图录的营销中，文创产品的作用是不容忽视的。一方面，文创产品能够增加图录的曝光度。当文创产品带有图录相关元素，如将图录中的文物图案印在帆布袋、书签上，消费者在购买和使用文创产品的过程中，会频繁接触这些元素，进而对图录产生兴趣。另一方面，文创产品可以和图录形成联动销售。例如推出购买图录搭配相关文创产品的优惠套餐，像购买《金字塔之巅：古埃及文明》图录时搭配古埃及风格的徽章或冰箱贴，这种组合销售能够吸引消费者同时购买两者，增加图录的销售量。此外，热门文创产品所营造的文化氛围能够带动消费者对整个文化主题相关产品的购买欲望，包括博物馆图录，从而促进图录的营销。

然而，在读者对新鲜感阈值持续升高的当下，文创产品也陷入创新迭代的浪潮中。在2024年第20届上海书展中，在现场购买《金字塔之巅：古埃及文明》图录的读者可以在书上加盖以当下年轻人流行的MBTI（迈尔斯-布里格斯类型指标）人格类型与图录中古埃及人、木乃伊形象相结合的"埃人""伊人"谐音印章，具有创意、幽默感的印章受到了现场年轻读者的喜爱以及媒体的转载，这种图书加盖章的购书形式也极大促进了图录在现场的销售。

在营销模式不断迭代的当下语境中，每当一个概念变为了"破局利器"，随之就会迅速演变成"行业标配"，产生新的同质化现象，而另一个新的解题方式也将随之浮现。本文所列举的这些营销实践其实也只不过在验证同一个朴素的真理：营销的终极目标不在于强调图书的特点，而在于诚实而笨拙地关注读者的核心诉求。

参考文献

［1］章宏伟.赓续历史文脉，谱写故宫出版新篇章——从图书出版到文创融合［J］.出版广角，2024（7）.
［2］李煜.新媒体时代下书籍装帧设计与出版文创产品的艺术融合研究［J］.传播与版权，2024（1）.
［3］马林霄萝.文化热点与话题营销——图书借势营销的新媒体路径［J］.编辑学刊，2025（2）.
［4］宋强.出版业新媒体营销变局与应对［J］.出版广角，2024（19）.
［5］陈若茜.金字塔之巅：从"古埃及热"看展览文化［J］.中文自修，2024（21）.

地方文献深度整理出版的实践与思考

上海古籍出版社　　张靖伟

摘　要

地方文献整理出版是古籍整理出版的重要组成部分。《朔方文库》为地方文献整理出版提供了全新的模式和路径，即植根于当地学术研究土壤，与古籍整理研究专业人才培养相结合，与专业古籍出版社深度合作，在影印的基础上进一步作深度点校整理出版，化整为零，循序渐进，在较短时间完成出版。这一宁夏回族自治区规模最大的地方文献整理编纂出版项目，符合整理规范，学术特色显著。上海古籍出版社深度参与文库的策划与编纂工作，与编纂团队良性互动，为文库的高质量出版提供了有力的保障。

关键词

地方文献　古籍出版　深度整理　《朔方文库》

地方文献是我国历史文献的重要组成部分，也是中华优秀传统文化的重要传承载体，对当地乃至全国的政治、经济、文化和学术研究等都具有重要价值。党和国家一直重视与支持地方古籍文献的收集、保护和整理研究工作。特别是进入21世纪，随着我国社会经济的持续发展，地方文献保护与整理工作逐渐迈入新阶段，各地掀起了整理乡邦文献的热潮。2022年4月11日，中共中央办公厅、国务院办公厅印发了《关于推进新时代古籍工作的意见》，擘画了新时代古籍整理工作总纲领，对地方文献整理也提出更高层面的要求。

《朔方文库》由宁夏大学等地方相关文化教育和科研机构组织发起。尽管其起步较晚，但总体而言宁夏存世地方古籍文献规模较其他大多省份要小，得益于科研专家深厚的学术研究基础，专业稳定的编纂整理队伍，科学合理的实施方案，编纂团队以较短的时间摸清了家底，率先完成了宁夏存世历代文献档案的影印出版，在此基础上再进一步作深度整理、排印出版，其成果即上海古籍出版社出版的《宁夏珍稀方志丛刊》与《朔方文库》（历代人物著述编、宁夏典藏珍稀文献编），凭借有限的力量高质量地完成了宁夏一区的地方文献丛书编纂出版，其经验值得总结。

一、"朔方"的概念及丛书内容

（一）"朔方"的概念

宁夏古称"朔方"，地处我国西部地区，依傍黄河，沃野千里，有"塞上江南"之美誉。"朔方"作为建置，其演变主要经历了四个阶段：西汉至北魏之前，朔方郡的治所、辖区在今内蒙古巴彦淖尔市与鄂尔多斯市之间；北魏至隋朝，朔方郡治所、辖区已南迁在今陕北；唐朝，朔方节度使治所西迁至今宁夏平原，范围包括之前朔方郡辖区；民国时期，朔方道治所又设置在宁夏平原，辖区相当于今宁夏西北部黄河沿岸地区。这种由北向南再向西迁徙，最后选定在今宁夏平原的移动轨迹，是对宁夏平原河塞形势的认可。背后隐藏着对以宁夏平原为中心所设置的建置区域稳定，以及以此为依托所形成的灌区文化的认定。

新中国成立后，宁夏作为行政建置首次囊括以灵武、银川为中心的灌区文化和以固原为中心的旱作文化。作为曾经与宁夏府、宁夏镇有着相同区域、拥有共同文化区的"朔方"，承载着宁夏悠久的历史记忆与厚重的文化记忆，成了宁夏最重要的历史地理符号，其历史文化应得到传承和挖掘。此为宁夏地方文献丛书取名《朔方文库》之由。

（二）《朔方文库》的内容

宁夏历史悠久，民族众多，文化积淀丰厚。在这片土地上产生并留存至今的古代文献档案数量众多、种类丰富，有传统的经史子集文献、地方史志文献、西夏文等古代民族文字文献、岩画碑刻等图像文献，以及明清、民国时期的公文档案等。《朔方文库》项目坚持"传承、整理、研究、创新"的基本方针，第一次全面系统地分类分专题整理研究、集成式汇编出版相关宁夏的古籍文献档案，"让书写在古籍里的文字活起来"，促进中华优秀传统文化的传承与弘扬。

《朔方文库》收录的宁夏文献档案主要包括以下六大类：一是形成于 1911 年以前的、由宁夏籍历史人物撰写的，或虽非宁夏人撰写，但与宁夏直接有关的各种传世文献，包括宁夏旧地方志、宁夏历史人物著述、汉文西夏史籍等；二是在今宁夏辖境内出土的、1911 年以前形成的各种出土文献资料，或出土于宁夏境外，与宁夏直接有关的各种出土文献资料；三是长期在宁夏为官或生活、"流寓"的非宁夏籍历史人物涉及宁夏的重要著述；四是宁夏入选《国家珍贵古籍名录》的古籍，以及流传稀少、具有特殊研究价值的公藏、私藏文献等；五是存藏于中国第一历史档案馆、故宫博物院、国家图书馆等单位的有关宁夏的上谕、朱批、奏议、文书等珍贵档案；六是民国时期宁夏文献档案。

《朔方文库》第一次全面、系统地研究整理宁夏存世历史文献，填补宁夏地方文献尚无集成式汇编丛刊的空白，为全面总结、研究宁夏地域文化提供扎实的文献基础。

二、《朔方文库》的特色及出版意义

（一）植根于深厚的学术研究土壤

《朔方文库》编纂以宁夏大学学术力量为核心。项目主持人、首席专家宁夏大学胡玉冰教授 1991 年北京大学毕业后，一直在宁夏从事汉文西夏文献、西北地方（陕甘宁）文献、回族文献等为主的古文献整理研究工作，他是宁夏第一位古典文献专业博士，在着手开始编纂《朔方文库》时已主持完成了 4 项国家社科基金项目，包括两项重点项目，出版学术专著 10 余部，始终将研究目标锁定在地方文献与民族文献领域。他完成的国家社科基金项目结项成果《宁夏古文献考述》，是第一部对宁夏古文献进行分类普查、研究，具有较高学术价值的成果，为全面整理宁夏古文献提供了可靠的依据；《传统典籍中汉文西夏文献研究》入选《国家社科基金成果文库》，为《朔方文库·汉文西夏史籍编》奠定了研究基础；《宁夏旧志研究》，基本摸清了宁夏旧志的家底，梳理清楚了宁夏旧志的版本情况，为《朔方文库·宁夏旧志编》奠定了研究基础。编纂团队成员则由来自宁夏大学、宁夏社会科学院、宁夏文物考古研究所、宁夏博物馆、宁夏图书馆、北方民族大学、宁夏师范学院等单位的三十多位学者和研究生组成，他们或长期坚守在地方和民族古文献整理研究领域，或立志于在该领域有所建树，都以极大的热忱投入文库的编纂工作。可以说，《朔方文库》的编纂植根于深厚的学术研究土壤，由此也奠定了其厚重的学术分量。

（二）在影印基础上深度整理

《朔方文库》影印版 2018 年由国家图书馆出版社出版，收录前文所述六大类宁夏存世文献档案，其意义在于全面普查宁夏古代文献档案，摸清家底，并对宁夏的历史文献档案进行了系统分类、分专题进行研究，进而形成集成式、规模式的统一汇编。而编纂团队的目标不仅限于此，而是在影印基础上，进一步着手对古籍文献做标点、校勘等深度整理，其成果《宁夏珍稀方志丛刊》《朔方文库》（点校整理版）由上海古籍出版社出版，走出了一条独特的道路。

此前，国内出版过多种大型地方文献的影印类成果，但有相应配套的点校类整理成果相对较少，或仅择取部分文献作为"精华编"点校整理，当然其中一个重要原因是受限于文献规模体量较大。而《朔方文库》点校类整理成果，是编纂团队在影印类成果的基础上的再拓展、再创新。一方面是宁夏地方文献规模总体较小，具备可操作性，另一方面也体现了编纂团队实事求是、循序渐进、稳扎稳打、精益求精的学术态度。

以往宁夏地区学者也曾陆续整理出版嘉靖《宁夏新志》、嘉靖《固原州志》、万历《固原州志》、乾隆《宁夏府志》等地方志文献，及部分传统典籍和回族古籍文献，但总体而言较为零散，不成规模，质量也参差不齐。而此次《朔方文库》点校整理本不仅将宁夏现存古籍文献"一网打尽"，并且得益于古籍整理工作的发展及新文献的发现，体现出后出转精的特点。以文库中《西夏书事校注》为例，从底本选择、校勘到补遗文献资料等方面，都较1995年版《西夏书事校证》有不少突破之处，特别是随着近年来对西夏研究的不断深入，俄藏、英藏、法藏、中国藏黑水城西夏文献及日藏西夏文献等其他西夏文献的陆续刊布，为学界提供了前所未有的、丰富的西夏史料，对汉文、西夏文的西夏文献整理研究取得了一批新成果，这些都为重新整理《西夏书事》提供了可资借鉴的学术条件。从这一点来说，《朔方文库》开创了一个很好的先例，即在基本完成影印任务的情况下，依托研究成果，推出高质量的点校类整理成果，极大地便于学界的研究与利用。

（三）《朔方文库》的出版意义

《朔方文库》是目前宁夏规模最大的地方文献整理编纂出版项目，其学术意义与社会意义重大。

一是保存文献，发掘和整合宁夏地区的文化资源，理清宁夏文脉，拓展对宁夏区情的认识，有利于增强宁夏文化软实力，提升宁夏的影响力，促进宁夏经济社会全面发展。

二是深入研究宁夏历史文化的思想精髓和时代价值，具有历史学、文学、文献学、民族学等多学科学术意义，推动相关人文学科的建设与发展。

三是编研结合，带动相关研究基地、重点学科、重点专业以及学位点建设，对于培养有较高学术素质的地方传统文化传承与创新及古籍整理人才队伍有积极意义。

四是在实施"一带一路"倡议大背景下，深入探讨民族地区文献档案传承文明、传播文化的价值，可以更好地为西部地区扩大对外文化交流提供决策支持。

三、地方文献整理出版的思考

（一）重视地方文献的整理，勇担文化使命

《关于推进新时代古籍工作的意见》指出："做好古籍工作，把祖国宝贵的文化遗产保护好、传承好、发展好，对赓续中华文脉、弘扬民族精神、增强国家文化软实力、建设社会主义文化强国具有重要意义。"意见强调"提升古籍整理研究和编辑出版能力"，"完善我国古籍整理研究和出版范式，构建古籍整理出版理论研究体系"。地方文献作为文化观念的载体和文化兴盛的标志，是文化传承与发展的重要基础，对这些文献进行整理，最终都需要依托出版工作来实现其价值。上海古籍出版社长久以来一直将整理出版高质量的地方文献作为重要工作，持续开发出版了《苏州文献丛书》《嘉兴文献丛书》《台州文献丛书》《东莞历代著作丛书》等10余部地方文献整理丛书；从宁夏地方文献来说，此前已与宁夏大学合作出版《青铜自考》等宁夏历史人物著述整理成果，《陕甘地方志中宁夏史料辑校》等宁夏专题文献整理成果，打下了良好的合作基础。而《朔方文库》点校本则是首次对省级行政区文献丛书的深度整理出版，一方面是多年来积累了许多地方文献整理出版经验使然，另一方面也体现了勇担文化使命的开拓精神。

（二）强化质量保障，坚持科学性与专业性

地方文献丛书的编纂与出版，要真正为地方优秀传统文化的传承与发展提供支撑，就必须在保证高质量上下功夫。从编辑角度来说，要根据图书实际情况制订科学合理的工作计划。在书稿点校阶段，编辑团队就深度参与到整理工作中，与《朔方文库》编纂团队建立工作微信群，一同协商制订详细的整理规范，及时跟进项目进展，编纂团队在整理工作中出现的各种问题与编辑沟通解决，形成了良性互动，对保障稿件整理质量超到很大的作用，最大程度避免了丛书成于众手而产生的各种各样的问题。在编辑阶段，则实行项目统筹制，从丛书的格式体例、古籍用字等具体问题，到与校对、美编的工作对接，以及出版后图书信息资料检查、宣传材料整理等各项统筹工作，由专人负责，对保障图书质量、提高出版效率也是一次非常有益的制度创新。

（三）围绕《朔方文库》进一步开发选题

2023年11月，胡玉冰教授担任首席专家的国家社科基金重大项目"《朔方文库》编纂"通过结项验收，批准鉴定等级为"优秀"，成为宁夏回族自治区社科界首个以"优秀"等级结项的国家社科基金重大项目，对于编纂团队和出版单位及编辑来说都是一件无比光荣的事。但是，围绕《朔方文库》进行古籍文献深度整理的工作却不并因此而停止。宁夏地方文献中还有大量丰富的资源等待发掘，如石刻文献、出土文献、档案资料等。此外在开展海外存藏宁夏文献普查工作、推动《朔方文库》数据库建设等方面，上海古籍出版社也将与宁夏方面进行更加深入的合作，适应时代需求，创新出版和传播方式，使更广泛的群体能够共享出版成果。

参考文献

[1] 周少川等.百年中国古籍整理与古文献学科发展研究［M］.北京：中国社会科学出版社，2024.
[2] 周百义.文库出版：找寻文化的根和魂［J］.出版参考，2015（9）.
[3] 夏素玲.地方文库出版热潮下的观察与思考［J］.出版参考，2017（11）.
[4] 刘平清，赵晓涛.全国地方文献整理出版概况及其趋势［J］.广州大典研究，2018（2）.
[5] 欧大伟.地方大型文献出版工程的实施现状与优化路径［J］.出版广角，2022（13）.

影像类图文书图片编辑的创新实践

上海人民美术出版社　　朱卫锋

摘　要

本文以图书《失焦记：关于照相馆和纸上人》为研究对象，结合技术创新和人文关怀的视角，探讨影像类图文书编辑中的图片编辑实务。通过分析该书在视觉叙事构建、历史图片修复、智能工具应用等方面的创新实践，提出"技术—艺术—伦理"三维编辑框架。实践中发现，AI 修复技术与人工参与的协同应用，可以增强历史影像的可用性，跨媒介叙事策略可以增强图文互动，在此提供一些参考和思路，供数字时代影像图书编辑参考。

关键词

视觉叙事　历史影像修复　人工智能　图文互动

一、影像类图文书图片编辑的核心价值与挑战

（一）视觉传播的时代特性

在数字化浪潮中，人类日均接收的资讯总量呈现指数级增长，其中视觉信息以逾七成的占比成为主要信息载体。认知科学研究表明，视听双通道的信息记忆效能较单一文本形态提升逾四成。这一传播学特征使得视觉化出版物的图像处理工艺逐渐演变为内容创作的关键环节。作为影像类图文书的设计师，图片编辑通过系统性筛选与结构化编排，将离散的视觉符号转化为具有内在逻辑的叙事链条，其工作本质在于运用视觉语法构建多模态的认知框架，这一过程既符合现代人的信息接收习惯，又暗合大脑的深层

认知规律。如上海人民美术出版社出版的《失焦记：关于照相馆和纸上人》（以下简称《失焦记》），通过 400 余幅老照片构建起跨越百年的视觉叙事体系，将照相馆文化转化为可感知的历史切片。这种"以图证史"的图片编辑理念，使复杂的社会变迁通过视觉符号得以具象化呈现。

（二）出版实务中对图片编辑的多维要求

编辑图片要艺术和技术相统一。从技术性来看，要达到印刷出版技术规范要求，如分辨率等。在印刷工业的基础性技术参数中，每英寸 300 像素的精度规范被视为行业基准，这种参数设定直接关系到印刷成品的锐度表现与材质还原度。当采样精度不足时，将引发细节损耗与边缘锯齿，甚至产生像素化伪影。从视觉传达的艺术维度考量，现代出版物不仅需要满足受众日益提升的视觉鉴赏需求，更需构建具有审美价值的图像语言体系。例如在建筑遗产图录等专业出版物中，历史影像的清晰度衰减问题尤为突出。这些承载文明记忆的视觉文献虽具备独特的视觉人类学价值，却因保存介质的老化、环境侵蚀等不可抗因素，普遍存在图像劣化与信息衰减现象。对此，图片编辑利用人工智能图像修复算法将模糊图像的细节和色彩修复，再对图片内容进行重构，根据历史资料和专业知识补充缺失内容，使之能够完整地呈现建筑历史风貌与艺术特色。《失焦记》在技术性与艺术性平衡方面的创新样本：高分辨率管理，保证印刷清晰度；CMYK 色彩空间校准，色彩还原更真实；TIFF 格式存储，图像细节得以保留。

二、图片编辑的技术要点与操作规范

（一）技术质量控制体系

建立技术质量控制体系是保障影像类图文书图片质量的关键，主要涉及分辨率管理、色彩空间校准、格式规范等。

在媒介生产的参数配置体系中，影像解析度的设定需适配载体介质的物理特性。传统纸质出版物要求每英寸像素密度达到印刷级标准（≥ 300DPI），方能实现视觉元素的精准再现。以东方水墨画册为例，当影像采样率不达标时，宣纸特有的渗染肌理与枯笔飞白效果将产生数字化畸变，带来明暗渐变结构与艺术留白意境的视觉损耗。

色域空间校准是维系色彩心理学真实性的技术基础。电子显像设备依赖三原色加色模型（R/G/B）实现广谱覆盖域的动态呈现，其光学特性与四色套印体系（C/M/Y/K）

存在本质差异。印刷工艺流程必须执行分色制版的专业化转换，若忽视此跨媒介的色空间拓扑重构，将引发严重的色差偏移现象。

格式规范标准是保障视觉数据完整性的底层架构。采用无损耗压缩算法的标签图像格式（TIFF）能够完美保存原始位图的光栅信息，被国际印刷联盟认证为出版级文件的标准。反观联合图像专家组（JPEG）的有损压缩机制，其离散余弦变换过程必然引发高频信号衰减。

通过科学设置分辨率参数、严格色彩空间转换及规范格式选择，可系统性提升影像类图文书的视觉呈现效果，确保真实性与感染力。

（二）视觉叙事的版面运用

视觉叙事构建是图像类图文书图片编辑的核心任务之一，旨在引导读者通过巧妙的图像编排，按照编辑设定的思路和节奏进行阅读，从而对书中传达的信息有更好的理解和感受。格式塔心理学原理为视觉叙事建构提供了重要的理论支撑。根据完形心理学的相似原理，当我们在页面上排列出相似的形状、尺寸、颜色、空间位置、角度或明暗的图像时，读者的视觉就会自然而然地把它们归入一个整体，形成具有同样传递作用的类别。《失焦记》运用相似性原理构建视觉逻辑，有一章节中将民国时期 S 形藤椅、萨沃纳罗拉扶手椅等制式道具集中呈现，形成时代风格标识，这种空间叙事策略突破了传统图文书的平面化局限。

黄金分割与视觉动线设计是引导阅读焦点的有效手段，美学上广泛使用黄金分割比例，可以给人带来和谐舒适的观感，是一种具有较强的视觉美感。在画面编排上，在黄金分割点位上放置重要的影像元素，或将画面按照黄金分割比例进行布局，都能吸引读者的眼球，使读者对重点信息的关注更加容易。视觉动线设计是让读者的视线在页面上按照一定的顺序移动，通过线条、形状、色彩等元素的引导，使信息传达有条不紊。

在跨版式视觉系统的建构过程中，双联页视觉连续性设计是触发格式塔心理闭合效应的关键性技术难题。这种全景式视觉呈现机制能够建构具有沉浸感的视知觉场域，但若空间映射关系失调，极易引发视知觉断裂现象，造成观者的认知连贯度损伤。图片编辑需运用视觉拓扑学原理，确保对开版面在物象关联、色温梯度及视觉动线三个维度形成参数化匹配。以地质图志中的造山带剖面展示为例，其左版呈现板块构造的应力分布，右版展示岩层侵蚀的地貌特征，通过数字图像处理技术对岩相色谱、光照矢量及地质走向进行生态学关联，使读者的视神经感知系统在跨页浏览时自动生成完整的构造运动图景，而非机械拼接的二维碎片。

（三）图文编辑创新实践

《失焦记》是一本影像类图文书，通过大量珍贵的老照片，讲述照相馆与照片中人物的故事，展现不同时代的社会风貌和人们的生活状态，在本书的图片编辑过程中，有许多值得深入探讨的方法和策略。图片尺寸的处理是一个关键的环节，在本书中编辑使用较大尺寸来展示一些具有重要历史意义或艺术价值的照片，以突出其重要性。书中展示的一些百年前照相馆照片，记录了当时人们的穿着打扮、生活场景等，具有很高的史料价值，编辑将这些照片进行放大处理，让读者能清晰地看到照片中的人物表情、服饰质地等细节，更好地感受到那个年代的气息。而对于一些辅助说明的照片，编辑会适当缩小尺寸，使其与主照片形成主次分明的视觉效果，同时也可以将更多的信息展示在有限的页面空间里。

图片裁剪后的构图和角度对读者的视觉冲击和感染有重要影响，编辑在处理照片时，会根据照片内容和所要表达的主题，对裁剪的方式和角度进行精心的选择。书中有一张照片原本是一个家庭的合影，但背景比较杂乱，影响了主体人物的表现，编辑通过裁剪，去掉了多余的背景部分，将焦点集中在家庭成员的面部表情上，突出了人物之间的情感交流，使照片更具感染力。

图片调色、印刷与书纸之间是相互影响的关系，不同的纸张质地、色彩会影响到画面的色彩呈现，所以编辑需要根据纸张的特性，对画面进行调色，这是一种非常讲究的调色方式。该书创新采用"图文叠印"设计，文字页与图片页使用不同克重纸张，通过透叠产生虚实相生的视觉效果。如对"扎小人"照片的解读，文字穿透纸张与图像叠加，形成"诅咒"意象的立体化表达。这种物质性互动拓展了图文结合的维度，为解决"图文两张皮"问题提供了新方案。

图文关系在本书中也得到了精心的处理，《失焦记》以图为主，文字为辅，文字主要起到补充说明和引导读者思考的作用。每幅照片都配有简洁而富有诗意的文字说明，既有照片背景信息的介绍，又有人物情感、故事的深度挖掘，使读者对图片所传达的内涵有了更好的理解。书中有一张照片是一个小女孩在照相馆里的留影，照片中的小女孩眼神纯真，充满了对未来的憧憬。文字描述则讲述了小女孩的成长经历，以及这张照片背后所蕴含的家庭情感，让读者在欣赏照片的同时，也能感受到那份温暖与感动。这种以图为主、图文并茂的组合方式，使整本书的信息传达更加生动立体，给读者带来了一种独特的感官体验。

三、图片编辑常见问题与解决方案

（一）技术类问题处理机制

技术类问题是影响图片质量和图书整体效果的重要因素，色彩偏差是一种常见的影响读者视觉感受的技术问题，在《失焦记》编辑过程中，由于部分老照片年代久远，色彩出现了不同程度的褪色和偏差。为了解决这个问题，编辑团队建立了 ICC 配置文件管理系统，ICC 配置文件是一种可以保证不同设备上显示和输出的图片颜色一致，通过建立系统来描述设备色彩特性的文件。编辑团队对扫描设备、显示器和打印机进行色彩校准，生成相应的 ICC 配置文件，在图片处理过程中，将图片的色彩空间转换为与设备匹配的 ICC 色彩空间，从而有效减少色彩偏差。同时，实行显示器校准与打样验证双轨制，定期对显示器进行校准，确保其色彩显示准确，在打印前进行打样验证，通过对打样底稿颜色和电子稿颜色进行对比，及时发现并调整色彩偏差。经过这样的处理，《失焦记》中的图片色彩更加准确，能够真实还原出老照片的历史气息。

分辨率不足也是一个常见的问题，它会使图片变得模糊，影响图像的细节展示，在《失焦记》中，有些老照片由于保存条件不佳或原始拍摄设备的限制，分辨率较低，编辑团队采用图像插值算法进行放大处理。此算法可根据周边像素信息生成新的图像素点，使画面分辨率提升，同时配合人工修图技术，细节上修复放大后的画面，使画面更清晰自然。通过应用，有效提升了画面的解析力，增强了画面的清晰度，使读者在欣赏老照片的同时，对细节的把握也更加清晰明了。

（二）内容类问题解决框架

在视觉符号学理论场域，图像文本互文性研究是视觉文献出版物的核心学术命题，其关涉视觉表征的实证精度与多模态符号系统的匹配效度。20 世纪 90 年代中国出版界肇始的视觉文化运动，催生了具有范式意义的图像叙事载体集群。其中山东画报出版社的《图片中国百年史》（1995）与《老照片》（1996）触发出版产业的范式转型，这两部视觉档案编纂学典范推动了中国近代影像考据学的学科建制。文化学者陈平原曾揭示："各出版物学术层级参差，但都突破了传统摄影美学的阐释框架，转而尝试建构视觉史学体系。这种跨媒介叙事模式已然演变为新型知识生产方式。"

中国文史出版社的《黑镜头》系列（1998），其通过移植西方战地新闻摄影的知觉冲击效应，开创了视觉人类学的本土化实践。该丛书在首辑市场成功后启动快速复制机制，却在内容策展层面出现品控失序，选题取向从社会批判滑向感官消费倾向。生活·读书·新知三联书店"乡土中国"丛书（1999），该系列开创性地构建了人类学田野影像志的跨学科创作机制，使学术考察与视觉诗学在创作源发阶段即产生认知共振。这些案例印证了文化工业逻辑中尚未破解的元命题——如何实现图像能指与文本所指的符号间性关系。当视觉文化纪元演进至流媒体主导范式时，这些深层结构矛盾仍持续作用于当代视觉知识生产体系。

《失焦记》中作者与编辑团队试图运用不刻意但却相当具有启发性的解决方案，承载文字所使用的轻型纸，在一本印刷读物的线性浏览中，可以试着让读者体验到一种并行而又交织的图文关系。轻，是本书作者的读图方式。作者于2010年就开始在微博上为读者读图，编辑在过程中也保持了这样一种口语式的风格。正因为是口语，他才能自在地于图与文之间切入切出。但凡遇到老照片，大都是沉重感觉，无法摆脱时间与情感的羁绊，诸多名为老照片的书籍，几乎难以见今人对照片进行任何程度的考证，但却让它们负担着历史的记忆。

（三）专业工具矩阵

在《失焦记》的图片编辑工作中，通过构建"基础处理+特色功能"的工具矩阵，实现了效率与质量的双重提升。作为核心工具的Adobe Photoshop的多层级蒙版架构构成了视觉元素解构的核心技术组件。其非破坏性编辑系统支持对主体元素进行色阶重构与纹理增强，比如在银盐影像复原工程中，可通过频域分离技术实现前景锐化与背景高斯模糊的认知心理学维度优化。Lightroom的自动化工作流引擎则革新了视觉资产管理系统，其批量处理模块集成了元数据标准化、色度空间转换及画幅统一算法，使历史影像数字化工程的效率提升达300%。

特色工具Polarr的智能色度映射算法开创了出版级色彩风格化新范式，该系统的场景语义解析模块能自动识别自然景观的光谱特征，通过贝叶斯优化算法动态调整大气散射参数与叶绿素反射系数，配合深度学习生成的风格迁移预设库，在保持色度学准确性的前提下增强视觉显著性指数。针对特殊数字化需求，Topaz Gigapixel的超分辨率重建引擎采用卷积神经网络架构，通过对抗生成网络实现亚像素级纹理合成，有效解决历史影像采样不足导致的奈奎斯特伪影问题。

这套工具组合，既可满足编辑需求，又可精准掌握艺术风格，从而打造一部兼具历史价值、美学价值的视觉叙事体系。

（四）管理与学术规范实践

在影像类图文书的图片编辑过程中，保证内容质量和学术诚信的基石就是严格遵循学术规范。建立完善的图片来源追溯机制至关重要，通过实施"原始文件存档＋授权证明备案"二元验证体系，能够有效保障图片来源的合法性和可追溯性。必须获得图片的授权证明，并进行详细备案，明确图片的使用权限和范围。如编辑一本有关历史文化研究的图文并茂的书籍，编辑团队在使用一张历史照片时，不仅需找到照片的原始底片存档，而且要与照片著作权人签订知识共享许可协议，为合法使用图片提供保障。

四、结语

随着科技的飞速发展，影像类图文书的图片编辑领域也迎来了新的机遇和挑战，探索 AR（增强现实）/VR（虚拟现实）技术在图文书中的应用，开发交互式图片编辑模式成为当下热门领域。AR 技术能够将虚拟信息与现实世界相结合，为读者带来更丰富的阅读体验。

人工智能可以辅助影像类图文书的编辑，快速对大量的图像数据进行图像分类、筛选、分析，帮助编辑人员快速完成大量图像数据的整理工作；根据图书的主题、风格等，自动推荐合适图片素材，并给出图片编辑建议和方案。人工智能在图像创意、情感等方面无法替代人类编辑的创造性与审美性，图片的选择与编辑问题绝不仅仅是一个技术性问题，还是编辑人员对图书内容的理解、对读者需求的把握、对艺术的感悟等问题。编辑人员需要根据图书的整体定位、目标读者群体等，精心挑选与处理图片，使图片更好地传递图书信息、情感，与读者产生共鸣。

通过《失焦记》案例研究，揭示影像类图文书编辑在技术创新与人文关怀之间寻求平衡的可能性，智能修复技术与人工参与的协同应用可提升历史影像的可用性，跨媒介视觉叙事策略可增强图文之间的互动性。未来仍需进一步探索 AI 技术在图片编辑中的深度应用，以及跨媒介叙事对编辑能力的新要求。

参考文献

［1］李红.视觉传播时代的信息呈现方式研究［J］.新闻与传播研究，2023（5）.
［2］马良.失焦记：关于照相馆和纸上人［M］.上海：上海人民美术出版社，2024.
［3］潘焰荣.书籍设计中的物质性表达［J］.中国出版，2024（12）.
［4］杨小彦.视觉文化的转向［J］.文艺研究，2023（6）.
［5］仝冰雪.中国摄影史研究［M］.北京：中国摄影出版社，2021.
［6］任悦.举重若轻——读《失焦记》［J］.中国摄影杂志，2025（3）.

学校艺术教育的跨学科教材建设

上海教育出版社　　王　俭

摘　要

教材建设与教育的发展是紧密联系的。教材建设的过程也是深化教育教学改革的历程。随着我国教育改革政策的不断出台，学科融合发展成为我国当前教育改革的重要方向。在艺术教育领域，跨学科融合也被提到了重要的地位。因此，在教育改革发展的要求下，科学构建符合新教育理念的教材，以及推动新形态教材的发展是教材建设的新目标和新课题。

关键词

跨学科　教材建设　艺术融合　新形态教材

教育部《关于全面加强和改进新时代学校美育工作的意见》(2020)明确提出了"学科融合"的理念，要求艺术课程与德育、智育、体育、劳动教育深度融合，开发体现中华美育精神的教材。《义务教育课程方案（2022年版）》明确提出，加强课程内容与学生经验、社会生活的联系，强化学科内知识整合，统筹设计综合课程和跨学科主题学习。强调跨学科主题学习，要求不少于10%课时用于跨学科实践，注重培养学生综合素养。

艺术教育作为美育的重要组成部分，其对学生综合素养的培养也被提升到更高和更为综合的层面。以某个艺术学科为主体，加强与其他艺术的融合，重视艺术与其他学科的关联将成为未来学校艺术课程发展的趋势。

一、跨学科学习的核心概念

"跨学科"的理念于1926年由哥伦比亚大学伍德沃斯教授提出。他认为，"跨学科是超越一个已知学科的边界而进行的涉及两个或两个以上学科的实践活动。"

20世纪60年代末，美国诞生了STS计划，即"科学—技术—社会"（Science, Technology, Society）的跨学科整合。之后，工程、阅读、艺术等学科的融合更加丰富了课程的融合度，形成了STEM和STREAM课程。

21世纪，跨学科的教育理念在许多国家得以发展和应用。

跨学科学是以学科间有关的共同问题为研究对象，运用多学科的理论和方法，探讨解决问题的途径，他们之间相互渗透、相互交叉、相互结合。艺术跨学科学习是以艺术领域中某一门类为课程主线，以主题为核心和纽带，统领、整合其他学科课程的学习内容、方法和思维方式，使不同艺术门类的知识围绕主题有机融合，从而引导学生形成新的相对系统的认知和解决问题的方法和能力，从而促进学生核心素养的整体发展。

二、我国跨学科教学的发展状况

在2014年颁布的《教育部关于全面深化课程改革落实立德树人根本任务的意见》的文件中就提出了跨学科的概念。"要在发挥各学科独特育人功能的基础上，充分发挥学科间综合育人功能，开展跨学科主题教育教学活动，将相关学科的教育内容有机整合，提高学生综合分析问题、解决问题能力。"

2017年，教育部发布了《普通高中课程方案（2017年版）》，提出了核心素养目标。在"课程设置"中要求"研究性学习（6学分）"，必须"以开展跨学科研究为主"。跨学科从学习方式的角度提出和要求，是新课标提出的重要理念，意在引导学生打破不同学科之间的隔阂，构建更加完善的知识体系，发展学科核心素养。

而后在2022年发布的《义务教育课程方案（2022年版）》中，对各个学科的课程标准中明确提出"加强课程综合，注重关联"。《义务教育艺术课程标准（2022年版）》打破原来音乐、美术的单科课程标准，将音乐、舞蹈、戏剧（含戏曲）、美术、影视（含数字媒体艺术）五门学科进行一体化设计，体现了注重艺术学科之间的融合、艺术与其他学科的联系，强调艺术与生活、自然、社会、科技等的关联，成为落实艺术课程立德树人根本任务的新航标。

我国在跨学科教育领域是从国家层面对育人方式变革的整体推进。而在实施和落地的过程中，这种以素养导向和育人目标的教育策略越来越成为课程发展的趋势和方向。

三、跨学科课程和教材构建的核心要素

基于跨学科教育的多学科并存的特性，以及以解决和分析实际问题的教学目的，为了能够统领各学科之间的内在联系，达成以培养学生综合素养的育人目标，跨学科课程和教材的建构要围绕主题式统领、项目式学习和多元性评价等核心要素和原则。

（一）主题式的整合架构

确立可具统领多个学科知识的核心主题，以此作为可承载的结构（见图1）。主题的设置要围绕核心概念，具有可探究的空间，为解决多维认知目标而服务。在跨学科的学习中，主题的设定为学习创设情景，使多个学科能够围绕主题有机融合，形成系统化的认知，从而实现综合的素养和能力。

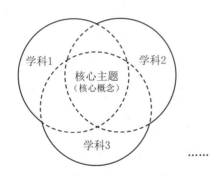

图1　主题式的整合架构

（二）任务驱动的学习方式

驱动式的学习是以实践为导向，通过项目化的方式，以学习任务为引导，激发学生从解决问题的方式进行探索和学习。在设置任务时，可有大的单元结构的任务到每一课的小任务组成递进式探究任务链；可由进行学科基础概念学习，到开展交叉分析，最终完成综合性成果展示。

（三）多元性的评价方式变革

基于学科的交叉性、综合性、融通性等特点，以及学习方法的多样性特点，学习成果也呈多样化结果。因此，要求建立多元化的评价方式，鼓励开放性的学习，培养协作意识，打破学科壁垒，形成综合认知。

四、艺术教育跨学科课程和教材构建的案例

（一）上海《艺术》课程及教材的构建

《艺术》是在上海二期课改（2000年）推行的一门综合性基础课程，是将以音乐切入的表演艺术与美术切入的造型艺术通过合理架构合为一体的课程和教材。这门课程在教材构建上遵循艺术本身的特质、形态和实践方式，进行了精巧的构思。一是以艺术的本质特征为主线，构成主题——篇；二是以艺术文化为引线构成块面——单元；三是以艺术范例为切入，组合教学单位——课。

教材以选取更优质的教材资源和为了教师适应教学需要，以及为了艺术门类更有效的学习的角度设计整体框架和内容。精心设计单元主题，即每个作品都能围绕单元与课题的核心主题进行分析、阐述。如"表现——融汇艺术的语言"的主题单元，课题内容设为"多姿的线条""斑斓的色彩""流动的建筑"三个课题，这些课题的指向比较宽泛，可以容纳任何不同艺术形式的同一主题的作品，可以从不同艺术种类中进行类比，诠释主题思想。同时，将舞蹈、戏剧、戏曲、影视等融入单元之中。

（二）全国《艺术·音乐》课程中的跨学科实例

《义务教育课程方案（2022年版）》中对艺术融合有着较为明确的要求，"艺术实践"中的"联系"也说明需要渗透多种艺术形式。正像德国音乐教育家奥尔夫所认为"原本的音乐是和动作、舞蹈、语言紧密结合在一起的"，表明了音乐更多是以综合的形式存在的。本套教材在内容的选择上立足于音乐学科，但力求把音乐、戏剧、舞蹈有机地联系在一起，无痕融合，使学生拓宽视野，启迪思维。为体现音乐学科有主体的融合，拓宽学生艺术视野，增强文化的整体感受力，增强综合性艺术表现力，在作品选择、活动方式上与相关学科作了有机联系。如"在音乐中重走长征路"的主题学习中，学生可运用音乐汇编、诗歌表演、戏剧呈现等表现形式，关注地理、历史等材料的搜集和分析，最终达成这一有主题、有任务驱动的跨学科艺术实践。

五、艺术教育跨学科课程教材新形态的发展

2025年，中共中央国务院印发的《教育强国建设规划纲要（2024—2035年）》中指出，要"打造培根铸魂、启智增慧的高质量教材""加快推进教材数字化转型"。引领教材建设，尤其是基础教育教材对教育新学科、新形态，教与学方式变革的新形态的发

展方向。在艺术教育跨学科的课程和教材建设上更在有声、可视、交互等方面有着新形态教材的发展需求。

新形态教材是数字化赋能与课程改革相结合发展的新形式教材发展的方向和趋势，其功能是为教学服务的，是为适应现代化教育需求而设计的，需具备以下几个特点。

（一）学科内涵的特征性

新形态教材要体现主体学科的本质特征，围绕学科核心素养的落实而设计。因此，内容的选择和组织是教材的核心。艺术学科教材的组织与呈现都以艺术大主题、大概念进行组建，对学科综合的形式与融合的深度、广度把握有度，合理地把握教材的学科方向性，并准确理解和呈现《课标》精神，做到以艺术学科为主体的有机融合并合理布局，体现学科的核心素养目标。

（二）数字化等多元形态融合

党的十八大以来，国家把教育作为国之大计，作出加快教育现代化、建设教育强国的系列举措。为适应数字时代学科的创新发展，教育形态的改革变化，教与学的方式变革，教材的形态也由纸质向数字化、多媒体的承载方式转变（见图2）。

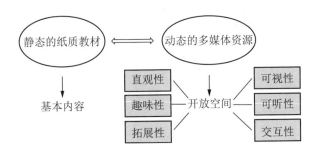

图 2　纸媒联动教材

《义务教育艺术课程方案（2022年版）》中提出，"在编写传统纸质艺术教材的同时，要与时俱进，适应数字时代的要求，构建具有视、音、图、文等要素的数字教材，体现直观性、交互性、趣味性"，"利用'互联网＋'的思维和数字化思维探索艺术教材的新形态"。

在新形态教材的探索上，以沪教版全国《音乐》教材为例，通过构建纸、电联动的新型艺术教材，多角度、多维度地呈现艺术教材的内容，提高学生的学习积极性和学习效率。在学科教材的配套建设上，充分利用现代信息技术，建设丰富的、不断更新的课程多媒体资源库，通过扫描二维码、配备微课视频等多媒体资源，实现"纸数一体"。

在现在和未来的教育中，跨学科教学，打破学科壁垒，创新学习方式已经成为一种趋势。构建符合教学发展的多元呈现的教材也是服务教育的迫切需要。

教材构建要跟紧教育改革的步伐，做到既能凸显学科特质，落实立德树人的育人目标，又能结合当前的教育实践，对教育未来趋势有所预见。将先进的教学理念与优势的数字化手段相结合，更好地支持教育强国战略的实施，为全面提升我国的教育质量和水平提供有力保障。

参考文献

［1］中华人民共和国教育部.义务教育课程方案（2022 年版）［Z］.北京：北京师范大学出版社，2022.
［2］Brewer. G. D. The Challenges of Interdisciplinarity［J］. Policy Sciences, 1999（4）.
［3］萧浩辉.决策科学辞典［M］.北京：人民出版社，1995.
［4］中华人民共和国教育部.关于全面深化课程改革落实立德树人根本任务的意见［Z］.2014-4-8.
［5］中华人民共和国教育部.普通高中课程方案（2017 年版）［Z］.2018-1-5.

基础教育学术期刊打造特色栏目的路径和思考

上海科技教育出版社　　焦婧茹

摘　要

中宣部、教育部、科技部联合印发的《关于推动学术期刊繁荣发展的意见》提出学术期刊要突出优势领域，做精专业内容，办好特色专栏，向"专、精、特、新"方向发展。本文以基础教育学术期刊《上海课程教学研究》的特色栏目"教研现场"为例，探索从栏目目标定位到内容策划与组稿，再到优化改进的实施路径。

关键词

基础教育　学术期刊　特色栏目

2021年，中宣部、教育部、科技部联合印发的《关于推动学术期刊繁荣发展的意见》指出："坚持以创新水平和科学价值作为选稿用稿标准，加强编辑策划，围绕重大主题打造重点专栏、组织专题专刊""着力解决内容同质化问题，支持现有学术期刊合理调整办刊定位，鼓励多学科综合性学报向专业化期刊转型，突出优势领域，做精专业内容，办好特色专栏，向'专、精、特、新'方向发展。"在此背景下，学术期刊必须重视特色栏目的打造，立足专业优势提供有深度、有广度的内容，以实现自身的高质量发展。

一、《上海课程教学研究》及"教研现场"特色栏目概况

《上海课程教学研究》是一本面向基础教育领域公开出版的学术期刊，创刊于2015年9月，2017年通过国家新闻出版广电总局学术期刊的认定，自2019年起连续入选

"人大复印报刊资料重要转载来源期刊"。本刊秉持关注课改热点、追踪教研动态、展示项目成果和服务教师成长的宗旨，精心设置了7个基本栏目，分别为"聚焦""课程领导""教材研究""教研现场""学科探索""课堂变革""教育评价"。其中，"教研现场"栏目是本刊的特色栏目。该栏目获评第七届华东地区期刊"优秀栏目"，并且每年约有50%的文章会被人大复印报刊资料转载。文章整体水平较高，在上海的基础教育领域具有一定的影响力。本文介绍"教研现场"在打造特色栏目方面的路径和思考。

二、"教研现场"栏目的创设缘起与目标定位

（一）立足期刊专业优势，挖掘栏目特征关键词

《上海课程教学研究》由上海科技教育出版社和上海市教师教育学院（上海市教育委员会教学研究室）（以下简称"市教师教育学院"）主办。市教师教育学院立足上海，不仅全口径支持基础教育、高等教育和职业教育领域超30余万教师的终身学习与专业发展，还将影响力辐射至长三角地区。在栏目创设方面，本刊编委会经过审慎考量，决定从基础教育的课程、教材、教研、教学这四个核心板块切入，计划在每个板块之下设置1—2个相关栏目。教研在教育体系中占据着举足轻重的地位。它既是保障教育质量、推进教育内涵式发展的关键机制，也是基础教育不断革新与进步的重要引擎。其中，衍生而来的教研制度更是具有中国特色的教学管理和教学质量保障制度。因此，在栏目设置中纳入教研相关栏目具有十分重要的意义。

近年来，上海的教研工作成为全国的标杆，引发中外许多著名教育专家的关注。我们依托市教师教育学院的学术引领和教研团队，希望将教研栏目打造得在同行期刊中特色鲜明甚至独一无二，进一步擦亮上海教研品牌。最初，我们围绕教研活动思考其工具性特征，如"明确的目的性""可操作的实践性""打造共同体的合作性"等，但这些与纸媒传播特性结合不够生动，难以支撑栏目名称。最后，我们抓取教研活动的"即时的现场感"，强调第一手来源的报道，从而确定栏目名称为"教研现场"。

（二）规划栏目顶层设计，打造教育研修共同体

栏目名称确定之后，需要对其进行定位。实际上，在构思栏目名称的过程中，我们就已经在同步思考目标定位了。目标定位需要兼顾两个方面，一方面要精准描绘出目标读者的画像，另一方面要考量该栏目能为作者带来怎样的经验积累。"教研现场"栏目的定位是"从教研活动的研究主题、目的、流程、组织形式等多个方面，全方位呈现区

域、学校或团队的现场教研活动，深入探讨教研的内涵和价值"。这一定位的目的在于推动教研活动参与者将现场中的成功经验和有效做法进行归纳整理，形成可复制、可推广的教研模式。在实际操作中，参与者们可以通过案例分析、数据统计等方式，深入剖析教研活动中的亮点与不足。对于成功的经验，不仅要明确其适用范围和条件，还要思考如何进行优化和拓展，使其在不同的教学场景中发挥更大的作用。

鉴于教研活动参与者众多，且身份和视角各不相同，我们计划让栏目文章尽可能围绕一个主题并以成组的形式呈现，其中各篇文章之间既相互独立又相互关联，从不同角度对这一主题进行深入探讨。为了确保栏目文章的质量和针对性，我们邀请具有丰富教研经验的专家组成评审团队，对文章进行严格筛选和指导。同时，设立专门的编辑小组，与作者保持密切沟通，对文章进行精心打磨，使其内容更加精炼、观点更加鲜明。通过这些努力，"教研现场"栏目将促使理论者与实践者共同构建研修共同体，积极传播成熟、成功的教研经验，将高质量教研活动的做法分享给教育界同行。

三、"教研现场"栏目的内容策划与组稿策略

栏目内容的策划应根据该栏目的目标定位、稿件来源、作者构成和读者对象进行。"教研现场"栏目的重要载体为"教研活动"。上海的教研活动按活动组织范围可以分为市级、区域和校本教研活动，按教研活动形式可以分为专题研讨类、教学观摩类、课题研究类、教学反思类以及教学技能培训类教研活动，按研究内容可以分为课程与教学研究、教师专业发展研究、学生发展研究与学校管理研究类教研活动。由于教研活动分类方式多样且各有侧重点和意义，结合"教研现场"栏目的读者对象（全国基础教育工作者）和稿件来源（以上海线下教研活动为主），需根据期刊实际聚焦一定范围进行特色内容策划与组稿。

（一）追踪学科动态，现场即时策划

教学观摩类的教研活动与所属学科紧密相连。学科教研活动是教育领域内，由教师或教研团队围绕特定学科的教学内容、方法、策略等开展的系统性研究与实践活动，核心目标是提升教学效果、促进教师专业成长和推动学科教学的创新发展。通过市教师教育学院的教研平台，追踪学科研究动态并提前获取教研活动信息。在教研活动现场，结合主办方提供的文本资料、教学观摩，与教研团队交流进行内容即时策划。

这种形式策划的文章要呈现以下特色：第一，围绕学科教研主题以成组文章形式呈

现；第二，首篇文章应以理性思考为主，从中反映更高层面阐述教研活动的目的、组织形式、研究方法、成果，多由教研活动的组织者撰写，具有统领性；第三，后续文章以具体教学活动为案例，从教研活动主题的某一角度展开，进行教学实践层面的思考，多由参与教研活动的教师撰写，体现教研活动对一线教学的影响。例如，本栏目刊发了上海市小学信息科技学科"聚焦问题解决、提升核心素养"主题教研活动的经验文章，分别由市教研员和三名一线教师撰文。市教研员撰写的《小学信息科技聚焦问题解决的教学：问题与对策》归纳与总结了该主题教研活动中遇到的教学难题并给出解决对策；由三名一线教师撰写的三篇文章分别围绕不同的教学案例，巧妙地将实际生活中的问题引入课堂，呈现在问题解决过程中的教学设计与思考。

（二）参与专题研讨，现场谋篇布局

除参加学科主题教研活动外，我们还参与市级、区域和校级的专题教研活动。专题教研活动是围绕某一具体教育主题（如教学难题、课改热点、学生核心素养培育等）开展的深度聚焦、系统化的教学研究活动。其特点是目标明确、主题集中、研究深入，旨在通过多方协助解决特定问题，形成可推广的教学策略或资源。专题教研活动是教育改革的"精准手术刀"，通过集中资源攻克关键问题，实现"研究一个问题、形成一套方法、带动一批教师"的辐射效应，关键在于要有真问题、真研究、真转化，避免沦为"纸上谈兵"的形式主义活动。在日常工作中，我们与作者队伍保持密切联系，了解他们的研究方向和进展情况，积极参与专题研讨。在教研活动现场，根据专题研讨中呈现的多元化内容，进行谋篇布局，筛选适合发表的、可借鉴推广的教学成果。

这种形式策划的文章要呈现以下特色：第一，围绕某一专题以成组文章形式呈现；第二，每篇文章从不同角度切入；第三，文章切实解决某一个具体问题且结论部分有解决措施或经验总结。例如，0—3岁是儿童成长的关键期，这一阶段的教养质量直接影响儿童未来的发展。《上海市学前教育与托育服务"十四五"规划》首次提出"教养医结合"理念，为提升托育服务质量提供了创新思路。本栏目刊发了上海市学前教育"教养医结合提升托班师幼互动质量的教研实践研究"专题教研活动的三篇文章。《教养医结合提升托班师幼互动质量的教研实践》通过探讨基于"教养医结合"理念开展多元主体参与的教研实践，为提升托班教师专业发展提高有效路径和方法；《数字化工具在托班教师观察分析中的应用现状与优化策略》聚焦数字化工具在托班教师观察分析实践中的运用情况，并有针对性地提出一系列切实可行的优化策略；《教养医结合对可追赶性发展儿童早发现早干预的个案追踪研究》结合家庭、园所和医疗多方协同制订个性化干

预策略，有效提升儿童发展追赶效率，增强家长认同感，并为托育机构提供实际可行的操作指南。

（三）跟进项目研究，现场捕捉创新点

除上述两类教研活动外，我们还参与基于项目的教研活动。基于项目的教研活动是以具体研究项目为载体，围绕项目设计、实施与评估全过程开展的教学研究活动。它强调任务驱动、协作创新、成果导向，通过完成项目任务（如课程开发、教学改革实践等），推动教师团队在解决复杂问题的过程中实现专业成长与教学改进。可以说，基于项目的教研活动是教师专业发展的"实战训练场"。它通过"做中学"的方式，将教学研究嵌入真实任务，实现"教研—教学—成果"三位一体。其核心价值在于促使教师从"被动参与者"转变为"主动建构者"，最终达成"解决一个项目、带动一门课程、成长一支团队"的裂变效应。

这种形式策划的文章要呈现以下特色：第一，围绕某一研究项目以成组文章形式呈现；第二，首篇文章提供理论基础和教研工具；第三，后续文章是项目研究成果在一线教学中的落地转化。例如，在信息技术赋能教育的时代背景下，上海市教育委员会教学研究室于 2019 年启动了"学习数据分析支持下的小学数学精准教研研究"项目。基于该项目多年实践探索后开展的总结式教研活动，本栏目刊发的四篇文章是在工具支持下根据"市级—区域—学校—课堂"的循证路径，聚焦学习数据分析支持下精准教研的操作方式，以典型案例阐释具体的实践思考与操作方式。首文《精准教研：内涵、特征与实践路径》提出了"学习诊断管理系统"信息化平台，阐述其背后运行的逻辑，以及如何多维度分析数据和发现教学问题；其他三篇《学习数据分析支持的区本精准教研实践探索》《学习数据分析支持下校本精准教研路径的实践研究》《学习数据分析下小学数学单元教学改进——以"统计"单元为例》分别从区域、学校等不同层面结合具体案例进行循证研究，检验教研成效。

四、"教研现场"栏目的优化方向与改进措施

（一）丰富活动形式，扩大稿源范围

目前"教研现场"栏目稿源主要聚焦于上海线下教研活动。我们应将目光投向全国各地的优质教研活动，尤其是那些积极响应方案号召、开展在线教研的实践案例。同时，加强与国家中小学智慧教育平台的合作，获取更多线上教研的一手资料和前沿动

态。此外，应在栏目内容呈现上进行创新，不仅展示教研成果和优秀教学案例，还将增加对教研过程的深度报道，包括在线教研活动的组织形式、教师参与互动情况以及遇到的问题和解决方案等。通过对这些内容的深入挖掘和展示，为广大教师提供更具借鉴意义和参考价值的教研经验。

（二）收集读者反馈，结合需求改进

我们应根据读者的反馈和需求，对栏目设计和内容布局进行优化，具体可从以下两方面着手。一方面，在每期栏目末尾附上在线反馈二维码，方便读者匿名评价文章选题、案例深度、实用性等内容。通过这种方式，能够广泛收集读者的初步意见和建议。另一方面，每季度选取 10—15 名核心读者（如教研员、特级教师、青年教师代表），开展电话或面对面访谈。在访谈过程中，深入挖掘他们的深层需求，重点围绕"您认为栏目当前最需要补充哪类实证研究？""哪些栏目形式（如视频案例、互动图表）能提升阅读体验？"等话题展开交流。

（三）新媒体助力推广，融合创新发展

《上海课程教学研究》已开通杂志微信公众号和视频号，通过多渠道举措丰富读者互动与内容呈现。在微信公众号方面，开设"教研现场·读者论坛"，鼓励教师分享栏目案例的应用心得，并提出改进建议。同时，每周固定推送"教研工具箱"并嵌入"问卷星"反馈入口；在视频号上发起"＃我的教研瞬间挑战赛"，激励教师投稿实操短视频，进一步活跃教研氛围；按学段／学科建立"教研蜂巢群"，定期开展案例众筹，促进不同学段和学科教师之间的交流与资源共享；在纸质期刊方面，在文章中嵌入 AR 图标，读者使用手机扫描即可观看作者解读视频或下载关联资料包，提升阅读体验。

参考文献

［1］中共中央宣传部　教育部　科技部印发《关于推动学术期刊繁荣发展的意见》的通知［EB/OL］. https://www.nppa.gov.cn/xxfb/zcfg/gfxwj/202106/t20210623_4514.html. 2021-5-18.

［2］苏忱. 上海教研：从经验到文化［N］. 中国教师报，2019-3-20.

"去设计"并非不做设计

上海文艺出版社　　钱　禛

摘　要

书籍设计师想要达到的理想状态，是要透过设计、编排、图像、材质，更贴近一本书最原始想表达的概念，照顾到每个核心环节，做到"完整""顺畅"。但近些年，设计的过度和泛滥，大家走向了一个误区："设计的越复杂，就越是好设计。"本文通过"去设计"的研究，提倡简约、实用的设计理念，追求实质而非形式的价值。

关键词

"去设计"适当　空白　显与隐

每本书都在讲述一个概念，要很纯粹地讲出这件事，透过设计、排版、图像、材质，更贴近一本书最原始想表达的思想，照顾每个环节，才是一本"顺畅"的书……这是作为书籍设计师们都想达到的理想状态，笔者从事这行以来一直也在追求合理的书籍设计表达方式，但是想做好并非易事。

近些年，设计的过度和繁复已成为一种普遍现象，许多书籍设计不仅没有解决阅读者的真实需求，反而增加了书籍阅读中的复杂和无用。大家走向了一个误区："设计的越复杂，就越是好设计。"其实并非如此。本文通过"去设计"的研究，提倡简约、实用的设计理念，追求实质而非形式的价值。书籍设计也是一种包装，逐渐摒弃复杂的包装与炫目的材质，才能更专注于书籍本身的价值与阅读者体验。

一、"去设计"的理念

"去设计"这一概念强调简洁、实用和功能性。在书籍整体设计中，这种理念并非意味着缺乏设计，而是追求设计的本质，去除多余的元素，凸显核心内容。"去设计"的核心在于理解设计的源起，强调设计在信息传达、吸引阅读者和提升书籍价值等方面的功能。因此，"去设计"的书籍应当注重简洁性、易读性和相关性，确保阅读者能够一眼便捕捉到重要信息。

一本书在整体设计阶段，从内到外，虽然会发现很多设计点，但应该将它减到最少，不要让书看起来太过花哨，点到为止就好。"去设计"并非真的不做设计，而是把很多很好的设计放在书中，但却不让读者看到太多痕迹，成熟的设计师会做到设计的技法藏于无形，往更内敛的方向处理。就如同优秀的演员，演技是不着痕迹的，自然的。虽然是一本纯文字的书籍，但是需要有一点好看明媚的东西藏在里面，但又不要那么的明显。

正所谓"收比放还难"，笔者认为设计师应该时常想着什么才是最合适的状态，才能去掉不必要的东西，让设计回归视觉基本层面，避免各种炫技。产品设计有个比方，当人们问："什么才是一支好勺子？"设计师回答："当你用它吃东西的时候，感觉不到它的存在时，这就是一支好勺子。"书籍设计的最终目的是为了让阅读者或使用者更享受阅读的过程。

二、适当与否，在于舍弃

书籍设计的适当与否，不在于有多少心思，而在于舍弃，首先要克制自己的想法，也就是设计创意。设计师不要沉迷于自己的创意，想在一本书上表达各种各样的想法，这个是需要克制的。对书籍设计来讲，过不如不及，恰到好处的去设计，简洁而有力

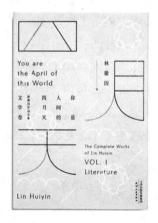

图 1　林徽因作品集

的诠释一本书其实更难。正如孔子曰："质胜文则野，文胜质则史，文质彬彬，然后君子。"把一本书做得文质彬彬也是一种克制，一种约束。

如林徽因作品集（图1），是一个完全不同以往的设计。整体设计简单却非常通透地诠释了意境。

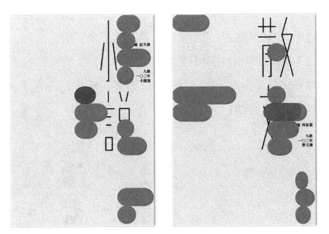

图 2　《小说集》《散文集》

《小说集》与《散文集》（图2），这么普通的书名和题材，对于一般设计师来说完全激发不起设计欲望，但这两本书用简单细线条的字体设计与椭圆色块结合，有粗有细，有近有远，黑白与色彩拉开层次，一下子使整个封面灵动又有趣味。

三、"留白"，有想象空间

"留白"是一种语言，在中国的美学里，"留白"是一种深刻的诗意表达，给人一种遐想空间与思考余地的深邃艺术。这种手法并非偶然，而是创作者有意留下的一片净土，是一种含蓄而精妙的表达形式。"留白"追求虚实相生、无中生有，讲究空白与实体，空白与空白之间的微妙变化和呼应。中国书法中也强调"计白当黑"，指出"留白"中蕴含无限想象的空间，可说此时无声胜有声。设计里的白色不是无色、空洞、虚幻，而是给人更多具有延展与回味的空间。设计不宜过多，就好像我们经常把东西填满到溢出来，却从不考虑将其清空……"留白"与空间之所以美，就是因为它很单纯。

书籍设计中掌握空白量的多少非常重要，"留白"要与该书所表现的内容相吻合，与书籍信息的节奏层次相呼应。用白色使设计营造出一种安静纯粹的氛围，让阅读者可以更直接触摸本质而开心地在书里阅读。设计中的"留白"，不是无意为之，是看似无意却实有用意的空间秩序经营。

日本设计将中国的汉唐文化延续与保存下来，经过长时间的去芜存菁，他们在书籍设计上对于东方美感掌握的相当明确，极细的质地，恰当的"留白"，甚至运用汉字的手法也相当高明。

设计大师原研哉的设计中尽可能省去多余的元素，在生活中去寻找设计的本真。他善于运用白色，通过大量"留白"的手法，使得画面干净简洁，给人一种至静至美的感受，白色的运用在不同的肌理的表现下会传递不同的信息。他设计的《一册书》杂志封面，纯白底色上放一件日常物品的图片：水勺、雪糕、鱼干、石子、一张被揉皱的白纸等。有厚度和深度的空白同样给人可以触知的印象，雅致悦目。

图 3　《活着》

同样是余华老师的作品《活着》(图 3)，两种不同的设计手法：左边在"留白"的基础上，简单的线条勾勒出一个想象的空间，一个可以让你延展思绪的场；右边用水墨做底加了复杂的文字，版式呆板不舒服，审美乏味。

四、"涩"之美，"涩"之美好

"涩"是包含东方哲理的淳朴自然的境地。把十二分只表现出十分时，才是"涩"的秘密所在，剩下的二分是含蓄。这就好像很多喜欢喝茶的人，喜欢素色的粗瓷，认为那才是雅致。如果加上装饰，就会破坏造型致使古雅之气消失。

有一些设计过分追求科技感和工艺性而忽略阅读者自身的感受与体验，久而久之便会产生审美疲劳。我认为渐渐回归自然淳朴之风，以拙涩之美激起人们内心深处与生俱来的真挚淳朴的感情，让人细细品味书籍中的宁静美好。

"涩"在中国文化中包含着复杂的情感，既有质朴的含义，也隐含着一种微妙的美感。在设计中，"涩"之美可以理解为一种非传统的美感，它强调自然、粗犷、真实的元素，通常不追求完美的外观，而是通过细腻的质感和独特的表现方式来引发大家的兴趣。"涩"具有东方内蕴之美的特征，因而书籍设计中的"涩"，并非喧哗而是静默的姿态。书籍是通过手感质感传递美感，质感一直离不开自然，甚至是沉浸于自然间的一种谦虚和气质。在设计上，宁愿以手工粗糙感替代机器的光滑感，宁愿以裸露的处理取代完美的精致包裹。如果书籍设计作品，可以呈现上述的特点，这就是坚持"涩"的东方意象。

五、"显"与"隐"，深度与内涵

书籍设计，到底要炫，还是要雅？设计师要让阅读者感觉到设计元素，这是发行的需要，但是"隐"是一个书籍设计师另外一种功夫的修炼。把阅读者没有注意到，但心里能感觉到的东西抓住，这个尤其重要。比如说，字距、行距，有些东西阅读者说不出来，但是阅读的时候就是感觉舒服；有时候一个页码的设计，阅读者可能不在意，但到底要怎样摆放，这些都是比较"隐"的设计。要想把一本书籍做到位，除了做阅读者一眼看到的东西，最主要的是注意阅读者一眼看不到的东西。

书籍要有气势与气息。有的书设计的来势汹汹，恨不得一下就把阅读者抓住，但是书的气息反而没有了。气息是隐隐的东西，要内心慢慢体会。设计师往往过于注重书的气势，弱化了书的气息。气势是"显"态的，气息是"隐"态的。

"显"与"隐"在设计中并不是对立的，而是相互依存、相辅相成的关系。显性的部分为书籍提供了直接的视觉冲击力，而隐性的部分则赋予了设计深度与内涵。在成功的书籍设计中，往往能够通过巧妙的设计手法将这两者融为一体，使得书籍在视觉上与情感上都能引发阅读者的共鸣。

《食草家族》（图4）是莫言的作品，设计师在色彩运用上表现出一种自然和谐的美感，选择与食草动物的自然栖息环境相呼应的元素，书名好像有，又好像没有，"隐"的很巧妙，若隐若现，富有趣味性。

书籍设计作为文字的重要视觉呈现，绝不是简单的图形堆砌，而是深刻的思想与情

图 4　《食草家族》

感的表达。"去设计"并非不做设计，而是通过简化设计元素、关注阅读者体验和强化内容表达，提升书籍的质量与品位。在未来，设计师应继续坚持"去设计"的理念，通过创新与思考，设计出更具吸引力与价值的书籍，让作品能更成功的传播。

参考文献

［1］余美槿.以实用为本的极简主义设计观［J］.大众文艺，2017（13）.

［2］吴海波，卢宗业，陆莹."知白守黑"与"少就是多"——略论先秦时期道家学说对西方现代主义设计的启示［J］.设计，2016（15）.

［3］骆安琪."白"的审美体验［D］.重庆：四川美术学院，2020.

［4］刘姝.海报设计中的"无中生有"——留白——以日本海报设计为例［J］.赤子（上中旬），2015（22）.

［5］程思.从日本原研哉设计中探索中国未来设计新思路［J］.大众文艺，2016（13）.

［6］李建军.用与美：传统民艺的再生之本——品读《工艺文化》的思考［J］.中国图书评论，2019（9）.

［7］钟朝芳.日本对工艺"传统"的认识［J］.新美术，2019，40（3）.

［8］严荷菱.现代书籍封面设计中的显型传统文化与隐型传统文化［J］.出版科学，2017，25（2）.

［9］侯景艳，张泰.设计中的彰显与含隐［J］.包装工程，2011，32（6）.

基于双重视角的教师教育图书策划与写作

上海科技教育出版社　　谢晓英

摘　要

教师教育图书目标阅读群体庞大，市场需求旺盛。本文以《教师如何写论文》一书的策划与写作为例，探讨教师教育图书策划与写作的关键要素。在策划图书时，必须精准把握读者"刚需"和进行深入地市场调研，从而确定图书选题；在图书构思与写作阶段，首先对图书整体样态进行规划，接着依据读者需求和通过图书试读完善书稿；最后，提出图书策划必须以读者为中心，编辑要整合资源，成为学术型编辑。

关键词

双重视角　图书策划　教师教育图书

党的二十大报告明确提出"加快教育强国建设"以及"到2035年建成教育强国"的目标。根据《中共中央　国务院关于弘扬教育家精神加强新时代高素质专业化教师队伍建设的意见》，教师队伍建设被视为建设教育强国的重要基础工作。而阅读教师教育图书是加速教师队伍建设的重要一环。

据教育部发展规划司发布的《2023年全国教育事业发展基本情况》可知，我国基础教育阶段教师总计1676.27万人。这是一个庞大的阅读群体，且该群体的专业阅读需求较高。因此，专门针对这一目标阅读群体的教师教育图书策划与写作显得尤为重要。

笔者本职工作是教育期刊编辑，同时也兼做一些教育类图书。基于编辑工作经验积累，笔者写过一本专著《教师如何写论文——来自编辑的建议》(以下简称《教师如何写论文》)。该书2023年6月正式出版上市，首印10000册。截至2025年4月，该书印刷了 8 次，累计印数 32000 余册。同时，该书 2023 年被评为中国教育新闻网"影响教师的 100 本书"，入选教育部课程教材研究所 2023 年中小学图书馆（室）推荐书目。本文以《教师如何写论文》一书为例，从编辑和作者双重视角出发，就如何策划和写作教师教育图书，谈一些体会。

一、图书选题策划要点

（一）找准读者痛点，锚定选题方向

1. 梳理编辑审稿经验，萌生写作想法

笔者所负责的杂志《上海课程教学研究》，是一本涵盖课程、教学、评价和教材研究等领域的基础教育综合类期刊。刊物的主要读者和作者对象是幼儿园、中小学、高校教师和研究生等。

在日常审稿过程中，笔者发现中小学教师和高校教师、研究生论文写作风格各异。于是，笔者开始有意识记录中小学教师来稿的典型共性问题，并针对这些问题如何改进，及时记下自己的想法。在编辑日常工作中，笔者也与读者和作者接触较多，与他们共同探讨论文写作相关话题，了解他们的需求和困惑。随着时间的推移，案例积累越来越多。笔者也萌生了写作一本关于论文写作方面的图书。这样的图书选题是否可行，还需进一步的市场调研，才能最终确定。

2. 深入把握读者"刚需"，确定图书选题

教师教育图书的读者进行阅读是有明确功能性目的的，如了解某个教学理论，学习某种教育研究方法等。所以我们在架构书章节内容时，必须满足读者的特定需求。这就要求编辑在策划图书时，精准把握读者的阅读需求。据上海市某区 24 所学校教师研究力的调研结果显示，62% 的教师在近三年内没有发表过论文，发表过 1 篇、2 篇和 3 篇及以上论文的教师分别占 23%、10% 和 3%。这些数据可以从一定程度上反映出，中小学教师论文写作积极性较低，成果产出少。究其原因是他们害怕写论文，不会写论文。

论文于一线教师而言是"刚需"。他们职称晋升、评优评先论文必不可少。中小学教师晋升的职称越高，相应对论文的数量和质量要求也越高。从全国范围来看，绝大多数省市的中小学教师的高级教师和正高级教师职称评审都有发表论文的要求。以上海为例来说，一般教师评中级职称要有 1—3 篇文章；高级职称至少需要 3 篇文章；正高级职称则必须在核心期刊或者 C 刊发表文章。

综合以上分析可以看出，论文写作对中小学教师而言既有内在需求，又是谋求专业

发展的客观要求。若有可有效解决论文写作难题的图书，势必受中小学教师的欢迎。

（二）市场调研两步走，把握关键信息

市场调研对图书策划与写作的重要性不言而喻。在选题策划之初，我们关于图书选题只是一个比较笼统、模糊的想法，通过市场调研可帮助编辑确认图书策划方向是否可行。在写作阶段，通过市场调研可以帮助作者细化写作内容，力争做到"人无我有，人有我优"。

1. 调研第一步，了解同类图书概况

《教师如何写论文》在策划之初，笔者收集和汇总了市场上相关的同类图书。像文献综述一样，把同类书尽可能穷尽。不仅仅关注同类畅销书，还了解相关滞销书。从内容和形式等方面汇总分析同类图书。在策划图书阶段，重点从图书外在形式分析相关图书，如书名、作者身份、写作类型和图书印数等几方面。笔者将2013年至2022年出版的相关部分图书做了汇总。

通过同类图书的统计和分析，可发现每年同类书出版较多、重印次数较多，说明市场需求旺盛。这一方面确认了选题的可行性；同时也要一定紧迫性，每年不断有同类图书上市，必须把握好出版时机。我们策划的图书必须有独到之处，才能在激烈的竞争中脱颖而出。

2. 调研第二步，为差异化创作打基础

在写作阶段，从图书内容方面对同类图书进行深入分析和把握，为自己图书的差异化创作打下基础。市面上的同类图书，若从写作类型划分，可分为原创图书和翻译引进图书。国外的研究话语体系和研究规范不同于国内，所以国内读者在看此类书时，会有"水土不服"的现象。若从图书内容层面划分，可分为三类：一是讲课题相关内容，二是讲教科研价值和意义，三是面向研究生的论文写作书籍。市面上专门为一线教师创作的论文写作指导书较少。经过以上分析，明确《教师如何写论文》的定位：这是一本专为一线教师而写，重点讲述论文写作的图书。

新书定位明确以后，根据图书定位架构图书章节框架。《教师如何写论文》一书的框架结构和同类书也有所区别。如其他图书，一般是按照选题、写作和投稿的顺序安排相关章节。本书采用倒叙手法，先讲读者最为关心的投稿发表，吸引读者的注意力。接着再讲如何写，让读者觉得写作也是有技巧的，可以通过学习掌握。最后讲可以写什么，让读者觉得选题唾手可得，写作并不是那么可怕。我们在策划图书时，内容选题和框架结构不同于以往同类图书，能吸引读者更多关注，激发读者的阅读兴趣。

（三）基于读者，完善书稿内容

1. 了解读者职业习惯，优化图书板块设计

不同职业的人，会有不一样的职业习惯。教师教育图书读者对象明确。我们可以深入分析他们的职业习惯和工作方式，在图书策划阶段将其考虑进去。如中小学教师上课包括：导入、讲授（案例分析）和课后练习等若干环节。所以《教师如何写论文》一书各个板块设计，也是对应教师上课各个环节。本书每章节前有"编辑说"栏目，提示本章节要点，相当于教师上课的导入环节；每部分有大量的"实例分析"，相当于"讲授（案例分析）"环节；"资料窗"栏目方便读者作进一步拓展阅读，相当于"课后练习"环节。这样让读者在阅读时，有似曾相识的感觉，让读者在不知不觉间读完一本书。

2. 了解读者话语体系，调整书稿叙写方式

话语体系是指在特定的社会、文化、政治或学术背景下，人们用来表达思想、观点和信息的一套语言和符号系统。它包括词汇、语法、修辞、概念、隐喻、叙事框架以及相关的社会和文化实践。不同职业和社会群体因其特定的社会角色和实践需要，发展出了与之相适应的话语体系。例如，医学领域的话语体系涉及专业的术语和概念，这些是医生和医疗工作者在交流和治疗中必须使用的。同样，教师在教育教学中也使用特定的术语和表达方式。《教师如何写论文》的写作手法、遣词造句尽可能符合一线教师的表达习惯和话语体系。这样读者在看到这本书时会更对他们的"胃口"。

二、书稿整体构思与写作

在写作初期图书编辑和图书作者需要对书稿进行整体构思和规划。首先，整体构思有助于构建图书系统化的知识体系，确保书稿内容的逻辑连贯性和层次分明，使读者能够更清晰地理解和应用图书传递的理念。其次，通过明确写作方向和重点，能够避免内容的重复和冗余，提高书稿的精炼度和学术深度，从而提升教育图书的质量和影响力。最后，整体构思与写作能够使教育图书更好地满足读者在不同教育场景下的需求，为教育实践提供更具针对性的指导和支持，推动教育改革与发展。

（一）写作前：初步规划图书样态

图书样态包含两方面：一是图书形式，如图书字数多少、正文板块构成、封面设计、版式设计等；二是图书内容，如行文风格、内容结构等。图书样态影响图书的可读

性、吸引力和市场表现。形式上的设计可以吸引潜在读者的注意，而内容的结构和风格则决定了读者的阅读体验和对图书内容的接受程度。出版社和作者在制作图书时，应综合考虑这两个方面，以期达到最佳的出版效果。

在图书策划时，我们首先必须明确该书的主旨，能让读者有何收获。在此基础上，接着开始图书样态的整体规划与设计。书稿是在讲座内容基础上形成的，所以还是尽可能保留一些讲座的特征，就像文字版科研讲座。内容偏口语化、活泼一些。控制图书字数，让读者没有阅读负担。全书10万字左右。书做得小巧一些，方便读者随身携带。优化图书栏目、版式设计。在每一个章节开始前，设计"编辑说"栏目，方便读者提取本章节要点，同时该栏目也是对正文内容的补充。封面设计考虑两个方面：封面颜值高，能吸引读者。

（二）写作中：调整完善书稿内容

1. 调整标题风格，扩展受众群体

每类图书都有特定的读者群体。若图书可从目标读者群体，像其他读者群体扩散，则会增加图书潜在读者，从而可能增加图书销量。随着受众群体的拓展，读者之间的口碑传播也会增加，图书的品牌知名度得到提升。好的口碑可以吸引更多的读者购买图书，增加销量。

《教师如何写论文》以问题的形式呈现章节标题。这样"活泼"风格的标题吸引人，更容易让读者接受。活泼的标题能扩展图书的受众面。再者就是现在市面上大部分同类图书章节标题都是一板一眼、陈述式的，这样一个活泼开朗的标题这也是本书的特色之一。作者写作时，首先以读者能够接受的方式吸引他们，然后再想着表达出自己的观点，不要主观地把自己的想法强加于读者。

2. 围绕核心话题，内容适当取舍

教师教育图书覆盖了从教育理论到教育教学实践、从教师专业发展到教育政策改革等诸多领域。根据认知负荷理论，学习材料的设计应当尽量减少对学习者工作记忆的负担。过多的非核心信息会增加认知负荷，从而降低学习效率。因此，教师教育图书应当剔除那些非必要的细节，以帮助教师更有效地吸收和应用核心知识。在写作时，作者必须处理好"取"与"舍"的关系。

《教师如何写论文》一书中增加了符合主旋律和反映最新教育热点的案例，如党史教育、生态文明教育、中华优秀传统文化、劳动教育和新课标理念等。这些也可作为图书宣传的亮点。书中删掉讲具体每种教育研究方法如何操作和如何使用数据库检索文献

的相关内容。论文写作虽离不开教育研究方法和文献检索等。但教育研究方法、文献检索涉及的内容庞杂，有专门的研究领域，所以书中未过多涉及相关内容。

（三）写作后：多方试读，提升书稿质量

教育教育图书试读可以帮助确保内容的教育价值和实用性，使其更符合党和国家的教育政策、教育理念与满足教师学习需求。书稿完成后，笔者邀请了中小学教师、编辑同行和高校专家进行试读。他们从各自的专业和角度提出建议。

中小学教师从新书目标读者的角度提出建议。中小学教师作为一线教育工作者，他们的建议能够确保书稿内容与实际教学需求紧密结合，增强书稿的实用性和针对性。他们的实践经验可为书稿提供鲜活的案例和教学策略，使得理论更加贴近实际，更易于被其他教师接受和应用。

编辑同行从出版的角度提出建议。编辑同行的专业建议有助于提升书稿的质量和表达的准确性。编辑在语言表述、结构布局、逻辑连贯性等方面具有专业优势，他们的建议可以使书稿更加严谨、清晰和易于读者理解。同时，编辑也能够从创新性的角度出发，提出如何使书稿内容更加吸引人，提高图书的市场竞争力。

高校专家从研究者的角度提出建议。高校教授通常具有深厚的学术背景和研究经验，他们的建议有助于提升书稿的学术水平，确保内容的科学性和前沿性。教授们可以从理论的高度对书稿进行审视，提出如何更好地将理论与实践结合起来，以及如何反映最新的教育研究成果。

三、编辑能力的提升

（一）策划图书，以读者为中心

教师教育图书读者对象明确。我们在策划图书时，必须以读者为中心。以读者为中心它要求图书策划者和创作者从读者视角出发。在图书的内容创作过程中，作者和策划者需要将读者的需求、兴趣和偏好放在首位。内容的选择、深度和呈现方式都应考虑目标读者群体的特点，以确保图书能够引起读者的共鸣和兴趣。关注读者的阅读体验，包括图书的物理属性（如字体大小、纸张质量、版式设计）和内容的可读性（如语言风格、信息组织、逻辑结构）。优化这些因素可以提高读者的阅读舒适度和满意度。

以读者为中心，这不是一句空话。在图书策划过程中，编辑和作者要时时、事事想着读者。比如在策划《教师如何写论文》一书时，笔者考虑到中小学教师上课，比较费

嗓子，他们办公桌会放水杯，课间会饮水。饮水时，水有可能会洒在书上。所以《教师如何写论文》一书在用纸方面也考虑到读者这一习惯，选用的封面纸张和正文纸张有一定防水性。

（二）整合资源，成为学术型编辑

钟叔河曾提出编辑应有"两支笔"的观点，即编辑既要能编辑他人的作品，也需要自己进行创作。编辑除了掌握扎实的编辑基本功，做一名合格的编辑，但不能仅止步于此，还要像更高的目标迈进，成为学术型编辑。"学术型编辑，也称为学者型编辑，是一种复合型身份，其主体仍是传统意义上的学术编辑，但除此之外，还具备学者身份。这意味着学术型编辑不仅具备学术编辑的基本素养，如策划能力、对学术内容的判断能力、文字修改能力等，还对学术领域（非编辑学）的某个分支有所研究，能在一定程度上与该领域的专家进行平等对话。"

在学术出版的范畴内，编辑职能的演进正标志着从单一的内容加工者向学术型编辑的转型。这一转型过程中，学术型编辑通过跨学科资源的整合以及个人学术素养与研究能力的增强，显著提升了其在学术出版流程中的关键作用。学术型编辑不仅能够对学术内容进行精确的评估和专业的编辑处理，而且能够与学术界同仁开展深入的学术交流，这不仅增强了出版物的学术严谨性和创新性，也为学术对话的深化提供了平台。

再进一步说，学术型编辑在资源整合的过程中，能够更加敏锐地捕捉学术领域的最新动态和研究趋势，为学术出版的选题策划和内容创新提供坚实的支撑。了解相关领域的研究动态和未来趋势，保持和学者、读者的深入交流沟通，进而推动形成"学术研究—学术出版"的学术共同体。

参考文献

［1］教育部发展规划司.2023 年全国教育事业发展基本情况［EB/OL］.http://www.moe.gov.cn/fbh/live/2024/55831/sfcl/202403/t20240301_1117517.2024-8-29.

［2］胡庆芳，朱远妃.区域中小学教师的研究力及其影响因素——基于上海市 J 区 24 所学校的调研分析［J］.现代基础教育研究，2024（6）.

［3］谢晓英.教师如何写论文：来自编辑的建议［M］.上海：华东师范大学出版社，2023.

［4］刘勇，郑召利.中国话语体系的结构分析及其构建路径［J］.宁夏社会科学，2018（5）.

［5］蔡一鸣.从身份研究角度浅议学者型学术编辑的身份建构［J］.中国编辑，2017（2）.

"儿童时代图画书"的跨媒介开发实践

中国中福会出版社　　魏　捷

摘　要

本文以"儿童时代图画书"跨媒介开发为例，通过开发舞台剧、院线电影和主题展览等跨界形态，构建微信小程序数字阅读平台，系统展现融合出版的实践成效。建议出版机构重点推进三方面工作：坚持固本守正、以创新求发展，培养复合型编辑人才，强化版权确权与保护机制。未来童书出版需在坚守教育使命的同时，持续深化融合发展，通过产品形态创新和传播渠道拓展，彰显新时代童书出版特色。

关键词

出版融合发展　"儿童时代图画书"　跨媒介开发

在数字技术的驱动下，出版融合发展已成为产业升级的战略选择。出版机构应以人工智能、元宇宙等前沿技术为支撑，加速推进融合出版实践，以响应文化发展的时代需求。

一、新时代亟须深化出版融合发展

出版融合发展为传统出版业注入新动能，依托数字技术赋能，出版业通过创新内容形态与传播方式，推动传统出版物升级为图文音视融合的复合产品，并同步立体化延展产品的传播渠道。随着阅读碎片化和学习多样化的趋势，电子书、有声读物、在线课程等新兴形态通过便捷性、交互性特征重塑读者的阅读体验，驱动出版融合创新进程。云存储、二维码、新媒体等现代技术手段助力出版机构搭建读者互动生态，通过增强用户黏性与社群归属感，从而提升产品的市场竞争力。出版融合不仅重塑了内容消费模式，更通过精准对接读者的需求，持续激活出版产业的市场价值与文化传播效能。

面向少儿群体，出版融合发展在倡导纸质阅读基础上，通过点读互动、有声伴读、多媒体融合等创新形式，实现知识传播的场景化与趣味化。这种多元化的内容呈现方式既能满足少儿多样化学习需求，又能同步增强纸质图书对他们的吸引力。通过数字形式与实体图书的协同效应激发少儿阅读兴趣，充分释放融合出版的效能。正如习近平总书记所说，"数字阅读要和传统阅读结合起来，守住我们的内核和素养。"

二、出版融合发展带来的挑战

出版融合发展给出版业带来了诸多机遇和优势，但同时也存在一些挑战。出版机构该如何面对挑战，在笔者看来，以下三个方面要重点关注。

（一）坚持固本守正，以创新谋求发展

出版融合发展的核心在于立足传统出版的内容优势，通过整合跨媒介资源优化内容生产流程，以高质量内容构建差异化竞争力。出版融合发展不能迷失在技术的快速更迭中，技术是内容转化的工具而非生产者，内容才是一切的源头。融合发展，只是内容转化的一个动作或面向，真正的竞争力始终根植于优质内容。因此，出版业要坚持固本守正，在内容上持续深耕，提供有价值的东西，以符合当代儿童阅读兴趣与审美需求的方式，创新呈现形式与叙事手法，如通过数字化叙事、互动媒介等实现生动表达。同时，积极拥抱数字化时代，"把握时代脉搏、聆听时代声音、吸纳时代精华，不断推进实践基础上的文化创新，用创新增添文化发展动力、激活文明进步源泉"，探索和实践融合出版，为儿童打造多元阅读体验。在融合出版中，需警惕过度追求形式多样性而忽视内容质量的问题。出版的本质是优质内容的生产、传播与服务，只有加强内容质量管理，才能确保转化成果的价值，真正实现出版的社会效益与经济效益。

（二）加强编辑团队建设，培养复合型编辑人才

时代呼唤出版融合发展，而人才是实现出版融合发展的关键力量。融合发展本质是跨界与交融，需要兼具文化素养与科技能力的复合型人才，这类人才应系统掌握出版专

业知识、数字技术应用及市场营销策略。出版机构亟须加强编辑团队建设，着力培养具备创新思维与专业技能的复合型人才，以匹配融合发展的人才需求。目前这类人才相对匮乏，出版机构需重点提升编辑的综合能力，让编辑成长为"复合型"编辑，既是文化知识的杂家，又是项目管理的经理，还是营销推广的行家。通过系统化培养，推动编辑实现从选题策划、内容生产到编辑加工、营销推广的全流程能力升级，构建覆盖内容生产、传播与服务的一体化运作体系。培养编辑的"复合型"能力，尤其需强化编辑对新兴技术的应用能力，使其能够灵活运用数字工具提升资源整合效率，切实推进融合出版实践。优化人才结构，加强编辑团队建设，发挥"人"作为生产力核心要素的作用，为出版业高质量发展注入创新活力，持续贡献智慧力量。

（三）强化版权确权与保护机制，深化融合出版实践

在推进融合出版实践中，出版机构要有前瞻的版权战略，站在市场的角度寻求长远的发展路径，完善数字版权、跨媒介改编权等多元版权授权体系，通过纸质图书、电子书、舞台剧、影视改编及移动端等多载体传播矩阵，让优质内容得到广泛传播，实现内容价值最大化。融合出版在拓宽传播渠道的同时，亦加剧版权保护复杂度：数字内容的易复制性导致盗版侵权风险陡增，不仅侵害出版机构与创作者合法权益，更可能引发法律诉讼，挫伤创作积极性。

强化版权保护是融合出版可持续发展的基石。通过区块链存证、数字水印等技术手段构建版权防护体系，可有效遏制侵权行为，保障图书 IP 在衍生开发中的权益。健全的版权机制不仅促进内容多形态转化，更能反哺纸质出版——数据显示，舞台剧改编使《礼物》绘本销量增长 10%，印证"融合出版—IP 增值—纸质书增效"的良性循环。出版机构需以版权管理为抓手，同步提升内容竞争力与市场抗风险能力，构建融合出版生态闭环。

三、"儿童时代图画书"融合出版的跨媒介开发实践

"儿童时代图画书"是中国中福会出版社旗下原创图画书品牌，创立于 2012 年，秉承宋庆龄女士"把最宝贵的东西给予儿童"的理念，致力中国原创，讲好中国故事，将爱和美、知识与信念带给更多少年儿童。经过十余年发展，已出版近 300 个品种，荣获中华优秀出版物提名奖、全国优秀科普作品奖、丰子恺儿童图画书奖佳作奖等多项殊荣，成为国内原创图画书领域的权威品牌。

　　"儿童时代图画书"依托内容资源优势，通过舞台剧、院线电影、主题展览及小程序等跨媒介开发，推进融合出版实践创新。

（一）耕耘与收获

　　开发基于"儿童时代图画书"的舞台剧、院线电影和主题展览等跨界形态。"儿童时代图画书"与中国福利会儿童艺术剧院展开合作，推出图画书IP儿童舞台剧改编项目。截至2025年3月，由《兔灯》《哼将军和哈将军》《牙齿，牙齿，扔屋顶》《我有一盏小灯笼》《礼物》《我要飞》《来！和病毒大作战》《万物都在变》等15种"儿童时代图画书"改编的6部舞台剧先后在马兰花剧场、剧院社区学校及网络平台等线下线上上演，通过人偶扮演、场景模拟、多媒体装置等舞台艺术语汇将图画书故事转化为沉浸式剧场体验。自首演以来，上座率稳定在80%左右，线上线下累计观演人数达5.2万余人次。绘本改编舞台剧已成为双方长期的合作项目。这些舞台剧首演场时常常会设置"创作分享会"，邀请绘本作者与观众面对面交流创作故事，并在演出结束后同步开展现场签售活动，以这种面对面的互动，拓展孩子与艺术的情感联系。这种"阅读＋观演＋互动"的立体化模式，既通过舞台艺术拓展了绘本的想象空间，又以纸质阅读反哺剧场热度，形成"IP开发—内容增值—读者沉淀"的良性循环。数据显示，参演剧目对应的绘本销量年均都有不同程度的增长，最高达到10%，印证了跨媒介融合对品牌价值的提升效应。

　　"儿童时代图画书"与上海本来影业有限公司展开合作，进行图画书影视改编的IP授权合作，推出国内首部绘本改编动画电影《向着明亮那方》，影片由7部原创绘本改编，其中3部来自"儿童时代图画书"《小兔的问题》《哼将军和哈将军》《蒯老伯的糖水铺》。影片采用单元片模式，以水墨、水彩、剪纸等形式，展现东方美学意境，讲述生命成长中的"爱与美"。2022年1月15日在全国公映，开创"绘本电影"新品类。影片凭借文化价值与艺术创新赢得行业高度认可，先后荣获2023年北京国际儿童电影展评委会推荐荣誉奖、第25届纽约国际儿童电影节最佳长片电影奖等奖项，并入选教育部、中宣部《第41批向全国中小学生推荐优秀影片片目》。在流媒体平台表现尤为亮眼，电影在B站播放超过341.8万次，收藏量达13.9万，获高评分9.8分。这次影视改编合作，通过电影这种大众传播方式，覆盖和服务的人群更加广泛，大幅提升了"儿童时代图画书"的品牌价值，对中国原创绘本的IP运营更是一种富有启发性的尝试。

　　"儿童时代图画书"以原创绘本原画为核心资源，策划举办系列主题展览。"大美中

国 遇见童年——金山农民画绘本原画展"聚焦金山农民画非遗艺术，以江南风情画卷培育少儿家国情怀；"对星星的承诺"通过智利诗人米斯特拉尔诗歌绘本原画展览，搭建中外文学艺术对话桥梁；"绘爱·绘美——'儿童时代图画书'原画展"在上海书城展出百余幅原创插画，以童趣化艺术呈现激发儿童审美创造力。三大展览累计吸引观众近千人次。实践表明，绘本原画展通过原画实物展示、互动体验装置等创新形式，将绘本艺术从二维平面延伸至立体空间，用更感性、更细腻的视觉呈现，实现美育功能的场景化升级。其中诗歌原画展开幕式上配套双语诵读会，促成中外读者交流率显著提升。同时，绘本原画展的举办还带动了相关绘本销量增长 4%。

开发"儿童时代图画书"微信小程序，打造"纸质＋数字"融合阅读平台。"儿童时代图画书"平装套装平台提供图画书配套动画、故事音频、名园名师亲子阅读指导视频，提升图画书的附加价值。读者扫码即可获取资源，在线观看动画、微课，聆听音频，实现多样化阅读。小程序在 2022 年初上线后，带动平装套装图画书的（每月文学／科学各 1 册，全年 12 套）年订阅量，当年订阅量突破 120 万套，获家长高度认可。小程序通过立体化阅读服务，助力家长科学伴读，帮助孩子最大限度地感受、领会"儿童时代图画书"的爱与美，读懂知识点，同步提升阅读能力与品格修养。

"儿童时代图画书"响应新时代文化发展需求，通过绘本 IP 开发舞台剧、电影、主题展览及小程序等多元形态，推动出版融合创新实践。衍生内容不仅带动绘本销量显著提升，更通过沉浸式体验实现纸质阅读向多维互动的转型，以书香美育深化儿童阅读兴趣，帮助儿童在艺术熏陶中培育品格与审美素养。

（二）几点有益的启示

"儿童时代图画书"跨媒介开发带来的 IP 衍生收入已成为这一品牌总营收的一小部分，验证了"内容创作—多形态转化—商业反哺"的盈利模式。该实践也为出版业提供可复用的方法论：以文化价值为内核，通过技术赋能与产业协同，将单一图书转化为覆盖教育、娱乐、生活的文化消费生态。

"儿童时代图画书"有信心在未来推进三大方向的融合出版：一是 IP 授权扩容：深化与游戏开发商、主题乐园合作，如开发《小兔的问题》互动游戏、《哼将军和哈将军》主题游乐设施；二是"图书＋"生态融合：联动亲子旅游线路开发绘本打卡地标，联合母婴品牌推出限定款绘本主题用品，如依托儿童时代畅销书图画书《太阳想吃冰激凌》推出亲子套装；三是文创衍生体系：如依托《来！和病毒大作战》设计健康科普笔记本、知识卡片等。

四、出版融合发展的前景展望

"儿童时代图画书"融合出版的跨媒介开发实践，对持续推进本土少儿出版优质内容资源的深度开发，孵化更多具有中国文化底蕴、传递中国价值的少儿IP，提升中国童书融合出版的国际影响力提供了一种路径。

未来，随着人工智能、大数据、区块链等新兴技术的不断发展，将推动出版业实现更深层次的融合发展。通过智能化技术实现内容生产的个性化定制，借助数据分析优化阅读推荐服务，结合区块链技术强化版权保护，以技术赋能为出版业创造全新价值空间。出版业将与影视、游戏、动漫等产业深度融合，形成"内容IP开发—多形态衍生—跨平台运营"的产业生态，如文学IP改编动画电影、科普图书开发AR互动游戏等，将构建多元化的经济增长点。随着全球化进程的不断推进，出版业一方面需把握国际市场机遇，通过数字出版平台实现文化内容全球传播，另一方面亟待提升国际竞争力，应对国际优质内容的冲击。作为全球童书出版行业风向标的博洛尼亚童书展，于2012年设置了"最佳儿童数字内容奖"，持续关注儿童数字内容的创新，获奖作品涵盖交互式绘本、教育游戏等多种形态，但中国至今未有作品入围，折射出数字内容创新短板。

破解出版困境需从三大维度协同推进：一是注重"儿童本位与科技赋能"协同创新，推进童书融合出版应以儿童认知规律为根基，以兴趣导向的呈现形式为切入点，深度融合数字前沿技术，打造沉浸式、交互式数字阅读新形态；二是构建"中国故事 × 科技美学"融合体系，在跨媒介叙事中深度挖掘传统文化基因的同时，也讲好中国当下孩子的成长故事，充分运用数字艺术语言，实现中国故事的创新表达；三是实施"本土培育与全球传播"双轨机制，通过数字资产管理系统搭建、跨媒介内容工场建设等举措，构建全产业链IP生态，形成具有中国气派的数字出版产品矩阵。通过技术、文化、产业三位一体发展，构建兼具文化内涵与科技竞争力的新型出版体系，推动出版融合实现质的飞跃，向世界展现中华文化的数字新图景。

参考文献

［1］习近平：书香是一种氛围［EB/OL］.中国新闻网，2025-3-8.

［2］中共中央宣传部.习近平文化思想学习纲要［D］.北京：学习出版社、人民出版社，2024.

人工智能时代学术期刊编辑职能的新变与传承

上海大学期刊社　　魏　琼

摘　要

人工智能介入学术出版，在提升工作效率和学术质量的同时，也迫使学术期刊编辑职能转型升级：编辑工作重心从基础性、重复性的劳动，转向更具创造性的智性活动，人机协同成为新型工作范式，给技术纠错也成为全新职能。然而，在技术进步带来职能延伸的同时，值得学界反思和重视的是，学术期刊编辑传统职能中应该得到传承和发展之处：学术守门人的核心使命历久弥新，知识服务的重要属性日益凸显，协调关系的智慧更显价值。这种新变与传承的辩证统一，彰显了编辑在智能时代的独特优势——在技术赋能中拓展职能边界，在价值坚守中守护学术本真。

关键词

人工智能　学术期刊　编辑职能　学术把关　知识服务

如今，人工智能迅猛发展，已然震动诸多行业，在学术界亦掀起惊涛骇浪，其影响远超技术层面的效率提升，更推进了一场知识生产革命，动摇并重构科研范式、知识体系以及学术伦理。这场重塑学术生态的变革也深度介入学术出版，"重构学术期刊的出版场景与生态，重置学术期刊编辑生存环境，革新编辑主体的身份定位和职业价值"。在 2021 年，中宣部、教育部、科技部印发的《关于推动学术期刊繁荣发展的意见》就提出要"引导学术期刊适应移动化、智能化发展方向"。在此背景下，学术期刊编辑应该积极响应号召，主动更新知识结构，转变工作模式。需要注意的是，在价值重塑的同时，学术期刊编辑不能沦为技术的附庸，要坚守学术伦理和职业道德，发扬批判性思维，延续其传统职能中真正有价值的地方。

一、技术赋能：编辑职能的三大新变

（一）人工智能技术赋能学术出版

人工智能正在介入学术期刊出版的各环节，深刻改变传统出版流程。比如，在选题策划时，人工智能能通过大数据分析和处理海量学术文献，自动提取高频关键词、分析研究主题聚类等，追踪甚至预判研究热点，预测学术走向，发掘新的学术增长点，从而帮助编辑进行高品质的选题策划。在组稿时，人工智能通过分析数据库中的相关信息，快速精准地锁定与期刊或选题高度匹配的专家学者；识别虽然当前引用率不高，但具有创新潜质的学者，尤其是年轻学者；还能辅助编辑审稿，通过自动化筛选、查重、检查参考文献排除部分不合格来稿。此外，人工智能可以帮助编辑对稿件进行编辑加工，自动纠错和润色；还可以自动化处理排版和格式调整，解放人力，缩短出版周期。而在最后的传播阶段，人工智能可以通过分析读者的阅读习惯、兴趣偏好和学术背景等，进行精准推送；提供多语言翻译，助力学术论文的国际化传播；提供社交媒体传播、支持开放科学以及智能化传播管理等服务。

（二）学术期刊编辑职能转型升级

人工智能潮流席卷而来，学术期刊编辑职能亟须转型升级。"这种转型不仅仅涉及技术层面，更意味着工作模式和价值链的深刻变化"。第一，技术升级。学术期刊编辑必须以开放的心态，与时俱进地学习和掌握各种必备技能。以前，编辑工作的主要内容，比如对稿件进行语言和学术层面的修改提升，靠的主要是自己的知识储备。现在，人工智能可以轻松替代劳动密集型工作，表面上降低了编辑职业的门槛，但实际上是给编辑提出更高的要求，因为编辑节省的时间精力，要转投到更高层次的、更具创造性、价值性的工作上。第二，人机协同。科技的发展迫使学术期刊编辑不但要提升自己的专业水准，还要学会处理人机关系，这牵涉到工作方式和关系的变革。以前的技术只是编辑手头的工具，但人工智能不是，生成式人工智能经过足够成熟的数据库有针对性的训练和调试后，其工作能力可以接近人，在某些方面甚至超越人，编辑在工作中的权威和主体地位因此会受到挑战。人工智能可以被视为编辑的助手，甚至一个新"同事"，而且是一个"你弱我强，你强我弱"的"同事"。编辑能力和专业知识不够"高、精、尖"，则无法驾驭人工智能。人机协同发展是编辑未来的职业发展趋势，如何在复杂的关系网中找到人机关系的平衡点尤为关键。编辑必须熟知人工智能的特性，能够驾驭、引导、最大化地利用其优势，共同完成学术出版工作。第三，技术审核。人工智能虽然在很大程度上推动了学术出版的发展，但眼下，无论哪款人工智能软件，都远非完美。以 ChatGPT 为例，就存在单次输入量有限，整篇文章被切分后，整体感遭到破坏，复制时格式丢失，前后不一致和重复等问题。而即便是在句子层面，对于结构复杂，或者表意含糊、具有隐喻性的句子，人工智能都无法正确理解和处理。此外，因为算法本身蕴含人的主观性，难以避免具有价值倾向，这会影响人工智能的运作。比如，ChatGPT 会表现出西方中心主义的意识形态。因此，学术期刊编辑必须掌握一项新职能，那就是对人工智能的工作进行查漏补缺、纠错改正。人工智能在辅助编辑稿件时，能指出稿件的错误，并提供修改方案，但是编辑不能盲目采用，而是要仔细核对，做出正确判断。

二、职能传承：编辑本真的三重守护

（一）把关学术出版

《关于推动学术期刊繁荣发展的意见》里明确提出要"提升编辑策划与把关能力"，学术期刊编辑长期以来都扮演着学术把关人的角色。在信息传播过程中，把关人通过筛选、过滤和加工等手段来控制和影响信息的流动。在学术传播中，"学术期刊编辑在把关过程中至关重要，这确保了期刊出版的可信度"。作为学术期刊乃至学术界的把关人，从最开始的选题策划，到约稿组稿，再到审稿，期刊编辑都要凭借自己学术的积累，不断进行价值判断，优胜劣汰，为刊物排除不合格的稿件，筛选出真正具有学术价值的文章。学术期刊编辑把关人这一核心职能根植于对学术价值的深度判断与对学术共同体的责任。尽管人工智能技术的出现，为编辑工作提供了数据挖掘和分析等技术支持，提升了效率，但编辑在选题策划、审稿编校、伦理监督等环节的价值判断依然是学术质量控制的终极保障。

在选题策划阶段，传统的编辑凭借自己对学科领域的熟悉程度、跨学科整合能力、学术洞察力和敏感性，长期追踪学术前沿、热点，发掘能引领未来的研究趋势，与本刊物的风格定位相结合，策划合适的主题。现在，通过数据驱动、智能分析和跨领域整合等方式，人工智能可以追踪学术热点，通过海量数据分析识别研究空白点，并提出建议。然而，这种基于数据驱动的预测，在本质上只是对既有学术脉络的线性推演，无法像人类编辑一样凭借自己丰富的知识积累和对超出文本的整个学术趋势的把控，甚至还有敏锐的直觉和算法无法捕捉的想象力和洞察力发现研究中隐藏的可能引发飞跃性革新的因素。在约稿组稿阶段，人工智能在识别作者方面展现出自己的优势，通过分析数据库中的相关信息，能快速精准地锁定与期刊或选题高度匹配的专家学者，帮助编辑提升决策的科学性。为了做好组稿约稿工作，编辑在工作过程中，会培养自己的作者群，这需要编辑有敏锐的学术眼光和批判力，能发掘值得合作、培养的作者。然而，组稿约稿在很大程度上超越了技术匹配的范畴，一位真正的学者的价值也不是人工智能凭算法就能定性的。只有编辑才能通过长时间、大范围的追踪，识别出真正具有思想深度和原创性的作者。在审稿阶段，人工智能技术同样取得了很大突破，人工智能自动化筛选、查重，自动识别参考文献规范，就稿件内容而言，能够通过搜索各种数据库，初步判断选题时新与否，对文章逻辑架构、论证进行判断。但在学术创新性评估这一关键方面，人工智能眼下还无法交出令人满意的答卷。人工智能对跨学科研究的误判率尤其高，因为它无法识别概念重构中的理论突破。而人类编辑却能通过组织不同领域专家进行沟通，识别和判断跨学科概念的价值。在编辑校对环节，人工智能虽然目前能查重、修改语言错误，但在识别潜藏的意识形态、伦理道德等问题方面，人类编辑仍具有不可替代的优势。人工智能帮助编辑把关语言规范等问题，而编辑工作的重点也就转移到对"价值观、算法逻辑与透明性、政治倾向等隐性因素的深度把关"。

（二）服务知识生产

学术期刊是展示和传播知识生产成果的重要平台，而学术期刊编辑则是在这个平台上为知识生产提供专业化服务的人员，"知识信息经过专业编委与编辑人员的精心组织策划和科学分类整理，就会转化成优质的知识内容"。为知识生产提供专业服务是学术期刊编辑职所当为的，编辑负责搜集、筛选原本是零碎散乱的知识，通过选题策划和编辑校对赋予其符合学术规范的形态，再负责对已经秩序化的知识进行传播。在传统的知识生产过程中，编辑表面上是权威的裁判，把控论文的发表权，但实际上，合格的学术期刊编辑，在本质上并非学术权力的掌控者，他们主要依靠自己扎实的专业知识，严格遵守出版流程和学术规范，筛选优秀的学术知识，对其进行加工提升后，再进行传播推广。在知识生产中，作者才是知识的创造者和知识生产的主体，而编辑的功能类似催化剂，他们为知识生产提供"助产"服务。在知识的传播阶段，读者才是知识的主体，他们从发表出来的学术论文中了解学科发展、学术前沿，受到激发后，也会创作自己的论文，投入新的知识生产。如此，形成良性循环，知识生产源源不断。人工智能介入学术出版后，改变的是知识生产的方式，编辑能够以更高的效率提升知识产品的品质。人工智能还丰富了知识传播的渠道和呈现形态，借此编辑能够打造出更强大的学术交流平台，增强知识在作者、编辑、读者之间的流通，推动学术创新，让知识生产带动更多的知识生产。在这个循环中，编辑的服务职能不但没有消失，反而借技术提升得以强化。"无论人工智能模型如何优化升级，人类编辑始终是学术期刊编辑为其客户提供优质服务的关键所在。"然而，也有人担心人工智能介入学术出版后，"削弱了编辑职业的话语权威，降低了受众对于编辑的依赖"，甚至编辑身份定位都岌岌可危。其实，如果能认识到编辑自始至终都不是什么知识的权威，而是知识生产网络上一个和作者、读者平等的节点，那么这种困惑就是不必要的。如果一定要强调学术期刊编辑的主体性，那么，这种主体性表现出来的不应该是权威和独断，而应该是平等的服务意识。

（三）协调多元关系

在知识生产过程中，学术期刊编辑面对的不仅是文本，还需处理和协调各种关系，在作者、编委、专家、读者构成的关系网络中，有效沟通协调，提供优质的专业化服务。人工智能全面介入学术出版的各环节后，在传统的各种关系中，出现新的维度——人机关系。在人机关系中，编辑应该是主导者和平衡者。此外，传统的编辑—作者的互动关系转变成编辑—人工智能—作者的复杂关系。比如，作者会质疑人工智能的审稿结果，此时，编辑不能简单粗暴地以人工智能为准，而是要依靠自己扎实的专业知识重新做出判断，有必要的话，还可以求助相关外审专家进行裁决，消解冲突，建立信任关系。在加工文稿的过程中，人工智能可以提供修改和润色服务，但经常出现的问题是，人工智能往往会矫枉过正，经过润色的文章，常常变得面目全非，这会让作者难以接受。熟练的编辑才能把握适度的修改幅度，在确保无误的情况下，"尊重作者自己的文风与措辞，但人工智能对此置之不理……让它编辑文本，不可避免的是会生成一个重写版，作者原本的风格荡然无存"。此外，在论文修改过程中，编辑存疑时，也能和作者沟通，作者确认有误时，再与作者协商修改方案。在这种你来我往的过程中，编辑以平等意识，用自己的专业知识，为作者提供服务，与作者培养感情和信任关系。学术期刊编辑都有自己的作者群，这也是长时间的积累所得，这一点也是人工智能几乎无法取代的。在学术传播阶段，刊物出版后，哪些读者能接触到，他们作何反应，以前的编辑几乎是无从知晓的。在人工智能时代，知识成果在各种媒体平台上展示，诉诸视觉、听觉乃至触觉等感官形式。在信息化平台上，人工智能支持的自动匹配、智慧分发，开放获取等方式共同推进知识成果传播，连接编辑、作者与读者群，形成一个分享、互动的学术共同体。此时，编辑应找准自己的位置，以合适的方式介入这种开放多元的关系网络，协调和引导各种关系。

三、守正创新：编辑智慧的不可替代性

一般认为，随着技术的发展，在数据处理、模式识别等确定性领域，人工智能将持续扩大优势；但在需要进行价值判断、意义创新、充满不确定的领域，人类智慧仍是不可替代的。人工智能擅长信息处理，有惊人的运算能力与模式识别效率，但是它并不具有人的理解力、想象力、责任心和情感。学术期刊编辑职能的延伸和发展，主要是在技术层面的，而其为学术期刊把关、为知识生产服务和协调多元关系的传统职能则是应该传承的价值内核。

在人工智能背景下探讨学术期刊编辑职能应顺势而为革新升级之处与应处变不惊传承发展之处，本质上是对人类价值和身份遭遇解构的反思。但人类的本质并非一成不变的硬核，人类总是在变与不变的二律背反中解构与重塑自我。人工智能介入学术出版，使学术期刊编辑职能有所延伸，对此的研究已经比较充分。探讨编辑职能应该传承之处，其实也是在探讨与人工智能相比，人类智慧的优势和价值所在。

参考文献

［1］廖先慧.生成式人工智能浪潮下学术期刊编辑身份研究［J］.编辑学报，2024（增刊1）.

［2］王宁.人工智能与新质生产力发展背景下的编辑角色转型［J］.中国出版，2024（24）.

［3］罗飞宁，刘壮，谢文亮.AIGC 时代编辑的身份挑战与角色转型［J］.出版广角，2023（15）.

［4］李莎，郑伟.生成式人工智能在学术期刊出版中的应用研究［J］.出版广角，2025（2）.

［5］Holly Randell-Moon, Nicole Anderson, Tracy Bretag. Journal Editing and Ethical Practice: Perspectives of Journal editors［J］. Ethics and Education, 2011（6）.

［6］翁之颢.ChatGPT 重塑职业编辑的三维路径：业务边界、认知逻辑与核心能力［J］.中国编辑，2023（11）.

［7］杨国兴，沈广斌.学术期刊在新知识生产模式中的地位和作用［J］.中国编辑，2023（6）.

［8］Rachel Baron. AI Editing: Are We There Yet［J］. Science Editor. 2024（3）.

双语编辑素养和在外宣图书编辑加工中的作用

上海文化出版社　　张　彦

摘　要

双语外宣图书出版对中华文化"走出去"至关重要，也是提升中国文化软实力和国际话语权的有效举措。双语图书编辑需在政治意识、语言精准、文化适应、出版形式等方面下功夫，确保内容高质量并能有效传播。本文联系实际，分析双语编辑应该具备的素养及这种素养对于外宣图书审校的意义，总结归纳出双语编辑在外宣图书内容编辑加工中的作用。

关键词

双语编辑　外宣图书　意识形态　文化差异

一、双语编辑应该具备的素养

编辑工作是出版工作的核心环节，编辑人员的素质直接影响出版物的质量和社会效益。一般而言，图书编辑应具备良好的政治素养、文艺素养、科学素养乃至新技术素养，以保证出版物的思想性、科学性、艺术性、可读性等。双语编辑更是如此，除扎实的双语能力外，还应具备如下素养，以确保双语图书的高质量出版及良好传播效果。

（一）政治意识

外宣出版物是外国读者了解中国的重要媒介，内容的权威性和准确性至关重要。坚持正确的政治方向、出版导向、价值取向，是党和国家对出版工作的一贯要求。双语编辑须熟知中国共产党治国理政、中国脱贫攻坚战、中国外交政策、中国对外开放政策、中华优秀传统文化等政策性知识，才能在编校过程中消灭双语内容中的政治性错误。另外，在国际上可能引起误解的中文内容，在英文中也要做出恰当的解释与取舍，避免在外国读者群中被误解或恶意传播。

（二）跨文化理解能力

中英双语编辑不仅要精通两种语言本身，还需熟稔背后的文化差异，避免因文化误解导致信息传递错误或产生歧义，减少文化冲突。同时能够基于不同文化背景调整内容，使其更符合目标受众的思维方式和阅读习惯，从而增强内容的吸引力和传播效果。

（三）出版责任意识

外交无小事，外宣也须慎之又慎。"双语出版"的最直接结果就是其拥有两个市场——国内读者市场和海外读者市场，读者群更广。双语编辑要始终保持高度的出版责任意识，在编辑过程中，不唯专家论，必须对源语信息进行核实，确保其真实性和准确性，避免将错就错、以讹传讹，避免因个人疏忽造成不良影响。

二、双语编辑的素养对于外宣图书审校的意义

外宣图书是向国际社会传播中国声音、展示中国形象的重要载体，而双语编辑作为内容的生产者和把关人，其作用体现在多个方面。

首先是意识形态的把关。双语编辑须深刻理解国家的意识形态和政策导向，确保图书内容不偏离主流价值观。特别是在涉及敏感话题时，编辑应具备辨别和处理潜在意识形态风险的能力，避免传播错误或有害的信息。

其次是语言转换的准确性。双语编辑的核心任务之一是，在确保原文意思不被曲解或丢失的前提下，保证关键术语、政策表述的准确性，把握英语表达的准确、流畅、地道，尊重英语的表达方式及英语读者的阅读习惯。

最后是文化差异的平衡。外宣翻译应以读者为中心，遵循跨文化交际意识。外宣图书的目标读者往往是外国受众，编辑需要在尊重文化差异的同时，确保内容的准确性和一致性。通过恰当的语言转换和文化适配，编辑可以帮助外国读者更好地理解中国的政治、经济和文化背景，避免因文化差异导致的误解或偏见。

三、双语编辑对外宣图书内容编辑加工的要点

（一）防止出现意识形态错误

外宣图书涉及我国的政治和法律制度，编辑在处理相关内容时需要特别注意政治导向。根据《图书出版管理条例（2024）》规定，对《我们生活在这片土地——中华五十六民族》（上海文化出版社，2021年版）认真审校，防止中英文有可能出现的"煽动民族仇恨、民族歧视，破坏民族团结，或者侵害民族风俗、习惯""宣扬邪教、迷信"的内容。

（二）语言转换的准确性

第一，中英双语语言本身在语法、时态、词汇、句子结构、修辞等方面差异显著。在汉译英时，须遵循英语本身的特点进行翻译。如《静安概览》（上海文化出版社，2017—2025年版）中"大力推进"一词，在英文中若译为"vigorously promote"易显生硬，"actively facilitate"更符合国际公文规范。

第二，中文外宣材料中有两类信息——"硬信息"与"软信息"。"硬信息"通常很具体、可量化；而"软信息"大多很抽象，概括性强。"硬信息"翻译重在精准，直接对应，严格忠实于原文。西方新闻学写作规范值得外宣材料的译者及双语编辑借鉴，包括客观、重低调陈述、信息简洁等。如《静安概览》中的人口数量等数字性信息，以及地理位置、所举办活动、所获奖项等事实性描述，均需朴实简洁地直译。而"软信息"则需进行创造性翻译，允许"省译"或"补译"。如《静安星火》（上海文化出版社，2022年版）中有些红色故事的细节描写，在英译中，考虑到英语读者的阅读习惯、阅读兴趣及版面空间有限等因素，无须如中文般细致，只需概括提炼故事的梗概及精神即可。再如《梧桐深处　建筑可阅读》（上海文化出版社，2019年版）中的成语及典故，在字面义之外，需破折号引出补译，补充解释其内涵，加深读者理解，这种做法在各个版本的《汉英成语词典》中普遍应用。又如《我们生活在这片土地——中华五十六民族》中大量民族特色内容，需做有效补译，使英语读者更好地理解所传达的信息。《金山农民画开拓者——吴彤章　张新英作品》（上海文化出版社，2021年版）中大量描述作品特征的"软信息"需要意译、补译，让富有中国特色的内容，以能够引起国际读者情感上共鸣的方式英译，使英语读者更好地理解画作的内容和精神，走近上海的农民画这一地方文化艺术。补译，可增加信息量，令译文更易被理解，可在一定程度上使源文不可译的部分尽量地减少。外宣翻译中，必要时可详细注释中国特色文化、特色词语的

内涵与外延，向目标语读者靠拢。

（三）信息传达的准确性与有效性

原文信息的准确性及有效的翻译是确保信息正确传递、促进沟通和理解的关键。因此，双语编辑须确保原文信息及相应译文的准确性、有效性。

第一，求证内容的准确性及译文的有效性。在《我们生活在这片土地——中华五十六民族》一书的合译及编辑过程中，笔者在国家民族宗教委员会和云南、四川、贵州等少数民族聚集省份的民族宗教委员会官网，及中国知网等权威学术平台、相关民族主题的专著中，横向纵向反复查找、比对，以确保数字及各民族起源、发展、现状、服饰、起居、饮食、风俗等信息准确，且为最新数据。

第二，与关联方紧密合作。汉英对照这种形式的特殊性，对译文的对应性、完整性、严谨性及图文的匹配度要求很高，需要编辑与作者、译者、外审专家合力把关，最终确保信息的准确性。除了社内三审三校环节，有时还需请外审专家针对中文内容进行四审，及针对英文内容进行五审。

第三，换位思考，加强调研。双语编辑需站在信息接收者的角度去考虑信息传达的有效性，必要时可多渠道调研读者的感受、反馈、评价，收集一手资料，用于所调研图书再版时的改进、修订，以及在编辑其他同类书时避免同类问题。

（四）文化认知鸿沟的弥合

中英文化在地理、历史、宗教、价值观念、社会结构等方面有显著不同。理解这些鸿沟有助于减少误解，促进跨文化交流。编辑须把握双语文化背景，基于恰当的翻译策略，从读者良好体验角度出发，弥合书中有可能带来文化认知鸿沟的信息，减少文化差异带来的障碍，促进中英双语图书的传播与接受。如龙图腾在西方语境中常常会引起负面联想，《我们生活在这片土地——中华五十六民族》中多次出现这一形象，因此需要根据不同的上下文语境，进行补译、注释，并以插图形式融入视觉解释系统，图文结合呈现文化符号。

（五）内容呈现形式的有效性

外宣图书需要出精品，除优质内容外，也需要在形式上下功夫，以优质的品相吸引读者，以达到更好的外宣效果。在读图时代，一图胜千言。与期刊、报纸相较而言，图书的一大优势在于其允许多样的版式设计，形式服务于内容加强内容主题之外，还给读者以美的享受。选取与文章内容及风格相符合的图片，采取契合主题的装帧形式，对于以外文为母语的受众来讲，是获取最大传播效果的一条捷径。《静安星火》内文图文结合，装帧形式采用了石库门的造型，主色调为中国红，与本书呈现的静安红色场所的内容、精神高度契合。《静安概览》2017、2019、2021、2023、2025 成系列，在内容及装帧形式上"静安化"，书签及封面都融入了最具静安特色的元素，形成该系列明显的 IP 属性。

（六）内容传播形式的多样化

数字时代，新技术丰富了传统图书出版的融合发展路径，应顺应媒介融合趋势，创新展现形式，加强融合出版，以多媒体形式呈现出版内容。《梧桐深处　建筑可阅读》在书中融入二维码，读者扫二维码，就可在影像和文字中尽情穿越，增强沉浸感，结合当下的 CityWalk 热，本书可谓一部大而全面的导览手册。

双语编辑在编辑加工外宣图书时，须始终以把好意识形态关为第一要务，在此前提下，把握双语转换的准确性、信息传达的准确有效性、弥合文化认知的鸿沟、创新内容呈现与传播形式等，以期实现外宣效果最优化。

双语外宣出版意义重大，肩负着向世界展示真实、立体、全面的中国，讲好中国故事、传播好中国声音的重要使命，也是增强我国国际传播能力，提升我国文化软实力的有效举措。

五千年的中华文明，还有许多宝贵的文化财富没有被世界所知晓。在新时代的历史节点上，双语出版人在传扬优秀中华文化上大有可为。

参考文献

［1］肖宏. "双循环"战略视野下的科技期刊双语出版［J］.中国科技期刊研究，2020，31（9）.
［2］汤雪梅，杨春兰. 2023—2024 年中国出版业发展报告［J］.出版发行研究，2024（7）.
［3］宋博雅.外宣领域图书编辑应具备的素养——以五洲传播出版社为例［J］.编辑出版，2021（18）.
［4］杨梦月.编辑素养视角下科技图书初审要点探析［J］.新闻传播，2024（7）.
［5］傅似逸.试论对外宣传材料英译"以语篇为中心"的原则［J］.外语与外语教学，2001（11）.
［6］许冬平.翻译理论和编辑理论对编辑的指导作用——以汉英对照本《老残游记》为例［J］.南京理工大学学报（社会科学版），2006（3）.
［7］杨莹雪.浅论汉英对照图书的编辑加工要点——以汉英对照四大名著为例［J］.编辑学刊，2018（2）.
［8］王琼.国家出版基金项目《晏子春秋（汉英对照版）》简评［J］.传播与版权.2019（2）.

从《黔药志》的出版浅谈出版的创新实践

上海科学技术出版社　　安欣欣

摘　要

"十四五"期间，国家中医药管理局联合发布《中医药文化弘扬工程实施方案》，旨在推动中医药文化繁荣，为中医药振兴和健康中国建设提供文化动力。本文结合上海科学技术出版社《黔药志》系列丛书的出版实践，分析了主题出版与学术出版的融合、民族医药的文本重构、出版全过程的协同优化及编辑角色的转型，为新时代中药资源普查与出版工作提供参考，试调为出版行业数字化转型中的创新路径提供启示。

关键词

中药文化传播　编校质量　市场反馈　数字出版

国家中医药管理局协同相关部门联合发布的《"十四五"中医药文化弘扬工程实施方案》，明确了研究阐发、教育普及、保护传承、创新发展及传播交流等多维度的重点任务，旨在全面推动中医药文化的繁荣发展。方案提出，要加大中医药文化保护传承和传播推广力度，推动中医药文化贯穿国民教育，融入群众生产生活，为中医药振兴发展厚植文化土壤，为健康中国建设注入源源不断的文化动力。在此背景下，中医药文化的有效传播不仅成为提升国民健康素养的关键因素，更是增强国家文化软实力的重要途径。中医药文化，蕴含丰富的人文精神与哲学思想，正逐步成为树立民族文化自信、生动讲述中国故事，以及提升国际文化影响力的核心载体。

中医药专业出版作为传承与弘扬中医药文化的主力军，在促进中医药学术交流、推动学科发展以及实现中医药在新时代的传承与创新中扮演着不可替代的角色。其使命涵盖了传扬医道、培育人才、兴盛文化、塑造形象等多个层面，是连接传统智慧与现代应用的桥梁。面对新时代的挑战与机遇，中医药出版工作者需紧密围绕人民群众的健康需求，精心策划并推出一系列权威性强、科学严谨、品质卓越且形式多样的中医药内容产品。通过引领中医药知识的广泛传播，开创融合出版的新模式，为中医药文化的建设与国际化传播贡献力量，积极响应数字中国、文化强国及健康中国战略的号召，不负党和国家的重托与期待。上海科学技术出版社《黔药志》丛书的编纂与出版，不仅填补了区域中药资源研究的学术空白，更在国家中医药发展战略框架下，构建起具有示范意义的地方性中药知识体系。其编纂过程所展现的学术坚守与时代担当，为新时代主题出版提供了有参考价值的实践样本。

一、主题出版与学术出版的有机融合

《黔药志》丛书的编纂和出版，具有鲜明的时代特征，展示了主题出版与学术出版的有机融合。这一系列包括《贵州省中药资源志要》以及《贵州黔东南药用资源图志》《贵州乌蒙山中药资源图志》《贵州清水江流域药用资源图志》《贵州大娄山中药资源图志》四本区域性图志，形成了"总—分"结构，既满足了政府决策层的宏观政策参考需求，也服务于地方区域生态研究的微观科研应用。系列丛书契合国家中医药发展的战略，成为地方中药资源保护与合理利用的重要参考资料。而作为学术出版物，《黔药志》丛书严格遵循学术规范，确保了内容的科学性和权威性，体现了较高的学术价值。

在学术出版领域，规范性是确保知识传播准确性与权威性的基石，而《黔药志》丛书的出版工作正是这一原则的生动实践。面对复杂多变的植物分类学时，责任编辑与作者团队展现出了严谨的学术态度和深厚的专业素养。起初，责任编辑曾提出考虑采用最新的分类系统来编排物种信息，以期反映学科前沿动态。然而，在广泛征求专家意见并经过深入讨论后，最终审慎决定遵循更为经典且被广泛接受的分类体系：蕨类植物依据"秦仁昌1978分类系统"精心排序，裸子植物则按照"郑万钧1978分类系统"严谨归类，被子植物则遵循"恩格勒1964分类系统"的科学框架。这一决策不仅体现了对学术传统的尊重，也保证了《黔药志》丛书内容与国际主流学术界的良好对接。为确保6352种植物的每一种都能准确无误地归入相应类别，出版社形成了经验丰富的编辑工作团队，对目录及正文内容进行了多达十余轮的细致审核与校对。这种近乎苛刻的质量控制流程，不仅彰显了团队对学术规范的高度重视，也极大地提升了书籍的学术价值与可信度，为未来相关领域的研究者提供了一部可靠、翔实的参考文献，有力地促进了中医药学及植物分类学研究的深入发展。

《黔药志》系列丛书的出版是主题出版与学术出版相结合的成功案例。在中医药资源保护与利用的战略要求下，贵州省的中药资源普查工作不仅具有重要的学术价值，更对地方中药资源的开发和利用提供了宝贵的参考。通过严格遵循学术规范，《黔药志》丛书为中医药领域的学术研究和应用提供了重要基础。同时，也展示了学术出版如何在满足政府决策需求的同时，有效推动地方资源的保护和发展，提供了出版领域中学术与实践相结合的有益经验。

二、编校把关与民族医药的文本重构

在《黔药志》系列丛书的编校过程中，尤其是在处理民族医药文化时，面临了许多敏感且复杂的挑战。贵州省有苗族、布依族、侗族等 17 个世居少数民族，拥有丰富的民族医药文化，而这些文化和治疗方式往往带有浓厚的地域性和历史性特点。

对于少数民族药物的传统应用，特别是在苗族、布依族等少数民族中，传统医药学说和治疗方法常常涉及深厚的文化底蕴。如在早期的苗族医药文化中，使用某些药材的疗效往往是基于"巫医合一"的观念，这不仅仅是医学层面的理解，还是文化认同的一部分。因此，在编校时特别需要对这类文化和疗法进行尊重，同时保持学术严谨性。通过与专家、民族医药传承人、地方医药学者的多次对话确定平衡点，既保留了传统药物文化的精髓，又避免了迷信成分的传播，尽力实现了学术与民族文化的双重尊重。

在《黔药志》系列丛书的编辑过程中，编校人员不仅是信息的传递者，更是文化的再创造者。多本专著中提到了传统药方、民族医药经验，都通过重新审视与修订，以更符合现代医学认知和文化传播的方式呈现。如在涉及"圆叶生女，尖叶生男"等传统观点时，通过删减处理，避免让这种封建迷信内容对现代读者产生误导。这一过程凸显了编校工作的重要性，也提示我们在未来的出版实践中，应该建立更有效的多层次学术审核机制，进一步加强与民族医药专家和地方文化学者的沟通与合作，确保民族医药现代传承的同时，避免过度商业化与迷信化。

在专业出版领域，特别是涉及地方文化和传统知识的出版过程中，编校工作不仅确保信息准确性和学术严谨性，还承担着文化重构和再创造的责任。出版人员在对传统知识进行现代化和标准化时，必须平衡学术性与文化性，保持文化的原貌的同时，还要避免误导。

三、印刷发行与市场反馈的协同优化

在《黔药志》系列丛书的出版过程中，印刷工作尤为重要，特别是在图片的还原度和色彩的准确性上进行了严格控制。中药资源的介绍往往离不开图像展示，无论是药材的生境、特征部位，还是标本，图像往往是读者理解内容的重要方式。因此，在选定印刷厂时，特别强调印刷厂的专业水平，要求其能够准确还原图像的色彩和细节，确保每一张图片都能真实、准确地展示中药材的特点。在印刷过程中，出版社与印刷厂保持了密切的沟通和协作。通过打印蓝样等环节确认，及时根据效果进行调整，确保了每批印刷的质量达标，最终使印刷质量符合学术出版的高标准。

在发行方面，《黔药志》丛书不仅通过传统的学术渠道——如各大图书馆、专业书店等渠道，覆盖了中医药领域的核心读者群体，还通过网络平台扩大了其影响力。其中，利用电商平台的精准推荐算法和社交媒体的传播效应，《黔药志》丛书不仅在学术圈内得到了广泛关注，也在大众读者中逐渐积累了影响力。

图书的市场反馈非常重要，它不仅帮助出版社了解读者需求，也为今后的版本修订提供了宝贵的参考。尽管《黔药志》丛书已获得许多学术界和医药领域的肯定，但结合市场反馈，我们计划在后续的修订中增加电子版本，提高互动性和实用性，如加入更多的检索功能，增强用户的阅读体验，使图书更加符合读者的使用需求。在《黔药志》丛书未来的出版中，还需要适当调整内容呈现方式，使之更加生动、有趣。

四、编辑角色转型与出版业态创新

《黔药志》丛书的出版过程中，深刻反映了纸质图书在数字化浪潮中的挑战与机遇，尤其在选题设计的初期阶段尤为明显。志要类图书因其内容广泛、资料详尽和查询频繁，天然适合通过数据库、电子书或在线平台等数字化形式呈现，成为学术研究与行业参考的重要工具。然而，传统纸质出版物受限于物理形态，无法充分展现内容的深度和广度，也难以实现即时检索与交互。

为应对这一挑战，编辑团队需要具备前瞻性的思维，在策划阶段就着眼于将分散的信息整合成一个结构化、可交互的知识网络。这不仅是简单的数字化转型，更需要对内容进行深度挖掘和重组，利用元数据、标签和超链接等数字工具，使信息之间的关系清晰可见，便于用户根据需求进行定制化探索和学习。这种转型要求编辑在传统角色基础上，进一步承担内容创新与媒介融合的推动责任。编辑不仅要具备扎实的专业知识和敏锐的选题洞察力，还需掌握数字技术，如数据分析、数字内容管理和用户体验设计等技能。通过提升这些能力，编辑能够精准定位读者需求，设计既符合学术标准又具备用户友好的数字产品。

同时，编辑应保持持续学习和自我革新的精神。随着新技术和数字出版形式的快速发展，编辑需要紧跟技术迭代，勇于尝试并实践新方法，通过培训、行业交流和案例学习，不断提高数字素养和创新能力。更重要的是，编辑还应与技术开发团队和市场营销团队紧密合作，共同探索如何深度融合传统出版与现代技术，创造出兼具文化底蕴和现代科技感的数字出版物。编辑角色的转型与出版业态的创新是应对数字化挑战的关键。通过不断创新和与技术的深度融合，编辑不仅能提升出版物的学术价值，还能为读者提供更高效、便捷的数字阅读体验，确保出版物在数字时代的生命力与影响力。

总体而言，本文从四个方面回顾《黔药志》丛书的出版实践。通过"总—分"结构整合省级志要与区域图志，将地方资源数据转化为兼具学术与政策价值的公共产品。展现了学术出版与国家战略需求紧密对接，在满足社会需求的同时，兼顾推动地方发展。这种融合不仅强化了学术价值，还赋予出版物更广泛的社会意义。在民族医药文本重构中，赋予传统文化新的生命力，通过严谨的筛选与加工，使传统文化与现代学术相融合，确保内容的学术性和文化性并重。印刷发行与市场反馈的协同优化，确保高质量的出版物能够满足读者的需求，并通过市场反馈为后续图书的出版形势与方向提供宝贵的参考。编辑在传统的文字编辑工作之外，转换身份，成为信息整合者和数字化转型的推动者，通过跨领域合作与技术融合，推动传统出版业向现代化、互动化方向发展。

参考文献

［1］黄璐琦，郭兰萍，张小波，等.基于第四次全国中药资源普查的中国中药资源种类研究［J］.中国中药杂志，2024，49（13）.
［2］国务院关于印发中医药发展战略规划纲要（2016—2030年）的通知［Z］.2016-2-26.
［3］江维克，周涛，柴慧芳.贵州省中药资源志要［M］上海：上海科学技术出版社，2024.
［4］张新新.基于出版业数字化战略视角的"十四五"数字出版发展刍议［J］.科技与出版，2021（1）.

人工智能时代传统书画期刊的创新路径思考

上海书画出版社　　凌云之君

摘　要

本文以《书与画》杂志为例，剖析人工智能时代传统书画期刊面临的传播局限、内容质量困境、经营压力及技术人才短板等挑战，阐述 AI 技术在传统书画期刊编辑中的应用，如内容生产智能化、数据驱动选题策划、分层内容服务及互动传播体系构建等实践。文章提出期刊创新路径，包括内容上融合科技与艺术，利用技术解决视觉呈现难题，开发多维度数字内容，借助 AR、VR 等技术及新媒体平台增强读者互动，实现数字化转型。

关键词

人工智能　书画期刊　数字化转型　创新路径

人工智能（AI）作为模拟、延伸人类智能的技术科学，通过机器学习、深度学习等技术实现感知、推理和决策等智能活动。随着大数据、云计算等技术的发展，AI 已在医疗、金融、教育等领域展现出强大应用潜力，同时也正在重塑出版行业的内容生产、传播和消费全流程。

中国传统书画艺术作为重要文化遗产，其传播载体正处于数字化转型关键期。书画期刊作为传统艺术传播的重要媒介，在人工智能时代面临多重挑战。本文以《书与画》杂志为例，系统分析传统书画期刊的发展困境，探讨 AI 技术创新应用路径，为传统文化传播的数字化转型提供创新思路。

一、传统书画期刊的发展现状与问题

传统书画期刊长期在艺术界和学术界发挥着重要作用，为艺术爱好者搭建交流平台，为书画家提供展示舞台。然而，在人工智能快速发展背景下，传统书画期刊面临以下问题。

传播方式局限。传统期刊依赖纸质媒介，通过邮局订阅、书店销售等渠道传播，存在出版周期长、传播范围窄等问题，难以满足读者对信息及时性的需求和覆盖更广泛的受众群体。相比之下，新媒体平台凭借即时性、互动性优势迅速崛起，吸引了大量年轻用户。这使得传统期刊的纸质发行渠道影响力逐渐减弱，读者群体持续流失。

内容质量困境。高质量的书画研究文章、艺术评论、作品赏析等内容是传统书画期刊的核心竞争力。但部分期刊存在内容空洞、缺乏深度等问题，优质内容相对稀缺。同时，一些文章过于专业化、晦涩难懂，难以引起普通读者共鸣。而人工智能时代读者更倾向于碎片化、可视化内容，传统期刊若不能适应这一变化，将难以满足读者需求。

经营管理压力。人力成本控制导致编辑配置不足，编辑往往疲于应付基本发稿流程，没有更多的精力去调研市场、打磨选题、与作者深入沟通，也就难以深入开发精品内容。同时，纸张、印刷以及宣发等成本上涨，加上盈利模式单一，主要依赖发行和广告收入，使期刊经营压力倍增。

技术与人才短板。AI 技术应用需要专业知识，传统期刊编辑面临技术应用困难。既懂书画艺术又熟悉 AI 技术的复合型人才稀缺，制约了期刊的创新发展。

以上这些问题，在《书与画》这本杂志上均有所呈现。《书与画》创刊于 1982 年，凭借其独特的定位和丰富的内容，吸引了众多书画爱好者的关注，曾为推动中国传统书画艺术传播发挥重要作用。但近年来面临读者老龄化、发行量下滑等问题。虽然经过多次改版扩版，但成本上升导致定价提高，影响了订阅量。编辑团队虽具备专业书画背景，但缺乏 AI 和新媒体运营知识，限制了期刊的创新发展。

因此，传统书画期刊急需进行数字化转型。这不仅关系到期刊自身发展，更关乎中国传统书画艺术的传承。如何在保持传统特色的同时，利用 AI 技术实现创新，成为亟待解决的问题。

二、人工智能技术在传统书画期刊出版中的应用

《2023—2024 年中国数字出版产业年度报告》显示，AI 技术已全面渗透出版全流

程，推动生产质量和效率的显著提升。作为传统出版领域的重要组成部分，书画期刊也迎来了转型发展的新机遇。

（一）内容生产智能化

书画期刊作为艺术与学术研究的重要载体，其稿件审稿与编校工作对确保内容质量、学术价值及艺术水准至关重要。然而，传统的审稿机制面临诸多挑战。一方面，投稿数量的增加虽缓解了稿源短缺问题，但也导致低价值信息泛滥，网络抄袭、剽窃现象频发，增加了编辑人员的工作负担。另一方面，常规人工审稿受主观性和知识局限影响，在准确性、公正性及原创性判断上存在不足。此外，传统的编校方式依赖人工校对，效率较低，难以满足现代出版的高精度、高效率需求。人工智能技术的引入为传统书画期刊的审稿与编校提供了解决方案。《书与画》也在这方面进行了探索。

基于自然语言处理和人工智能技术构建的审稿系统，可对投稿论文进行自动分析，评估其原创性、学术价值及语言质量，辅助编辑快速决策，提高审稿效率和公正性。面对大量良莠不齐的投稿论文，《书与画》利用 DeepSeek、豆包 AI 等大语言模型，通过语义理解与知识图谱技术，自动提取稿件中的书画专业术语，关联相关学术数据库验证概念的准确性，完成稿件的查重和筛选。如在审核书画理论文章时，通过如"皴法""章法布局"等专业术语，AI 可快速检索 CNKI、万方数据、维普、艺术史数据库等，比对论点与权威文献的契合度，降低学术错误风险。同时，通过语义分析，系统能初步评估文章的研究深度和创新性，帮助筛选高质量稿件。

凭借强大的自然语言处理和深度学习技术辅助论文编校，可精准识别文本错误，提供修改建议，优化书画期刊内容表达，减轻编辑工作负担，显著提高编校质量与效率，助力高质量内容的产出。《书与画》在初审过程中，通过 DeepSeek、豆包 AI、文心一言等，可快速查询生僻概念和模糊资料；对文章语句进行优化，提升表达的清晰度和流畅度；运用同义词替换、句式调整等，显著改善文本质量。例如，对文章中晦涩语句进行语义拆解与重组，如将"墨分五色之技法"优化为"墨分五色是中国水墨画的一种传统技法，它通过水分与墨色配比呈现层次变化"，从而提升文本可读性。运用方正审校、黑马校对等专业软件，能够精准识别语法错误、错别字、标点符号使用不当等问题。再结合光学字符识别与上下文语义分析，不仅能识别文字错误，还可检测书画作品图注与正文的逻辑矛盾。

需要注意的是，尽管这些智能技术的功能不断地在完善，但是在论文的政治方向、舆论导向、伦理道德等涉及意识形态、价值判断的问题上，还有涉及书画的专业术语、古籍引用及特殊表达等方面，仍然需要编辑人员凭借专业素养和行业经验介入，进行分析与改正，确保书画期刊内容的思想性与专业性，实现人工智能技术与人工审核的优势互补，共同推动书画期刊高质量发展。

（二）选题策划与内容拓展

书画期刊的选题策划直接影响其学术价值和艺术影响力，传统模式下主要依赖编辑团队的经验积累，通过市场调研、研讨会等方式挖掘书画艺术领域的热点，但这种方式易受主观因素影响，且存在滞后性。人工智能技术的引入为书画期刊的选题策划提供了新的思路。

利用大数据与人工智能技术抓取并挖掘分析艺术展览、拍卖会、学术数据库、学术会议等信息，结合事件利用算法提炼热点事件，辅助编辑制订选题计划。以中华艺术宫策划的"何谓海派"艺术系列大展为例，《书与画》利用网络爬虫技术实时抓取到了这一热点事件，还通过知识图谱关联"海派绘画""京津画派""岭南画派"的历史渊源，策划了"何谓海派艺术""京派与海派""海派与岭南画派"三期专题，专门约请策展人及专家撰写相关文章，深入挖掘"海派绘画""京津画派""岭南画派"的发展脉络、艺术特色以及文化价值，为读者带来全面且深入的解读。

人工智能技术通过读者检索记录、下载量、社交媒体讨论等数据进行量化分析，精准捕捉书画研究者、收藏家及爱好者的兴趣偏好，使选题更贴合受众需求。如通过自然语言处理分析微信公众号、微博、小红书、抖音等社交媒体，艺术论坛的用户评论，提取高频关键词，结合过滤算法预测读者兴趣趋势策划选题。小红书、抖音等社交媒体上有关"敦煌壁画"话题热度不断上升，《书与画》通过人工智能建议，策划"张大千与敦煌壁画""永乐宫壁画""墓葬壁画"相关选题。

人工智能技术正在深度重塑书画期刊编辑内容，通过个性化和分层化的内容拓展，为不同读者群体打造专属的艺术体验。如读者对宋徽宗书画尤其是瘦金体的关注度不断攀升，通过分析用户行为数据，《书与画》"传移摹写"栏目迅速响应，推出宋徽宗瘦金书实临解密连载，围绕《秾芳诗帖》《怪石诗帖》等经典作品，教授临摹技法要诀。针对青少年读者群体，人工智能助力《书与画》增设"国画教程"，结合四季物候、传统节俗等贴近青少年生活的题材，以生动有趣的方式传授绘画技法。这种依据不同读者需求开展的内容拓展，不仅满足了多样化阅读需求，还通过分层服务进一步丰富了书画期刊的内容体系，让不同层次的读者都能在期刊中找到契合自身兴趣的优质内容。

（三）智能传播与用户互动

在人工智能时代，传播渠道的拓展为传统书画期刊带来了重要机遇。随着互联网与移动设备的广泛普及，传统书画期刊能够借助人工智能技术，实现多平台、全方位的传播布局、内容精准推送和个性化传播。如在微信公众号，人工智能通过分析用户阅读历史、停留时长等数据，实现内容精准匹配。例如对明清书画感兴趣的用户会优先收到相关专题推送。微博则利用自然语言处理技术分析用户发布内容和关注话题，如当检测到用户对书法创作感兴趣时，会自动推送相关技法解析内容。小红书则通过分析用户收藏和搜索行为，精准识别兴趣点，同时，依据用户社交关系和互动行为，当用户关注的博主分享书画期刊内容时，系统推送期刊其他相关内容，提升曝光度与精准度。这些平台通过人工智能技术，可将期刊内容以文字、图片、音频、视频等多元形式呈现给读者，采用不同策略实现书画期刊内容的精准推送，打破时空限制，拓宽传播范围。同时，通过精准推送强化与读者互动，提升读者参与感与忠诚度，逐步构建起活跃度高、紧密性强的艺术交流社区，完善传统书画期刊的互动传播体系。《书与画》也正在这些方面做着积极的尝试和实践。

三、人工智能时代传统书画期刊的创新路径思考

（一）内容创新：科技与艺术的深度融合

在未来，期刊可聚焦书画与科技的融合，积极报道数字艺术、人工智能绘画等新兴领域的发展动态。精心策划以人工智能技术与书画艺术融合为主题的文章，邀请专家学者撰写相关专题研究稿件，深入剖析人工智能对书画艺术创作、审美观念、传播途径等多方面产生的影响。同时可介绍艺术家运用数字技术开展书画创作的实践案例，以及数字艺术给传统书画艺术带来的影响与挑战。通过这些内容的拓展，杂志能够为读者开启一扇洞察书画艺术多元发展的全新窗口，有效拓宽读者的视野。

（二）视觉呈现：技术赋能的图像革命

传统书画期刊普遍以图文结合的形式呈现内容。如今，读者的阅读习惯发生了显著变化，对阅读体验的要求也日益提升，他们愈发渴望看到更多高清精美的图片。图像识别技术在书画领域也具有极大的应用潜力，尤其可辅助书画作品的鉴定与分析工作。《书与画》的"私家珍藏"栏目，会定期刊登一些私人收藏的书画佳作。在刊登之前，通常

会邀请权威专家对作品进行鉴定。但即便如此，有时专家也会对部分作品的真伪或年代存疑。在此情形下，可以运用图像识别技术，对书画作品进行深入分析与鉴定，并将其作为一种辅助判断的手段，为专家的鉴定工作提供更多维度的参考依据。

（三）数字内容：多维度的资源开发

推出数字内容是满足读者多样化阅读需求的关键举措。《书与画》杂志可尝试开发多种形式的数字内容产品。

历经四十多年发展，《书与画》积累了海量高品质的图片与文章。基于此，杂志可尝试制作书画作品高清图片库，充分利用人工智能的图像识别与分析技术，开发出具有互动功能的数字出版物。在《书与画》数字版中，当读者点击书画作品图片时，人工智能能够迅速自动识别作品，并呈现详尽的作品信息。这些信息涵盖创作年代、作者生平、艺术风格特点等基础内容，甚至能结合当时的历史文化背景，深入剖析作品的艺术价值与文化内涵，成为纸质阅读的有力补充与延伸。这一创新形式不仅助力读者更深入地理解作品，还显著增强了阅读过程中的趣味性与互动性。

（四）读者互动：构建艺术社群生态

期刊可尝试与博物馆、美术馆等合作，利用增强现实（AR）技术，使读者在阅读杂志渴望深入了解时，能更"近距离"观赏书画。这些技术的运用，既提升读者参与感，也为期刊开拓新盈利模式。期刊可借助人工智能技术，分析读者在社交媒体的互动和阅读行为数据。剖析点赞、评论、转发内容，洞察读者对书画作品、艺术风格的兴趣偏好；挖掘阅读时长、频率等数据，把握阅读习惯与需求。基于分析结果，为读者提供极具针对性的个性化服务。比如，为山水画爱好者推送赏析文章与创作技巧的文章或视频。针对有书画学习需求的读者，还会推荐适配的培训课程和学习资料。

参考文献

［1］闫立华.人工智能技术在期刊编辑工作中的应用思考［J］.传播与版权，2024（1）.
［2］刘思阳.人工智能技术在学术期刊编辑领域的应用：优势、风险与发展路径［J］.四川冶金，2024（12）.
［3］谢东华.人工智能技术在新闻编辑中的应用与发展［J］.新闻文化建设，2024（11）.
［4］房丽娜.人工智能助力图书出版与编辑转型［J］.文化产业，2024（1）.
［5］王卉，张瑞静.人工智能技术在数字出版中的应用现状与发展趋势［J］.出版发行研究，2018（2）.
［6］刘勇，姚树峰，刘小红.智能化出版中学术期刊编辑的"学"与"术"［J］.学报编辑论丛，2022（11）.

海派连环画在主题出版中的探索实践

上海文化出版社　　王建敏

摘　要

连环画作为中华优秀传统文化的重要表现形式，有着生动的艺术感染力和独特的传播效果。在新发展理念指导下，选择传统连环画作为载体，精心创作出版主旋律作品，是以"小切口"讲述"大主题"的典型实践。海派连环画是中国现代连环画的代表性力量，有着辉煌的历史成就。随着时代变迁，我们应更重视连环画这一非物质文化遗产在主题出版领域的融合创新和传承发展，这既是在践行记录时代、打造优秀文化作品的出版使命，也为推动中华优秀传统文化创造性转化、创新性发展，实现红色文化融通，繁荣主题出版，建设出版强国贡献力量。

关键字

主题出版　海派连环画　传承发展

主题出版的概念，普遍认为源于原国家新闻出版总署自 2003 年起实施的主题出版工程，其工作思路主要用以指导创作者与出版单位配合国家重大活动、重点宣传开展图书创作出版工作，服务党和国家工作大局。党的十八大以来，主题出版发展迅速，在"十四五"时期获得了丰硕成果，呈现出从政策导向到市场融合、从单一宣传到多元创新的趋势。本文尝试围绕海派连环画在主题出版中的探索实践，谈一些粗浅的看法。

一、主题出版的新趋势

2021 年底，国家新闻出版署印发《出版业"十四五"时期发展规划》，明确出版业

"十四五"时期发展的指导思想、基本原则、目标要求、重点任务等，描绘了出版业发展蓝图和工作方向。规划从做强做优主题出版、打造新时代出版精品、壮大数字出版产业等方面提出 39 项重点任务，并对推动规划落地实施提出了各项工作要求。2022 年 8 月，中共中央办公厅、国务院办公厅印发《"十四五"文化发展规划》，强调"文化是重要软实力，必须增强战略定力、讲好中国故事，为推动构建人类命运共同体提供持久而深厚的精神动力"，倡导"坚持以人民为中心的创作导向，……推出更多无愧于时代、无愧于人民、无愧于民族的精品力作"，"坚守中华文化立场，坚持创造性转化、创新性发展，赓续中华文脉，传承红色基因，建设中华民族共有精神家园，凝聚中华儿女团结奋进的精神力量"。将主题出版"做强做优"，传播中华优秀传统文化，讲好中国故事，已成为近年出版业的重点关注领域和着力方向。

　　主题出版是以党和国家重大战略、重大历史事件、重要理论政策为核心导向的出版活动，具有鲜明的时代性、政策性和文化引领性。通过研读相关规划和工作文件结合实际发现，连环画这一传统艺术形式凭借其直观性、大众性和文化亲和力，已成为主题出版突破创新的一大载体。2021 年左右，在《出版业"十四五"时期发展规划》以及中宣部办公厅部署做好主题出版工作的通知中，都开始提及"连环画"这一载体。上述规划在阐述"打造新时代出版精品"时，明确倡导"组织出版一批大力弘扬民族精神和时代精神、培育和践行社会主义核心价值观、传承中华优秀传统文化的优秀少儿图书、绘本连环画、有声读物等"。2024 年 5 月，中宣部办公厅印发通知部署做好 2024 年主题出版工作时，也指出"用好采访实录、报告文学、连环画等体裁形式，推出一批高质量的分众化、对象化读物"。据开卷数据，2021 年连环画类图书销量同比增长 20%，其中红色主题连环画和传统文化连环画表现尤为突出。可见，图文并茂、通俗易懂的连环画，在传播主流价值观、弘扬时代精神依然有着独特的传播效果。

二、连环画在主题出版中的价值

　　据考证，就艺术样式而言，连环画始于两汉，兴于魏晋，盛于元明。在西汉已出现有较强连续性、故事性，具有准连环画性质的漆画作品。而明代刊行的《新刊奇妙全相诠释戏曲本西厢记》以其多达 137 幅的插图（全书 161 页）、上图下文且结合紧密的连续形式，被视为连环画本的前身。在清代，以连环画本为载体的图书传播更为常见。不过，受限于印刷技术、社会水平等因素，连环画真正成为行业规模发展，是在 20 世纪 20 年代的上海。开埠后的上海，东西方文化融汇交流，诞生了一大批具有全国影响力的连环画家，创作出版了众多具有鲜明海派风格的经典作品。即使在抗日战争和解放战争时期，连环画的创作也并未停步。新中国成立后，连环画以其通俗易懂、形象生动，兼具思想性、文学性、知识性、艺术性、可读性于一身的特点，成为"人民的艺术"。艺术史论家阿英认为，"中国连环画真正成长的时期，是在全国解放以后。因为，它发展上所需要的条件，无论政治方面的、经济方面的，抑或艺术本身的，到这时才开始具备"。

当时，被昵称为"小人书"的连环画是中国社会的畅销文化产品，高峰时发行量达每年七八亿册之巨。直至 20 世纪 80 年代，由于受到各种新式媒体冲击、创作瓶颈等因素，"小人书"进入了衰落期，在大众图书市场风光不再。尽管如此，但连环画所蕴含的艺术韵味和文化意义却始终深藏于不少人的内心深处，是几代人的童年记忆，也在特定的市场领域存在一定空间。这些年随着文化产业的发展，红色革命纪念地、红色文化场馆、文化宣传系统等在策划创作红色文化产品、乡土文化读物的需求，在某种程度上为传统连环画与主题出版的融合提供了更多契机。

在主题出版中，连环画的意义和价值可概括为以下几个方面。

一是传播主流价值观，弘扬传统文化。连环画作为一种图文并茂的艺术形式，能够以生动、直观的方式传递主流价值观和意识形态。通过精心设计的故事情节和画面，连环画可以将复杂的政治、历史、文化主题转化为易于理解的视觉语言，帮助读者尤其是青少年更好地接受和理解。

连环画可以成为弘扬中华优秀传统文化的重要载体。通过描绘历史故事、民间传说、经典文学等内容，连环画能够以艺术化的形式展现传统文化的魅力，增强文化自信，促进文化传承。

二是普及知识，提升素养，促进艺术与文化的融合。连环画适合被用于普及科学知识、历史事件、法律法规等内容。其图文结合的形式降低了阅读门槛，使知识传播更加高效，尤其适合儿童、青少年以及文化水平较低的读者群体。

连环画是文学与绘画艺术的结合体，在主题出版中，它不仅是内容的传播工具，也是艺术创作的重要形式。通过连环画，艺术家可以发挥创造力，将主题内容与艺术表现相结合，提升作品的文化内涵和审美价值。

三是增强爱国主义教育，是四史教育的优良载体。连环画可以通过讲述党史及革命历史、英雄人物、国家发展成就等主题，激发读者的爱党爱国情怀。例如，描绘抗日战争、解放战争、改革开放等重大历史事件的连环画，能够以生动的形式让读者铭记历史、珍惜当下。

四是适应多元化阅读需求。在数字化时代，连环画图书以其独特的视觉吸引力和叙事方式，能够满足不同年龄段、不同文化背景读者的阅读需求。特别是在碎片化阅读盛行的今天，连环画以其短小精悍、图文并茂的特点，成为一种受欢迎的阅读形式。

五是推动出版创新。通过结合现代技术（如 AR、VR 等），连环画可以以更加互动和沉浸的方式呈现主题内容，增强读者的参与感和体验感，从而也推动了出版形式的创新。

六是促进国际文化交流。连环画作为一种跨文化的艺术形式，能够突破语言障碍，推动了文化传播的多样化和国际化，成为国际文化交流的重要媒介。通过精心创作的主题连环画，中国故事、中国精神可以以更加生动的方式走向世界，提升中国文化的国际影响力。

三、响应主题出版的海派连环画创作实践

上海作为中国现代连环画的发源地，也是中国连环画创作出版发行的大本营，海派连环画有着辉煌的历史成就。在上海人民美术出版社，数十年来涌现了大批优秀连环画艺术家，创作了诸多经典作品，在连环画史上有着极其重要的地位。作为中华传统文化的重要表现形式之一，连环画于 2007 年被列入上海市第一批上海市非物质文化遗产名录。在新时代下，如何更好地传承和发展连环画创作？在原创连环画开发创新和传承保护方面，上海海派连环画中心（简称海派连环画中心）以其实践做出了回答。

海派连环画中心是全国首家主题化、规模化、专业化、集成式的连环画中心，也是上海唯一连环画专门原创机构，聚合全国连环画、油画、国画名家及文本作者近百人。中心结合现实和未来趋势，选择以出版主旋律连环画作品为主的方式来扩充连环画创作，突破国内连环画发展瓶颈。经过十余年积累，中心持续策划出品红色原创连环画百余册，一批名家和新秀累计创作近万幅画作，生动呈现党史、新中国史、改革开放史和社会主义发展史上的重大事件、关键节点、重要人物，并精选代表性品种，汇聚成"画说四史"主题书单，以作为新时代连环画创作成果的检阅。除常规纸质图书外，中心还尝试了多种载体和途径来进行更广泛传播，创新地将"嘉定故事连环画"（第一辑）把红色连环画与图书 2.0 版微动画结合，使传统连环画具有现代感和传播性。正如海派连环画中心负责人刘亚军所述：从一套套系列连环画出发，优秀 IP 获得了立体传播，如"画说四史"书柜在全国"四史"学习活动中独具上海特色，"人民至上——画说四史展览""人民至上——连环画与社会主义文化系列讲座"以及一系列线上线下同步的"四

史教育"情境党课等，无不助力主题学习"可看、可听、可学"，创新了海派连环画的非遗传承保护。

近年，上海文化出版社也在不断积极参与海派连环画的主题出版，出版了海派连环画中心策划主创的《毛泽东在长汀》《我的父亲刘少奇》《画说新渔阳里6号》《陈云故事绘本系列》等多册红色主题连环画及绘本。在出版实践中，对重大选题严格按照规定办理，在编校中严格根据权威版本著作核实史实，注重质量管理，在"守正"与"创新"中延续文化生命力，打造时代主题读物，也取得了良好的社会效益。

连环画不仅是一种传播工具，也是一种文化载体和艺术形式。在主题出版中，它将复杂的思想和主题转化为易于理解和接受的内容，在传播主流价值观、弘扬传统文化等方面发挥着重要作用。现在，除了注重主题创作与出版体系化外，新技术的深度融合也将成为融合创新的关键路径。通过合理利用数字技术与动态化升级，如AIGC创作实验、动态化改造、建设数字化平台等，将为海派连环画的发展提供更多、更有力的支持，焕发活力。

在新时代出版高质量发展的背景下，海派连环画可以积极探索红色文化、传统文化、乡村振兴、科技创新、生态文明、国际交流等多个方向，紧扣时代主题、创新表现形式、拓展传播渠道，通过内容精品化、形式创新、技术赋能、市场推广和教育传播等多方面的努力，打造多渠道、立体化的传播方式，通俗形象地讲好中国故事。借助政策支持、市场需求和技术创新的推动，海派连环画必定能够更好地服务于国家战略和文化传播，满足读者多元化的阅读需求，成为推动出版高质量发展的重要力量。

参考文献

[1] 中共中央办公厅、国务院办公厅印发《"十四五"文化发展规划》[N].人民日报，2022-8-17.
[2] 中宣部办公厅印发通知部署做好2024年主题出版工作[N].中国新闻出版广电报，2024-5-29.
[3] 汤雪梅，杨春兰.2023—2024年中国出版业发展报告[J].出版发行研究，2024（7）.
[4] 上海市美术家协会.上海现代美术史大系·连环画卷（1949—2009）[M].上海：上海人民美术出版社，2010.
[5] 许旸.海派连环画讲红色故事，助力"四史"教育进军营[N].文汇报，2020-8-1.
[6] 蒋玮玮，韩建民.新时代主题出版发展成效与趋势分析[J].科技与出版，2022（12）.

后 记

　　《守正创新　奋楫争先——2024上海出版论文集》的编辑出版，凝结着很多同志的辛勤劳动。上海市委宣传部出版处和本市各出版单位领导支持论文征集活动，鼓励广大编辑积极参与。上海市出版协会、上海市编辑学会为论文征集活动做了大量具体工作。论文征集截稿后，组织专家认真评审，最终确定入选篇目。学林出版社许苏宜、上海人民美术出版社张璎参与论文编辑出版工作，做了不少工作。事非经过不知难。值此论文集出版之际，我们向在论文征集和论文集出版中付出劳动所有同志表示诚挚的感谢！

图书在版编目(CIP)数据

守正创新 奋楫争先. 2024 上海出版论文集 / 上海
市出版协会，上海市编辑学会编. -- 上海：学林出版社，
2025. -- ISBN 978-7-5486-2085-3

Ⅰ. G239. 275. 1-53
中国国家版本馆 CIP 数据核字第 2025B2472Q 号

责任编辑 胡雅君
封面设计 张 璎

守正创新 奋楫争先
——2024 上海出版论文集
上海市出版协会
上海市编辑学会 编

出　　版　学林出版社
　　　　　（201101　上海市闵行区号景路 159 弄 C 座）
发　　行　上海人民出版社发行中心
　　　　　（201101　上海市闵行区号景路 159 弄 C 座）
印　　刷　上海颛辉印刷厂有限公司
开　　本　720×1000　1/16
印　　张　28.5
字　　数　54 万
版　　次　2025 年 7 月第 1 版
印　　次　2025 年 7 月第 1 次印刷
ISBN 978-7-5486-2085-3/G·800
定　　价　98.00 元

（如发生印刷、装订质量问题，读者可向工厂调换）